X U N W U Y E A R B O O K 2 0 2 0

寻乌年鉴

（2020）

寻乌县地方志编纂委员会　编

方志出版社
Publishing House of Local Records

图书在版编目（CIP）数据

寻乌年鉴．2020 / 寻乌县地方志编纂委员会编．--
北京：方志出版社，2020.12

ISBN 978-7-5144-4654-8

Ⅰ.①寻… Ⅱ.①寻… Ⅲ.①寻乌县—2020—年鉴
Ⅳ.①Z525.64

中国版本图书馆 CIP 数据核字（2021）第 210344 号

寻乌年鉴（2020）

编　　者：寻乌县地方志编纂委员会
责任编辑：李　静

出 版 者：方志出版社
地址　北京市朝阳区潘家园东里 9 号（国家方志馆 4 层）
邮编　100021
网址　http://www.zgfzcb.cn
发　　行：方志出版社图书经销中心
电话　（010）67110500
经　　销：各地新华书店
排　　版：北京纺印图文设计制作有限公司
印　　刷：北京中科印刷有限公司

开　　本：889mm × 1194mm　1/16
印　　张：16.125
字　　数：551 千字
版　　次：2020 年 12 月第 1 版　2020 年 12 月第 1 次印刷

ISBN 978-7-5144-4654-8　**定价：**260.00 元

序

贫困问题一直是困扰人类社会发展的重大问题。中国作为世界上最大的发展中国家，为解决贫困问题进行了长期不懈的努力。改革开放以来，特别是党的十八大以来，以习近平同志为核心的党中央把脱贫攻坚作为全面建成小康社会的底线任务和标志性指标，纳入“五位一体”总体布局和“四个全面”战略布局，以前所未有的力度推进精准扶贫、精准脱贫，扶贫开发成就举世瞩目，显著改善了贫困地区和贫困群众生产生活条件，具有重大的现实意义和深远的历史意义。身处中华民族几千年发展历史上将首次整体消除绝对贫困现象的伟大时代，如何更好地发挥地方志的存史、育人、资政的作用，是新时代全国地方志系统必须深入研究和着力解决的重大课题。

党的十八大以来，在党中央国务院的正确领导下，全国地方志系统深入学习贯彻习近平新时代中国特色社会主义思想，紧紧围绕党和国家事业发展需要，深入推进地方志改革创新发展，凝心聚力，稳扎稳打，勇于担当，主动作为，全国地方志形势和地方志工作者的精神面貌发生了深刻变化，取得了优异成绩。其中，为贯彻落实《全国地方志事业发展规划纲要（2015—2020年）》，经中国地方志指导小组领导批准，中国地方志指导小组办公室于2015年、2017年先后启动民族地区与贫困地区志书、年鉴出版资助工程（以下简称“志鉴出版资助工程”），对国家级贫困县（区、旗、县级市），中西部地区、少数民族边疆地区面临出版经费困难的志书和综合年鉴给予出版资助。实施志鉴出版资助工程是紧扣时代脉搏、坚持创新发展、传承弘扬中华优秀传统文化的一项创举，不仅有力推动了“两全目标”的实现，而且数十部资助出版的志书、年鉴及时记述了民族地区与贫困地区在全面建成小康社会伟大征程中取得的新成绩和新经验、出现的新情况和新问题、涌现的优秀人物和典型事迹，留住地方文化的“根”和“魂”，为这些地区的经济社会发展、地域文化传播、爱国主义教育、精神文明建设等提供了历史借鉴和智力支持，对全面提升民族地区与贫困地区文化建设水平、确保民族地区与贫困地区和全国其他地区同步全面建成小康社会具有重要意义。

尤为可喜的是，志鉴出版资助工程促成了一批扶贫志书的编纂出版，在文化脱贫攻坚中发挥了独特的作用。例如，《贵州省减贫志》全面系统客观记述了从1978

年至2015年贵州省扶贫、减贫工作的历程及取得的经验，为贵州省实施大扶贫战略提供了有力的资政辅治参考，集中体现了地方志工作因时而动、顺势而为的新作为。前不久，由福建省地方志编委会和人民网共同编纂的《闽宁扶贫协作图志》，是全国首部扶贫协作图志，图文并茂、直观立体、全方位地展现闽宁扶贫协作波澜壮阔的历程，弘扬“闽宁一家亲”“携手奔小康”的深厚情谊和滴水穿石、久久为功的精神，是贯彻落实习近平总书记扶贫工作重要论述精神，服务国家精准扶贫、精准脱贫战略的有力举措。希望各地以此为鉴，编纂出版更多、更好的扶贫志书、年鉴，助力国家精准扶贫、精准脱贫战略的实施，充分展现地方志的独特价值和作用。

当前，我国脱贫攻坚已进入全面决战决胜的关键时期，尚未脱贫的贫困地区集中分布在中西部深山区、极端干旱山区、高寒阴湿地区等，文化建设还比较薄弱，文化产品还不够丰富，文化精品更是少之甚少。同时，这些地区往往是民族文化、历史文化、红色文化、生态文化富集区，具有发展文化旅游、推进文化扶贫的巨大潜在优势，也是繁荣发展地方志事业的巨大文化宝库。要发挥好文化扶贫凝聚人心的优势，善于利用方志文化优势为贫困地区“赋能”，在脱贫攻坚中做出方志人应有的贡献。要发挥好中国名镇志文化工程、中国名村志文化工程的引领作用，大力加强乡镇村志编纂，让百姓记得起乡情、记得住乡愁，凝聚贫困乡镇村庄的强大民心，补齐贫困乡镇村庄的文化短板，以“扶智”的方式“扶志”，践行习近平总书记强调的“扶贫先扶志，扶贫必扶智”的重要理念。

求木之长者，必固其根本；欲流之远者，必浚其泉源。扶贫扶起的是志气骨气，传承的是家国情怀，守护的是绿水青山。扶贫既要富口袋，也要富脑袋。必须坚持文化脱贫和物质脱贫两手抓，筑牢贫困地区文化之基，补足信仰精神之钙，引领脱贫发展之舵。全国地方志系统要围绕中心、服务大局，坚决投入脱贫攻坚这场必须打赢的硬仗，积极参与脱贫攻坚战，发挥优势和特长，深入挖掘文化资源，着力补齐文化短板，努力帮助民族地区与贫困地区的文化建设实现较大的发展提升，在全面建成小康社会、实现中华民族伟大复兴中国梦的征程中贡献方志人的力量。

是为序。

中国社会科学院院长
中国地方志指导小组组长　谢伏瞻

民族地区与贫困地区年鉴出版资助工程领导小组

组　　　长：高　翔

常务副组长：冀祥德

副　组　长：高京斋　邱新立

民族地区与贫困地区年鉴出版资助工程领导小组办公室

主　　　任：冀祥德

副　主　任：邱新立

成　　　员：于伟平　刘永强　冷晓玲　李　静

寻乌县地方志编纂委员会

名誉主任：柯岩松
主　　任：杨永飞
副 主 任：韩相云　严志林　何小萍（女）　汪上红　钟　杰
委　　员：凌　斌　黄卫东　杨维彪　凌云南　刘忠斌　邝永红
凌红武　袁才军　彭　键　赵春霞（女）　王珍生
曾令忠　蓝振洲　陈杰辉　邝琳琳（女）　韩　晓
邝作勤　刘传健　刘向东　刘玉盘　刘志沂　赖学洪
赖义红　王曦辉　赖平川　谢　丰　邱运林　严考泉
谢小菁　古叶松　梅荣辉　罗国芳　彭开云　袁晓红（女）
何红梅（女）　罗国庆　古长青　林石泉　古春林
王军刚　陈永红　刘世全　刘旭群（女）　罗文洲
谢文峰　韩世栋　廖茂根　侯文生　陈德金　赖永峰
樊贱明　陈远程　陈长鑫　曾文浩　黄金盛　曾祥金

《寻乌年鉴》编辑部

总 编 辑：温康平
责任编辑：刘世春　刘春涛　刘春华　邱胜槐　韩世银
工作人员：钟玉华　朱容微　刘春招

编 辑 说 明

一、《寻乌年鉴》以马克思列宁主义、毛泽东思想、邓小平理论、“三个代表”重要思想、科学发展观、习近平新时代中国特色社会主义思想为指导，坚持辩证唯物主义和历史唯物主义的立场、观点和方法。系统记述寻乌自然、政治、经济、文化、社会等方面的情况。旨在为各级领导提供决策依据，为各行各业提供信息服务，为各方人士提供县情咨询，为编史修志积累历史资料。

二、《寻乌年鉴》是由中共寻乌县委领导、寻乌县人民政府主办、寻乌县地方志编纂委员会组织编纂，按年度连续出版的地方综合年鉴。寻乌县地方志办公室（《寻乌年鉴》编辑部）具体实施年鉴编纂工作。

三、《寻乌年鉴》采用分类编辑法，按类目、分目、条目三个层次设置，部分分目下设子分目，条目为年鉴内容的基本记述单位。2020年卷设特载、大事记、县情概览、中共寻乌县委员会、寻乌县人大、寻乌县人民政府、政协寻乌县委员会、纪检 监察、群众团体、法治、军事、经济管理、农业、工业、交通 邮电 通信、城建 环保、财税 金融、商贸 旅游、文化 传媒 科技、卫生、教育 体育、社会生活、乡镇、人物 荣誉、附录25个类目。

四、《寻乌年鉴（2020）》内容收编范围以现有行政区划为界，以2019年1月1日至12月31日为限。但为完整反映某件事物的全貌，在彩页和个别条目中有所突破。

五、《寻乌年鉴（2020）》资料由县直各部门（单位）、各乡（镇）和驻县单位提供，并经各自单位领导审核。年鉴资料撰稿人和编辑审稿人标署于相关分目、条目之后，各单位核稿人列名单于卷首。

六、书中所列数据，除统计部门正式公布的外，均由各有关部门和行业提供。由于统计口径和统计方法的不同，不同部门提供的同项数据可能不尽一致，采用时请以统计公报为准。领导班子名录根据各部门（单位）提供的资料编辑，排序不作其他任何参考。

审图号：赣 S（2019）047 号

江西省测绘成果资料档案馆编制

领导关怀

4月5日，江西省委副书记、赣州市委书记李炳军（右一）陪同广东省委副书记、深圳市委书记王伟中（右三）到寻乌调研支援合作工作

7月23日，国家医疗保障局价格招采司副司长丁一磊（左三）到寻乌调研医疗保障扶贫工作

8月19日，国家统计局副局长盛来运（前左三）到寻乌调研脱贫攻坚工作

东江源瀑布

项山甑春色

基隆嶂风力发电站

基隆嶂云海

“鲸鱼”游江

龙岩古寺

青龙岩

石崆寨

石崆寨漂流

南桥镇南龙村综合文化广场

吉潭镇圳下村文化活动广场

南桥镇高排村大夫第

澄江镇周田古村

龙脑樟种植基地

百香果种植基地

目　录

中共寻乌县委员会

妇女联合会

科学技术协会

归国华侨联合会

工商业联合会

文学艺术界联合会

残疾人联合会

红十字会

哲学社会科学学会联合会

法　治

政法委及综治

公　安

统计工作

审　计

市场监督管理

自然资源管理

农　业

农业农村经济

果　业

林　业

水 利

水土保持

农业机械

工 业

工业和信息化局

供 电

民营企业管理

工业园区

交通 邮政 通信

交通运输

文化 传媒 科技

卫 生

教育 体育

人物 荣誉

附 录

特 载

坚持绿色引导 着力高质量发展 确保脱贫攻坚决战决胜和全面建成小康社会圆满收官

——在县委十五届九次全体（扩大）会议上的讲话

柯岩松

一、关于 2019 年的主要工作

2019 年，是寻乌发展历程中具有里程碑式重要意义的一年。一年来，在党中央和省委、市委的坚强领导下，全县上下齐心协力，攻坚克难，经济社会发展稳中有进、稳中向好，各项工作都取得了一些标志性、历史性、突破性的进展。

这一年，我们赢得了脱贫攻坚里程碑式的胜利。在全体干部以及广大群众特别是贫困群众的共同努力下，我们以“零漏评、零错退、满意度 99.2%”的高分，顺利通过了脱贫摘帽验收。4 月 28 日省政府正式批复寻乌脱贫退出，寻乌摘掉了长期戴在头上的“贫困县帽子”，由此迈入了决战决胜全面小康的新征程。

这一年，我们收获了产业转型里程碑式的成果。通过大力推进产业转型升级，通用设备制造首位产业不断做大做强，我们组建了第一个中科院院士科研中心和若干博士工作站，建设了国家一级水泵检测中心，开启了 5G 商用步伐。坚持“柑橘为主，多元发展”的思路，农业产业结构不断调整，柑橘产业科学有序恢复种植，总面积稳定在 25 万亩，蔬菜、百香果等其他经济作物面积达到 14 万亩，在与阿里巴巴集团的合作下，“寻乌百香果”品牌知名度大为提升，百香果产业正成为寻乌农民重要的致富产业。现代服务业活力不断迸发，创建了首家江西省 AAAA 级乡村旅游点，正在创建第一家 AAAA 级景区；现代综合物流建成营运；县、乡、村三级电商体系基本建成，相关经验在中央《农村要情》《政协信息专报》上刊发，并获中共中央政治局常委、政协主席汪洋签字肯定。

这一年，我们实现了改革开放里程碑式的突破。纵深推进重点领域改革，打造了一批改革特色亮点，山水林田湖草生态修复治理经验在全国推广，新时代文明实践中心建设经验、乡村治理“三治”融合经验获得了中宣部及最高院的高度认可。掉头南下，以更加开放的姿态融入粤港澳大湾区，与深圳市建立了支援合作关系，开启了深度融入大湾区、建设对接大湾区桥头堡的新征程，建设承接大湾区产业转移基地、优质农产品供应基地、旅游休闲后花园迈出坚实步伐。

这一年，我们推进了城乡面貌里程碑式的蜕变。全面推进了城市功能与品质提升三年行动，基本实现了“一年大提升”目标，顺利完成市级文明城市实地测评。经过全县干部群众的不懈努力，我们深入开展人居环境整治三年行动，基本实现全省首批美丽宜居试点，城乡面貌发生了巨大变化。

这一年，我们迎来了基础设施里程碑式的进展。太湖水库正式实现供水，彻底解决了寻乌人民牵挂了十余年的饮水安全问题；坚持交通基础设施先行，成功创建了全省“四好农村路”示范县，农村公路建设、管理、维护和运营水平得到全面提升，寻龙高速完成前期工作，有望在2020年动工建设；会昌至寻乌天然气管网达到通气条件。

这一年，我们取得了生态建设里程碑式的成效。废弃矿山治理基本完成。林业生态保护更加自觉，县城周边及“两个半村”山体复绿、湿地公园两岸场外造林全面推进，“两个半村”农户全部自愿签约搬迁。农业面源污染有效治理。生态环境质量持续提升，饮用水源水质稳定在Ⅱ类，出境断面水质持续稳定在Ⅲ类以上，空气环境质量达到国家二级标准，年内还高分通过了省级生态县评审。加快会寻安生态经济区和长江经济带绿色发展示范区建设，率先在全市启动“河权到户”、林权抵押贷款、生态综合执法等改革试点。

这一年，我们落实了全面从严治党里程碑式的部署。党员领导干部带头履行主体责任，带头遵守廉洁自律准则和中央八项规定精神，持续传导从严管党治党的责任与压力，管党治党更加自觉。选人用人重标准、重实绩、重公认，公平公正公开已成为共识。一体推进不敢腐、不能腐、不想腐，加大反腐斗争力度，加强纪律执行的监督，强化干部思想教育，巩固发展反腐败斗争压倒性胜利，全县政治生态持续向好，良好的社会风尚和行风家风正在形成。广大党员、干部爱岗敬业，敢于斗争，履职尽责，更加担当作为。

这些成绩的取得，凝聚了全县各级党员、干部以及广大群众的辛勤汗水，借此机会，我代表县委，向在座的同志们，向为寻乌振兴发展付出艰辛努力的党员干部群众，表示衷心感谢和崇高敬意！

二、关于当前的经济形势

当前，国内外经济形势错综复杂，全县上下务必认真学习、深刻领会中央和省市经济工作会议精神，把思想、行动统一到中央和省市的决策部署上来，切实做到正视挑战、把握机遇，推动寻乌高质量发展。

（一）要有居安思危的意识，正视风险挑战

1.挑战来自于宏观环境的不确定性。当今世界正面临百年未有之大变局，全球经济仍处于金融危机后的深度调整期，长期问题和短期问题相互交织，不确定因素有增无减，全球面临着治理赤字、信任赤字、和平赤字、发展赤字等“四大赤字”。国内经济“增长速度换档期、结构调整阵痛期和前期刺激政策消化期”三期叠加影响持续深化，经济下行压力加大，企业生产经营困难、结构性失业压力上升、居民消费价格指数上涨等问题突出，这些都给我们稳定经济增长带来了巨大的压力。

2.挑战来自于区域竞争的激烈比拼。从全市看，河东片、河西片存在着区域发展不平衡问题，随着昌赣高铁通车运营、赣深高铁快速推进，河西片区迈入“高铁时代”，资金、项目、信息、人才等优质资源面临着被河西片强力吸附的可能，并且可能形成经济学上的“马太效应”——即强者恒强、弱者恒弱。从兄弟县市的发展情况看，我们确实面临着标兵林立、追兵临近的局面，周边的“三南”、安远、会昌等县，无论是在产业发展上、项目建设上，还是在创新开放上、人才集聚上，都已经超越或正在超越我们，石城更是发挥后发优势，以进位赶超的姿态紧紧追来，我们不进则退、慢进也是退，进位赶超的压力越来越大。

3. 挑战来自于自身发展的突出短板。欠发达、后发展仍然是当前最大的基本县情，短板突出，我们保持经济平稳增长的基础还不够牢靠，重点表现为：（1）存在三产结构不优的短板，预计 2019 年三产结构比为 21.8∶24.5∶53.7，一产占比仍然偏大，规上工业企业发展后劲不足，存在规模小、数量较少、竞争力不强等不利因素，而三产内部结构不优，仍然是以批发零售、住宿餐饮等传统行业为主的结构体系，旅游、信息、工业设计等具有广阔前景的新兴产业发展缓慢，占比较小；（2）存在创新动力不足的短板，推进创新的支撑体系仍然非常欠缺，县级科技支出占地方财政总支出仅 1.4%，离不少于 2% 的要求还有较大差距，企业创新意识不强，有核心竞争力的发明专利全县仅有 6 件，全县万人发明专利拥有量仅为 0.18 件，在全市处于倒数第 2 位；（3）存在人才匮乏严重的短板，现有区位及政策对高层次人才的吸引力仍有欠缺，领军型、研发型、实用型、紧缺型人才引进吃力，许多企业缺乏优秀的高层次科研人才和技术人才，而本土职业学校的技术性人才输出还不能满足我县企业对技术性人才的需求；（4）存在基础设施差距拉大的短板，全市高铁、高速公路和航空网络不断完善，铁路口岸、公路口岸、航空口岸对外开放，兴泉铁路、瑞金民用机场等快速推进，而我县的寻龙高速和瑞梅铁路却迟迟没有开工建设；（5）存在建成全面小康社会指标差距的短板，截至 2018 年底，我县小康社会实现程度为 89.85%，仍然有 4 项指标的实现程度在 80% 以下（实现小康要达到 80% 以上），包括人均地方公共财政预算收入（47.97%）、每万人拥有律师数（30.22%）、人均文化体育与传媒财政支出（57.19%）、卫生发展指数（67.47%）等，这些都是必须加快补齐的突出短板。对此，我们必须保持清醒头脑，树牢居安思危的忧患意识，正视问题短板，以无畏的勇气、克难的决心、实干的作风应对风险挑战。

（二）要有临危不乱的定力，把握发展机遇

1. 机遇来源于宏观经济依然稳健。和平与发展仍然是当今时代的主题，经济全球化的历史大势不可逆转，我国经济稳中向好、长期向好的基本趋势没有改变，我们有以习近平同志为核心的党中央的坚强领导和中国特色社会主义制度的显著优势，有改革开放以来积累的雄厚物质技术基础，有超大规模的市场优势和内需潜力，有庞大的人力资本和人才资源，一定能战胜各种风险挑战。

2. 机遇来源于政策优势逐项叠加。近年来，国家和省市相继出台了一系列重大发展政策，为我们加快发展带来众多“机遇窗口”。比如，国家确定的“一带一路”、长江经济带、粤港澳大湾区、国家生态文明试验区建设，以及正在论证的新一轮苏区振兴发展政策；省里确定的“一圈引领、两轴驱动、三区协同”区域发展战略，以及支持赣州建设省域副中心城市和对接大湾区桥头堡；市里确定的“六大攻坚战”部署，会寻安生态经济区建设政策，等等，加上推进农业农村优先发展、制造业高质量发展、“两山”理论转化等发展理念的付诸实践，都将为我们转变发展方式、加速升级并发展注入强大的动力和活力。

3. 机遇来源于发展潜能加速释放。经过近些年的不懈努力，我县的发展环境、发展条件都得到了比较大的改善，为高质量发展积蓄了强大潜能。（1）区位优势将更加凸显。随着今年寻龙高速和瑞梅铁路的开工建设，我县将加快融入粤港澳大湾区“两小时经济圈”，曾经的地理区位劣势将逐渐转化为既定的发展优势；（2）发展动能加速转换。通过大力推进科技创新和体制创新，一些制约发展的体制机制障碍得到了破解，政务服务环境不断改善，市场活力、社会活力开始迸发;（3）产业结构提质升级。通用设备制造首位产业不断做大做强，空压机、水泵、智能包装设备的行业影响力不断提升，一批企业加速入规，加上农业多元发展格局的形成，全域旅游的蓬勃兴起，5G大数据的推广应用等，高质量发展的产业基础将更加牢固;（4）人才支撑更加有力。随着区位的进一步优化和人才政策的不断调整，我们将引进更多的领军型、研发型、实用型、紧缺型人才来寻工作，县职业技术学校、创新创业孵化基地等平台也将为我县的产业发展提供更加庞大的技术人才和产业大军;（5）干部素质逐渐提升。通过近几年的攻坚克难，我们的干部队伍的思想解放程度、专业知识水平、担当作为素质等都得到了比较大的提升，等等。这些都为今后高质量发展积蓄了强大后劲，打下了坚实基础。

2020年，是脱贫攻坚的决战决胜之年，是全面建成小康社会收官之年，做好经济社会发展工作意义重大。2020年全县工作总要求是：坚持以习近平新时代中国特色社会主义思想为指导，全面贯彻党的十九大和十九届二中、三中、四中全会精神，习近平总书记视察江西和赣州重要讲话精神，以及中央经济工作会议、省委十四届十次全会、省委经济工作会议和市委五届八次全会精神，聚焦“作示范、勇争先”的目标定位和“五个推进”的更高要求，紧扣全面建成小康社会目标任务，坚持稳中求进工作总基调，坚持新发展理念，坚持以供给侧结构性改革为主线，坚持以改革开放为动力，坚决把打好中央部署的三大攻坚战贯穿经济社会发展全过程，全面做好“六稳”工作，统筹推进稳增长、促改革、调结构、惠民生、防风险、保稳定，全面推进经济社会高质量发展，加快建设革命老区高质量发展示范县，确保脱贫攻坚决战决胜和全面建成小康社会圆满收官。

按照上述工作要求，县委常委会建议2020年全县主要经济和社会发展计划指标为：地区生产总值增长8.6%以上，力争9%；财政总收入增长8.2%，其中一般公共预算收入增长8%；规模以上工业增加值增长8.8%以上，力争9%；固定资产投资增长10.5%；社会消费品零售总额增长10.5%；出口总额增长2%；实际利用外资增长7%以上，力争8%；城镇居民人均可支配收入增长8.5%，农村居民人均可支配收入增长11%。

同志们，做好今年全县经济社会发展工作，机遇比挑战更多，信心比黄金更宝贵，我们必须牢牢把握工作总要求，聚焦实现经济社会发展主要预期目标，牢牢把握以下四个重点要求：一是必须牢牢把握对标对表习近平总书记视察江西和赣州重要讲话精神这个根本遵循。要坚持用习近平总书记视察江西和赣州重要讲话精神统领工作全局，作为我们所有工作的行动指南和根本遵循，进一步对标对表总书记“两个定位、五个推进”的要求，将其体现在每一项工作中，高标准高质量推进落实。二是必须牢牢把握学习贯彻十九届四中全会精神这个政治任务。要把学习宣传贯彻党的十九届四中全会精神作为当前和今后一个时期的重要政治任务来抓，充分认识中国特色社会主义制度的显著优势和强大生命力，始终在政治上保持清醒，坚定不移走中国特色社会主义道路，更加自觉地坚定制度自信、完善制度体系，推进社会治理体系和治理能力现代化。三是必须牢牢把握紧扣高质量发展这个时代主题。我们在巩固提升脱贫攻坚成效的同时，今年要切实把工作重心转移到高质量发展上来，以此为发展主题，谋篇布局全县的各项工作，更加坚定地承担起推进寻乌高质量发展的历史使命，奋力打造革命老区高质量发展示范县。四是必须牢牢把握完成“两个收官”这个基本目标。我们今年的基本目标任务就是要实现“两个收官”，即脱贫攻坚决战圆满收官，确保与全国同步全面建成小康社会圆满收官。从目前的情况看，我们距离“两个收官”的要求，还存在不少的短板问题，要全面系统进行梳理，科学安排、加快补齐，并统筹抓好“十四五”规划编制工作。其中，（1）要聚焦补齐脱贫攻坚短板，持续在发展产业、扩大就业上用心用力，在激发内生动力上用力，巩固提升脱贫攻坚的成效。（2）要聚焦补齐全面小康短板，要积极培育壮大财源，做强做大地方税种，提高一般公共预算收入；要千方百计提高法律服务水平，坚持内源培养和外源并重的方式，加快律师队伍建设；要全力推进公共文化建设，保障好文化体育与传媒支出，满足群众日益增长的精神文化需求；要加大卫生事业发展投入，想方设法引进、培养、流转更多的医疗人才，鼓励引导更多的人取得执业（助理）医师资格。

三、关于今年高质量发展的重点任务

围绕2020年工作总要求，着眼实现高质量发展并争做示范，我们要着力实施和落实好“153”战略。

（一）坚持一个引导，瞄准高质量发展方向。要落实好生态立县、绿色崛起的战略，把工作的着力点放在绿色发展上来，以绿色发展为引导推动各项重点工作。

1.要深刻汲取历史教训。由于时代的局限性，寻乌的发展历史上有过“三大历史教训”，即稀土大肆开采导致严重水土流失和环境污染的教训、果业过度开发导致严重面源污染的教训、畜禽养殖粪便直排导致寻乌河水质下降的教训。这“三大历史教训”不可谓不深刻，我们必须引以为鉴，绝不能再走通过破坏生态来获取生产生活资源，通过牺牲健康来谋求发展的老路。

2.要坚决贯彻绿色发展理念。绿色发展是新发展理念的重要组成部分，是构建高质量现代化经济体系的必然要求。2019年3月，习近平总书记在参加内蒙古代表团审议时指出，要探索以生态优先、绿色发展为导向的高质量发展新路子。寻乌作为东江源头县、重点生态功能区，肩负着保护一江清水、保护南方重要生态屏障的重任，我们有责任、有义务呵护好寻乌这一方山水，把整个县域作为一个生命共同体来保护，积极创建“国家文明城市、卫生城市、园林城市、生态文明县”，创建国家湿地公园，让绿色成为我们寻乌高质量发展的底色。

3.要深刻把握绿色发展要求。要准确把握绿色发展的内涵，我们所强调的“绿色发展”，是一种低污染、低消耗、高效益、高回报的发展，是一种不以损害生态环境为代价的更有效益、更具质量、更可持续的发展，涵盖了高质量发展的各个方面，贯穿了高质量发展的各项重点工作。我们必须紧扣绿色发展要求，着力推动发展模式从低成本要素投入、高生态环境代价的粗放模式向绿色发展和创新发展双轮驱动模式转变，以更少的资源能源消耗和更低的环境代价，支撑更高质量、更有效益、更可持续的绿色发展，努力实现生态环境高颜值和经济发展高质量的有机统一。

4:要加快形成绿色发展方式。要深入贯彻习近平生态文明思想，弘扬绿色政绩观、消费观、生产观，转变生产生活方式，培育生态道德和行为准则，使绿色发展成为全县的自觉行动。要坚决对标对表打好污染防治攻坚战，打通绿水青山到金山银山的转化通道，加快推进会寻安生态经济区建设，着力引进科技含量高、资源消耗低、环境污染少的企业，推动生产方式绿色化，大幅提高经济绿色化程度，开创绿水青山价值倍增、高效转化和充分释放的发展格局，奋力争当国家生态文明建设的排头兵。

（二）抓好五项重点，提升高质量发展水平。做好今年的高质量发展工作，重点是要抓好以下五项任务：

1.要构筑绿色产业。要抓住新一轮的产业变革窗口期，继续按照“生态产业化、产业生态化”的思路，加强产业结构调整，积极构建低碳循环的绿色工业体系、生态有机的绿色农业体系、集约高效的绿色服务业体系，推动形成“一产利用生态、二产服从生态、三产保护生态”的发展模式。一要构筑绿色工业。要抓住国家推动制造业高质量发展的机遇，坚决对标“三年再翻番”部署，坚定不移地发展通用设备制造首位产业，贯彻执行好《通用设备制造产业发展规划》，聚力打好产业基础高级化和产业链现代化“两化”攻坚战，大力实施产业集群发展提升行动，加快打造若干寻乌通用设备制造品牌，提升区域品牌影响力。要加快园区改革与创新发展，推进“亩产论英雄”“标准地＋承诺地”改革，加大企业技改力度，坚决淘汰落后产能，推动工业产业向智能化、数字化、平台化、绿色化方向升级。二要构筑绿色农业。要聚焦绿色化、特色化、优质化、品牌化、现代化的发展方向，继续按照“柑橘为主，多元发展”“一乡一业、一村一品”的思路，推广生态建园标准，有序引导柑橘恢复种植，因地制宜发展蔬菜、百香果、猕猴桃、甜柿等产业，持续调整优化农业产业结构。要深化农业农村改革，推进小农经济与现代农业的有机链接，进一步提升农业组织化程度，大力培育新型农业经营主体。要推进农产品交易市场建设，打造若干具有区域影响力的生态、富硒特色农产品品牌，加快建设面向粤港澳大湾区的优质农产品供应基地。要全面落实低质低效林改造任务，推行河（湖）长制、林长制，巩固生态保护成果。三要构筑绿色服务业。要聚焦落实服务业高质量发展三年行动计划，围绕打造粤港澳大湾区旅游后花园和养老、健身、疗养胜地，加快全域旅游发展，坚持以“旅客”为中心推进旅游六要素建设，积极推动青龙岩、金刚山、柯树塘、河角温泉、项山甑等重点景区建设，推进寻乌调查学院、党校一体化建设，打造具有寻乌特色的精品旅游线路、精品旅游项目。同时，要加快发展现代物流、电子商务、工业设计、健康养老等现代服务业，探索培育5G商用、大数据、区块链等新业态，促进服务业规模壮大、水平提升。

2.要着力创新驱动。当前，以数字化、智能化、网络化为特点的新一轮技术革命正在蓬勃兴起，我们要抓住这一重要机遇，聚焦发展动能转换，着力科技创新和体制创新。一要着力推动科技创新。要深入实施创新驱动战略，提升企业核心竞争力。支持企业持续推进社会研发投入攻坚行动，引导企业将减税降费红利、政府奖励性资金用于科技研发，想方设法将全社会研发投入经费占GDP的比重提升至1.88%以上，占企业主营收入比重提升至1.06%以上。支持企业走“专精特新”细分市场路线，做精、做特、做优产品。支持企业与科研院（所、校）合作，加快推动技术研发成果在寻乌落地转化，做实做优华南泵业院士科研中心、德新达博士科研工作站等智力平台，辐射带动园区首位产业创新发展。二要着力破除机制障碍。围绕九大专项改革和“生态文明体制、科技体制、农业农村体制和社会民生领域”四大重点领域，持续深化改革攻坚，坚决破除一切制约高质量发展的体制机制障碍。要注重发挥经济体制改革的牵引作用，承接好财税、金融等体制改革事项，健全完善金融服务实体经济机制，深入实施企业上市“映山红行动”，完善投融资机制，推动城投集团市场化、实体化改革，更多运用市场化手段推动发展。三要着力推进教育优先。坚持教育优先发展的战略地位不动摇，优先保障教育所需的人才、物资、资金、土地等。全力打好城镇及小区配套幼儿园整治、城乡义务教育均衡发展、普通高中教育教学质量提升、职业教育结构优化等教育攻坚战，下大力气补齐教育短板、提升教育质量。推动职业教育的提质提效，通过职业教育不断提高寻乌的劳动力素质，为产业发展培育造就一批技术人才和产业工人。关注寻乌深圳两地的教育支援合作，让更多的寻乌学子走出去成长成才。四要着力补齐人才短板。要始终坚持人才强县战略，按照“错位引进”和“一流人才一流待遇”的理念，针对高层次人才、引领型人才、研发型人才、实用型人才、紧缺型人才引进难的问题，调整优化“人才聚集19条”、《重点领域紧缺人才引进和培养办法》等人才引进政策，聚焦首位产业、现代农业、教育、医疗等重点领域，柔性引进、就地培育、设法留住一批支撑经济社会发展的人才队伍。

3. 要推进城乡协调。要坚持城乡发展一盘棋的思路，同步实施乡村振兴战略与新型城镇化战略，建立健全城乡融合发展的体制机制和政策体系。一要协调城乡功能与品质提升。要协调推进精致宜居城市和美丽宜居乡村建设，实施好城市功能与品质提升三年行动、农村人居环境提档升级行动，纵深推进城乡环境综合整治，扎实推进城乡环卫一体化、污水治理、厕所革命、违法建筑整治等，推动城乡人居环境全面提升，争创全省美丽宜居示范县。其中，要把整个县城作为一个旅游节点来打造，串联周边九曲湾、云盖岽、大小湖岽、青龙岩、金刚山、山水林田湖草等景点，实现“城在景中、景在城中”，塑造提升“山水客家韵、灵秀寻乌城”整体形象，建设一座“来了就不想走”的精致宜居城市。要做好两件事：（1）用好生态补偿资金，把九曲湾水库打造好；（2）把佛法寺作为一个景点来打造，既满足信众的要求，又符合统战工作的要求。同时，要加快南桥新型城镇化示范镇建设，发挥示范引领作用，带动其他建制镇建设，并统筹抓好一批特色小镇建设。二要协调城乡社会治理。要在全面推广“三治融合”治理经验基础上，积极探索推进政治、自治、法治、德治、智治“五治”融合模式，全面加强村级自治组织建设，深入推进“法治寻乌”建设，不断加强城乡精神文明建设，致力推动社会治理体系和治理能力现代化。今年要重点探索推进基层治理“251”（“2”是指党建引领、文明实践两大理念；“5”是指乡村振兴“产业兴旺、生态宜居、乡风文明、治理有效、生活富裕”五大要求；“1”是指建立一套文明实践助推乡村振兴的长效机制）模式，推进党建引领和文明实践融合发展，以制度落实和机制创新为支撑，积极探索新时代文明实践中心全国示范试点，助推乡村振兴。三要协调城乡基础设施建设。要本着统筹考虑、合理安排、节约资金的原则，重点推进关乎寻乌长远发展、涉及民生需求和乡村振兴发展的西气东输、城乡供水一体化、供电设施扩容、通信网络覆盖、5G建设及应用等工程建设，全力创建国家级“四好农村路”示范县，加快补齐城乡发展基础设施短板。

4. 要深化开放合作。以更加开放的胸襟、更加包容的心态，扩大开放，深化合作，为高质量发展获取更多的外在助力和推力。一要提升开放意识。要坚决贯彻市委“解放思想、内外兼修、北上南下”的实践路径，发扬寻乌调查唯实求真的精神，鼓励广大党员干部沉下身去调查研究，积极外出学习取经，持续深入推进思想大解放，理念大更新，着力破除陈旧观念，革除思想弊端，创新发展理念、思路、方法和方式，在更高层次、更大格局、更广领域谋划寻乌发展，以思想的大解放推动寻乌的大发展。二要推动开放对接。要坚定不移实施“南下”战略，加快建设更高水平的对外开放机制，不断拓展开放空间。要从交通对接入手，加快推进寻龙高速、瑞梅铁路建设，打通对外开放的快速通道；要从理念对接入手，弘扬敢闯敢试、敢为人先的改革精神，鼓励在发展中大胆探索、大胆实践；要从产业链对接入手，围绕建链补链强链，大力实施招商引资升级行动，引进一批新项目、大项目、好项目；要从体制对接入手，对标学习体制创新经验，以体制的突破全面释放我县经济社会发展活力。三要密切开放合作。要抓牢深圳市对口支援合作寻乌机遇，全面深化各个领域的密切合作，主动参与、深度对接粤港澳大湾区产业延伸和功能拓展，把寻乌建设成粤港澳大湾区优质农产品供应基地、承接产业转移基地、大湾区旅游后花园，探索出一条“革命老区+社会主义先行示范区”的合作路径。四要优化发展环境。要贯彻落实好《优化营商环境条例》，实施好优化提升营商环境十大行动，深化“降成本优环境”专项行动，加快推进“五型”政府建设，建立政务服务“好差评”制度，努力打造“四最”营商环境。要全面深化“放管服”改革，加快推进“五个一”（“只进一扇门”“一网通办”“一窗式”受理和“一窗办”“最多一次办结”“一链办”）改革进度，采用多种形式推广应用“赣服通”，把“赣服通”寻乌分厅打造成为企业和群众办事最贴心的助手，让老百姓干事创业“事事顺、万事通”。要坚持好两件事：（1）坚持政府的事政府办，企业的事企业办，让企业集中精力跑市场、跑营销；（2）学习深圳的营商环境经验，坚持“无事不扰，有求必应”，让企业静悄悄地成长。

5. 要落实共享发展。要坚持以人民为中心的发展思想，让寻乌老百姓共建共享高质量发展成果。一要巩固提升脱贫成果。要坚决贯彻“四个不摘”（摘帽不摘责任、摘帽不摘政策、摘帽不摘帮扶、摘帽不摘监管）的要求，保持“1+3”［“1”是核心指标的整改落实；“3”是“三位一体”推进，包括产业（就业）全覆盖、环境整治、激发内生动力］的总体思路不变，全面实施“清零”行动，完成剩余贫困人口脱贫任务，并全面落实巩固提升措施，确保所有建档立卡贫困户稳定实现“一过线、两不愁、三保障”，确保“三率一度”不出差错。要以产业（就业）为支撑，实现有劳动能力的贫困户全覆盖，健全带贫企业、新型农业经营主体与贫困户之间联动发展的利益联结机制，让贫困群众年人均收入达到5000元左右，且有持续稳定的来源。要抓好脱贫攻坚普查，探索建立解决相对贫困的长效机制，以及防范致贫返贫预警机制，推广精准防贫保险等措施，巩固脱贫成果。同时，要统筹做好城镇贫困群众脱贫解困工作，坚决补齐这块“短板”，扫除全面小康“盲区”，确保全面小康路上一个都不掉队。二要加快补齐民生短板。要坚持尽力而为、量力而行，既不吊高胃口，也不降低标准，优先做好教育、医疗、文化、体育等各项公共服务，用心用情解决好入园难、入学难、看病难、停车难、断头路、棚户区及老旧小区设施落后、背街小巷环境差、老年人及儿童无活动场所等群众关心关切的突出问题，加快补齐基础设施及公共服务短板。同时，要织密社会保障网络，以就业为根本，统筹做好全民参保、基本养老、城乡低保，兜牢民生底线。要按照上级政策做好退役军人服务保障工作，让退役军人在社会上有地位。三要牢牢守住风险底线。坚决打好防范化解重大风险攻坚战，守住不发生系统性风险的底线。（1）要树牢“过紧日子”的思想，切实将“三公”经费降下来；（2）要积极化解政府债务，牢牢守住“保刚性、保运转、保民生”的底线；（3）要始终绷紧维护安全稳定这根弦，全力以赴做好信访积案化解、矛盾纠纷排查化解和安全生产工作。特别要纵深推进扫黑除恶专项斗争，紧扣今年“长效常治”目标，一手抓突出问题整治，一手抓体制机制建设，坚决把黑恶势力扫荡干净，全力维护社会大局稳定。

（三）夯实三个支撑，强化高质量发展保障。要坚持从党建、制度、项目三个层面着手，为寻乌实现高质量发展提供强有力的保障。

1. 要强化党建引领。党政军民学，东西南北中，党是领导一切的。要不断提高党的建设质量，发挥好党总揽全局、协调各方的作用，更好地引领推动高质量发展。一要加强政治建设。要坚定不移把党的政治建设摆在首位，始终旗帜鲜明讲政治，坚持把深入贯彻落实习近平新时代中国特色社会主义思想作为根本政治任务和长期战略任务，增强“四个意识”、坚定“四个自信”、做到“两个维护”，严守党的政治纪律和政治规矩，提高政治能力，确保党中央各项决策部署在寻乌落地生根。要深入推进意识形态工作“五个纳入”（把意识形态工作纳入党建工作责任制；纳入领导班子、领导干部目标管理；纳入执行党的纪律，尤其是政治纪律和政治规矩的监督检查范围，作为巡察工作重要内容；纳入本地综合考核评价体系；纳入干部考核内容，作为评价使用和奖惩的重要依据），发挥好“学习强国”学习平台、县级融媒体中心和新时代文明实践中心的作用，牢牢把握意识形态工作的领导权。二要夯实基层基础。要坚持大抓基层的鲜明导向，深入开展基层党建质量提升行动，统筹加强企业、农村、机关、学校、社区、社会组织等领域党建工作，着力推进基层党建标准化、规范化，统筹推进信息化，筑牢基层党组织“战斗堡垒”。要大力弘扬担当实干精神，持续巩固深化“不忘初心、牢记使命”主题教育成果，深入开展“问题整改”和“共产党员先锋示范”行动，全面推行乡（镇）机关工作人员绩效考核，建立和实行及时奖励制度，引导党员干部只争朝夕，不负韶华，建功新时代。同时，要认真履行党管武装工作职责，扎实做好国防动员和后备力量建设工作，全力创建全国双拥模范城市。三要强化正风反腐。要坚定不移推动全面从严治党向纵深发展，严格落实中央八项规定精神，坚决整治“怕、慢、假、庸、散”作风顽疾，坚决克服形式主义、官僚主义，继续为基层减负，推动党风政风持续好转。要深入开展民生领域损害群众利益问题集中整治，聚焦扶贫领域腐败问题，加大监督查处力度，精准查处涉黑涉恶腐败和保护伞案件。要把“严”的主基调长期坚持下去，严格落实全面从严治党责任，运用好执纪监督“四种形态”，深化政治巡察，深化标本兼治，一体推进不敢腐、不能腐、不想腐，进一步巩固发展反腐败斗争压倒性胜利。

2. 要健全工作机制。要全面贯彻落实党的十九届四中全会精神，着力固根本、扬优势、补短板、强弱项，加快构建符合高质量发展要求的制度体系。重点聚焦以下七个方面：一要完善党的领导制度。围绕着力提升党的全面领导水平，完善党领导人大、政府、政协、监察机关、审判机关、检察机关、武装力量、人民团体、企事业单位、基层群众自治组织、社会组织的制度体系，切实把党的领导有力有效贯彻到所有机构履职各方面、所有工作落实全过程。各级党员干部尤其是领导干部要做制度执行的表率，自觉尊崇制度、坚决维护制度、严格执行制度，认真学习党内各项工作条例，养成按《条例》办事的习惯，严格按照《条例》履行职责、行使权力、开展工作。二要完善以民为本制度。要坚持人民当家做主的制度安排，落实好“四议两公开”“积分评价激励”“清单管理服务”等工作制度，设立“百姓说事点”，依法保障群众的民主权益。要保持同人民群众的血肉联系，建立“不忘初心、牢记使命”制度，完善新时代党员、干部联系群众制度，创新互联网时代群众工作机制，筑牢党长期执政的群众根基。三要完善市场经济制度。要充分发挥市场在资源配置中的决定性作用，发挥好政府的宏观调控作用，营造公平竞争有序的市场环境。四要完善依法治县制度。要坚持法治寻乌、法治政府、法治社会一体建设，深入推进政府依法行政、干部依法办事、群众依法维权，保障司法机关依法独立公正行使职权，努力让人民群众在每一个司法案件中感受到公平正义。五要完善生态文明制度。要加快落实生态文明体制改革任务，健全自然资源资产确权登记、离任审计、责任追究等制度，积极探索林地“四权分离”、林地“赎买”、场外造林、“河权到户”、绿色金融等领域制度创新，探索形成一批可复制可推广的制度性成果。六要完善农业农村制度。要坚持农业农村优先发展，建立完善乡村振兴制度，扎实推进农村集体产权制度改革，探索宅基地“三权分置”的有效途径，发展壮大农村集体经济，不断释放农业农村发展活力。七要完善首位产业发展制度。要围绕首位产业当前存在的创新能力不足、引领作用不强、生产成本偏高、成长环境不优等问题，建立和完善一套保障首位产业首位发展的长效制度，推动首位产业不断做大做强。要坚决落实服务企业“无事不扰、有求必应”的承诺。

3. 要落实工作抓手。要坚持以“六大攻坚战”为主抓手，把中央打好三大攻坚战的部署贯穿始终，采取攻坚项目化的方式，千方百计推进重点项目建设。一要推进项目提速。坚定实施“项目建设提速年”活动，牢固树立“项目为王”的意识，一切围着项目转、一切盯着项目干，健全完善项目建设责任制，全要素全周期为重点项目建设提供服务保障，以争分夺秒的状态，推动项目早落地、早开工、早见效。二要推进项目提质。要加大“北上”对接力度，争取更多的中央投资和地方政府债券资金，谋划推进一批打基础、管长远、惠民生的重大项目，对政府项目没有资金来源的一律不得审批、不得开工。要加大“南下”招商力度，紧盯建链、强链、补链的目标，主攻招大引强，全力争取一批大项目好项目落地。三要推进项目提效。要坚持效果导向，严把项目准入关口，着力引进符合产业转型需要、生态发展需要、民生发展需要的项目，坚决把好环境保护关、投资效益关、质量安全关，不能“捡到篮子里都是菜”，推动实现项目经济效益、社会效益和生态效益的有机统一。

政府工作报告

——在县十八届人大五次会议上

（2020 年 3 月 10 日）

县长　杨永飞

2019 年工作回顾

过去的一年，面对复杂多变的宏观形势和日益繁重的发展任务，在市委、市政府和县委的坚强领导下，全县上下以脱贫攻坚为统揽，以“不忘初心、牢记使命”主题教育为主线，以高质量发展为导向，精准施策、定向发力、负重前行，经济社会发展在原有的基础上开创了新局面、取得了新成效，较好完成了县十八届人大四次会议确定的各项任务。

——顺应时代，经济运行跑出“加速度”。全面落实“六稳”要求，主要指标在下行压力加大的情况下继续保持稳中有进、进中向好、质效双升的良好态势。全年完成财政总收入 9.7 亿元，增长 6.6%，一般公共预算收入 5.79 亿元，增长 1.3%。实现生产总值 99.25 亿元，增长 8.3%；规模以上工业增加值增长 8.4%，固定资产投资增长 9.6%，社会消费品零售总额增长 11.3%，进出口总额增长 34.4%，城镇居民和农村居民人均可支配收入分别增长 8.6%、12%。

——勇担使命，发展基础实现大改善。一年来，我们对标上级各项要求，坚持问题导向、目标导向，推动各项工作往深里走、往实里做。值得珍惜的是，全县上下树立“小县也能大作为”的理念，勠力同心，苦干实干，连续 5 年获评全省高质量发展（科学发展）先进县。值得自豪的是，全县上下尽锐出战、越战越勇，以“零漏评、零错退、满意度 99.2%”的成绩通过贫困县摘帽第三方评估，戴了33年的贫困县顺利摘帽。值得点赞的是，在中宣部的高位推动下，深圳市支援合作寻乌取得丰硕成果，全年共争取各类资金2.3亿元，我县已成为赣州对接融入粤港澳大湾区的试验田。

——坚守初心，民生福祉交上“满意卷”。我们纾民怨、解民忧、暖民心，办成了许多过去想办而没办成的民生实事。总投资7.6亿元的太湖水库如期供水，三标乡“两个半村”最后23户群众顺利签约。群众出行条件大幅度改善，农村公路总里程达2299千米，我县被评为全省第四批“四好农村路”示范县。寻乌至龙川高速公路各项前期工作基本完成，即将开工建设。用电户均容量达2千伏安/户，提前一年完成“十三五”规划目标。依托“问政江西”“问政赣州”、政府服务“12345”热线等渠道，解决群众身边的急难事麻烦事烦心事380件，打通了为民解忧的“最后一公里”。

一年来，我们聚焦上级的部署、县委的决定和群众的期盼，主要做了以下七个方面的工作：

（一）脱贫攻坚取得新胜利。坚持脱贫统领，全面落实“1+3”工作思路，脱贫巩固提升成效显著，4个深度贫困村退出，1810人实现脱贫，全县贫困发生率下降到0.09%，我县被评为全省脱贫攻坚组织创新奖，南桥镇高排村被评为全国科技助力精准扶贫示范点。推进脱贫攻坚与乡村振兴有机衔接，安排扶贫资金5.2亿元，推动教育、金融、就业、产业、医疗、保障等扶贫政策应享尽享，一批涉及产业发展、公共服务、环境保护的项目投入使用，农村基础设施得到全面改善。高标准完成中央、省等巡视反馈问题整改91个，整改率达100%，整改工作在全省会议上作典型发言。严格落实“四个不摘”要求，处置扶贫领域问题29个、处理66人次，为脱贫摘帽提供了强有力的纪律保障。

（二）产业质效实现新突破。始终把产业发展作为高质量发展的重中之重来抓，千方百计壮大总量、提升质量。工业经济稳中有进。全县新增规上工业企业6家，总数达54家。主营业务收入57.4亿元，增长5.7%；工业固投增长18.5%，排全市第8名。签约首位产业项目8个，总投资11.8亿元，首位产业主营业务收入、高新技术企业数两项指标提前两年实现再翻番目标。持续优化营商环境，新建标准厂房22万平方米，累计为企业减负3亿元。企业创新动力不断增强，规上工业企业研发投入占主营业务收入比重达3%，华南泵业中科院院士科研中心、德新达博士工作站先后设立，开启了5G商用步伐。现代农业提质增效。产业转型取得阶段性成效，恢复柑橘生态种植面积3万亩，特色产业种植面积约14万亩，寻乌“百香果”品牌知名度大幅提升。新建大棚蔬菜2000亩、高标准农田3000亩。治理中小河流河床109千米。服务业发展亮点纷呈。“五个信贷通”累计放贷7.6亿元，为56家企业发放周转金1.3亿元。青龙岩旅游度假区对外营业，青龙岩丹霞景区国家AAAA级景区创建完成景观质量评审，花开了生态景区成功创建省级AAAA级乡村旅游景点，旅游产业迈出实质性步伐。全年电商交易额超10亿元。采茶戏《寻路》被列为省首届文化艺术基金传播交流推广资助项目。

（三）城乡品质得到新提升。持续抓整治、强功能、严管理，城乡环境实现大变样、大改善。城市越建越靓。客家风情小镇成为城市新地标，新增县城建成区面积2平方千米，城镇化率达47%，同比提升了2.8个百分点。新建农贸市场2个，新增小车停车位435个，新（改）建城区公交站台26个、公厕33座，市级文明城市创建测评验收总体成绩靠前。南桥示范镇建设取得阶段性成效。乡村越整越美。扎实推进美丽宜居试点县创建，清理残垣断壁3460处、乱搭乱建77.9万平方米、沟渠1023千米、乱堆乱放34681处。新建农村无害化公厕123座，农村无害化卫生厕所普及率达 99.2%。大力开展路域环境整治，拆除违法果业用房 30 万平方米、“铁皮棚”等乱搭乱建 15.6 万平方米、简易房 3.2 万平方米。23 个美丽宜居示范村基本成型，4 个村达到了乡村振兴示范要求，在全市考核中荣获“工作先进奖”及奖励资金 100 万元。我县城乡环卫一体化在全省第三方机构入村调查中获得了“成效保持较好”的评价。

（四）深化改革释放新动能。坚持问题导向、效果导向，啃掉了一批制约寻乌发展的“硬骨头”。试点先行推进一批。国家知识产权强县工程、河权到户、农村集体产权制度、村集体经济发展等改革试点工作稳步推进，获批全省第三批相对集中行政许可权改革试点县、全国新时代文明实践中心试点县。刀刃向内改革一批。“放管服”改革取得突破性进展，服务窗口全面实行“一窗式”综合受理模式，一窗受理率达 100%；“一次不跑”、就近办事项 507 项，占比 60.3%。“赣服通”寻乌分厅正式上线运行，上线 410 个服务事项；推出 10 个“一链办理”事项；“最多一次办结”事项 834 项，占比达 99.3%。创造经验推出一批。山水林田湖草试点改革经验在全国生态文明试验区建设经验交流会上作典型案例推广。“三治结合”乡村治理经验获最高院肯定并在央视《新闻联播》播出，脱贫攻坚、乡村治理、产业发展、生态保护等方面创造了寻乌经验。

（五）生态治理取得新成效。牢固树立绿色发展理念，八大标志性战役和 30 个专项行动取得明显成效。全县空气质量优良天数比例达 98.9%。斗晏出境断面水质稳定在三类以上，河长制工作被评为全省先进。关停禁养区内 10 家规模养猪场、1114 家散养户，采石场及三家风电场生态修复面积 6025 亩，整改环保督察问题 29 个，办结信访件 21 件。完成森林抚育 2.6 万亩、低质低效林改造 3.61 万亩。一批污水管网、城镇污水处理设施、环保设施投入使用，查处环境违法案件 13 起。会寻安生态经济区稳步推进，第二轮东江流域上下游横向生态补偿机制顺利签约，成功创建省级生态示范县。

（六）各项事业绘就新画卷。高质量完成了省 51 件和市 40 件民生实事。新建校舍面积 4.3 万平方米，文峰中小学投入使用，县职校被评为省达标中等职业技术学校，城乡学校办学条件实现前所未有的新变化。全县高考二本以上上线人数取得新突破，达到 1153 人。人民医院住院大楼、妇保院大楼主体完工，新（扩）建 3 所乡（镇）卫生院。打造了 17 个居家和社区养老服务示范点，全县新增养老床位 450 个。完成棚户区改造 341 户。纵深推进扫黑除恶专项斗争，打掉涉黑涉恶犯罪团伙 6 个，深挖细查涉黑涉恶腐败、充当“保护伞”和失职失责问题 24 件 24 人。公众安全感排全省第 20 位，公、检、法满意度分别排全省第 22 名、19 名、7 名。扎实抓好安全生产，社会保持和谐稳定，连续三年荣获全国信访工作“三无”县称号。

（七）自身建设迈出新步伐。深入开展“不忘初心，牢记使命”主题教育，政府系统提效能、抓落实、促发展的能力不断提升。深化“五型”政府建设，扎实推进政府系统“三减三强两倡导”活动，会议、文件数量分别同比下降 30%，对乡村督查考核事项同比减少 50%，清理整治不合理的乡村挂牌 3308 块。法治政府建设纵深推进，办理人大建议 47 件，政协提案 58 件，建议、提案办结率、满意率均达 100%。严格落实党风廉政建设和意识形态工作责任制，持续整治群众身边腐败和作风问题，推动政府系统全面从严治党向纵深发展。

各位代表，过去一年，我们坚持一门心思谋发展、一以贯之抓落实、一张蓝图干到底，一些工作取得了阶段性成绩、突破性进展、标志性变化，为全面建成小康社会及今后更长远发展奠定了坚实基础、积蓄了强劲动能。这些成绩的取得，是县委坚强领导、科学施策的结果，是全县人民苦干实干、追梦逐梦的结果。在此，我代表县政府，向各位人大代表、政协委员，向真诚理解和鼎力支持我们的老领导、老同志，向奋斗在全县各条战线上的广大干部群众，向所有关心帮助寻乌发展的各界人士，致以崇高的敬意和衷心的感谢！

需向代表说明的是，受经济下行、减税降费等诸多因素影响，GDP、规模以上工业增加值、财政总收入、实际利用外资分别低于年初预期目标 0.7、1.1、3.4 和 2.6 个百分点。同时，我们也清醒地看到，我县经济下行压力加大，尤其是经济总量偏小、财政收支矛盾突出，追赶跨越的任务繁重；三次产业结构不合理，创新驱动成效不明显，产业支撑力不够强；民生保障和社会事业仍有欠账；政府职能转变还不够彻底，作风建设有待进一步加强。对这些问题，我们将不回避、不掩饰，着力解决。

2020 年工作安排

2020 年，是脱贫攻坚的决战决胜之年，是全面建成小康社会和“十三五”规划的收官之年，做好全年政府工作意义重大。今年政府工作的总体要求是：坚持以习近平新时代中国特色社会主义思想为指导，全面贯彻党的十九大和十九届二中、三中、四中全会精神，习近平总书记视察江西和赣州重要讲话精神，以及中央经济工作会议、省委十四届十次全会、省委经济工作会议、市委五届八次和县委十五届九次全会精神，聚焦“作示范、勇争先”的目标定位和“五个推进”的更高要求，紧扣全面建成小康社会目标任务，坚持稳中求进工作总基调，坚持新发展理念，坚持以供给侧结构性改革为主线，坚持以改革开放为动力，坚决把打好中央“三大攻坚战”贯穿经济发展全过程，全面做好“六稳”工作，统筹推进稳增长、促改革、调结构、惠民生、防风险、保稳定，落实“153”战略，全面推进经济社会高质量发展，加快建设革命老区高质量发展示范县，确保脱贫攻坚决战决胜和全面建成小康社会圆满收官。

今年发展的主要预期目标是：实现 GDP 增长 8.6%，规上工业增加值增长 8.8%，财政总收入增长 8.2%，一般公共预算收入增长 8%，固定资产投资增长 10.5%，社会消费品零售总额增长 10.5%，实际利用外资增长 7%，出口总额增长 2%，城镇、农村居民人均可支配收入分别增长 8.5% 和 11%。

受前期疫情防控影响，要实现上述目标和任务，需要全县上下只争朝夕勇担当，快马加鞭往前赶，撸起袖子加油干，坚定信心、争分夺秒抓好以下七个方面的重点工作：

一、凝心聚力抓巩固、促提升，着力在决胜脱贫攻坚上取得更大战果

今年是脱贫攻坚决战之年，务必保持“1+3”总体思路不变，做到责任、力度、成效三不减，夺取脱贫攻坚全面胜利。

（一）落实“清零”行动。聚焦致贫主因，紧扣核心指标，逐户对照排查、逐项查缺补漏，确保全县最后 246 人脱贫。扎实做好城镇贫困群众脱贫解困工作，完成 488 户 891 人城镇人口脱贫解困任务。增加弱劳力贫困家庭收入，对完全或部分丧失劳动能力的特殊贫困人口实行兜底保障，对失能、半失能特困人员进行集中供养和集中照料。

（二）做实脱贫普查。围绕家庭基本情况、就业和收入、两不愁三保障等情况，扎实开展脱贫攻坚“回头看”，对全县 12212 户贫困户认真开展问题排查，及时完成问题整改。积极开展“大走访”活动，切实提升非贫困户的认可度，确保高质量通过全国脱贫攻坚普查工作。

（三）抓实后续巩固。落实“四个不摘”要求，把产业扶贫和就业扶贫作为巩固脱贫质量的

关键举措，不断增强扶贫对象的自我发展能力和造血功能。坚持做到“五个不变”，对已退出的贫困人口，保持扶贫政策和帮扶措施不变，确保已脱贫人口稳定脱贫。强化动态预警监测机制，落实防贫保险等措施，高度关注新冠肺炎对贫困户产业发展的影响，盯紧脱贫不稳定和贫困边缘群众，切实防止致贫返贫现象发生。

各位代表，脱贫攻坚是一场没有硝烟的战争，越到最后越要咬紧牙关、迎难而上，越要保持敢闯敢拼、甘于奉献的精气神，以不获全胜决不收兵的意志啃下脱贫硬骨头！

二、千方百计优服务、促集聚，着力在挺起工业脊梁上取得更大发展

以更大力度、更实举措推进“主攻工业，三年再翻番”任务，推动寻乌工业厚积薄发、弯道超车。

（一）打好首位产业聚集牌。聚力打好产业基础高级化和产业链现代化“两化”攻坚战，抓好通用设备制造、五金配套产业服务功能区建设，重点完善首位产业上下游配套产业链。落实每周县领导外出招商制度，力争年内引进亿元以上首位产业项目12个，其中投资10亿元以上项目2个、20亿元以上1个，首位产业企业达到60家，首位产业集聚平均度和区域认可度达到45%，切实提升寻乌通用设备制造品牌的影响力。

（二）打好园区平台建设牌。开展集群式项目满园扩园行动，全面完成产业孵化示范基地建设，新建工业标准厂房10万平方米，实现企业“最快入驻”。深入推进“僵尸企业”回收处置工作，盘活通诚稀土、文峰钢铁（一厂）等工业用地，实现园区亩产投资强度、营业收入“双提升”。按照“一园三区”总体布局，完善污水处理管网、路网、绿化、给排水等配套设施，启动科技大道至城南大道的照明工程，确保杨梅园区入驻企业全面投产，力争园区全省排位稳步前移，构建支撑产业集群发展、创新发展、融合发展的公共服务体系。

（三）打好转型升级创新牌。持续推进社会研发投入攻坚行动，力争全社会研发投入经费分别占GDP和企业主营收入比重提升至1.88%以上、1.06%以上。加大传统工业技改项目建设力度，加快杨氏果业、亿迪生精密科技、地康药业、恒源科技、世纪陶瓷等企业技术改造，推动传统产业产品做精、做特、做优，培育主营业务收入超10亿元企业1家、5亿元3家以上。深入实施质量强县和创新驱动战略，创新产学研用融合模式，打造若干寻乌制造企业品牌。加快智慧园和5G商用建设，做实做优华南泵业院士科研中心、德新达博士科研工作站等科研平台，力争新引进1家院士工作站或科研中心，辐射带动园区首位产业创新发展。

（四）打好营商环境服务牌。落实“降成本、优环境”专项行动，力争全年减税降费2亿元以上。全面落实“省20条”“市30条”“县25条”措施，帮扶企业满负荷生产。深入推进“四个一”帮扶机制，利用企业精准帮扶“APP”平台，用好企业开办“一窗办”系统，着力解决企业招工难、物流成本高、人才短缺、融资难融资贵等问题，实现企业帮扶精准化。

三、坚定不移补短板、作示范，着力在促进乡村振兴上取得更大飞跃

落实“五个振兴”要求，促进脱贫攻坚与乡村振兴有机衔接，让寻乌大地面貌更美、活力更强、生机更足。

（一）推进农业现代化。坚持“柑橘为主，多元发展”的思路不动摇，落实生态建园措施，完成柑橘恢复生态种植3万亩，因地制宜发展蔬菜、百香果、甜柿、猕猴桃等特色产业，全方位拓宽农民增收致富门路。新增大棚蔬菜2000亩，推广“龙头企业＋合作社＋农户”经营模式，培育更多基本菜农。启动农产品交易中心建设，确保幸福小镇蔬菜运营中心全面投产。发挥消费扶贫作用，推进农产品标准化、品牌化、规模化建设，打造深圳及粤港澳大湾区优质农产品供应基地。兴建高标准农田1万亩。加快生猪复产增养，引进大型养殖企业2家，确保年出栏13.4万头、存栏8.2万头以上。

（二）建设美丽乡村。实施农村人居环境提档升级行动，推进污水治理、厕所革命、违法搭建整治、风貌管控等任务，加快补齐农村基础设施和公共服务短板。高质量完成154个村人居环境整治验收，打造G236—G206精品示范线路和南桥、三标两个示范乡（镇）。落实管护经费及长效管护机制，争创全省美丽宜居示范县。按照“251”模式，用好新时代文明实践所（站），常态化开展乡风文明行动，形成一套可复制、可推广的经验做法，打造更多的乡村振兴示范点。

（三）激发农村活力。开展宅基地改革、农业产权制度改革和村集体经济发展改革试点等，启动房地一体的农房抵押贷款，引导农村土地资源有序流转，增强乡村经济发展活力。逐步合并人口较少、群众生活较差的村组，有序引导农村人口向城区和圩镇集中。深化林权制度改革。大力发展林下经济、休闲农业、乡村旅游、农村电商等新业态，推动农村一二三产业深度融合。

四、全力以赴促消费、添动力，着力在引爆第三产业上取得更大突破

立足资源禀赋，充分发挥优势，坚持靶向发力、精准施策，努力培育第三产业新增长极。

（一）做旺旅游产业。加快金刚山旅游度假区建设，推动东江源温泉养生小镇、灵石堡公园、花开了等旅游景区全面投入运营，完成青龙岩旅游度假区国家AAAA级旅游景区创建，争创省级AAA级乡村旅游点2个以上。打造具有寻乌特色的名宴、名菜、名小吃等客家美食名片，确保青龙岩温泉酒店、东江源温泉酒店、广寻国际酒店、维也纳酒店全部开业。大力实施旅游招商推介活动，精心包装策划与周边联动的2—3条精品旅游线路，积极开展“引客入寻”活动，力争旅游接待人数和旅游收入分别增长30%、28%以上，全力建设粤港澳大湾区旅游度假“后花园”。

（二）做活现代金融产业。运用“五个信贷通”、融资担保、再贷款等渠道，推动更多信贷资源向中小微企业倾斜。科学制定偿债计划，多措并举化解政府存量债务。加快城投集团市场化、实体化改革，完成城投集团企业发债工作。深入推进企业上市“映山红行动”，支持杨氏果业、恒源科技上市。规范金融秩序，坚决打击非法集资和乱办金融行为。启动县域金融改革创新试验区建设。促进房地产市场平稳健康发展，着力稳地价、稳房价、稳预期。

（三）做强商贸物流产业。完成皇冠明珠、丽景百汇商业综合体建设，打造多功能高品质商业综合体。丰富夜间经济市场供给，规划客家风情小镇餐饮、小吃、酒吧一条街，打造夜间经济集聚示范区。完善县级网货标准，推广“溯源+品牌”模式，推动农村电商精准扶贫农业产业标准化示范区建设，培育5家以上网销龙头企业。支持广寻现代物流园申报省级服务业集聚区，打造扶贫农特产品供应体系。

五、突出重点强功能、优品质，着力在提升城市形象上取得更大进步

聚焦精致宜居城市建设总目标，同步推进国家“三城同创”和双拥模范城市，突出重点治顽疾，完善功能补短板，让老百姓生活得更安心、舒心、暖心。

（一）推动城市功能品质再提升。启动国土空间总体规划编制，推进以马蹄河为中心的“一带、多节点、多中心”规划布局形态落地。打通林业大桥至石圳大桥东岸沿河道路，实施强国路等城区周边586亩山体复绿工程。启动岳家庄公园一期工程，新建石田心地下停车场、水角楼双层停车场等15个停车场。加快城乡公厕标准化建设、规范化管理，确保县城建成区每平方千米公厕达4座以上，二类以上公厕达65%。完成文昌路、龙廷街、晨光街等路段路灯安装，开展学习大道、新东大道整治提升，推进县城棚户区改造和6个老旧小区改造。将科技大楼工程改造提升拓展为党校和寻乌调查学院“二合一”项目，推动县城南、北方向同步发展、协调发展。

（二）实施城市精细管理再升级。启动背街小巷综合整治，实施汽车维修、国际商贸城、农产品批发、长宁农贸等专业市场建设，形成布局合理、功能完善的市场体系。完善城乡环卫一体化机制，力争全县生活垃圾分类覆盖率达到60%，生活垃圾回收利用率达到20%以上。推进城区人居环境整治工程，治理占道经营、乱搭乱建、城区污水等顽疾。落实“社区吹哨、部门报到”制度，巩固市级文明城市创建成果。启动第二批示范乡镇创建申报，加快青龙岩小镇等3个特色小镇建设。促进城市建设与旅游景点紧密融合，把整个县城作为一个旅游节点来打造，串联发展九曲湾、云盖崇、大小湖崇、青龙岩、金刚山、山水林田湖草等旅游景点，实现“城在景中、景在城中”，建设一座“来了就不想走”的城市。

（三）促进城乡基础设施再完善。争取寻龙高速、瑞梅铁路开工建设，启动X544县道红色旅游公路、金刚山2条旅游公路建设，改造危桥5座。实施南桥、菖蒲等变电站增容改造工程，新建改造低压线路115千米。完成9个新建小区3500户天然气管网配套，实现3家工业企业通气置换，确保省天然气管网会昌—寻乌段建成通气。开展老城区供水管网改造，加快推进城乡供水一体化建设，彻底解决水源、澄江、吉潭的供水问题。新建79个5G网络基站，推动全县网络提速升级。

六、持之以恒重防治、守底线，着力在彰显生态优势上取得更大成效

全面落实“生态立县、绿色崛起”战略，实现生态环境高颜值和发展高质量的有机统一，让绿色成为寻乌永恒的底色。

（一）强化综合治理。坚持对标对表，全面完成省环保督察反馈问题和长江经济带生态环境突出问题整改。加强施工扬尘、秸秆焚烧、餐饮油烟污染等专项整治，确保全县$PM_{2.5}$在18毫克以内。实施东江源流域入河排污口排查和园区企业达标排放整治，开展遗漏无证废弃稀土矿山、非金属矿山及果业面源污染治理，启动斗晏水质和水生态调查评估与水质巩固提升技术研究，确保出境断面水质长期稳定达标。

（二）健全环保设施。完成全县水电站手续补办和生态流量设施改造工作。加快五指排、牛角湾安置区污水管网以及石圳、小水路、城北广场周边等片区污水管网建设，实施“一园三区”污水管网延伸工程，健全城区、园区污水管网体系。启动5个乡（镇）污水处理设施和9个村污水处理站建设，补齐乡村环保设施短板。新建2个城区垃圾转运设施，完成中医院等15家医疗卫生机构医疗废水处理设施项目。全力争取东江流域横向生态补偿第二轮资金，扎实做好第一轮项目收尾，加快第二轮项目开工建设，努力在流域补偿项目建设上走前列、作示范。

（三）促进“两山”转化。深入实施河（湖）长制、林长制，推广河权到户改革成果。打赢松材线虫病防控歼灭战，完成场外造林1000亩、低质低效林改造3.36万亩。争取项山聪坑、福中两村打造森林乡村和省级乡村森林公园。做好山水林田湖草项目生态效益转化，加快会寻安生态经济区建设，大力发展“生态+”产业，形成“一产利用生态、二产服从生态、三产保护生态”的发展模式，全力争创国家生态文明示范县和“两山”实践创新基地。

七、紧扣期盼惠民生、增福祉，着力在满足群众需求上取得更大作为

加快推进城乡基本公共服务均等化、一体

化、优质化，不断满足人民群众日益增长的美好生活需要。

（一）夯实基础办实事。深入开展小区配套幼儿园专项整治和无证园治理，新建城东、城南、城北幼儿园及5所村级幼儿园，确保全县公办园在园人数占比达50%以上、小区配套园公办学位达到80%以上。巩固义务教育基本均衡评估成果，启动城东小学建设，逐步将10人以下教学点合并到附近村小或乡镇中心小学，全面完成寻乌职校建设任务。加强各类托管机构的监管，对安全不达标、设施不齐全的依法取缔。举办第三届全民运动会。用足用好人才引进政策措施，柔性引进首位产业、现代农业、教育、卫生重点领域紧缺人才。完成人民医院、中医院、妇保院住院大楼建设，深化医疗、医保、医药“三医联动”，降低药品和耗材价格。认真吸取这次疫情防控的经验教训，强化基层医疗体系建设，提升医疗救治应急能力，着力补齐公共卫生短板，最大责任筑牢人民健康的坚实防线！

（二）完善体系强保障。加强农民工用工实名制管理，确保农民工工资足额发放到位。提高城乡居民基本养老、基本医保和低保等补助标准。深入开展殡葬综合改革试点，深化移风易俗、文明治丧。健全养老服务体系，推进夕阳红康养中心及居家和社区养老站点建设，改造提升社会福利中心和16所农村敬老院，争取三标乡中心敬老院及东江源颐养中心投入使用，新增养老床位370张，打造养老、健身、疗养胜地。

（三）狠抓治理保平安。纵深推进扫黑除恶专项斗争。全面推广“三治融合”治理经验，探索政治、自治、法治、德治、智治“五治”融合模式，推动社会治理体系和治理能力现代化。推进综治中心实体化和市域社会治理现代化建设，打造更高水平的平安寻乌、法治寻乌。抓好信访积案化解。开展安全生产十大专项整治行动，坚决遏制较大以上事故发生。加强食品药品安全源头管控，积极创建食品安全示范城市。

（四）坚持不懈优服务。全面启动权责清单清理工作，衔接落实省、市取消调整行政审批项目。大力推进相对集中行政许可权改革。持续开展减证便民行动，确保10月底前实现80%以上的事项无证明办理。提升“12345”政府服务热线二级、三级平台服务能力，建立政务服务“好差评”制度，力争事项办结率、群众满意率分别达98%、95%以上。推进乡镇便民服务中心标准化建设，年底前实现政务服务网络县乡村全覆盖，实现依申请类政务服务事项网上可办率达到80%以上。打通“信息孤岛”，拓展“赣服通”寻乌分厅功能，实现高频事项掌上可办率达到70%以上，努力打造“四最”营商环境。

各位代表，新时代呼唤新担当，更要新作为。我们深知“打铁还需自身硬”，县政府将持续深化“五型”政府建设，大力推进政府治理能力现代化，建设人民满意的政府。坚守信念讲政治。坚持把党的领导贯穿于改革发展稳定的全过程，不断强化“四个意识”，坚定“四个自信”，做到“两个维护”，不折不扣落实上级各项决策部署，真正用实干体现对党忠诚、用成效体现担当作为。开拓创新抓落实。用好深圳市支援合作的机遇，探索一条“革命老区＋社会主义先行示范区”的合作路径。贯彻落实新发展理念，推进政府治理理念创新、服务模式创新、体制机制创新，确保高质量发展这一首要战略落到实处。不忘初心敢担当。认真落实“不忘初心、牢记使命”，坚持正向激励和严格问责相结合，着力整治“怕、慢、假、庸、散”等作风顽疾，扎实开展“项目建设提速年”活动，鼓励担当实干，敢于攻坚克难，确保各项决策部署在我县落地生根。廉洁从政守底线。严格控制和压缩一般性支出，集中财力保障和改善民生。认真履行全面从严治党的政治责任，全面落实中央八项规定及其实施细则精神。坚持依法行政，全面推进基层政务公开标准化规范化，主动接受人大、政协、舆论和社会的监督，驰而不息正风肃纪，让“过硬”成为干部队伍的鲜明底色。

注释：

“四个不摘”：摘帽不摘责任、摘帽不摘帮扶、摘帽不摘政策、摘帽不摘监管。

“五型”：忠诚型、创新型、担当型、服务型、过硬型。

“三减三强两倡导”：精减文件简报、精减会议活动、精减督查考核，强化问题破解、强化大干项目、强化政务服务，倡导“一线工作法”、倡导“尽职尽责敢担当、不为乱为皆问责”

“153”战略：“1”是坚持一个引导，即高质量发展方向；“5”是抓好五项重点，即绿色、创新、协调、开放、共享；“3”是夯实三个支撑，即党建、制度和项目。

“五个不变”：坚持脱贫攻坚统揽经济社会发展全局不变、坚持把脱贫攻坚作为头等大事和第一民生工程不变、坚持把脱贫攻坚摆在全县工作最优先位置不变、坚持尽锐出战不变。

“省20条”“市30条”“县25条”：《省政府关于有效应对疫情稳定经济增长20条政策措施的通知》、《市政府关于有效应对疫情稳定经济增长30条政策措施的通知》、《寻乌县关于有效应对疫情稳定经济增长25条政策措施的通知》。

“三城同创”：国家文明城市、卫生城市、园林城市。

“四最”：政策最优、成本最低、服务最好、办事最快。

大事记

1月

1日 寻乌县举行县新汽车客运站运营暨寻乌客货运输有限公司镇村公交分公司开业仪式。

9日 省公安厅治安总队政委吁小平到寻乌县考核检查2018年度安全生产工作。

上旬 赣州市印发《关于建设会（昌）寻（乌）安（远）生态经济区的意见》，支持寻乌县打造绿色发展先行区。

11日 市委副书记、市长曾文明到寻乌县督导客家风情小镇等项目建设工作。

是日 第二届广东省江西寻乌智库论坛在广州市番禺区星河湾国际会议中心举行。

12日 县图书馆新馆开馆。新馆现有馆藏书籍19.4万册，设置阅览座位530个。

15日 县政务服务中心大楼正式启用。该中心建筑面积10900平方米，共有44个部门（单位）入驻，办理484项政务服务事项。

中旬 首届"人民优选"供需对接大会在北京举行，寻乌县"陈忠欧"品牌脐橙成功入选"人民优选"。

中旬 城区客家风情小镇音乐喷泉亮相。该音乐喷泉配备专用水泵125台，中心高喷水柱设计高度80米，副高喷水柱设计高度50米。在整个音乐喷泉表演中，可以喷射出十余种造型，并融入寻乌元素，配有全彩激光、数码摇头探照灯、投影等光学及影像设备。

中旬 寻乌县龙涯山生态农场（所属水产养殖场）被农业农村部授予水产健康养殖示范场。

18日 寻乌县开展扫黑除恶专项斗争以来首例恶势力"保护伞"嫌疑人邝某添被逮捕。

是日 中国银行寻乌支行举行开业仪式。

19日 寻乌籍士官范富如荣立二等功。范富如是长宁镇石圳村人，现为武警福建省总队机动支队三期士官。

20日 中山西路农贸市场正式开业。该项目总投资3300万元，占地3000多平方米，总建筑面积7700余平方米，内设137个摊位，并采用分区经营模式，划分为蔬菜、水果、家禽、水产等区域。

21日 由江西国盛证券捐赠60万元建设的项山乡中坑村国盛星火广场竣工。

22日 中共寻乌县委十五届七次全体（扩大）会议召开。

是日 县人民医院首例介入手术成功救治重症患者，救治一位肝脏肿瘤破裂大出血病人。

中旬 寻乌县人民法院荣获"全国优秀法院"称号。

23日 江西省委常委、宣传部部长施小琳到寻乌进行春节走访慰问并调研中宣部"学习强国"学习平台用户服务中心（寻乌）运行情况。

26日 全县落实省委第八巡视组专项巡视反

馈意见整改工作部署会召开。

28日 中宣部“学习强国”学习平台用户服务中心（寻乌）正式上线。

29日 寻乌县举行首届“客家老俵春晚”暨新时代文明实践中心传习大舞台演出。

2月

1日 中共寻乌县第十五届纪律检查委员会第四次全体会议召开。

9—10日 2019年“春风行动”寻乌县首位产业暨就业扶贫招聘大会在县城北广场举行。

27—28日 深圳市委常委、宣传部长李小甘到寻乌县调研对口支援工作。

28日 省农业农村厅党委书记江枝英到寻乌县调研农业农村工作。

3月

1日 全县扫黑除恶专项斗争领导小组成员会议召开，贯彻落实省委扫黑除恶专项斗争第二轮督导工作动员会精神。

4—5日 省人大环资委办公室调研员谢爱林到寻乌县开展环保赣江行跟踪回访活动。

上旬 寻乌县澄江镇周田村入选国家住建部、国家文物局公布的中国历史文化名村。

9—11日 县政协十三届四次会议召开。

10—12日 县人大十八届四次会议召开。

12日 深圳市卫健委党组书记、主任罗乐宣到寻乌县考察调研支援合作工作。落实《深圳市与寻乌县支援合作方案》。

是日 市中级人民法院党组书记、院长邹宇平到寻乌县调研指导法院工作。

13—14日 省统计局局长万庆胜到寻乌县调研第四次全国经济普查及乡（镇）统计站建设工作。

14日 省生态环境厅党组书记、厅长陈小平到寻乌县调研生态环境保护工作。

是日 中影集团新农村数字电影发行放映公司总经理李建军到寻乌县调研农村公益电影放映工作。

中旬 深圳敬泽医养科技有限公司董事长周原到寻乌县调研考察对口支援工作。

26日 全县3月重大项目集中开工仪式在县医疗康复养生中心（二期）项目建设现场举行。此次集中开工的6个项目包括3个工业攻坚项目、1个基础设施攻坚项目、2个现代服务业攻坚项目，总投资额达12.59亿元，年度投资额6.15亿元。

下旬 中宣部、财政部、文化和旅游部、国家文物局联合发布《革命文物保护利用片区分县名单（第一批）》，寻乌县等101个县级行政区列入片区名单。

4月

1日 全省村妇女小组长配备工作现场会在寻乌县召开。与会人员先后到留车镇飞龙村、文峰乡双坪村，考察村妇女小组长配备工作和“赣南新妇女”运动成效。

是日 深圳广电集团党组副书记、总经理刘璋飚到寻乌县考察调研对口支援工作，并与寻乌县签署战略合作协议。

2日 中宣部机关党委常务副书记、机关纪委书记黄永生一行到寻乌县调研“学习强国”学习平台用户服务中心（寻乌）建设等工作。

2—3日 深圳市宝安区妇幼保健院医疗专家团队到寻乌县妇幼保健院开展对口支援义诊活动。

上旬 国家发改委基础司副司长马强到寻乌县调研长江经济带生态保护与修复、绿色发展等工作。

2—4日 广东省委副书记、深圳市委书记王伟中率深圳市考察团到寻乌县考察调研，推进支援合作等工作。

4日 全县“打击欺诈骗保维护基金安全”集中宣传月活动启动。

6日 全县上万名干部群众迎接在四川凉山森林救火中不幸牺牲的古剑辉烈士魂归故里仪式。11日，古剑辉烈士安葬仪式在县革命烈士陵园举行。

上旬 江西农业大学教授徐小彪到寻乌县晨光、文峰、澄江等乡镇的猕猴桃种植基地开展猕猴桃春季管理和授粉技术培训。

8—9日 南昌工程学院校党委委员、副校长汪荣有到寻乌县调研对口支援工作。

11—12日 深圳市文广旅体局长张合运到寻乌县考察调研对口支援工作。

15日 县大湖水库配套工程大路水厂正式供水。该水厂于2018年8月动工。年供水能力2018万立方米，解决全县18.77万人饮水。寻乌润泉供水有限公司大路水厂通水。

16日 全县招商引资项目集中签约仪式举行，此次签约智能橡机和环保设备制造、数控自动化设备机械、泽而智能包装机械、塑料设备制造、磁能电子设备制造、寻乌县金刚山旅游度假区6个项目，总金额达33.58亿元。

是日 陕西省咸阳市委常委、政法委书记张小平到寻乌县，就县人民法院参与乡村治理、“寻乌经验”等进行考察交流。

16—17日 深圳爱心画家周桂云、东海腾龙公益基金发起人姜东升、深圳关爱办专职副主任陈励一行到寻乌县考察对口支援工作。

17日 国家统计局核算司副司长徐雄飞、资料中心主任钟守洋一行到寻乌县调研工业经济发展和统计资料运用工作。

是日 北京德青源农业科技股份有限公司副总裁姜顺湖到寻乌县考察金鸡项目事宜。

20日 2019年南粤古驿道定向大赛在寻乌县南桥镇古坑村开赛。其间，出席定向大赛的领导还到青龙岩度假区灵石温泉、南桥镇南龙村张天塘综合文化服务中心调研。

20—21日 市委副书记刘文华到寻乌县调研中宣部及深圳市对口支援等工作。

23日 省红十字基金会在寻乌县三标乡中心小学举行“名著小书包”捐赠仪式，向该校学生发放357套“名著小书包”。

23—26日 深圳报业集团到寻乌县开展“饮水思源”集中采访活动。

24日 寻乌县与深圳报业集团签署战略合作协议。

27日 寻乌县举行巾帼志愿者协会成立大会暨“爱在身边”巾帼志愿者服务系列活动启动仪式。

28日 全县4月重大项目集中开工暨恒坤数控自动化设备机械项目开工仪式举行。此次集中开工的4个重大项目总投资4.5亿元，包括恒坤数控自动化设备机械、迈特设备制造、锦辉橡胶和环保设备机械制造3个工业项目，以及寻乌县职教园区（四期）建设项目。

是日 县委十五届全面深化改革委员会第一次全体（扩大）会议召开。

30日 市委常委、市军分区政委、党委书记陈李忠到寻乌县看望慰问古剑辉烈士家属。

5月

6日 江西省委副书记、省长易炼红到寻乌调研脱贫攻坚等工作。

7日 赣州市宣传部长座谈会在寻乌县召开，会上，寻乌县就新时代文明实践中心建设作经验交流发言。

是日 自然资源部国土空间生态修复司副巡视员卢丽华到寻乌县调研山水林田湖草生态保护

修复试点工作。

是日 大型赣南采茶戏《寻路》在深圳市龙岗区演出。

8日 举行全县4月七大攻坚重点项目民主评议活动。

10—11日 第七届全国高校数字艺术设计大赛组委会在寻乌县召开共建红色教育实践基地研讨会，并举行全国首批参赛院校共建红色教育实践基地签约揭牌仪式。大赛组委会秘书长郭清胜为基地揭牌。

11—12日 中宣部研究室、深圳市委宣传部、上海工艺美术职业学院、上海工程技术大学、上海第二工业大学、上海出版印刷高等专科学校、江西理工大学、南京信息职业技术学院、厦门城市职业学院、泉州华光职业学院代表在寻乌县召开对口支援、扶贫建设等工作研讨会。研讨会结束后，与会各高校代表分别与毛泽东寻乌调查纪念馆签订协议，成为该红色教育实践基地的首批挂牌高校。

14—15日 华中农业大学园艺林学学院罗正荣、李国怀、蔡礼鸿3位教授到寻乌县三标乡富寨村、三标村、黄陂村，吉潭镇黎坑村，南桥镇东江源田园综合体等地指导甜柿、鹰嘴桃和猕猴桃产业发展工作并举行培训班。

16日 第十五届中国（深圳）国际文化产业博览交易会在深圳会展中心开幕，寻乌展区精彩亮相。

是日 县十八届人大常委会第十八次会议召开。听取和审议并原则通过《县人民政府关于2018年度县人大常委会对各项工作报告审议意见的研究处理情况的综合报告》《关于〈老年人权益保障法〉执法检查后整改情况的检查报告》《县人民法院〈关于提请确定人民陪审员名额数的议案〉》等议题。会议进行相关人事任免，举行宪法宣誓仪式。

18日 中央政治局委员、中央书记处书记、中央宣传部部长黄坤明视察第十五届中国（深圳）国际文化产业博览交易会，期间到寻乌展团视察，对寻乌“文化＋创意”“文化＋旅游”“文化＋农业”给予充分肯定。

是日 新形势下PPP助力县域脱贫攻坚与经济发展寻乌研讨会召开。清华大学政府和社会资本合作研究中心首席专家、清华大学建设管理系教授、博导王守清，清华大学政府和社会资本合作研究中心合作与培训部部长陈佳佳出席会议。国家发改委投资研究所主任吴亚平，国家发改委PPP专家、中国国际工程咨询公司研究中心处长、博士罗桂连出席会议并做专题课。

中旬 深圳市龙岗区人力资源局党组成员、区职业训练中心主任张建平到寻乌县落实支援合作帮扶项目。

20日 首次参加第十五届中国（深圳）国际文化产业博览交易会的寻乌展团荣获交易会组委会优秀组织奖。

是日 全县退役军人服务保障体系建设调度会召开并举行烈属、军属和退役军人等家庭悬挂光荣牌工作启动仪式。

22—23日 广东省妇联副巡视员、发展部部长高穗生到寻乌县调研农村妇女小组长配备和“赣南新妇女”运动等妇女工作。

23日 广东省惠州市检察院党组书记、检察长杨宇到寻乌县调研对口帮扶工作。

24日 县委书记柯岩松到留车镇调研脱贫攻坚和农业农村工作并召开座谈会。

27—30日 江西日报总编辑张天清率领由《江西日报》《香港文汇报》《深圳特区报》等媒体组成的联合采访团到寻乌县开展“寻访东江源”联合采访报道活动。

28日 广东省潮州市政协副主席郑锦鹏到寻乌县考察山水林田湖草生态保护修复工作。

29日 中国铸造协会副秘书长、产业集群工作委员会秘书长马宏儒到寻乌县考察指导铸造产业发展工作。

31日 全县5月重大项目集中开工暨江西磁特科技有限公司项目开工仪式举行。此次集中开工江西磁特科技有限公司和江西合丰智能装备有限公司两个项目。

6月

1日 5时至10时，寻乌县遭遇20年未遇的强降雨天气，主要集中在晨光、菖蒲、留车一带。此次强降雨导致全县受损房屋52间，滑坡180处2875立方米，道路损毁92处911米，道路堵塞80处187米，损毁水渠19处1360米、堤防河岸23处421米，农田受淹3826亩，农田损毁800亩。转移受灾群众83户267人。

上旬 “寻乌客家宴”获评“赣南客家名宴”。“寻乌客家宴”包括山药肉骨茶（功夫汤），红军早饭（糙米饭、豆腐渣），酒糟三宝（酒糟豆腐、鱼、油渣），以小胜大（炒灯笼椒），有福共享（猪肝心肺汤），就地取材（韭菜炒螺蛳肉），金鸡尚客（文峰果园鸡），羊望三省（项山黑山羊），东江香猪（东江源藏香猪），牛气冲天（南桥黄牛肉），秘制番鸭（晨光番鸭），人寿年丰（农家腊味），年年有余（客家鱼冻），麻包豆腐（寻乌馕麻包），乡思乡愁（寻乌炒三丝），军民一家亲（客家焖缸菜），红军菜（红菌豆渣煮苋菜），花样点心（榴莲酥、木瓜酥、荷花酥、南瓜酥）共18个菜品。

3—5日 中国作协联合平安集团举办的“村暖花开·三村采风行”作家助力精准扶贫公益项目作家采风团到寻乌县开展采风活动。《中国作家》杂志社主编程绍武，鲁迅文学奖获得者吴克敬、许晨、纪红建，著名散文家江子，著名作家张锐强，报告文学作家傅逸尘等参加采风。

4日 国家统计局住户调查办公室副主任方晓丹到寻乌县开展脱贫攻坚普查等专项调研。

上旬 寻乌县钟粤兴、李新华、池登科、陈爱松、林海峰、何竣锋6名优秀科技工作者获赣州市百名优秀科技工作者称号。

11日 会昌、寻乌、安远三县生态经济区产业合作推介会在深圳举行，签约9个项目，签约资金达75.59亿元。其中，寻乌县金刚山旅游度假区建设项目签约资金23.88亿元。

13日 中共中央政治局委员、中央书记处书记、中宣传部长黄坤明到寻乌县看望贫困群众。

是日 国家发展改革委国土开发与地区经济研究所城镇发展研究室主任欧阳慧到寻乌县调研对接融入粤港澳大湾区工作。

14日 中国电影集团公司纪委书记袁临敏到寻乌县调研农村公益电影放映工作，并向寻乌县捐赠一批公益电影放映物资。

18日 最高人民法院新闻局组织中国日报、中新社、法制日报、人民法院报、人民网、中国网等10多家媒体记者到寻乌县开展“不忘初心，再谱新篇”主题采访活动，推广寻乌县“三治”（自治、法治和德治）工作经验。

是日 闽粤赣边区革命史研究会会长、国家统计局福建调查总队原总队长兼党组书记魏晓光到寻乌县毛泽东寻乌调查纪念馆、圳下战斗旧址参观学习。

18—19日 光明日报社采访团到寻乌县采访脱贫攻坚工作。

19日 市政协副主席邹军到寻乌县调研少数民族地区脱贫攻坚工作。

27日 寻乌县与深圳市三舰客节能科技有限公司举行总投资2亿元的空压机系统设备研制项目签约仪式。

7月

3日 省社联党组成员、副主席汤水清到寻乌县，就“江西产业扶贫可持续研究”开展专题调研。

5日 省文化和旅游厅党组书记、厅长池红到寻乌县指导“不忘初心、牢记使命”主题教育。

是日 县政府第70次常务会召开，审议并原则通过《2019年寻乌县统筹整合财政涉农村扶贫资金年度调整实施方案》《寻乌县“四好农村路”（镇村公交）省级试点县实施方案》《寻乌县生态环保基础设施建设三年行动计划》《寻乌县农村集中供水工程运行管理考评办法》《寻乌县重点领域紧缺人才引进和培养办法（试行）》等议题。

是日 省社会科学院副院长、研究员龚建文到寻乌县调研加快革命老区高质量发展工作。

7日 寻乌县与惠州市四季绿农产品有限公司举行四季绿（赣州）农业项目签约仪式。县长杨永飞代表县政府与惠州市四季绿农产品有限公司董事长张宋签约。

8日 省委书记刘奇到寻乌县调研“学习强国”学习平台建设、环境保护与精准扶贫工作。

14日 《江西寻乌：创新乡村治理 树立良好村风》在央视《新闻联播》播出，聚焦寻乌县自治、法治、德治“三治”乡村治理的“寻乌经验”。

15日 赣州市基层党建质量提升暨村集体经济工作推进会与会人员到寻乌县观摩党建示范点建设工作。

中旬 “募师支教”美丽乡村计划在深圳启动，赴寻乌落实“乡村医疗扶贫”“致敬困境中的行善者”“爱心保险”“鹏城小书屋”“爱心小书桌”“乐高教室”6大帮扶项目，活动共筹集50万元资金支援寻乌。

中旬 寻乌县入选江西首批美丽宜居试点建设县。

18日 全县7月重大项目集中开工仪式举行。此次集中开工的三个重大项目分别为江西三舰客气体技术有限公司项目、寻乌县水系统修复工程项目和寻乌县土地综合整治项目。

23日 中共寻乌县委十五届八次全体（扩大）会议召开，审议并表决通过《中共寻乌县委关于贯彻习近平总书记视察江西和赣州重要讲话精神奋力打造高质量发展示范县的决定》。

23—24日 国家医疗保障局价格招采司副司长丁一磊到寻乌县调研医疗保障扶贫工作。

31日 新东新区农贸市场正式投入运营。该农贸市场建设总投资5630万元，占地12000多平方米，总建筑面积21038平方米，内设156个摊位，采用分区经营模式，划分为蔬菜、水果、家禽、水产等区域。

8月

上旬 农业农村部、财政部近日批准全国298个镇（乡）开展农业产业强镇建设，寻乌县留车镇入选，获得中央财政配套资金1000万元。

5—6日 省人大法制委主任刘义砾到寻乌县调研《江西省生态文明建设促进条例（草案）》立法工作。

10日 寻乌中学物理教师黄才发被中央宣传部、中国科学技术协会、科技部、中科院、工程院、国防科工局评为2019年度“全国最美科技工作者”。

12日 县委第七轮巡察工作动员部署会召开。本轮巡察派出5个巡察组，从8月12日至9月20日，常规巡察县委统战部等9个单位，对污染防治攻坚战工作相关职能单位、乡镇开展巡察“回头看”。

13日 国务院扶贫办社会扶贫司副巡视员王大洋到寻乌县考察消费扶贫暨电商工作。

17日 全县庆祝第二个“中国医师节”主题晚会暨颁奖典礼在县文化艺术中心举行。

18日 菖蒲乡虎石村举行虎石村教育发展基金会成立大会暨奖助学金发放仪式，向7名学生发放13000元奖学金，向虎石村小学捐赠10000

元基础设施建设资金。

19日 中国宋庆龄基金会、深圳市龙岗区人民政府、寻乌县人民政府主办的壮阔70年·阔步新时代“深圳声乐季·中国声乐人才培养计划”走进基层寻乌公益音乐会在寻乌县文化艺术中心举行。

23日 寻乌县举行5G基站开通暨5G应用战略合作协议签订仪式，标志着寻乌县正式进入5G时代。此次开通的5G基站为县“学习强国”学习平台客服中心（寻乌）、县工业园区管委会以及孺子牛机械股份有限公司3个5G基站。

是日 县委中心组学习会议召开，会议组织学习习近平总书记关于巡视巡察工作重要论述、全国巡视工作会和全国市县巡察工作推进会精神、全省巡视巡察工作会议暨十四届省委第六轮巡视工作动员部署会精神以及安全生产方针政策和法律法规。

下旬 省人大常委会选任联工委组织江西省选举的部分全国人大代表到寻乌县，开展“争取新一轮农村水利、农村人居环境整治和地质灾害治理等政策支持”专题调研。

26日 寻乌县红十字会第一次会员代表大会召开，选举产生县红十字会第一届理事、常务理事以及会长、常务副会长、监事长等，审议并通过《大会工作报告》《寻乌县红十字会2016—2018年财务收支情况报告》《县红十字会2020—2022年发展规划纲要》等文稿。

27日 寻乌县与深圳市委宣传部、腾讯科技（深圳）有限公司三方，在深圳市腾讯滨海大厦签订寻乌扶贫攻坚巩固提升战略合作框架协议。

29—31日 中国·深圳（第5届）国际现代绿色农业博览会在深圳会展中心举行，寻乌县作为深圳市的支援合作县组团参展。在此次绿博会上，寻乌县农业农村局荣获最佳组团奖，寻乌县一口甜百香果专业合作社董事长林瑞平荣获“改革开放40年·改变农业40人”称号，一口甜百香果专业合作社“百香姐”品牌荣获优质农产品金奖。

30日 寻乌县举行2019年度“春蕾计划”助学金发放仪式。此次“春蕾计划”共有329名“春蕾女生”受到资助，救助金额共22.32万元。

是日 寻乌县环委会大气、水、土壤污染防治专业委员会会议暨全县环保督察问题、企业卫生防护距离、砖瓦窑企业问题整改推进会召开。

9月

2日 省水投集团党委副书记、总经理喻小平到寻乌县调研对接《寻乌县生态水源地保护与综合开发总体策划》初步成果。

是日 全县精准扶贫工作领导小组（扩大）会议召开，部署脱贫攻坚“秋冬巩固”攻势专项行动和问题整改工作。

6日 全县重点招商项目集中签约仪式举行，此次集中签约5个项目总投资5.8亿元。其中赣州巧耕人家农业发展有限公司投资1.2亿元蔬菜深加工项目，东莞市三格滤清器有限公司投资1.6亿元三格滤清制造项目，华南泵业（赣州）有限公司投资1.3亿元兴建的二期项目，由东莞市西格玛自动化科技股份有限公司投资1.2亿元的自动化设备制造项目，由江西鸿璨投资管理有限公司投资5000万元兴建的长宁集贸市场项目。

10日 国务院发展研究中心博士后、研究员梁盛平到寻乌县考察调研新经济项目及“十四五”规划编制前期工作。

16日 全市“赣南新妇女”运动流动现场会首站到寻乌县文峰乡双坪村参观交流。

21日 中央电视台编导侯建伟率自然资源部宣教中心一行到寻乌县拍摄生态修复现代远程教育电视专题片。

26日 县新时代文明实践中心举办“红歌飘扬新时代”庆祝中华人民共和国成立70周年文艺

汇演举行。

27日 中共寻乌县委中心组学习会议召开，市委主题教育第七巡回指导组到会指导。会议专题学习省委主题教育办关于《答好“时代之问”走好新长征之路推动江西主题教育高质量有特色走前列的指导意见》。

28日 寻乌县举行“喜迎国庆”重大项目集中开（竣）工活动，向新中国成立70周年献礼。此次开（竣）工项目共22个，总投资48.21亿元，涉及自动化设备制造、文化旅游、城镇建设等领域。

是日 县委书记柯岩松、县长杨永飞等县领导走访慰问离退休干部和英模先进人物代表，并向发放“庆祝中华人民共和国成立70周年”纪念章。

29日 寻乌县举行德青源金鸡产业项目开工仪式。德青源集团投资6.06亿元新建德青源金鸡产业项目，第一期建设总存栏240万羽蛋鸡养殖规模的循环经济产业示范园。

是日 寻乌县举办“壮丽70年，奋斗新时代”庆祝中华人民共和国成立70周年文艺演出。

30日 寻乌县举行革命烈士公祭活动。

10月

8日 中共寻乌县委中心组学习会议召开，会议学习习近平总书记在庆祝中华人民共和国成立70周年大会上的重要讲话精神。

是日 寻乌县举行首位产业通用设备制造暨高校毕业生就业服务行动招聘大会。

9—10日 省人大法制委副主任委员叶敏健到寻乌县调研《江西省红十字会条例（草案）》实施工作。

10日 省供销合作社党组书记、主任李晓刚到寻乌县调研深化供销合作社综合改革、加强基层供销社建设、助力脱贫攻坚等工作。

是日 河南省自然资源厅厅长张兴辽到寻乌县调研长江生态经济带重大战略和山水林田湖草生态修复重大工程管理工作。

12日 全县实施人工增雨作业，发射火箭弹6枚，全县大部分乡（镇）出现小雨，局部地区中雨，降雨量最大的留车镇佑头村达到37毫米，缓解部分区域的旱情。

16日 财政部自然资源和生态环境司副司长凡科军到寻乌县调研山水林田湖草生态保护与修复试点工作。

17日 寻乌县举行朱盼晴“见义勇为”荣誉称号颁奖仪式。

18日 中共寻乌县委常委班子调研成果交流会召开，市委第七巡回指导组到会指导。会前，与会人员到毛泽东寻乌调查纪念馆重温入党誓词，集中学习毛泽东《寻乌调查》和《反对本本主义》两篇光辉著作。

19日 举行全县第五届青少年现场书画大赛，全县中小学校的400余名选手参加比赛。

22日 粤闽赣边三县（武平·平远·寻乌）“客风·艺韵”第二届美术、书法、摄影作品联展在寻乌县举行。

23日 赣州市“话脱贫·颂党恩”新时代文明实践巡回宣讲团宣讲报告会在寻乌县举行。

28日 中共寻乌县委深改委第四次全体会议召开，会议审议并原则通过《寻乌县工程建设项目审批制度改革实施方案》《寻乌县残疾人联合会改革实施方案》。

28—29日 中国科学技术协会协调组织部分中央媒体记者赴寻乌县进行“我和我的祖国——最美科技工作者”专题相关调研采访报道，现场采访寻乌县2019年全国最美科技工作者黄才发。

31日 县十八届人大常委会第二十次会议召开。会议听取和审议并原则通过扫黑除恶专项斗争工作情况的专项报告，县人民政府《关于县十八届人大四次会议代表建议办理情况的报告》《关于提请审议江西寻乌东江源国家湿地公园延伸保护意见的议案》，代表资格审查委员会关于个别代表的代表资格审查报告；听取县人大常委会选任联工委关于县十八届人大四次会议代表建议、批评和意见办理情况的督查报告。会议还审议通过有关人事任免方案，并组织新当选人员进行宪法宣誓。

11月

4日 全县干部300多人于上午8时20分，身着正装，佩戴党徽，在县行政中心广场参加首次“我向国旗报个到”新时代文明实践升国旗活动，拉开“我向国旗报个到”新时代文明实践活动的序幕。

上旬 省政协人资环委专职副主任樊欣到寻乌县专题调研“省委、省政府推进国家生态文明实验区建设决策部署落实情况”。

14日 中央宣传部、全国“扫黄打非”办公室到寻乌县实验小学、城南小学、城关小学开展“护苗2019·绿书签”系列宣传活动。

15日 南昌工程学院党委书记徐兰宾到寻乌县调研对口支援工作，与寻乌县、江西德新达智能机械有限公司签订校地企三方“共建博士科研工作站”战略合作协议，并向寻乌县捐赠700多台电热水器。

21日 寻乌县举办“不忘初心、强国有我”主题活动启动仪式暨首期“学习强国”学习平台挑战答题擂台赛。

22—23日 上海振兴江西促进会会长、长三角振兴寻乌促进会荣誉会长马仲器，向明友基金会创始人李伟伦、会长周佐廷，长三角振兴寻乌促进会会长张智建、执行会长黄文平一行，来到寻乌县开展知识青年上山下乡50周年第二故乡参观考察活动。

23日 寻乌县举行饮用水源保护区土地房屋征收第二阶段签约安置户选房顺序号抽取仪式。本次抽取选房顺序号的对象为寻乌县大湖水库“两个半村”移民安置第二阶段（即2017年8月22日至9月8日）完成签约符合安置政策的345户安置户。

24日 深圳市龙岗区委宣传部在寻乌县开展“益行红色胜地 重温寻乌调查”徒步活动。来自深圳市及寻乌周县、市1000多名徒步爱好参加。

12月

1日 市委宣讲团在寻乌县举行党的十九届四中全会精神宣讲报告会。市委宣讲团成员、市委讲师团副团长何勇作《学习贯彻党的十九届四中全会精神加快建设革命老区高质量发展示范区》的宣讲报告。

上旬 水源乡龙塘村社区被江西省民政厅命名表彰为2018—2019年度全省“绿色社区 美丽家园”创建活动示范社区。

13日 德新达博士工作站在寻乌县江西德新达智能机械有限公司挂牌成立。

是日 国家统计局农村社会经济调查司司长黄秉信到寻乌县调研脱贫攻坚、乡村振兴和现代农业发展等工作，参观毛泽东寻乌调查纪念馆。

13—14日 中科院地理科学与资源研究所研究员邵全琴到寻乌县调研东江流域横向生态补偿工作。

19日 中国工程院院士顾国彪到寻乌县专题调研中科院电工研究所成果转移基地建设与投产情况。

中旬 寻乌县被江西省交通运输厅、江西省农业农村厅和江西省扶贫办公室命名为江西省第四批“四好农村路”示范县。

25—26日 中影新农村数字电影发行、放映公司总经理李建军一行到寻乌县商讨合作共建红色影厅相关事宜。

25—26日 华中农业大学园艺林学学院教授罗正荣、李国怀、蔡礼鸿一行到寻乌县指导甜柿、鹰嘴桃和猕猴桃等产业发展。

28日 寻乌中学举行庆祝建校80周年报告会。

30日 寻乌县举行庆祝70周年书法篆刻大赛作品展。

31日 寻乌县在赣州市政府新闻发布厅举行山水林田湖草综合治理新闻发布会。

是日 寻乌县举行消防救援大队挂牌仪式。

县情概览

建置沿革

【概　况】在5000年前的新石器时代晚期，这里就有人类居住。明万历四年（1576年），析安远黄乡、南桥、项山等15堡置县，取长治久安之义，定名长宁县。并择定石溪堡的马蹄岗为县治所在地，属赣州领辖。清沿明制，仍属赣州府所辖。

民国3年（1914年），废州府为道，隶属赣南道。是年，因避四川省同名的长宁县，将县名长宁改为寻邬。以寻邬水贯穿全境命名。

民国17年（1928年）3月25日，寻邬县共产党领导发动5万名农民武装暴动，宣布成立寻邬县革命委员会，属赣粤革命根据地之一。民国19年（1930年），毛泽东、朱德率领红军占领县城，成立寻邬县苏维埃政府（以下简称“县苏”），隶属江西省苏维埃政府。民国20年（1931年）1月，与蕉岭（广东）、平远（广东）县合并，成立蕉平寻县苏，属闽粤赣苏区特支东江西北分委。同年11月蕉平寻县停止活动，同年冬，恢复寻邬县苏。民国22年（1933年）6月，粤军陈济棠部攻占寻邬。县苏先后撤离在吉潭、澄江等地，后迁入会昌县。

民国21年（1932年），复称寻邬县，属江西省管辖。同年，国民政府把江西划分为13个行政区，寻邬属第十三行政区。

民国23年（1934年）2月，寻邬县苏与安远县苏合并，在安远清溪成立寻（邬）安（远）县苏，隶属粤赣省。3月，寻安县解体。9月，中共赣南省委决定，寻邬、安远、会昌合并，在于都小溪成立寻（邬）安（远）会（昌）县苏，直属中央苏维埃政府办事处。民国24年（1935年）4月，寻安会县苏人员在寻邬境内战斗中牺牲或失散，寻安会县苏解体。民国24年（1935年）1月，中共赣南省委决定，为在兴宁（广东）、龙川（广东）、寻邬、安远等地开辟游击根据地，在于都禾丰成立兴（宁）龙（川）寻（邬）安（远）县革命委员会。2月，兴龙寻安县委机关工作人员及挺进营400余人在突围途中被粤军打散，兴龙寻安县委停止活动。

民国23年（1934年）底，县境被粤军陈济棠部占领，复回寻邬县。民国24年（1935年），江西缩减为8个行政区，寻邬属第四行政区。冬，原属安远的雁门堡（今罗珊乡），划给寻邬管辖。

1949年8月27日，寻邬解放。同日，成立寻邬军事管制委员会。次日，成立中共寻邬县委员会和寻邬县人民政府，属宁都分区。1952年9月6日，撤销宁都分区，并入赣州专署。1954年5月24日，撤销赣州专员公署，成立赣南行政公署，寻邬隶之。1957年，经国务院批准，县名寻邬改为寻乌。1964年5月15日，撤销赣南行政公署，恢复赣州专员公署，寻乌属之。1971年1月，改称赣州地区，寻乌隶之。

1999年7月1日，赣州撤地设市后至今，寻乌隶属赣州市。

地　理

【位　置】 寻乌县位于江西省东南部，闽赣粤三省交界。东邻福建武平县和广东平远县，南界广东兴宁市、龙川县，西毗安远、定南县，北接会昌县。地理坐标北纬24°30′40″—25°12′10″，东经115°21′22″—115° 54′ 25″。距赣州市政府驻地章贡区117千米，距省会南昌市413千米。

【面　积】 县境南北长78千米，东西宽61千米，面积2351.55平方千米。其中，耕地面积13931.67公顷，占土地面积5.9%；林业用地191994.1公顷，占土地面积83.1%；水域面积3149.87公顷，占土地面积1.36%。

【地　貌】 东南连武夷山余脉，西北接九连山支脉。地势呈东北、西北与东南高，向西南倾斜，似撮箕状。中山、低山、丘陵、岗地呈阶梯状分布。

境内海拔标高500—1000米，相对标高200—500米。最低标高为南部龙廷乡斗晏村西河谷，海拔180米。最高标高为东部项山乡项山甑，主峰海拔1529.8米。县城河床海拔272米。

全县以山地丘陵为主，仅沿河两岸呈狭小谷地。从东到西大致分为武夷山、基隆嶂两个隆起带和南部红层盆地的沉降带。

【山　脉】 寻乌县境重峦叠嶂，大、小山峰耸立，是典型的山区县。全县海拔400米以上的山峰908座，其中1000米以上的山峰有30座。

【河　流】 县内共有大小河流547条，河道总长1901.71千米，河网密度为0.823千米/平方千米。全县水域面积为8310.7公顷，占全县总面积的3.6%。全县河流按流域划分为三大水系，即注入珠江流域的东江水系，汇入韩江流域的韩江水系，流入长江流域的赣江水系。在流入的三大水系中一级支流1条、二级支流27条、三级支流35条。县内主要河流有寻乌河、晨光河（水金河）、罗塘河。寻乌河境内河道长106.5千米，发源于三标乡三桐村桠髻钵山，为东江的正源流，流经三标、水源、澄江、吉潭、文峰、南桥、留车、龙廷等乡（镇），于龙廷乡斗晏村双长滩出境，流入广东省龙川县，在东莞石龙镇汇入珠江。晨光河境内河道长34.95千米，发源于桂竹帽镇白面石村桂龙嶂的担杆土凹，属东江水系。流经桂竹帽、晨光、菖蒲等乡（镇），经菖蒲乡的麻布潭流入广东龙川，汇入东江。罗塘河境内河道长27.6千米，发源于罗珊乡吴畲村与吉潭镇篁竹湖村下园畲、水源乡周畲村，是贡江源头之一，向北经罗珊乡的铜锣土丘出境，注入会昌县的湘水，属赣江水系。另有丹溪乡的铁马河、丹溪河和项山乡的聪坑河等12条小河流入广东韩江，属韩江水系。

资　源

【矿产资源】 县境内已发现的矿产有钨、锡、钼、铜、铅、锌、稀土、铌钽、铁、钴、金、煤、泥炭、石灰石、石材、磷、钾、石膏、黏土、水晶、硫铁矿、矿泉水、铀等。

【动植物资源】 有国家一级保护动物云豹、豹、黑麂、蟒蛇，二级保护动物有黑鸢、燕隼等21种，省级保护动物35种。有国家一级树种南方红豆杉、银杏，二级树种有观光木、樟树等10余种。

气　候

【概　况】 2019年，全县年平均气温19.9℃，比历年平均值（19.1℃）高0.8℃，比2018年高0.1℃；年降水量1781.1毫米，比历年平均值（1605.7毫米）偏多175.4毫米，比2018年多420.7毫米，全年降水主要集中在3—6月，占全年降水量的71.52%，雨量时间分布1—3月

487.2毫米，4—6月雨量924.8毫米，7—9月雨量359.6毫米，10—12月雨量9.5毫米。全年共出现9次暴雨日，1次大暴雨日，降水量为104.2毫米，出现在6月10日；年日照总时数1618小时，比2018年少36小时，比历年平均值少49.2小时，年日照百分率37%，比2018年（40%）持平。极端气候值：本年度最高气温37.3℃（8月10日），最低气温-3.0℃（1月23日）。最大风速8.5米/秒（4月26日），风向南西南，极大风速16.2米/秒（9月2日），风向南东南。任意24小时最大降水量104.2毫米（6月10日）。无霜期313天。

人口 区划

【人口 方言】 2019年末，全县户籍人口331138万人。总户数93971户，平均每户3.52人；其中城镇人口76562人，占总人口的23.12%。男性174316人，女性156822人，男女性别比为111.16（女为100）。出生人口4275人，出生率为11.69‰，其中男婴2203人，女婴2072人，出生人口性别比为106.32（女为100）；人口自然增长率7.64‰，死亡注销人口1326人。迁入人口880人，迁出人口3858人。居民以汉族为主，此外，还有16个少数民族。少数民族中畲族人口最多，分布在澄江镇汶口畲族村、北亭畲族村、桂岭村和桂竹帽镇龙归村。

寻乌属客家地区，寻乌方言为客家方言。与赣南客家话相似，与闽西客家话相近，与粤东客家话相通。比邻的澄江、罗珊等乡镇与会昌话相似，南部的丹溪、项山（部分村）与广东平远话相同。中部以县城为中心的乡镇构成另一方言小区。

【行政区划】 2019年，全县有长宁、吉潭、澄江、南桥、留车、晨光、桂竹帽7个镇和文峰、三标、水源、罗珊、项山、丹溪、龙廷、菖蒲8个乡，179个村（居）委员会（其中少数民族村2个），2092个村民小组、100个居民小组。县人民政府驻长宁镇。

文 物

【概 况】 寻乌文化遗产丰富，遗址古迹有圳下商周遗址、小布商周遗址、上甲古窑址（五代至北宋）、罗屋地界碑（元代），古建筑有角背围拢屋（省文物保护单位）、下田塘湾围拢屋（省级文物保护单位）、上车潘氏宗祠（省级文物保护单位）、司城新围屋、五丰龙衣屋、老鸦桥、圳下石拱桥、培风塔、文笔峰塔，古墓有潘任墓（省级文物保护单位）、西竹山寺木塔，革命旧居旧址有寻乌调查旧址（第七批全国重点文物保护单位，含红军医院、红四军大队以上干部会议旧址）、罗塘谈判旧址（省级文物保护单位）、圳下革命旧址群（省级文物保护单位，含圳下战斗旧址、圳下红四军司令部、政治部旧址，罗福嶂会议旧址）、剑溪中国工农红军新编独立第三师师部旧址（省级文物保护单位）、上津列宁师范学校旧址（省级文物保护单位）、古柏故居（省级文物保护单位）、汶口少共寻乌县委旧址（省级文物保护单位）；有《挑癞》《寻乌客家迎故事》两个省级非物质文化遗产。

中共寻乌县委员会

综　述

2019年，寻乌县委坚持以习近平新时代中国特色社会主义思想为指导，全面贯彻落实中共十九大和十九届三中、四中全会精神，认真践行中共中央总书记习近平视察江西和赣州重要讲话，持续开展“牢记初心、不忘使命”主题教育，完成县级机构改革工作。努力推进反腐败斗争，抓好中央、省、市巡视问题的整改落实，切实开展扫黑除恶专项斗争。举办庆祝新中国成立70周年系列纪念活动。做好深圳市支援合作寻乌县对接工作。以“七大攻坚”（脱贫攻坚、现代农业攻坚、工业攻坚、现代服务业攻坚、新型城镇化攻坚、基础设施攻坚、生态建设攻坚）为主抓手，高质量完成脱贫攻坚工作，如期摘掉贫困县的帽子。经济社会发展迈上一个新台阶。被国家信访局评为2019年度全国信访工作“三无”县、被江西省人民政府评为全省脱贫攻坚组织创新奖。

重要会议

【县委十五届全体会议】 县委十五届七次全体（扩大）会议。1月22日召开。会议传达学习中央经济工作会、省委十四届七次全会和市委五届六次全会精神，书面报告《中共寻乌县委常委会2018年工作报告》《2018年县委常委会抓党建工作情况报告》，总结过去一年的工作，部署2019年工作。

县委十五届八次全体（扩大）会议。7月23日召开。会议书面传达学习省委十四届八次全会和市委五届七次全会精神；审议通过《中共寻乌县委关于贯彻中共中央总书记习近平视察江西和赣州重要讲话精神奋力打造高质量发展示范县的决定》；总结上半年经济工作，部署下半年经济工作任务。

【县委常委重要会议】 年内，第十五届县委常委会召开会议24次，会议先后讨论关于召开县委全会和县纪委全会、机构改革、深圳市对口帮扶寻乌、2019年财政收支预算明细安排（草案）、县委常委会工作要点、2018年县政府工作报告（讨论稿）、关于2018年推进生态文明试验区建设情况的报告（讨论稿）、中央脱贫攻坚专项巡视问题整改工作清单和全县脱贫攻坚中形式主义、官僚主义问题整改任务清单、2019年党的建设、统一战线、县直机关机构改革人员转隶、2019年乡村振兴工作，退役军人服务保障体系建设，南桥示范镇建设，县融媒体中心建设，打造“一个中心四个示范”（建设赣闽粤三省交界经贸文化产业发展中心、脱贫攻坚示范、乡村振兴示范、高质量发展示范、传承红色基因示范），促进高质量发展二十三条措施，2019年财政预算调整方案（草案），全县统筹财政（涉农）资金工作，进一步明确首位产业招商引资基本优惠政策，河（湖）长制和林长制，全县农村人居环境百日攻坚行动，灾后农业恢复生产，落实中央扫黑除恶督导反馈意见整改，加强公立医院党的建设，整治乱搭乱建，文明城市创建，松材线虫病生态灾害追责办法，2018 年扶贫政策项目资金公开手册，果业用房整治，推进百香果产业发展，2019 年主题教育期间软弱涣散党组织（8 个）集中整顿方案，中央和省委专项整治及省市县需解决重点问题责任分工，美丽宜居示范村创建，民生领域 6 个三年行动计划，开展“不忘初心、强国有我”主题活动方案，落实江西省 2019 年市县党委和政府脱贫攻坚工作成效考核任务清单，推进党建引领和文明实践融合发展助推乡村振兴实施方案，县委常委班子“不忘初心、牢记使命”主题教育检视剖析材料，全县“不忘初心、牢记使命”主题教育工作总结，有关违纪问题处理，人事任免事项，设立长宁镇学习社区党总支，强国社区党支部等议题。

重要活动

【浔·寻乌模式探访暨 2019 阿里巴巴脱贫基金半年会】 7 月 29—30 日，浔·寻乌模式探访暨 2019 阿里巴巴脱贫基金半年会在寻乌召开。会议探讨解密寻乌脱贫模式，考察菖蒲乡坪岗村百香果种植基地、南桥镇古坑小学“童伴妈妈”项目点、恒大幸福小镇项目现场、留车镇德青源金鸡项目、澄江镇马云公益基金乡村寄宿制学校。

【山水林田湖草综合治理新闻发布会】 12 月 31 日，寻乌县山水林田湖草综合治理新闻发布会召开。寻乌县抓住赣州市列入全国第一批山水林田湖草综合治理与生态修复试点的机遇，投资 9.55 亿元，对文峰乡石排、柯树塘和涵水 3 个片区废弃矿山进行修复治理，打造生命共同体示范、废弃稀土矿山治理示范、“两山”（绿水青山就是金山银山）理论创新示范样板。

重大决策

【机构改革实施方案】 1 月 21 日，印发《寻乌县机构改革实施方案》。明确总体目标、改革任务、总体安排、实施步骤、“三定”工作原则。

【新时代文明实践中心建设】 2 月 28 日，印发《寻乌县建设新时代文明实践中心工作方案》，方案以习近平新时代中国特色社会主义思想为指导，落实习近平总书记对江西工作的指示和中宣部《寻乌扶贫调研报告》重要批示精神，聚焦乡村振兴战略，凝聚群众、引导群众，推动中国特色社会主义文化、社会主义思想道德在寻乌落地生根，明确组织架构、建设标准、主要内容、工作保障等内容。

【高质量发展二十二条措施】 6 月 4 日，印发《关于打造“一个中心、四个示范”促进寻乌高质量发展的二十二条措施》。建设经贸文化产业发展中心、打造脱贫攻坚示范、农村振兴示范、高质量发展示范、传承红色基因示范，推动经济社会可持续发展。7 月 29 日，印发《关于深入学习贯彻中共中央总书记习近平视察江西重要讲话精神奋力打造高质量发展示范县的决定》。

【成立城市社区】 7 月 29 日，印发《关于成立中共寻乌县城市社区工作委员会的通知》。明确中共寻乌县城市社区工作委员会为县委派出机构，负责城市社区党建工作领导和指导。

（汪　锋　刘建莹　刘　放）

县委办公室

【概　况】 年内，县委办公室贯彻落实中央和省市县一系列规定要求，持续改作风、提效率、敢担当，着力提高办文、办会、办事工作科学化规范化精细化水平，有力保障县委各项工作高效运转、决策部署有效落实，为奋力打造高质量发展示范县作出积极贡献。

【督查工作】 开展专项督查12次，形成督查报告131篇。督办办结中央、省市领导交办事项80件，发放点对点督办函54份，办理民声通道群众诉求25个，其中省委转办12件，人民网省、市、县领导留言板13个。“两违”举报17件，办结率100%。

【政策研究】 开展重点工作事项调研，形成调研报告13篇（其中组团调研、联合撰写的调研报告3篇）。

【深化改革】 县委全面深化改革工作领导小组转为县委全面深化改革委员会，重新调整县委深改委成员及九个改革专项小组，召开县委深改委会议5次，完成改革事项65项，出台改革文件78个，在2019年度全省全面深化改革年度考核中，寻乌县荣获全省第二名、全市第一名。农村电商物流共建共享经验获得国家领导人肯定，“三治”（自治、法治、德治）结合乡村治理、废弃稀土矿山综合治理和生态修复、基层科协体制改革等经验向全国推广。水利改革、林长制、基层妇联参与社会治理、新时代文明实践中心建设、统计制度改革工作获得省级肯定。

【对台工作】 走访台资企业4次，协调解决各类问题6个，受理台胞台属来信来访4批6人次，所提诉求均及时予以答复；走访困难台胞台属8户14人次，征求台胞、台属对经济发展意见建议10条。

【公务接待】 年内，接待327批4925人次，其中国家、省、市调研组14批235人次。市“六大攻坚”调研组和督察组8批218人次、深圳市考察团11批193人次。完成全市“六大攻坚”流动现场会、基层党建质量提升暨村集体经济工作推进会等接待任务。指导县直部门公务接待89批，开展南桥镇、龙廷乡、菖蒲乡、桂竹帽镇、水源乡、项山乡、丹溪乡7个乡镇业务指导。

（汪　锋　刘建莹　刘　放）

组织工作

【概　况】 年内，县委组织部加强干部管理工作，调整干部5批234人次；新招录公务员24名，调任公务员20名，办理24名公务员退休；完成677名公务员职级套转；举办中青年干部、新录用公务员主体培训班20期，培训3801人次；引进紧缺人才247人；为全县党员发放《习近平关于“不忘初心、牢记使命”重要论述选编》《习近平新时代中国特色社会主义思想学习纲要》《学习资料汇编》《口袋书》各1本；组织446名党组织书记、1万余名党员参加集中培训；组织1094名县乡党代表宣讲1359场次，562名党员干部上党课、讲微党课943场次；整顿提升软弱涣散党组织13个，函询和约谈履职不力基层党组织书记14名，调整撤换6名履职不力、不胜任本职工作村党组织书记；扶持农村党员214名。

【干部工作】 年内，调整干部5批234人次，其中，提拔33人，重用6人，交流69人，改任非领导职务1人，兼职13人，挂职2人，免职、免兼职、调离免职和机构撤销免职31人，机构更名重新任职23人，机构改革重新任职42人，试用期满干部转正任职12人，试用期满因考核不合格不予以正式任职2人。新招录公务员24名，调任公务员20名，办理24名公务员退休。实行公务员职务与职级并行制度，完成677名公务员职级套转。举办中青年干部、新录用公务员主体班次20期，培训3801人次。打造寻乌调查、罗塘谈判、罗福嶂会议、圳下战斗干部培训现场教学点。落实《关于进一步激励广大干部新时代新担当新作为的18条措施》，从攻坚一线选拔使用干部、县委常委联系培养年轻干部、县党政党员领导干部联系帮带党外干部、鼓励干部职工带薪进修、关心关爱外地籍干部等方面激励关爱干部。推行乡镇机关工作人员绩效考核试点，将长宁镇、文峰乡、三标乡、桂竹帽镇、南桥镇、项山乡、澄江镇7个乡镇纳入试点范围。

【人才工作】 制定《寻乌县重点领域紧缺人才引进和培养办法（试行）》。畅通人才引进绿色通道，对研究生以上学历高校毕业生愿回寻乌工作的直接面试入编，对在县外工作的寻乌籍人才对等调入相应单位、岗位工作。年内，引进各类紧缺人才247人，其中，研究生以上学历人员6人。促成华南泵业与顾国彪院士团队开展产学合作，挂牌成立顾国彪院士科研中心。县政府与江西环境工程学院、江西德新达有限公司签订协议，联合共建博士科研工作站。给予5名教学名师每人每年2万元科研补助，每人每月1200元名师津贴。为504名持有“寻乌县人才证”的高层次人才每人每月发放300元人才津贴、非寻乌籍教师每人每月发放200元专项津贴。县财政共支出上述费用236.92万元。

【基层组织建设】 建立基层党组织544个，其中，党（工）委27个、党总支32个、基层党支部485个。全县共有党员10993人，其中，农村党员6833人，占62.15%；女党员2089人，占19%。35岁及以下1765人，占16%；大专及以上学历4069人，占37.01%。整顿提升软弱涣散党组织13个。开展党建调研。函询和约谈履职不力的基层党组织书记14名。

制定《整体优化提升村党组织带头人队伍工作方案》《关于规范村（社区）党组织书记备案管理的通知》，调整撤换6名履职不力、不胜任本职工作的村党组织书记。安排781.4万元用于激励驻村干部开展脱贫攻坚工作，其中608.4万元用于村第一书记和驻村工作队长、队员生活补助，173万元用于解决村第一书记每年1万元的工作经费。发放农村党员创业金融贴息信贷721.5万元，扶持农村党员214名。印发《关于促进村级集体经济增收工作的指导意见》《关于鼓励村级购买商铺促进村集体经济增收的指导意见》《村级集体经济经营性收入奖惩工作方案》。年内，村集体经济收入2962.81万元，平均每村17.13万元，其中经营性收入2212.11万元，平均每村12.79万元。制定《关于进一步明确村级组织活动场所新（改）建有关事项的通知》，建立村级组织活动场所新（改）建准入制度。打造文峰乡双坪村、南桥镇高排村、南桥镇南龙村、吉潭镇圳下村、晨光镇龙图村、晨光镇民裕村、龙廷乡西湖村7个乡村振兴示范点；向省委组织部申请8个村级组织活动场所维修项目，下拨每村5万元项目补助。清理整治不必要、不合理挂牌镇级8类856块、村级9类2452块。安排12名党员县领导开展整顿13个软弱党组织。7月，全市基层党建质量提升暨村集体经济工作推进会在寻乌召开，与会人员参观桂竹帽镇华星村等4个示范点，观看寻乌县村级集体经济发展经验交流电教片。

【“不忘初心、牢记使命”主题教育】 第二批主题教育从9月开始，12月底结束。县委常委会7次专题研究主题教育议题15个。为每位党员发放《习近平关于“不忘初心、牢记使命”重要论述选编》《习近平新时代中国特色社会主义思想学习纲要》《学习资料汇编》《口袋书》，做到人手一册。组织446名党组织书记、1万余名党员参加集中培训。组织1094名县乡党代表宣讲1359场次，562名党员干部上党课、讲微党课943场次。运用群众提、班子议、上级点、会议决、网上晒、上级备案的“六步法”，找准找实基层群众反映强烈突出问题544个。通过“晒问题、亮措施、督进度、促销号、评效果、建机制”的“六项措施”，推动上下联动整改。形成“两个梳理”、中央和省委专项整治整改、省市县重点工作突出问题、老百姓急难事麻烦事烦心事问题

1836个，整改1657个，整改率90%。

（古云翔）

宣传工作

【概　况】 年内，全县宣传思想文化战线牢固树立“四个意识”，坚定“四个自信”，切实加强对意识形态工作的全面领导，牢牢把握正确的政治方向、舆论导向和价值取向，讲好寻乌故事，弘扬向善精神，努力开创宣传思想文化工作新局面，为奋力打造高质量发展示范县提供坚强思想保证。

【“融媒体”建设】 组建寻乌县融媒体中心，5月30日，“寻乌融媒”App上线运营；年内，下载安装用户16742户，原创稿件发稿8292篇，日点击量6000多次。

【理论武装】 全年召开县委中心组学习会议18次，中心发言128人次，撰写书面发言材料415篇。县委宣讲团宣讲44场，组建“强国”志愿宣讲团宣讲184场。党员干部集中轮训3期。“学习强国”学习平台用户服务中心（寻乌）建成运行，招录工作人员150人。推广使用“学习强国”学习平台，促进线上线下联动学习。日活率、人均积分在全市排名位于前列。

【新闻舆论宣传】 5月，《江西日报》《香港文汇报》《深圳特区报》三家媒体在寻乌开展一周集中采访，同步推出“探寻东江源·走进寻乌”系列报道。7月14日，中央电视台《新闻联播》以“江西寻乌：创新乡村治理，树立良好村风”为题，专题报道寻乌县“三治”（自治、法治、德治）工作；10月，中央电视台《中国影像方志》栏目组到寻乌开展一个月采访拍摄；10月14日，中央电视台全频道免费播放“寻乌蜜桔”扶贫公益广告一个月，市值2000万元；11月8日，中央电视台、《中国日报》记者采访寻乌巩固提升脱贫攻坚成效工作；11月25—29日，深圳市委网信办组织网络媒体开展“深圳网络媒体江西寻乌行”主题宣传活动；CCTV—2、CCTV—12、CCTV—17中央媒体专题拍摄寻乌猕猴桃、百香果、灵芝、灵芝鸡蛋等农特产品，并在《每日农经》《生财有道》等栏目刊播；新华社、《人民日报》、《光明日报》中央主流媒体记者到寻乌基层一线采访，宣传脱贫攻坚成效、农特产品和旅游资源。“寻乌宣传”微信公众号推文《深圳广电集团倾力打造8分28秒带你领略寻乌风彩》阅读量突破10万。编报《舆情专报》30期。年内，中央主流媒体9批40多人次到寻乌采访调研，开展“走转改”（走基层、转作风、改文风）专题活动。《人民日报》、新华社、《经济日报》、《光明日报》、中央人民广播电台、中央电视台等主要媒体刊播稿件50余篇，在“学习强国”平台上稿59篇，全国各大媒体转载800次。

【精神文明建设】 建好用好综合文化服务中心、村（社区）服务中心、新时代文明实践中心三个阵地；开展文化惠民、典型创评、感恩教育、志愿服务四项活动；实施整治以铺张浪费、不孝老爱亲、封建迷信、赌博为重点的治理行动。相关做法在中宣部《每日要情》上刊登。开展全县性“垃圾不落地，环境更美丽”志愿服务和“巾帼行动·共建清洁家园”人居环境整治活动220多次、身边好人及清洁家庭先进典型评选表彰活动200余次。县爱心服务协会“暖床前、扶自立”志愿服务项目获2019年全市优秀志愿服务项目；桂竹帽镇中排社区获2019年全市优秀志愿服务社区。开展“六星（遵规守法、诚实守信、孝老爱亲、尊师重教、清洁卫生、脱贫致富）文明家庭”“孝老爱亲”典型、“优秀志愿者”等系列评选活动，评出“六星文明家庭”示范户183户、“五净一规范”（院内净、卧室净、厨房净、厕所净、个人卫生净，院内物品摆放规范）示范户184户、“光荣脱贫”示范户173户、“孝老爱亲”

示范户 184 户、优秀志愿者 30 名。入选“江西好人”1 人、“赣州好人榜”4 人、“新时代好少年”2 人、“美德少年”2 人。

【市级文明城市创建】 设立县委主要领导任总指挥，县政府主要领导任第一副总指挥，县四套班子分管领导任副总指挥、有关部门主要负责人任成员的创建工作指挥部。印发《寻乌县创建赣州市文明城市实施方案》《寻乌县文明城市创建“网格化”工作责任制实施方案》《寻乌县推进文明城市创建实现“社区吹哨、部门报到”实施办法》，将市级文明城市标准要求落实到具体责任单位。各“网格化”责任单位职责由原来单纯卫生整治充实为文明宣传、文明劝导、文明巡查、卫生整治、氛围营造五个方面，每月最后一周星期五下午在“网格化”责任区开展创建集中日活动。完成改造或新建公共厕所 35 座，改造新建公交站台 26 个，新建农贸市场 2 个，更换各类标牌 76 套，改造提升新桥西路、南门口十字路口至城北圆盘、忠字塔红绿灯附近、长安大道两侧人行道，维修增设消火栓 63 个，社区增设体育健身器材 8 套。县城主干道、公共场所设置公益宣传牌，社区设置公益广告；县级媒体设立文明城市创建专栏及曝光台，开展志愿服务队助力创建活动。12 月 29—30 日，寻乌县通过市级文明城市创建实地测评。

【新时代文明实践】 推进新时代文明实践中心建设试点，打造寻源、寻福、寻味、寻梦“四寻”活动品牌，探索以党建引领文明实践融合助推乡村振兴发展“251”（2 是指“党建引领”“文明实践”两大理念，5 是指乡村振兴“产业兴旺、生态宜居、乡风文明、治理有效、生活富裕”五大要求，1 是指一套文明实践助推乡村振兴长效机制）新模式。建成 184 个村（社区）新时代文明实践站。“寻乌宣传”微信公众号刊播新时代文明实践中心“为你诵读”156 期，开展各类理论宣讲 400 多场次。寻乌新时代文明实践做法入选中宣部 2019 年宣传思想文化案例；南桥镇南龙村新时代文明实践站建设专题片在全省流动现场会上播放，县人民法院参与乡村治理案例入选全省新时代文明实践中心试点工作案例汇编。10 月，寻乌县入选全国第二批新时代文明实践中心建设试点县。

【文化事业】 173 个行政村综合文化服务中心建设全覆盖。新建和改造的县图书馆、文化馆、文化艺术中心投入使用，完成广播电视节目无线数字覆盖工程。第十五届深圳文博会上，寻乌展团首次亮相，获“优秀展示奖”“优秀组织奖”。开展庆祝新中国成立 70 周年主题征文比赛、书法篆刻大赛、文艺晚会、赣南采茶戏《寻路》公演、非物质文化遗产图片展、“客家老表音乐会”选拔比赛、“送文艺到村（居）”巡回演出、迎新春文艺汇演等群众性文艺活动。

【对口支援】 落实中宣部 13 项对口支援重点事项。“学习强国”学习平台用户服务中心（寻乌）上线启用。组织 7 名（赣州市 10 名）宣传文化系统干部到全国宣传干部学院学习培训。选派全县 25 名优秀校长、山村优秀骨干教师赴河南（郑州、开封）、北京学习交流。协调深圳市在 2019 年深圳文博会、深圳国际现代绿色农业博览会上免费为寻乌安排展厅。协调承办浔·寻乌模式暨 2019 阿里巴巴脱贫基金半年会（阿里巴巴每半年发布报告）发布会，举办第七届中国数字文创设计大赛“走进寻乌”命题活动。协调学习出版社出版《山水林田湖草生命共同体建设——寻乌县生态文明试验区建设的实践与探索》，向全国介绍典型经验。协调大芬油画村画家到寻乌采风、举办“结伴同行·红色寻乌油画写生作品展”，捐赠路灯资金 50 万元。协调中影集团捐赠价值 15.5 万元电影放映设备。

（彭亚东　陈星亮　彭雪英）

统战工作

【概　况】年内，加强党外干部队伍建设，培训党外科级干部（含后备干部）46人；组织党外知识分子巡演20场次；成立非公企业维权服务中心、电商产业园创客基地和广寻现代物流园创新基地；挂牌成立“侨胞之家”“新侨创新创业基地”；开展“百万网民学法律”宗教事务法规专场知识竞赛活动。

【党外干部队伍建设】9月，举办党外干部培训班，培训党外科级干部、副科级后备干部46人。加强党外干部配备使用，配备政府组成部门正职党外干部1名，实现2016年换届以来政府工作部门正职无党外干部的突破。

【非公经济】成立非公企业维权服务中心，帮助企业依法保护合法权益。建立“法检”两院、司法与工商联联系协调机制，对服务企业职能部门开展民意测评。制定政商交往正负面清单。举办知识讲座，引导非公经济人士履行社会责任。开展“百企帮百村”精准扶贫行动，动员全县非公企业、商会及非公经济人士向古剑辉烈士的家人捐助资金27.9万元，全国第六个扶贫日捐款40万余元、捐物价值30万余元。

【党外知识分子工作】党外知识分子联合会活动发放宣传品1000余份，巡演20场次。组织科技界会员开展科技讲座、科普下乡和百香果专题培训2000人。组织医药界会员为1000余名群众义诊和体检、发放药品价值2万多元。

【新的社会阶层人士工作】新联会会员提交建议提案16件，参与人大、政协视察调研、民主测评20人次。成立电商产业园创客基地和广寻现代物流园创新基地。组织35名新联会成员参与精准扶贫“月捐计划”行动，在全国第六个扶贫日募集捐款16600元，认捐微心愿66个，走访慰问5个敬老院，发放慰问物资3万余元。

【民族宗教】争取市水利局（水保局）、中国电信赣州分公司为2个民族村安排帮扶资金20万元，市水利局为北亭畲族村协调国土江河整治项目资金800万元。投入财政资金219万元用于汶口畲族村实施扶贫项目建设。做好中、高考考生民族成分审核，为46名少数民族中考考生和32名高考考生享受加分政策。组织干部群众参与“百万网民学法律”宗教事务法规专场知识竞赛活动。

县佛教协会为长宁镇、文峰乡敬老院老人发放慰问金2500元、物品折资1800元，宗教界参与精准扶贫“月捐计划”，募集捐款近1万元。

【海外统战】挂牌成立“侨胞之家”1家、“新侨创新创业基地”2家。争取中国侨联为暴雨受灾侨企慰问物资2万元和北美EFA英语教育计划，为侨界困难群众办实事、解难事2件。

（林品秋）

老干部工作

【概　况】年内，县委老干部局以“让党组织放心，让老干部满意”为工作理念，以“老有所养、老有所医、老有所教、老有所学、老有所乐、老有所为”为目标，加强离退休干部政治建设、思想建设和党组织建设，精准做好服务保障工作，引导离退休干部为党和人民事业增添正能量，丰富老干部精神文化生活，全面落实老干部政治待遇和生活待遇。

【离退休党支部建设】4月，召开全县离退休干部党支部书记、离退办主任会议。总结2018年工作，部署2019年任务。离退休干部党支部工作列入县委党建工作目标考核内容。县委组织部继续按规定返还党费用于离退休支部建设。

【落实老干部待遇】春节前夕，走访慰问96人，发放慰问金7.3万元。“七一”期间，走访慰问老党员24人，发放慰问金1.68万元。为每位离退休干部人手订阅1份《老友》杂志；订阅《中国老年报》《人民日报》《江西日报》《老年健康报》等10多种党报党刊和生活杂志。召开全县离退休干部形势报告会，通报全县经济社会发展和县重点项目建设情况。国庆前夕，走访慰问全县离休干部并发放由中共中央、国务院、中央军委颁发的“庆祝中华人民共和国成立70周年”纪念章，给每人送上慰问金500元。及时发放离休干部生活费和各项政策性补贴。建立离休干部帮扶机制，县财政每年拨付离休干部生活特殊困难解困专项资金5万元，对有特殊困难离休干部给予救助。组织全县离休干部、副县级（含享受待遇）以上退休干部体检。

【发挥老干部作用】 组织老干部为招商引资、产业转型、城镇建设、精准扶贫等工作建言献策，召开老干部代表座谈会，征求老干部对金刚山旅游开发、县建材市场、老市场重建、金鸡企业、四季绿产品、五星级宾馆等方面的意见和建议。开展离退休干部“正能量活动”，表彰县人大等5个离退休干部党支部和谢镇祥等5名先进个人。组建15个离退休干部网络宣传队，制作摄影美术作品30余篇。

【老干部活动】 “三八”节前夕，举办离退休妇女干部代表举行庆“三八”文艺联欢活动；“五一”“七一”、重阳节期间，举行扑克、象棋、乒乓球、门球、草地滚球、气排球比赛；中秋节、重阳节前夕，组织县级退休干部钓鱼活动；开展部分老干部参加“寻乌烈士纪念日”公祭活动。

【纪念章发放】 在中华人民共和国建国70周年前夕，县委县政府领导带队，向全县获得“庆祝中华人民共和国成立70周年”纪念章的离休老干部颁发纪念章，具体名单如下：

李兴接　李昂轩　包连臣　赖家庆　刘德福
王　芹　李瑞兰　张荣槐　赵尚林　邝振发
严纯安　曹子坚　温雄飞　谢森辉　李少文
黄　锋　黎本茂　王焕汉　刘安桃　刘新特
温治国（2019年2月去世）
黄忠合（2019年7月去世）
李　发（2019年10月去世）
潘天民（2019年10月去世）

【老年大学】 县老年大学设有7个专业8个班，有学员854人；春节前夕，开展送春联活动；教师节期间，召开座谈会；国庆前夕，举行“壮丽70年，奋斗新时代”庆祝新中国成立70周年文艺演出；11月，举行“三看三热爱”暨“不忘初心、牢记使命”主题教育知识抢答；刊出老年大学诗书画集1期；开展“看发展、看变化”参观活动；留车镇老年学校被市委老干部局、市老年大学授予“全市乡镇老年学校先进集体”。

【老年体协】 1月，召开全县老年体协第八届三次全委（扩大）会暨2018年年会。“三八”“五一”期间，举办联欢会、文体展演、门球、气排球、地掷球比赛；5月，举行庆祝新中国成立70周年全县太极拳展示活动；6月，举办柔力球展示活动；“七一”前夕，举行喜迎中华人民共和国成立70周年歌咏大会；10月，举行赣粤闽边8县老年体协第十五次联谊会；11月，承办市老年体协在寻乌举办的《开心康乐寿》杂志通讯员研讨班。

【关心下一代工作】 5月，召开全县关心下一代工作会议。印发《关于做好建立健全县直、驻县单位关工委组织实施意见》。县财政拨款50万元，设立赣州市关心下一代基金会寻乌关爱基金。开展“大手握小手，听党话、跟党走，‘双万’工程”活动，争取省关心下一代基金会帮扶帮教资金3万余元，资助贫困家庭学生38名。5月31日，举行“腾飞中国、辉煌70年”爱国主义教育活动启动仪式暨庆“六一”文艺演出；开展庆祝新中国成立70周年“传承红色基因 争做时代新人”征文活动，评出31篇获奖文章，并将获奖文章汇编成册发给获奖师生及相关人员。

（谢全文　谢小兵）

机构编制

【概 况】 1月，机构改革后，县机构编制委员会办公室更名为县委机构编制委员会办公室（简称县委编办）。年内，县委编办围绕县委决策部署，机构改革、行政体制改革等主要改革任务成效明显，机构编制管理水平和使用效益明显提升，为全县打好“七大攻坚战”，高质量完成脱贫攻坚，如期摘掉贫困县帽子提供强有力的体制机制保障。

【机构改革】 1月，印发《寻乌县机构改革实施方案》，将96个事业单位行政职能划给24个行政机关；1个事业单位转行政机构。完成机构改革部门挂牌、领导班子配备、公章启用等工作；3月，印发全县行政机关三定方案和四大执法领域改革实施方案；12月，印发四大领域执法队伍三定方案、乡镇三定方案；12月，完成四大领域执法队伍和乡镇挂牌。

【机构编制管理】 规范机构设置，重新调配各单位行政编制、四大领域执法队伍事业编制和领导职数。单列县博物馆编制，设立皇冠名苑幼儿园、国际公馆幼儿园和乡镇监察办公室，核定博豪中学编制、公立医院备案制用人控制数、人民医院和中医院党支部书记；开展一年一次教师核编调研，调整全县教职工编制。按管理权限上报市委编办审批副科级以上机构编制设置事项。按程序新设立县城市社区管理委员会（正科级）。

【机构及人员编制】 年内，全县党政机构共设85个：其中县委系列17个（其中纪检监察机关1个，党的工作机关9个，设在党政部门机关7个），人大7个，政协7个，群团11个，县政府系列28个（其中政府组成部门26个，派出机构2个即行管委、生态环境局），乡镇机构15个。全县事业单位459个，其中正科级35个、副科级49个（含内设机构）、股级372个、副股级3个。全县行政编制1223名（县直机关846名，乡镇377名），全县事业编制6762名，工勤编34名。行政编制在职人员1181人（县直机关819人，乡镇362人），事业编制在职人员5613人（县直事业5173，乡镇事业440人），工勤编制在职人员28人。

【统一社会信用代码赋码】 做好全县党政机关、编办管理机构编制的群众团体统一社会信用代码赋码工作。实施赋码范围，规范赋码、发证，做好证书变更、补（换）领工作。

【事业单位登记管理】 加强事业单位法人证书使用管理，规范登记内容，发挥“事业单位法人证书”法律效力。办理变更登记35项、设立登记5项。

【深化改革】 深化行政体制改革，完成改革事项4项，取得重大进展事项2项。

【基层审批服务机构】 12月，印发《关于推进基层整合审批服务执法力量的实施方案》。限额管理乡（镇）党政机构和事业单位，按常住人口和职责定位，将乡（镇）划分为大、小两类，常住人口1万人以上的长宁镇、澄江镇、留车镇、晨光镇、桂竹帽镇、吉谭镇、文峰乡、水源乡、菖蒲乡、丹溪乡、三标乡、罗珊乡12个乡（镇）为大类乡（镇），设置7个机构；常住人口1万人以下的龙廷乡、项山乡为小类乡（镇），设置6个机构，南桥镇为推广经济发达乡（镇），设置8个职能机构。

（李晨麟）

信访工作

【概 况】 年内，受理群众来信来访1057件1438次，与2018年979件1267人次相比，增加78件次，上升7.97%。其中来信519件，与2018年530件相比，减少11件，下降2.08%；来访538批1438人次，与2018年449批1267人次相比，批次增加89批，上升19.82%，人次增加171人次，上升13.50%。移送扫黑除恶线索34条。信访积案28件，已化解16件，化解率57.14%。

寻乌县被国家信访局评为“全国信访工作‘三无’县”，被省委、省政府评为“全省信访工作‘三无’县”。机构改革后，县委、县政府信访局更名为中共寻乌县委信访局，对外加挂寻乌县政府信访局牌子。

【领导信访接待日】 实行县级领导干部每个工作日值班接访制度。每日安排1名县领导接访，县直或驻县单位派1人参与接访，每周一、二安排律师或法律工作者陪同接访。年内，县领导共接待群众161批431人次。

【领导包案】 印发《关于交办2019年度县领导信访包案的通知》《寻乌县2019年信访积案化解工作考核方案》，制定县领导包案奖励制度，对当年化解一、二、三类信访积案，根据案件类型，对包案领导、包案责任单位和协助有功人员进行奖励。落实领导包案42件，化解30件，化解率71.43%。

【访前法律服务】 印发《关于寻乌县访前法律服务工作的实施意见》，成立访前法律工作室，设立访前法律服务工作基金15万元，并列入县财政预算。

【网上信访】 通过“赣州信访网上服务中心平台”，转交办信访件519件，受理率100%，办结率100%，满意率99.45%。

【信访信息】 坚持日短信、月通报、信访周报、专报等信访信息工作制度。对每日发生的信访事项以短信方式报告给县委书记、县政府县长和县委、县政府分管信访工作领导及当日接访县领导；主要信访事项列入县领导包案；每月通报信访事项调处情况，并列入单位年终综合考评和干部绩效考核；每周跟踪信访工作进展，跟进县领导包案及重要案件，汇总县领导每周信访工作，形成信访周报，报县委书记、县政府县长；重要信息形成专报，报县委书记、县政府县长。

【复查复核】 设立一事一办的县信访事项复查复核工作小组。年内，收到复查复核信访事项申请13件，出具复查复核意见书3份，出具不予受理告知书10份。

（钟琼琚）

机关事务管理

【概　况】 年内，县机关事务管理局围绕县委、县政府各项决策部署，发扬“服务、求精、担当”精神，凝心聚力抓落实、勇于探索抓创新，推动机关事务管理工作高质量发展。

【后勤服务】 抓好集中办公区水电及电梯日常维护保养、卫生保洁和美化绿化。参与会务服务421次，实现工作“零差错”。开展行政中心办公室环境卫生整治督促检查4次。完善机关食堂服务制度，确保食品卫生与安全，对商品明码标价。2019年被赣州市发展和改革委员会、赣州市机关事务管理局评为“赣州市绿色机关创建单位”。

【公务用车管理】 完善“定点加油、一车一卡”和“双定”（即定品种、定金额）制度，实行公车服务中心车辆定点维修、定点停放、定点保险等制度。按照“少量多批次”和“减一补一”（编制内车辆减少一辆补充一辆）的原则，年内县本级和各乡镇更新车辆34辆。为四套班子领导和县直各单位派车8600车次，参与重大接待用车145车次。

【办公用房管理】 按照《江西省党政机关办公用房管理实施办法》，对各乡镇、各单位办公用房使用情况开展检查，年内，督促整改超标使用办公用房5起。因机构改革，调整11个行政事业单位办公用房。审核通过3个乡镇、5个县直单位办公用房维修项目。

【安全保卫】 做好行政中心安全保卫。加强安保人员政治思想教育和业务知识培训，签订安全目标和消防安全责任状。加强与信访、公安部门联系，协助做好群众来人来访引导253批5040人次，参与化解10人以上集体来访5批次。

（邝琳琳　刘建农）

党校教育

【概　况】 年内，寻乌县委党校服从和服务于县委决策部署和中心工作，推动各项工作上新台阶。举办干部教育培训班25期，培训10519人；承接辽宁省、广东省深圳市、梅州市、梅州市平远县，福建省龙岩市武平县、上杭县，赣州市安远县等地委托红色现场教学14期，培训1370人；组织开展理论宣讲60场；派员参加第9期全省党校行政学院系统师资培训班和全市党校系统骨干教师提升教学能力专题培训班。

【干部培训】 全年共举办举办培训班25期，培训10519人次。1月，举办全县村（居）务监督委员会主任培训班，培训228人。3月，举办全县2018年度新录用公务员培训班，培训39人。5月，举办全县纪委监委全员综合业务培训班，培训89人。6月，举办全县村（社区）党支部书记培训班，培训186人；全县村（居）委会主任培训班，培训168人。8月，举办2019年新党员、入党积极分子培训班，培训69人；全县团干知识培训班，培训39人；全县改革创新能力提升专题培训班，培训50人。9月，举办全县党外干部培训班，培训46人。10月，举办“不忘初心、牢记使命”主题教育全县党支部书记培训班和7期党员集中轮训班，培训8668人；全县乡镇干部综合素质提升培训班，培训48人。11月，举办全县基层科协“3+1”组织力建设培训班，培训106人；全县驻村干部培训班，培训501人；全县乡镇干部培训班2期，培训90人。12月，举办全县依法行政与执法规范化专题培训班，培训70人；科级领导干部暨中青年干部培训班2期，培训102人。

【理论宣讲】 组织宣讲60场。其中，3月开展《江西省实施河长制湖长制条例》宣讲活动16场。7月举办中共中央总书记习近平视察江西重要讲话精神宣讲活动22场。12月进行中共十九届四中全会精神宣讲活动22场。

【师资队伍建设】 9月，赵丽珍撰写的《质量强党：党的建设与时俱进的必然要求》荣获全市党校系统庆祝中华人民共和国成立70周年理论研讨会优秀论文二等奖。11月，选派胡永忠参加全市党校系统骨干教师提升教学能力专题培训班。12月，选派林东参加第9期全省党校行政学院系统师资培训班。

（钟俊萍　林　东）

党史工作

【概　况】 年内，县委党史工作办公室紧扣主责主业和年度工作重点，开展党史编研和党史宣教，录制寻乌开国将军和寻乌解放新闻片，申请办理“寻乌党史”微信公众号。

【党史编研】 完成《中国共产党寻乌历史1921—1949（第一卷）》第五修改稿，并进入专家评审和送审工作。7月，完成《老区发展史》第三修改稿，进入领导审核阶段。编写寻乌红色革命故事精选《风展红旗如画》（暂定名）一书。整理《湘江战役中牺牲的寻乌籍烈士名单》。

【党史宣教】 在深圳市委党校举办的系列培训班上，以“伟大斗争之罗塘谈判”为主题专题党史班授课；“不忘初心、牢记使命”主题教育活动中，举办“回顾红色寻乌，汲取信仰力量”为主题的专题党史课。录制寻乌开国将军和寻乌解放新闻片。7月，申请办理“寻乌党史”微信公众号，刊发《追寻英雄的足迹》《古柏名字怎么读才准确》。江西省委《党史文苑》期刊发表《一碗鸡蛋》《朱德和伍若兰的戎马情缘》;《寻邬文刊》（内部资料）刊登《罗福嶂会议》《掩护毛泽东和红四军突围——记圳下突围后的陈俊》等文史资料。“江西党史网”“赣州市人民政府网”“寻乌县人民政府网”“寻乌手机报”报道寻乌党史新闻。

（刘栋梃）

寻乌县人大

综　述

年内，召开县人民代表大会1次、县人大常委会会议7次、县人大常委会主任会议12次，听取和审议专项工作报告4个，作出决议、决定10项，开展工作评议2项，执法检查1项，组织代表视察调研8次。依法任免国家机关工作人员43人次，其中任命27人次，免职14人次，接受辞呈2人。完善国家机关工作人员任前法律知识考试、会议审议、表态发言、颁发任命书等程序，实施宪法宣誓制度，强化任后监督测评，增强新任命人员的宪法意识和依法行政意识，为经济社会发展提供组织保证。

重要会议及重要决议

【县十八届人大四次会议】 3月10—12日召开。大会听取和审议《寻乌县人民政府工作报告》《寻乌县人大常委会工作报告》《寻乌县人民法院工作报告》《寻乌县人民检察院工作报告》。审议《生态文明建设情况的报告（书面）》《寻乌县2018年国民经济和社会发展计划执行情况与2019年国民经济和社会发展计划草案的报告（书面）》《寻乌县2018年财政预算执行情况和2019年财政预算草案的报告（书面）》。审议决定设立县人民代表大会社会建设委员会，通过社会建设委员会主任委员、副主任委员、委员人选名单。

【县十八届人大常委会议】 年内，寻乌县第十八届人大常委会召开会议7次，即十八届人大常委会第十五次会议至第二十一次会议。

第十五次会议。1月21日召开，听取县政府《关于县政府机构改革情况的报告》；听取和审议县政府《关于提请审议2018年一般公共预算和政府性基金预算第二次调整方案（草案）的议案》。

第十六次会议。1月29日召开。审议人事任免议案。

第十七次会议。3月6日召开。审议《设立寻乌县第十八届人民代表大会社会建设委员会的议案》《寻乌县人大常委会工作报告（讨论稿）》《寻乌县人大常委会关于召开寻乌县第十八届人民代表大会第四次会议的决定（草案）》《寻乌县第十八届人民代表大会第四次会议议程（草案）》《寻乌县第十八届人民代表大会第四次会议日程安排（草案）》《寻乌县第十八届人民代表大会第四次会议主席团和秘书长名单（草案）》《寻乌县第十八届人民代表大会第四次会议议案审查委员会名单（草案）》。开展学习、研究、宣传、贯彻中共中央总书记习近平“关于坚持和完善人民代表大会制度重要思想”专题学习；审议县人大常委会任命的“一府一委两院”工作人员2018年度工作履职报告、人事任免议案；听取和审议县政府《关于2018年度县人大常委会对各项工作报告审议意见研究处理情况的综合报告》《关于〈老年人权益保障法〉执法检查后整改情况的检查报告》、县法院《关于提请确定人民陪审员名额数的议案》。《乌县第十八届人民代表大会第四次会议邀请列席人员名单（草案）》《寻乌县十八届人民代表大会第四次会议通过人选办法（草案）》；听取和审议代表资格审查委员会《关于个别代表的代表资格审查报告》。

第十八次会议。5月17日召开。开展学习、研究、宣传、贯彻中共中央总书记习近平“关于坚持和完善人民代表大会制度重要思想”专题学习；审议县人大常委会任命的“一府一委两院”工作人员2018年度工作履职报告、人事任免议案；听取和审议县政府《关于2018年度县人大常委会对各项工作报告审议意见研究处理情况的综合报告》《关于〈老年人权益保障法〉执法检查后整改情况的检查报告》、县法院《关于提请确定人民陪审员名额数的议案》。

第十九次会议。7月31日召开。学习中共中央总书记习近平视察江西及赣州时重要讲话精神和开展学习、研究、宣传、贯彻中共中央总书记习近平“关于坚持和完善人民代表大会制度重要思想”专题学习；听取和审议县政府《关于提请审议寻乌县2019年财政预算调整方案（草案）的议案》《关于提请审议寻乌县城市总体规划（2014—2030年）局部调整方案的议案》《2019年上半年国民经济和社会发展计划、财政预算执行情况的报告》、审计部门《关于2018年县级预算执行情况及其他财政收支情况的报告》，批准县2018年财政决算；审议人事任免议案。

第二十次会议。10月31日召开。开展“学习、研究、宣传、贯彻中共中央总书记习近平关于坚持和完善人民代表大会制度重要思想”专题学习；听取和审议县政府《扫黑除恶专项斗争工作情况的专项报告》《关于提请审议江西寻乌东江源国家湿地公园延伸保护意见的议案》《关于县十八届人大四次会议代表建议办理情况的报告》、县人大常委会选任联工委《关于县十八届人大四次会议代表建议、批评和意见办理情况的督查报告》、代表资格审查委员会《关于个别代表的代表资格审查报告》；审议人事任免议案。

第二十一次会议。12月30日召开。学习中共十九届四中全会精神；听取和审议县政府《脱贫攻坚工作情况专项报告》《我县“主攻工业、三年再番翻”工作的调研报告》《关于生态环境状况和生态环境保护目标完成情况的专项报告》《关于提请审议2019年一般公共预算和政府性基金预算第二次调整方案（草案）的议案》、县人大常委会执法检查组《关于〈赣州市城市管理条例〉执法检查情况的报告》、代表资格审查委员会《关于个别代表的代表资格的报告》、对《2018年度县本级预算执行情况和其他财政收支审计查出问题整改情况的报告》并进行满意度测评；审议人事任免议案。

【重要决议】 年内，寻乌县第十八届人民代表大会及其常务委员会作出决议14项。1月21日，县第十八届人大常委会第十五次会议，批准2018年一般公共预算和政府性基金预算第二次调整方案的决议。

3月12日，县第十八届人民代表大会第四次会议表决通过《寻乌县人民政府工作报告》《寻乌县2018年国民经济和社会发展计划执行情况与2019年计划草案的报告》《寻乌县2018年财政预算执行情况和2019年财政预算草案的报告》《生态文明建设情况报告》《寻乌县人大常委会工作报告》《寻乌县人民法院工作报告》《寻乌县人民检察院工作报告》的决议。

7月31日，县第十八届人大常委会第十九次会议，批准县城市总体规划（2014—2030年）局部调整方案的决议、县2019年财政预算调整方案的决议、县2019年上半年国民经济和社会发展计划和财政预算执行情况的决议、县2018年财政决算的决议。

10 月 31 日，县第十八届人大常委会第二十次会议，批准江西寻乌东江源国家湿地公园延伸保护意见的决议。

12 月 30 日，县第十八届人大常委会第二十一次会议，批准 2019 年一般公共预算和政府性基金预算第二次调整方案的决议。

主要工作

【工作监督】 县人大常委会坚持围绕计划和预算，先后听取和审议《2019 年国民经济和社会发展计划上半年执行情况的报告》《2019 年县级预算上半年执行情况的报告》《2018 年度县本级预算执行情况和其他财政收支审计查出问题整改情况的报告》并进行满意度测评，审查批准 2018 年县本级财政决算、2019 年一般公共预算和政府性基金预算调整方案；听取和审议县政府《对 2018 年各项审议意见研究处理情况综合报告》《脱贫攻坚工作情况专项报告》《扫黑除恶专项斗争工作情况专项报告》《2019 年度生态环境状况和生态环境保护目标完成情况专项报告》；开展对县医疗保障局、退役军人事务管理局工作评议。

【法律监督】 开展《赣州市城市管理条例》实施情况执法检查，加强对城市管理的执法体制机制、执法手段、执法保障力度等方面工作的监督；配合省、市人大常委会开展《江西省生态文明促进条例（草案）》《江西省红十字会条例（草案）》的立法调研及《中华人民共和国水污染防治法》实施情况的执法检查，提出工作意见和建议。

【专题调研】 对全县重点项目及民生工程建设、主攻工业、农村人居环境整治三年行动等工作情况开展专题调研，配合市人大常委会开展脐橙产业发展升级、农村电子商务发展情况专题调研及全市法院人民法庭建设情况调研。

【代表工作】 县人大常委会认真做好代表服务保障和提升意见建议的办理。通过短信、微信群、寄送人大刊物、法律资料，通报全县和县人大常委会重要工作等方式，帮助和支持代表更好地依法履职。全县 15 个乡（镇）都建立了代表联络工作站。全年，邀请基层人大代表参与工作评议、执法检查、视察调研 235 人次；邀请基层人大代表列席县人大常委会会议 14 人次。联系基层人大代表 168 人次。及时梳理、研究代表意见建议，将第十八届人民代表大会第四次会议收到的 47 件建议转交县政府及其相关部门办理。改进督办方式，征求代表对建议办理工作的意见。

（范淑筠　刘秉伟）

寻乌县人民政府

综　述

2019年，县人民政府坚持以习近平新时代中国特色社会主义思想为指导，认真贯彻落实中共中央总书记习近平视江西和赣州时的重要讲话，面对复杂多变的宏观形势和日益繁重的发展任务，以“不忘初心、牢记使命”主题教育为主线，以高质量发展为导向，精准施策，定向发力，经济社会发展和各项事业取得新进步。实现生产总值97.57亿元，增长8.3%；完成财政收入9.7亿元，增长6.6%，一般公共预算收入5.79亿元，增长1.3%；规模以上工业增加值增长8.4%，固定资产投资增长9.6%，进出口总额增长34.4%；社会消费品零售总额增长11.3%，城镇居民和农村居民人均可支配收入分别增长8.6%、12%。寻乌县被国家信访局评为2019年度全国信访工作“三无”县、被江西省人民政府评为全省脱贫攻坚组织创新奖。

县政府常务会议

年内，县政府召开政府常务会议20次。会议先后讨论易地扶贫搬迁县城安置区后续服务管理和扶持、进一步促进房地产市场持续平稳健康发展、2019年国民经济和社会发展计划、城镇住宅小区配套幼儿园规划建设及管理使用、农村中小学校闲置校园校舍管理处置、调整农村客运基本运价、2018年一般公共预算和政府性基金预算第二次调整方案（草案）、2019年财政收支预算明细安排（草案）、养殖水域滩涂规划（2018—2030年）、建立城乡居民基本养老保险待遇确定和基础养老金正常调整机制、《政府工作报告》、名师评选与管理、激励非寻乌籍教师在寻乌工作、中小学教育教学奖励、创建赣州市文明城市、城镇环境综合整治、招商引资、“主攻工业、三年再翻番”、城市功能与品质提升三年行动、推进质量强县建设、林木采伐经营监督管理、乡村振兴、农村人居环境整治、大棚蔬菜产业、产业扶贫、高标准农田建设、标准化生态果园建设、水土保持规划（2016—2030年）、南桥示范镇建设、就业工作、完善“产业扶贫信贷通”相关政策、高质量发展二十三条措施、首位产业招商引资优惠政策、企业招工用工服务、2019—2021年度松材线虫病防控、农村集中供水工程运行管理、统筹财政（涉农）资金、2019年财政预算调整方案（草案）、实施“四好”农村路（镇村公交）省级试点县、生态环境基础设施建设三年行动计划、重点领域紧缺人才引进与培养、安全生产工作职责规定、农村人居环境整治暨“百日攻坚”行动验收考核、建立健全脱贫成果巩固提升机制、百香果产业发展、推进全域旅游发展奖励、会寻安生态经济区建设、山水林田湖草项目示范提升、相对集中许可权改革试点、工程建设项目审批制度改革、2019年信访积案化解、村庄环境长效管护机制、老旧小区改造、寻乌国家生态文明示范建设项目、农村宅基地管理制度改革试点、义务教育均衡发展巩固提升、教师队伍建设改革、编制寻乌国土空间总体规划（2020—2035年）、2019—2020年度低质低效林改造、2019年一般公共预算和政府性基金预算第二次调整方案（草案）等议题。

重点工作

【脱贫攻坚】 年内，4个深度贫困村脱贫退出，1810人脱贫，贫困发生率下降到0.09%。3月，以“零漏评、零错退、满意度99.2%”的成绩，通过江西省扶贫开发领导小组组织的脱贫摘帽第三方评估，4月28日，江西省人民政府正式批复寻乌县脱贫退出。南桥镇高排村被全国科技助力精准扶贫工程领导小组评为全国科技助力精准扶贫示范点。安排扶贫资金5.2亿元，推动教育、金融、就业、产业、医疗、保障等扶贫政策应享尽享。完成中央、省巡视反馈问题整改91个，整改率100%，整改工作在全省会议上作典型发言。落实“四个不摘”（摘帽不摘责任、摘帽不摘帮扶、摘帽不摘政策、摘帽不摘监管）要求，处置扶贫领域问题29个、处理66人次。

【产业发展】 年内，新增规模以上工业企业6家（总数达54家）。企业研发投入占主营业务收入比重的3%，成立华南泵业中科院院士科研中心和德新达博士工作站，开启5G商用步伐。主营业务收入57.4亿元，增长5.7%；工业固定生产投资增长18.3%，排全市第6名。签约首位产业项目8个，投资11.8亿元，主营业务收入、高新技术企业数两项指标提前两年实现翻番目标。优化营商环境，新建标准厂房22万平方米，为企业减负3亿元。恢复柑橘生态种植面积2000公顷，特色产业种植面积9333公顷。新建大棚蔬菜133公顷、高标准农田200公顷，寻乌县被省水利厅评为全省水利改革发展优秀县。“五个信贷通”（即创业、小微、财政惠农、财园、产业扶贫）放贷7.6亿元，为56家企业发放周转金1.3亿元。青龙岩旅游度假区对外营业，完成国家AAAA级丹霞景区创建景观质量评审。花开了生态景区成功创建省级AAAA级乡村旅游景点。电商交易额超10亿元。采茶戏《寻路》被列为省首届文化艺术基金传播交流推广资助项目。

【城乡建设】 客家风情小镇成为城市新地标，新增县城城区面积2平方千米，城镇化率47%，同比提高2.8个百分点。新建农贸市场2个，新增小车停车位435个，新（改）建城区公交站台26个、公厕33座，市级文明城市创建测评验收总体成绩靠前。南桥示范镇建设取得阶段性成效。开展美丽宜居试点县创建，清理残垣断壁3460处、乱搭乱建77.9万平方米、沟渠1023千米、乱堆乱放34681处。新建农村无害化公厕123座，农村无害化卫生厕所普及率99.2%。开展路域环境整治，拆除违法果业用房30万平方米、铁皮棚等乱搭乱建15.6万平方米、简易房3.2万平方米。23个美丽宜居示范村基本成型，4个村达到乡村振兴示范要求，在全市考核中荣获工作先进奖、奖励资金100万元。城乡环卫一体化在全省第三方机构入村调查中获得“成效保持较好”评价。

【改革发展】 开展国家知识产权强县工程、河权到户、农村集体产权制度、村集体经济发展改革试点工作，获批全省第三批相对集中行政许可权改革试点县、全国新时代文明实践中心试点县。寻乌县被省深化改革委员会评为全省全面深化改革工作先进单位。加强“放管服”改革，实行“一窗式”综合受理，受理率100%；“一次不跑”、就近办事项507项，占比60.3%。“赣服通”寻乌分厅正式上线运行，上线服务事项410个；推出“一链办理”事项10个；“最多一次办结”事项834项，占比

99.3%。山水林田湖草试点改革经验在全国生态文明试验区建设经验交流会上作典型案例推广。"三治结合"（自治、法治、德治）乡村治理经验获最高人民法院肯定并在央视《新闻联播》播出。

【生态建设】 牢固树立绿色发展理念，八大标志性战役和30个专项行动取得明显成效。全县空气质量优良天数比例达98.9%。斗晏出境断面水质稳定在三类以上，河长制工作被省河长办公室评为全省河（湖）长制工作考核优秀等次县。关停禁养区规模养猪场10家、散养户1114家，修复采石场及三家风电场生态修复面积401.7公顷，整改环保督察问题29个，办结信访件21件。完成森林抚育1733公顷、改造低质低效林2406.7公顷。污水管网、城镇污水处理及环保设施投入使用。查处环境违法案件13起。推进会寻安生态经济区建设。签约第二轮东江流域上下游横向生态补偿。成功创建省级生态示范县。

【民生事业】 完成省51件和市40件民生实事。新建校舍面积4.3万平方米，文峰中小学投入使用，县职校被省教育厅评为省达标中等职业技术学校。高考二本以上上线人数1153人。人民医院住院大楼、妇保院大楼主体完工，新（扩）建3所乡（镇）卫生院。建设17个居家和社区养老服务示范点，新增养老床位450个。完成棚户区改造341户。开展扫黑除恶专项斗争，打掉涉黑涉恶犯罪团伙6个，查处涉黑涉恶腐败、充当"保护伞"和失职失责问题24件24人。公众安全感排全省第20位，公、检、法满意度分别排全省第22名、19名、7名。抓好安全生产工作，寻乌县被国家信访局评为全国信访工作"三无"县（连续三年获此荣誉）。

【自身建设】 开展"不忘初心、牢记使命"主题教育。开展"五型"（忠诚型、创新型、担当型、服务型、过硬型）政府建设和政府系统"三减三强两倡导"（精减文件简报，精减会议活动，精减督查考核；强化问题破解，强化大干项目，强化政务服务；倡导一线工作法，倡导尽职尽责敢担当、不为乱为皆问责）活动，会议和文件数量分别同比下降30%，乡村督查考核事项同比减少50%，清理整治不合理乡村挂牌3308块。办理人大建议47件，政协提案58件，建议、提案办结率、满意率100%。

建议与提案办理

【县十八届人大四次会议建议受理情况】 收到人大代表建议47件。其中工交城建类28件，占59.6%。承办单位9个；农林水类9件，占19.2%，承办单位4个；财政金融类1件，占2.1%，承办单位1个；科教文卫类3件，占6.4%，承办单位3个；司法民政类1件，占2.1%，承办单位1个；其他类5件，占10.6%，承办单位2个。代表建议中涉及最多的是交通问题共9件，占19.2%；其次是城市管理问题共7件，占14.9%。办复率100%，满意率100%。

【县政协十三届四次会议政协提案受理情况】 收到政协委员提案58件。其中工交城建类20件，占34.5%，承办单位5个；农林水类11件，占19%，承办单位2个；科教文卫类12件，占20.7%，承办单位4个；财政金融类6件，占10.3%，承办单位2个；民政司法类3件，占5.2%，承办单位3个；其他类6件，占10.3%，承办单位4个。政协委员提案中涉及最多的是农业农村问题共8件，占13.8%；其次是工业发展、城市管理、文化教育问题各6件，各占10.3%。办复率100%，满意率100%。

（廖松鑫　肖远松）

县政府办公室

【概　况】 年内，县政府办公室围绕县委、县政府决策部署，着力推动"五型"政府建设和政府系统“三减三强二倡导”活动的开展，强化作风问题整治，提升办文、办会、办事服务水平，确保县政府各项工作高效规范运转。

【政务督查】 抓好人居环境整治、六大攻坚、乡村振兴等重点工作跟踪督查，年内督查120余次。

【政务服务】 推进“放管服”改革，梳理编制《政务服务清单》《证明事项清单》，寻乌获批成为相对集中行政许可权改革试点县。推进“互联网+政务服务”，赣服通寻乌分厅正式上线，全县用户量89542人，占全县总人口的27.13%，注册量占比居全市前列。加强“五型”政府建设，在2019年度市“五型”政府建设考核中名列前茅。

【信息服务】 加强调查研究，形成《寻乌县“放管服”改革工作调研报告》等调研成果，《从解决五大难题入手 让美丽宜居乡村靓起来》调研报告得到省农业农村厅发文推广。年内，在全省政务信息工作考核中排名第49名，比2018年前移33位；在市“五型”政府简报上，投稿135篇，采纳20余篇。

【政务公开】 加强政府网站维护管理，政府网站和部门信息公开平台发布新闻信息21260条。政府常务会首次邀请公众代表列席。寻乌政务微信公众号获赣州市政府系统县（市、区）“十佳政务微信”提名奖，县信息化办被省信息中心评为2019年度全省政务服务提升先进单位。

【应急信息管理】 加强应急信息处置报送工作，实行应急24小时值班制度，抓好应急指挥平台视频点名，全年未发生较大以上应急事件。

【为民解困】 通过“问政江西”、“问政赣州”、政府服务“12345”热线，收集各类问题195件，办结171件，办结率87.7%。

（廖松鑫　肖远松）

扶贫和移民工作

【概　况】 2019年，脱贫1810人，贫困人口下降到243人，贫困发生率下降到0.09%。有4个深度贫困村（澄江镇桂丰村、南桥镇团红村、晨光镇桂花村和公平村）贫困退出（69个贫困村全部脱贫退出）。3月，以“零漏评、零错退、满意度99.2%”的成绩，通过江西省扶贫开发领导小组组织的脱贫摘帽第三方评估，4月28日，江西省人民政府正式批复寻乌县脱贫退出。寻乌县被江西省人民政府评为脱贫攻坚组织创新奖，县扶贫办荣获“赣州市五一劳动奖状”。6月，机构改革后，寻乌县扶贫和移民办公室更名为县扶贫办公室，正科级。加挂寻乌县革命老区根据地建设委员会办公室牌子。

【重要会议与活动】 5月5日，召开精准扶贫工作领导小组会议，通过《关于学习宣传贯彻中共中央总书记习近平在解决“两不愁三保障”突出问题重庆座谈会上的重要讲话精神的通知（审议稿）》《关于做好脱贫摘帽“回头看”及脱贫成果巩固提升工作的通知（审议稿）》《关于做好农村危房改造“一户一档”内业资料整改工作的通知（审议稿）》，部署脱贫摘帽“回头看”及脱贫成果巩固提升相关工作。9月2日，召开精准扶贫工作领导小组（扩大）会议，部署脱贫攻坚“秋冬巩固”攻势专项行动和问题整改工作。11月19日，启动“健康中国行 律动赣鄱地”“控油限盐健康进万家”助力脱贫攻坚健康促进活动。11月25日，举行2019年驻村干部脱贫攻坚系列培训班。11月26日，召开全县精准扶贫工作领导小组（扩大）会议，传达全市精准扶贫攻坚战领导小组第四次全体会议精神，部署脱贫攻坚工作。

【动态管理】 开展扶贫对象动态调整、信息采集、边缘户摸底、脱贫监测户摸底、建档立卡数据核实核准工作，完成贫困人口退出679户1810人，比年初计划超出4人。退出4个贫困村。两摸底（边缘户、监测户）人员329户1341人。

【资金项目】 安排扶贫项目资金19811.56万元，其中整合涉农扶贫资金17511.56万元（含中央、省、市专项资金 16011.56 万元，县级专项资金 1500 万元），债券资金 1800 万元，市领导挂点资金 500 万元。扶贫资金项目完工验收率 100%。整合资金支出率 95.86%，超出完成当年支出资金规模占计划整合资金规模比例≥ 80% 的最低规定要求 15.86 个百分点。落实项目三级公告公示制度，以村为单位编制扶贫项目资金政策公开手册，发放到每户群众家中，接受群众监督。

【饮水安全】 制定《寻乌县农村饮水工程运行管理办法（试行）》，明晰农村供水工程产权，完善附属设施，村级饮用水源保护区执行水资源管理“三条红线”（水资源开发利用控制红线、用水效率控制红线、水功能区限制纳污红线），划定 112 个集中供水厂水源保护区，完成 64 个水源地标准化生态栅栏隔离。印发《关于进一步做好各乡镇农村生活饮水水质检测相关工作的通知》，对集中供水点和散户水质实行常态化检测。

【产业扶贫】 发放产业奖补资金 1496.72 万元，柑橘种植面积稳定在 16240 公顷，新发展蔬菜、猕猴桃、百香果、鹰嘴桃、甜柿、葡萄、草莓等特色产业 8533.33 公顷，有劳动能力的贫困户均参与两项以上产业。

【就业扶贫】 实施劳动力转移培训、农村实用技术培训、就业技能培训、创业培训和“雨露计划”培训，帮助有劳动能力的贫困对象掌握一项以上职业技能。发放务工交通补贴 11446 人 570.44 万元，安排公益性扶贫岗位 1929 个。在进城、进园安置区举办搬迁贫困劳动力技能培训 3 期，培训 300 人次，移民安置区组织 3 期园区企业现场招聘会，在园区企业就业 98 人，自主创业 73 户 77 人，发展产业 413 户 1910 人，扶贫车间或公益岗位安置就业 101 户 467 人，推介县内或省外就业 597 户 2739 人，实行低保兜底 343 户 1369 人。

【教育扶贫】 开展扶贫政策落实情况双线排查“回头看”。发放建档立卡贫困家庭学生教育资助资金 16775 人次 1378.525 万元。做到教育扶贫政策“应享尽享、应补尽补”。

【安居扶贫】 聘请有资质的第三方住房安全鉴定机构，开展土坯房安全鉴定 20563 户，实行“一房一报告”，住房外墙张贴安全等级标识牌。对确无对象安置的农村闲置保障房，建立农家书屋、村民活动室。对因雨灾受损房屋，采取“塌方清理、维修加固、拆旧建新”等措施，确保群众住房安全。做好易地扶贫搬迁后续扶持，在搬迁集中安置点设立学习居委会和强国居委会，对搬迁对象纳入社区化管理。

【健康扶贫】 完善健康扶贫“四道医疗保障线”运行机制，及时将动态调整的贫困人口纳入保障范围，贫困患者住院“先诊疗、后付费”和“一卡通”即时结算。建档立卡贫困人口享受“四道医疗保障线”16804 人（次），实际报销比例 90.33%。全县 148 所产权公有卫生室正常执业。开展常态化监督检查，确保村卫生室不出现过期药品，保障农村居民在村内能享受基本医疗服务。

【金融扶贫】 印发《关于进一步强化“产业扶贫信贷通”贷后管理的通知》《寻乌县金融扶贫巩固提升工作实施方案》《关于进一步完善“产业扶贫信贷通”相关政策的通知》，延续和完善金融扶贫政策体系，对符合条件贫困户实行应贷尽贷，到期贷款开展催收、续贷或展期。发放金融扶贫贷款 38372 万元，其中产业扶贫信贷通贷款 9630.43 万元。抓好到期贷款回收。

【保障扶贫】 实施建档立卡贫困人口与农村低保对象台账数据常态化比对，开展 4 次数据共享，做好两项政策衔接，确保兜底保障对象精准度。有农村低保 6901 户 13260 人，发放低保资金 5077.86 万元。1 月起，农村最低生活保障标准由每人每月 340 元提高到 385 元，月人均补差由 255 元提高到 285 元，农村特困分散供养人员标准由每人每月 350 元提高到 400 元。

【社会扶贫】 国家级定点扶贫单位 1 个（中华全

国供销合作总社定点扶贫晨光镇高布村），国家级对口支援单位2个（中宣部对口支援项山乡卢屋村和南桥镇南龙村），有省派定点扶贫单位6个（赣能股份有限公司定点扶贫南桥镇古坑村、省地震局定点扶贫南桥镇冠洲村、中国铁塔江西分公司定点扶贫南桥镇南龙村、江西省广播电视台定点扶贫吉潭镇古丰村、省建工集团公司定点扶贫澄江镇周田村和桂丰村、江西现代职业技术学院定点扶贫南桥镇团红村）；市直定点扶贫单位9个（赣州市工商局定点帮扶桂竹帽镇高头村、赣州市矿管局定点扶贫吉潭镇滋溪村、赣州市国土局定点扶贫吉潭镇团船村、赣州信用社定点扶贫吉潭镇上车村、赣州市邮政局定点扶贫南桥镇高排村、市环保局定点扶贫留车镇留车村、市住房保障管理中心定点扶贫留车镇雁洋村、市航空服务发展公司定点扶贫菖蒲乡黄砂村、国家统计局赣州调查队定点扶贫文峰乡上甲村），年内，中央、省、市定点扶贫单位筹集资金2524.1万元。社会扶贫网累计注册贫困户17928户、爱心人士17448人、村级管理员653人，发起物品需求18686个，对接成功物品需求15715个。举办寻乌县精准扶贫“月捐计划”集中募捐暨“扶贫超市”项目认领活动。全县各单位干部职工和爱心企业募捐钱物131万元。印发《寻乌县开展消费扶贫促进脱贫攻坚实施方案》，消费扶贫销售182万元。

【村庄整治】 实施路域环境、规划区域、线缆、农户庭院、乱搭乱建整治、农村生活垃圾及污水治理、厕所革命、文明乡风培育、社会治理等十个专项行动。推进吉潭镇圳下村、文峰乡双坪村、南桥镇南龙村和高排村等乡村振兴示范点建设。

【精神扶贫】 加强“新时代文明实践中心”建设，开展感恩自立教育、自强培育、自力激励、自尊治理“四项行动”和“三讲一评”颂党恩活动及“六星创评”“脱贫示范户”评选。

【成效巩固】 印发《关于建立致贫返贫预警机制实施细则的通知》，完善脱贫成果，回查监测脱贫人口增收发展、防止返贫保险保障、扶贫项目运维管护、志智双扶激励约束机制。

（赖声均）

地方志工作

【概　况】 年内，完成《寻乌年鉴（2019）》编纂、《赣州年鉴》《江西年鉴》寻乌部分资料征集、撰稿工作以及扶贫攻坚任务。有11个单位完成部门（单位）志初稿编纂。

【志鉴编纂】 4月，县政府办公室印发《关于开展〈寻乌年鉴（2019）〉编纂工作的通知》，6月，基本完成各单位年鉴资料征集，9月，完成年鉴稿分纂、总纂，11月，报送中国地方志指导小组申请公开出版资助工程计划。截至12月，有县地志办、党史办、农工部、国税局、司法局、县政协、文峰乡、水利局、交通局等单位完成乡（镇）志与部门（专业）志初稿编纂工作。12月，县地方志编纂委员会印发《〈寻乌县脱贫攻坚志〉和〈苏区振兴发展寻乌专志〉编纂工作方案》，《方案》要求相关单位落实资料编写人员，展开资料征集及初稿编纂。

【旧志整理】 年初，启动《寻乌乡土志》《应酬从俗》《寻乌应酬须知》3部乡土教材的挖掘整理。

【读志用志】 开展《地方志工作条例》宣传和县地志办丛书宣传、咨询活动，拓展社会各界人士读志用志途径，发挥地方志存史、咨政、育人功能，为县域经济社会发展服务。

（刘　斌）

档案工作

【概　况】 按《寻乌县县直机关机构改革人员转隶工作实施意见》要求，档案局行政职能划入县委办，与县档案馆实行分设，但未实施到位，年内，仍局馆合一的办公体制。

【数字化档案建设】 年内，完成重新修改录入档案目录86812条、档案数字化扫描3275卷60612件。馆内有20台A4平板扫描仪，2台A3平板扫描，200套档案管理系统，20套文件加密系统，若干备份数据硬盘。

【档案收藏与保管】 接收进馆档案1217卷36435件，涉及14个单位。馆藏总量为45218卷128550件，有民国档案、革命历史档案、土地房产证、山林执照、史志谱类档案和部分音响档案等。按照“八防”（防盗、防火、防水、防潮、防尘、防虫、防高温、防强光）要求，做好安全配套管理，确保档案安全。制订档案制度，档案存放有序。重新整理不规范馆藏档案23644卷9477件。

【档案查阅与利用】 年内，接待档案利用者356人次，查阅档案539卷，涉及山林执照、权利纠纷、土地房屋、编史、修志、落实政策、调解纠纷、核实工龄、学术研究等资料。

【档案规范化建设】 规范整理南桥镇扶贫办和南桥镇南龙村扶贫档案。8月，开展太湖水库工程业主、施工、监理单位档案业务培训和指导。派出业务人员进驻人民银行开展档案整理。对民生城市社区、乡村档案，派出人员驻扎现场或由相关单位将档案移交外包档案服务公司开展档案收集、梳理和规范化整理。局（馆）指派专人全程指导、督促和把关。

【档案库房管理】 档案馆有符合国家档案馆标准设计库房面积1600平方米，配备标准档案密集架622立方米，库房内配套空调机、除湿机、消毒柜、平板车、活动阶梯，安装火灾自动报警系统、恒温系统、防盗摄像监控系统，确保档案馆安全。

【档案法治建设】 编印县档案管理规章制度、工作规范和工作手册，明确相关职责。发放宣传资料500份。

【档案业务培训】 年内，开展《归档文件整理规则》（DA/T22—2015）档案业务培训1次；指导太湖移民和精准扶贫档案整理工作。

（卢　华）

行政服务中心管理

【概　况】 年内，行管委搬迁至政务服务中心办公，全县有39个部门单位698项审批事项列入大厅“一窗式”受理。服务大厅各窗口受理办件255921件，办结率100%，收费11.528亿元。5月，行管委被江西省委、省政府评为第十五届江西省文明单位。

【政务服务】 进驻政务服务中心事项698项，占依申请类政务服务事项的83.1%，基本实现省市要求。

【“一网通办”】 7月29日，“赣服通”寻乌分厅启用。9月20日，完成“赣服通”寻乌分厅升级改造，分为医保、住建、社保、公积金、文化教育、交通罚款、政务助手、便民服务、政务大厅预约办事服务等11个板块，上线事项659个，其中省、市通办事项431项，寻乌本地事项228项（含本地法人事项182项）。线上办理事项环节不超过4个，申请材料不超过5个。网上办事厅APP，实现673个事项网上办理，占依申请类政务服务事项的80.2%，达到省、市80%的要求。

【“最多跑一次”】 “最多跑一次”事项834项，“一次不跑”和“就近办”有507项，占比60.4%，达到省、市50%以上的要求。

【审批服务】 进驻县政务服务中心34个窗口实行“一窗式”综合受理，受理率100%，实现省市90%以上的目标。建成不动产登记“一窗办”系统。上线运行企业开办“一窗办”线上系统。

【“一链办”】 年内，梳理10个“一链办”事项清单，做好窗口整合，初步实现一链办理，涉及市场监督、卫健、教科体、民政、交通、环保、应急管理、自然资源、税务、公安、供水、供电等部门。“一链办”办件量982件。

【窗口管理】 进驻政务服务中心窗口单位工作人员实行绩效考核。开展“红旗窗口”“服务之星”“表现优秀奖”“优秀窗口负责人”评比活动，年内，评出“红旗窗口”36个，“服务之星”36人，“表现优秀奖”60人，“优秀窗口负责人”12人，“末位预警人员”17人。

【便民服务】 1月1日起，执行错时延时预约服务，在工作日中午、双休日和节假日，通过视频监察系统，对各窗口人员和各乡（镇）便民服务中心开展视频监察。错时延时预约服务办件9184件。收到“12345”群信通有效信息4921件，回复4921件，回复率100%，满意度98.3%。

【公共资源交易】 年内，县公共资源交易中心完成交易项目168宗，交易总额222435.74万元（其中工程建设项目33宗，交易额135917.67万元；政府采购项目89宗，交易额81507.47万元，产权交易项目45宗，交易额4997.76万元；土地交易项目1宗，交易额12.84万元），通过招标等交易方式，节约资金8234.28万元，节约率3.64%，财政增收资金2787.51万元，增长率125.38%。

（曹　菁）

苏区振兴发展工作

【概　况】 年内，县赣南苏区振兴发展工作办公室贯彻落实《国务院关于支持赣南等原中央苏区振兴发展的若干意见》《赣南苏区振兴发展2019年工作要点》文件精神，深化工作思路，在中宣部协调下深圳市对寻乌县开展支援合作抓好政策落实，积极助推打好“七大攻坚战”，苏区振兴发展取得新成效。

【扶贫重点事项】 制定《2019年寻乌县赣南苏区振兴发展工作要点》。争取中宣部、国家统计局及南昌工程学院出台《关于印发部机关2019年度定点扶贫、对口支援工作责任分工的通知》《国家统计局对口支援寻乌工作要点（2018—2020）》《南昌工程学院对口支援寻乌县2019年工作计划》。寻乌县相应下发《关于印发〈寻乌县落实中央宣传部2019年对口支援重点工作实施方案〉等方案的通知》（含中宣部、国家统计局、南昌工程学院3个方案），明确对口支援重点事项30项。

【争取支持政策】 印发《寻乌县贯彻落实〈赣州市争取国家出台2020年后新一轮支持赣南等原中央苏区振兴发展政策意见工作方案〉的实施方案》。7月，完成《寻乌县〈国务院关于支持赣南等原中央苏区振兴发展的若干意见〉及〈赣闽粤原中央苏区振兴发展规划〉实施情况自查评估报告》；开展“接续推进赣南苏区振兴发展，建设革命老区高质量发展示范区”主题调研活动，分26个专题，由责任县领导领题调研并完成调研报告，其中《寻乌县经济社会发展情况调查报告》《关于推动赣南老区与沿海发达地区开展对口合作的路径研究》上报市委、市政府，提出33个“北上”争取重大事项。

【部委对口支援】 中宣部和国家统计局9次到寻乌调研。在中共中央政治委局委员、中央书记处书记、中宣部部长黄坤明推动下，引进北京德青源农业科技股份有限公司在寻乌投资6.26亿元，规划面积1800亩德青源金鸡产业项目；“学习强国”学习平台用户服务中心落户寻乌并开始运营；组织全县宣传文化系统7名干部参加中宣部2019年地方党委宣传部部长培训班，组织26名寻乌优秀骨干教师赴河南、北京学习考察，慰问“孤寡老人”“空巢老人”12万元；国家统计局支援寻乌县统计工作经费155万元，安排统计系统15名领导干部参加定点扶贫县青年干部培训班（第二期）。

【高校对口支援】 11月，南昌工程学院、寻乌县人民政府、江西德新达智能机械有限公司校地企三方签订《共建科研博士工作站合作协议》，12月13日，博士工作站正式挂牌成立。南昌工程学院向寻乌县教科体局捐赠706台热水器，完成

《寻乌县通用设备制造产业发展规划》编制，并经寻乌县委、县政府审议通过。选派水利与生态工程学院鲁向辉博士到寻乌挂职（先后任科技局、水利局副局长）。选派2名教授到寻乌职业技术学校开展送教活动。

【深圳对口支援】 1月6日，深圳市出台《深圳市与寻乌县支援合作工作方案》，4月2—4日，广东省委副书记、深圳市委书记王伟中一行在寻乌县调研支援合作工作。江西省委副书记、赣州市委书记李炳军，江西省委常委、省委宣传部部长施小琳等同调研，并听寻乌县有关情况介绍。龙岗区11个街道与寻乌11个行政村建立结对帮扶关系，深圳市政府援助财政资金2000万元，深圳恒大集团援建寻乌县幸福小镇项目资金5000万元，腾讯基金会发起“益”路同行护东江，“人人为村出份力、点亮寻乌回家路”项目。

【重大平台建设】 印发《寻乌县贯彻落实〈全市重大平台建设工作方案〉的实施方案》，明确37个重大平台。“全国革命老区扶贫攻坚示范区”和“国家山水林田湖生态保护修复试点”两个重大平台纳入赣州市考评，形成可推广的“寻乌经验”。全国革命老区扶贫攻坚示范区和寻乌县实施的产业扶贫、就业扶贫、精神扶贫等模式得到中央电视台、人民网等主流媒体的宣传报道。中央、省市及扶贫攻坚行业媒体报道寻乌县扶贫攻坚先进典型事例135篇。国家山水林田湖生态保护修复试点、寻乌县废弃矿山治理“三同治”（即山上山下同治、地上地下同治、流域上下同治）模式，纳入2019年3月全国省部级干部深入推动长江经济带发展研讨专题，并列入指定培训教材；寻乌县编著的《山水林田湖草生命共同体建设——寻乌生态保护修复的实践与探索》被自然资源部列为全国国土空间生态修复培训教材，5月，在全国生态文明建设工作现场会上作典型案例发放，并向全国推广。

（彭燕燕　陈长鑫）

应急管理

应急管理

【概　况】 县应急管理局在原县安监局基础上，整合县防震减灾局、防火办、防汛办、消防救援大队、应急办、民政救灾等职能。组建为县政府工作部门，于1月31日挂牌成立。内设综合股和业务股（监管股）两个股室，行政编制7名，事业编制8人。

合同制应急救援人员30人（为原专业森林消防队整建制划转）。年末职工47人。

【抗洪抢险】 出动抢险队伍546人次，出动机械装备15台班，累计转移人口1307人，同时指导各乡（镇）有序开展山洪灾害隐患点群众转移工作。在瑞金、会昌县遭受洪涝灾害，经市里统一调度，派员赴瑞金、会昌灾情一线开展应急救援抢险，转移安置当地被洪水围困群众150多人。

（潘智英）

安全生产

【概　况】 全年发生各类事故5起，死亡5人，无重大特大事故。办理安全生产行政许可7份，其中露天采石场3个。饰面用花岗岩板材开采3个、钾长矿1个。烟花爆竹批发经营单位1个、烟花爆竹零售经营点92个、危险化学品经营14个。

【安全责任】 调整县安全生产委员会和十三个安全专业委员会组成人员，修订《寻乌县安全生产职责规定》，明确乡（镇）、成员单位的安全生产工作职责；签订《安全生产责任书》，为安全生产提供有效保障。

【宣传培训】 发放新《安全生产法》、安全生产宣传册等安全生产宣传资料15800余份（册），悬挂标语40余条（幅），制作宣传展板10余块、现场解答群众有关安全生产疑难问题200余人次。组织安全生产知识网络竞赛活动。开展应急救援演练活动。督促非煤矿山、危险化学品、烟花爆竹经营企业开展应急救援演练。

【专项整治】 开展非煤矿山、烟花爆竹等重点行业领域节后复工（产）、安全质量标准化建设、砖厂整合关闭等工作，加大安全生产检查和源头监管。对非煤矿山、危险化品、烟花爆竹批发等88家企业安全隐患进行排查。排查治理事故隐患457次，排查一般事故隐患457条，整改449条，整改率达98%。全县293家企业应用江西安全监管信息系统报送履职报告企业数90（家），240家企业开展“五个一”活动，设立风险点367处，排查隐患2255条，整改完成隐患2176条，播出宣传广告及新闻31条，开展警示教育112场，安全培训6358人次，共实施经济处罚44.932万元。

【打非治违】 开展“迎大庆保稳定”安全生产“打非治违”百日行动，检查企业827家次，约谈、通报、曝光21家，经济处罚38.282万元，责令停产、停业、停止建设企业3家，暂扣或吊销有关许可证1家，关闭非法违法企业5家。

（潘智英）

防汛抗旱

【概　况】 2019年，寻乌平均降雨1886.6毫米，比多年同期偏多27%。降雨主要集中在6月。6月全县平均降雨454.6毫米，比历年6月平均254.7毫米偏多78%。多次出现强降雨，如“5·31—6·1”“6·9—6·11”“6·13”“6·22—6·24”等连续强降雨过程。全年较大降雨过程11次，成灾降雨7次，据统计共有1.7736万人受灾，房屋倒塌4间，解救洪水围困群众41人，累计转移2271人，无一人因灾伤亡。累计直接经济损失近9000万元，其中水利设施损失2984.9万元。

【防汛抗旱规范化管理】 县水利、应急管理部门组织人员24小时值守，确保工作不断档、不脱节。防汛抗旱以行政首长负责制为核心，各乡（镇）调整相关责任人，水库检查更新安全度汛责任牌，确保信息准确；检查安全度汛相关责任人网上公示；检查水库安全管理员履职，对水库定期巡查观测、查险、报汛、日常管护进行考核；加强培训。3月28日，县防指对37个成员单位负责，乡镇长，乡镇防汛分管领导，水利员，各水库安全管理员进行业务知识培训。针对强降雨，为切实做好强降雨防范工作，落实强降雨防范措施，县防指组织人员派出防汛督导组对各乡镇防汛工作准备情况进行督导，通过现场检查、听取汇报、查看资料等形式，以“六查”（查主要领导带班、分管领导牵防办人员值班值守情况，查汛情记录，查应大暴雨会议记录和相关文件，查防汛物资储备，查相关方案预案，查防办建设）、“八看”（看山塘、水库、电站安全度汛情况，看学校、医院、敬老院安全度汛情况，看应转移群众的转移情况和安置情况，看地质灾害隐患排查防御情况，看村级山洪灾害预警装备，看河水暴涨的河道有无设置警戒线和警示牌以及值班规范，看在建水利工程安全度汛情况，看灾后损失情况）。

【防汛抗旱应急管理】 出台《寻乌县防汛抗旱应急预案》《寻乌县抗旱应急预案》和《寻乌县山洪灾害防御预案》3个预案；针对寻乌县水库分布和工程特性等情况，各乡（镇）编制水库调度运用计划（度汛方案）和水库防洪抢险应急预案，县防指下发《寻乌县防汛抗旱指挥部关于印发水库安全员巡查责任人聘用与考核等3个文件的通知》（寻汛字〔2019〕5号），明确水库安全员聘用考核、防汛经费使用管理和汛前检查。县防指购置带动力、无动力橡皮艇17艘，防汛应急包45个，电（油）锯15把，救生衣540件，做好应急物资储备。5月27日，在澄江镇观音亭水库联合组织开展水库防汛应急演练，训练包括信息报告、安全疏散和现场伤员救护等科目。为应对紧急突发事件妥处能力，加强平时训练，安全保障机制作用得到提高。

【建立水库常态化巡查督导机制】 根据《寻乌县

小型水库运行管理办法》和《寻乌县小型水库安全管理和度汛措施落实情况巡查督导方案》，对51座（含在建）小型水库安全开展防汛准备、避险救灾、防汛纪律进行67批次督导，下发整治令限期整改，消除隐患。

【防灾减灾服务】 汛期，县防办实行24小时值班和领导带班制，防汛值班人员坚守岗位，及时记录天气情况和降雨统计，发布防汛信息。截至目前，全年发出各类预警信息89709条，提高防汛抗旱工作效率。根据旱情，县防办配合县气象局在寻乌县九曲湾水库和吉潭镇作业点开展人工降雨作业，发射火箭弹4枚，增雨效果明显，缓解旱情。县防办将防汛工作纳入县河长办平台，实行远程巡河监控监管，水库远程视频监管。对防汛机房、视频会议系统、山洪灾害防御监测平台、服务器等设施平台进行检查维护，及时发现解决问题，保证防汛计算机网络系统的正常使用，确保在防汛关键时刻能够发挥关键作用。

（潘智英）

森林防火

【概　况】 2019年，发生火灾54名，受灾面积152.8公顷，无因灾死亡，实现《2018—2019年森林防火责任书》年度森林防火目标。

【开展森林防火业务培训】 专业队集中培训22批次，1600多人次，内容有林火理论知识、救火组织指挥与安全避险、常规灭火机具操作、灭火调动战术等。

【森林防火宣传】 印制《禁火令》《关于禁止在森林防火区野外用火的通告》及各种宣传单15万多份，组织各乡（镇）印制发放了防火宣传工作手册、应知应会手册、村级工作开展情况、电话记录本等宣传资料。在国庆、春节、元宵节、清明、全国“两会”等节假日、重要活动和高火险时段重点宣传，在重点时段，通过寻乌电视台《政讯播报》专栏进行每日播报，发布游字广告，告知森林火险等级，提醒广大人民群众时刻注意森林防火，严禁野外用火。在重要交通要道、林区、景区悬挂大型横幅，树立宣传牌，警示过往群众。集中时间，组织人员，出动宣传车78车次，进行森林防火宣传。组织森林防火专项督查组，不定期到乡镇督查森林防火带班领导和值班人员在岗在位情况，排查火灾隐患，确保森林防火安全。

【防范森林火灾】 严格野外用火审批。严禁炼山用火，对于特别需要进行生产性用火的，须按规定进行报批，严格落实监管责任和防范措施，严密组织实施，严防失火。加强对野外火源巡查。所有的护林员、巡山员在重点防火期必须到岗到位，加大巡查密度，特别是对旅游景点、森林公园等重点区域、重要路段进行全天候巡查。

（潘智英）

消防救援

【概　况】 2019年，县消防救援大队于12月3日转制挂牌，以创先争优活动为牵引，以打造消防救援铁军和部队正规化精细化建设为抓手，做好灭火救援和防火监督两项中心工作，完成防火、灭火和抢险救援各项工作任务。全年接警173起，出动202次（含增援），出动消防车481辆次，消防人员2892人次，抢救被困人员30人，疏散人员76人，抢救财产价值265万元；接警数同比下降10.82%，出动次数上升4.12%，出动车辆数上升17.03%，出动消防人员数上升16.33%，抢救被困人员数上升172.73%，疏散人员数下降37.7%，抢救财产价值下降21.04%，成功处置“5·28”县城往桂竹帽方向的城市内涝，受到央视、江西二套等多家媒体报道。县消防救援大队荣获全省第二轮夏训考核纵深灭火操法第三名，被赣州市文明办评为全市文明单位；于志远被省消防总队记个人“三等功”一次，石奇帅、李瑞分别被省消防总队记抗洪抢险期嘉奖一次。

【火灾防治】县政府制定印发《关于〈全县沿街店面及合用场所消防安全整治工作方案〉的通知》，排查沿街店面及合用场所1724家，配备灭火器的有611家，违规住人85家，发放合用场所告知书共1800份；上报市政府挂牌督办2家重大火灾隐患，其中1家重大火灾隐患单位已整改完毕；根据县安委办《关于印发全县小微企业安全生产、"两客一危"和工程运输等重点车辆、农村交通安全及"九小"场所消防安全整治实施方案的通知》，检查单位1376家，督促整改火灾隐患1809处，临时查封14家，责令"三停"7家，罚款12.42万元。消专委成员、社会各界人士200余人参加"119"宣传日启动仪式，开展"一警六员"消防比武竞赛。张贴宣传海报4000余张。实操实训合格人员3100余人。

【应急救援】拉动专职队140余次，其中，支队拉动20余次，指导专职队建设50余次。乡镇专职队独立处置火灾或各类救援22起（澄江14起，南桥5起，菖蒲1起，文峰1起，工业园1起）。辖区重点单位微型站建设完成53家、社区11家。排查5家化工企业、13家加油站、12家加气站和供应站。对县城所有酒店、KTV等公共娱乐场所固定消防设施进行实测，53家重点单位录入灭火救援管理系统。购置1辆橡皮艇，12套水域救援服装及72小时个人保障物资，总队1艘冲锋舟。完成16个乡镇专职队及小型消防站建设。

【战勤保障】争取财政经费283.28万元，其中业务经费203.23万元，专项经费80.05万元。建设大队本级及寻乌县南桥镇、澄江镇、晨光镇四个"一警六员"消防体验站，改建消火栓。指战员及合同制消防员、消防文员人身意外伤害保险，保额由20万元提升至100万元。大队配发压缩空气泡沫消防车1辆，指挥车1辆，高清布控球1个，卫星电话2个，三轴稳定器1个，购买水域救援装备63件套，灭火防护装备70余件套。配备1台4G单兵图传设备，1台3G单兵图传设备，1架无人机，10部公网对讲机，20部350兆对讲机，提高灭火救援作战能力。县消防大队现有各种车辆10辆（水罐消防车3辆，登高平台车1辆，高喷车1辆，抢险救援车1辆，执法行政车1辆，皮卡1辆，指挥车1辆，运兵车1辆）。

（王　宁）

防震减灾

【概　况】2019年，县防震减灾局抓好机构改革职能的划转工作，围绕年初制定的工作目标，扎实工作，开拓进取，推动防震减灾事业持续健康发展，较好地完成各项工作任务。县防震减灾局在2019年度市县防震减灾局指数的考评结果中列居县级第一档次。

【监测预报】5月30日，省地震局派出技术人员专程到寻乌，开展地震监测设备的校测工作，全面检查地震台的电力、通讯保障以及其他安全隐患，保证台站仪器正常运转和数据的及时传输。微观监测主要有专业的测震仪器，有文峰长溪测震台，南桥和三标两个强震动观测台，南桥古坑跨断层测量，马蹄岗GPS形变观测，局内院地下流体前兆观测。宏观监测主要依靠群众测报，主要有县、乡、村三级宏观观测点194个，观测手段包括地下水、动物等，基本形成"横向到边，纵向到底"的宏观观测网络。严格执行寻乌县防震减灾局短期与临震预报制度、震情跟踪会商制度。每月月底定期召开震情会商会议，会商情况及时汇报县主要领导、分管领导和县委办、政府办。

【震害防御】加强防震减灾知识宣传，充分利用"5·12"防灾减灾日、"7·28"唐山地震纪念日、科技活动周、"开学第一课"、"12·4"等重要时间节点，开展以"提高灾害防治能力，构筑生命安全防线"为主题的防震减灾宣传活动，通过发放宣传资料、摆放宣传展板、播放地震应对常识宣传片、应急装备展示、应急救援技能演示等等形式，有效提高全县群众应急地震灾害等突发性公共安全事件的应急响应和处置能力；8月，县防震减灾局会同县城乡建设规划局先后在南桥镇、文峰乡、澄江镇开展建筑就业个体工匠技能培训班。结合农村危旧土坯房改造、“空心房”拆除，推进全县农村民居地震安全工程。全县农户住上安全房，农村民居抗震设防水平处于全省领先地位。9月，印发通俗易懂的《防震避震手册》和宣传资料，增强全民防震减灾意识和自救互救能力。

（潘艳文）

政协寻乌县委员会

综　述

年内，召开县政协全会1次，县政协常务委员会5次，听取和审议工作报告3个，作出决议2项，民主监督2次，专题调研6次，公益活动2次，协商人事任免4人、取消委员资格2人。

重要会议

【县政协第十三届四次会议】 3月9—11日召开。会议主要听取县委书记柯岩松讲话；听取和审议《政协寻乌县第十三届委员会常务委员会工作报告》《政协寻乌县第十三届委员会第三次会议以来提案工作情况报告》；列席寻乌县第十八届人民代表大会第四次会议；通过政协寻乌县第十三届委员会第四次会议相关决议。

【县政协十三届常务委员会议】 年内，政协寻乌县第十三届委员会召开常务委员会会议5次。

第14次会议。3月7日召开，传达学习省市政协会议精神；通报政协十三届四次全会会议筹备情况。

第15次会议。3月11日召开，听取各界别召集人讨论情况汇报；协商讨论《政协第十三届第四次会议提案审查情况报告（草案）》《政协寻乌县第十三届第四次会议决议（草案）》。

第16次会议。4月8日召开，学习中共中央总书记习近平在全国两会期间到各代表团（组）的重要讲话精神；协商通过县政协常委会2019年工作要点。

第17次会议。7月11日召开，传达学习中共中央总书记习近平视察江西和赣州重要讲话精神和中央、省委“不忘初心、牢记使命”主题教育活动会议精神；协商讨论人事任免。

第18次会议。11月8日召开，学习中共中央总书记习近平在中央政协工作会议暨庆祝中国人民政治协商会议成立70周年大会上的重要讲话和中共十九届四中全会精神；审议《关于对我县旅游产业发展情况的调研报告》《关于对我县落实省委脱贫攻坚专项巡视反馈问题整改情况的调研报告》；通过《寻乌县政协常委会议事规则》；讨论代起草的《中共寻乌县委关于新时代加强和改进人民政协工作若干意见》；协商讨论人事任免。

主要工作

【会议协商】 全会期间，通过听取报告、大会发言、分组讨论等形式，围绕“一府两院”工作报告进行讨论协商，对全县经济发展、国计民生、社会稳定、“七大攻坚”等方面议政建言，提出意见建议40余条。

【民生监督】 开展学前教育发展专题民主监督，提出意见建议5条。开展对工信局民主监督评议，提出意见建议6条。

【调研视察】 开展全县旅游产业发展、县城小区配套幼儿园治理、落实省委脱贫攻坚专项巡视反馈问题整改、偏远村庄农村人居环境整治、首位产业企业用工及技能型人才招用现状、百香果产业发展情况专题调研视察，听取各方人士意见，向县委、县政府报送调研视察报告4篇，提供意见建议30条。

【社情民意】 发挥政协委员的行业优势，关注群众关心的热点、难点问题，收集报送社情民意信息9篇，县委、县政府主要领导阅后批示，并及时转交给相关部门抓好落实。

【公益性活动】 组织科技、医卫界委员开展“送医、送药、送科技”活动2次，发放科普书籍1000余册，义诊病人1100余人，发放药品价值3万余元；组织委员开展“捐资助学”活动，看望贫困学生40余名，发放救助资金6万余元，参与脱贫攻坚爱心帮扶、扶老助弱、爱心捐款公益活动，捐款120万元。

【提案办理】 县政协第十三届四次会议期间，收到委员提案66件，经审查立案58件，及时召开提案交办会，由28个承办单位办理。对“关于三管齐下，抓好乡村振兴的建议”“关于开通我县百香果运输的绿色通道”“关于进一步推进寻乌文化旅游产业的建议”3个重点提案开展现场督办。

（王显坤）

纪检　监察

综　述

2019年，县纪委监委以党的政治建设为统领，做实做细监督职责，完成整改中央脱贫攻坚巡视问题60个、省委巡视反馈问题40个，处置中央、省委巡视和市委巡察移交问题线索182件；问责党组织14个、问责党员干部22人；受理各类信访举报453件（次），立案85件，纪律处分81人；全县运用“四种形态”处理412人次，第一、二、三、四种形态占比分别为79.2%、17%、1.9%、1.9%；处置扶贫领域问题29个，处理66人次；查处涉黑涉恶、充当“保护伞”和失职失责问题24件24人（其中立案19件19人），移送司法机关5件5人，对5名科级干部作出免职处理；查处形式主义、官僚主义问题28起65人；查处违反中央八项规定精神问题30人，其中党纪政务处分22人；为2人予以容错减责免责，对受到不实举报的9起14名党员干部澄清正名；开展4轮巡察，发现问题739个，整改662个，移交问题线索57件，立案7人；加强自我监督，坚持刀刃向内，对3名科级纪检监察干部作出免职处理并调离县纪委监委机关；选聘12名特约监察员，推动监察机关依法接受民主监督、社会监督和舆论监督。县纪委监委被市扫黑除恶专项斗争领导小组评为县（区）扫黑除恶专项斗争领导小组先进成员单位、被省委、省政府授予第十五届江西省文明单位。

重要会议

【县纪委十五届四次全会】 2月1日召开，会议听取县委书记柯岩松讲话，审议通过县委常委、县纪委书记、县监委主任李建华代表县纪委常委会所作的《牢记使命担当　忠诚履职尽责　奋力推动新时代纪检监察工作高质量发展》工作报告。

【全市（寻乌片）扫黑除恶执纪监察第三次联络员会议】 5月20日，全市（寻乌片）扫黑除恶执纪监察第三次联络员会议召开。会上传达学习中央扫黑除恶督导组反馈有关问题及整改要求，听取与会县（市）扫黑除恶执纪监察工作情况汇报，进行业务培训，解决扫黑除恶“打伞破网”工作中遇到的困难和问题，部署扫黑除恶“打伞破网”下一步工作。

巡视巡察

【巡视整改】 加强对中央三大攻坚战、巡视巡察反馈问题整改、扫黑除恶、意识形态、减税降费、“放管服”改革、人防系统腐败专项治理监督检查，督促党员领导干部把“两个维护”落到实处。监督完成中央脱贫攻坚巡视共性问题整改

60 个、省委巡视反馈个性问题 40 个和共性问题 46 个，处置中央、省委巡视和市委巡察移交问题线索 182 件。查处畜禽养殖禁养区关停工作滞后问题。立案查处违反政治纪律问题 3 件。

【巡察工作】 开展脱贫攻坚、教育领域、污染防治、“放管服”改革 4 轮巡察，发现问题 739 个，整改 662 个，移交问题线索 57 件。

廉政建设

【管党治党】 运用民主测评、约谈、履责提示、纪律检查建议书、检查考核等方式，强化监督执纪问责。年内，问责党组织 14 个、党员干部 22 人，其中纪律处分 7 人。点对点向县党政班子成员发送《党风廉政建设履责提示》27 人次，提示问题 28 个。62 名科级以上领导干部操办婚丧喜庆事宜“两报告一承诺”（事先报告、作出承诺、事后再报告），开展新提拔重用 39 名领导干部廉政教育。因党风廉政问题，对 2 名干部试用期满提出不予正式任职建议。

【正风肃纪】 年内，查处形式主义、官僚主义问题 28 起 65 人，违反中央八项规定精神问题 30 人，其中党纪政务处分 22 人。整治“怕、慢、假、庸、散”作风顽疾，开展“三比三看”（比调查，看解决问题能力和水平；比服务，看群众口碑；比实绩，看担当作为）活动，组织全县各级领导班子召开作风建设专题民主生活会。容错减责免责 2 人，为受到不实举报的党员干部澄清正名 9 起 14 人，对受到纪律处分和组织处理的 72 名干部开展回访关爱教育，激励干部敢于担当作为。

【惩治反腐】 全年，受理各类信访举报 453 件次，立案 85 件，纪律处分 81 人。坚持行贿受贿一起查，其中采取留置措施 7 人。整治医疗系统收受回扣、开大处方问题。运用“四种形态”处理 412 人次，第一、二、三、四种形态占比分别为 79.2%、17%、1.9%、1.9%，开展 3 起典型案件运用“三会一书两公开”（处分决定会、民主生活会、警示教育会、个人忏悔书、党内公开有关案情、社会公开整改情况）、庭审旁听警示教育，用好纪检监察建议。

【维护群众利益】 处置扶贫领域问题 29 个 66 人次，其中纪律处分 24 人。为 86 户农户现场清退违纪款 15.82 万元。查处涉黑涉恶腐败、充当“保护伞”和失职失责问题 24 件 24 人（其中立案 19 件 19 人），作出党纪政务处分 16 人，移送司法机关处理 5 件 5 人，对 5 名科级干部作出免职处理。通过开展敦促公职人员自首活动，有 13 名公职人员主动向纪检监察机关交代问题。

【纪检监察队伍建设】 开展能力提升年活动，举办培训班 7 期，培训纪检监察干部 925 人次，封闭式业务测试 3 次；采取“以案代训”方式，选派赴中央、省、市纪委参与办案 20 人次，乡镇纪委参加县纪委监委审查调查 23 人次；开设“干部讲坛”，邀请市纪委 2 名委处级干部和 1 名兄弟县纪委副书记授课，县纪检监察干部轮流上台讲经验、谈体会，互相学习借鉴，提高业务水平。开展 32 名纪检监察干部政治家访。对 3 名科级纪检监察干部作出免职处理，并调离县纪委监委机关，并予以纪律处分。加强乡镇纪委建设，乡镇纪委立案 35 件 38 人，立案覆盖面 100%。选聘特约监察员 12 名。

（袁桂丽　潘其文）

群众团体

总工会

【概　况】 2019年，全县有235个基层工会，其中“六有”工会226个，达标率96%，“六有”工会优秀示范点10个，县总工会被赣州市发展和改革委员会、赣州市机关事务管理局评为“赣州市绿色机关创建单位”称号；被赣州市总工会评为“赣州市第四届职工运动会优秀组织奖单位”，“赣州市第四届职工运动会体育道德风尚奖单位”称号；组织代表队参加市总工会、市应急管理局举办的2019年度全市“安康杯”竞赛活动，获得二等奖。

【基层组织建设】 制定下发《寻乌县总工会开展“一提升两强化”专项行动的工作方案》，着力推进基层工会组织的有效覆盖和规范化建设。年内，县工业园区已投产企业32家，职工2673人，已建会30家，建会率达94%，会员2632人，入会率达98.5%；职代会和厂务公开建制率分别达到98%和97%，打造5个企业工会工作精品示范点。

5月启动“九大员”入会工作，与交通、民政、建设等部门沟通联系、实地走访、召开座谈会和统计分析，对基层工会建设及推动“九大员”入会工作进行调研，开展“九大员”群体集中入会行动，全年全县九大群体新组建工会25家，共有会员207名。

226个行政企事业单位基层工会做到“八有”标准，即有组织、有办公室、有主席、有牌子、有章子、有账户、有制度、有活动。

【职工技能】 4月10日，在县工业园区举办首位产业机械机电技能大赛。4月12日，在县城北新区小学举办全县小学、幼儿园教师基本技能竞赛活动。

10月8日，在县城北广场举办首位产业通用设备制造暨高校毕业生就业服务行动招聘大会，吸引8000多人次进场咨询、求职，发放招聘资料5000多份，现场签约招聘138人，其中高校毕业生26人，城乡贫困劳动力27人，通用设备制造企业现场招聘85人（专业技术岗位28人、行政管理岗位11人、一线普工岗位46人）。

【劳模管理】 开展2019年全国、省、市五一劳动奖状、奖章和工人先锋号推荐评选工作。县扶贫和移民办寻乌二中学获得市“五一劳动奖状”，赣州岑峰酒业有限责任公司酿酒师赖丙光、县总工会党组书记、常务副主席谢应清获得市“五一劳动奖章”，寻乌世纪陶瓷有限公司分检组获得市“五一工人先锋号”荣誉称号。

做好第十六届赣州市职工职业道德建设标兵单位和标兵个人推荐评选工作。县会计核算中心获“赣州市职工职业道德建设标兵单位”荣誉称号、县环境卫生管理所所长刘林荣获“赣州市职工职业道德建设标兵个人”荣誉称号。

做好2019年度赣州市模范职工之家、模范职工小家、优秀工会工作者、优秀工会积极分子、优秀工会之友、优秀职工的推荐评选工作。县电商产业园工会委员会、寻乌二中学工会委员会获得“赣州市模范职工之家”荣誉称号，县人民医院护产科工会小组、江西省洛锡实业有限公司电工车间工会小组获得“赣州市模范职工小家”荣誉称号，县世纪陶瓷有限公司工会主席陈道法、国家税务局寻乌县税务局工会副主席桂志伟获得“赣州市优秀工会工作者”荣誉称号，县总工会协理员魏桂添、县教科体局工会副主席古琼华获得“赣州市优秀工会积极分子”荣誉称号，县财政局副局长曾林金获得“赣州市优秀工会之友”荣誉称号，玉禾田环境发展集团股份有限公司寻乌县分公司环卫工卢来玉、广寻现代物流有限公司水电工邝振堂、县生态环境局环境监察大队职工邝军连、县文峰乡卫生院院长黄花香、县三二五小学教师朱琳、江西省洛锡实业有限公司金加工工人饶建平、江西省夫能环境设备科技有限公司技术员朱启杭、国网江西省电力有限公司寻乌县供电分公司晨光供电所所长王文进获得赣州市“优秀职工”荣誉称号。

组织部分劳模代表参加省、市总工会组织的疗休养活动；组织部分一线优秀职工参加市总工会组织的疗休养活动；根据赣州市总工会、中国邮政储蓄银行赣州市分行《关于印发〈“赣州爱工贷”实施细则〉的通知》（赣市工通〔2019〕11号）文件精神，认真做好“赣州爱工贷”推广工作，有效缓解自主创业的职工群体融资难题。

【和谐企业创建】 发挥园区三师团队作用（即律师、健康工程师、工资集体协商指导师）。强化职工维权服务工作，提高工业园区企业职工满意度。2019年，“三师”团队进行法律宣传活动4批次，提供法律服务咨询200余人次，受理群众来信来访4人次，协助发放互助保障理赔金2万余元，提供健康咨询、检查200人次。

推动企业工资集体协商工作，切实保护劳动者的合法权益。至年底，全县163家非公企业中，已建工会组织企业160家，已有148家企业签订了工资协商专项集体合同，建会企业集体协商建制率达92.5%；签订行业工资集体协商合同3家（公交和出租车行业，药品经营行业，快递物流行业），覆盖企业35家，职工371人，覆盖职工数占工会会员总数比例达18%以上；签订区域性工资集体协商合同2家（吉潭镇、留车镇），覆盖企业20家，职工245人；签订女职工特殊权益保护专项集体合同的基层工会覆盖率达60%。

民主管理扎实推进。制定《关于加强厂务公开民主管理保障职工参与管理和监督民主权利的意见》，扎实推进企业民主管理、厂务公开工作，全县国有企业厂务公开建制率达100%，非公企业厂务公开建制率达94%。

【职工文体活动】 4月19日，在县青少年活动中心举办庆“五一”职工拔河比赛。4月20—21日，在县老年活动中心举办“五一劳动杯”职工气排球比赛。4月22—24日，在县老年活动中心举办“五一劳动杯”职工门球比赛。4月29日晚，在县东江源剧院隆重举行寻乌县第七届庆“五一”职工文化艺术节文艺晚会。

在县工业园区园区文化广场联合举办“庆元旦、鼓干劲、聚人心”职工拔河比赛，共有园区各基层企业工会的8个代表队128人参加了比赛活动。

【工会关爱活动】 按照“应帮尽帮，应退尽退”的原则，对不符合条件的困难职工予以清退，对人均月收入水平达到低保边缘标准1.5倍（960元）以上的职工家庭进行脱困，按照“四个一批”的措施精准施策帮扶、分类帮扶。截至10月，全县共有已建档的困难职工33户，其中全国级档案7户，省级档案13户，市级档案13户。纳入政府城镇贫困群众救助2户。

制定下发《关于开展“321”结对帮扶困难职工活动工作的通知》，开展“321”结对帮扶工作对全国级困难职工全部实行结对帮扶，将每个困难职工家庭与工会帮扶干部紧密对接。

春节期间筹集“送温暖”资金33.2万元，走访慰问困难职工307余人，为16名省、市劳模发放困难帮扶专项资金9.52万元。对4户建档城镇贫困群众进行救助，发放帮扶资金0.61万元。开展“金秋助学”活动，为2名考取二本以上大学的困难职工子女发放助学资金1.1万元。

开展首位产业（机电、机械）女职工免费妇科（两癌）检查活动。为80名企业女职工进行免费检查。

春节期间，在南桥镇206国道旁联合设立农民工平安返乡“流动爱心驿站”，为外出务工自驾摩托车返乡的农民工免费提供多项服务。

11月9日，举办“青春相约·缘随心动”单身青年职工联谊会，来自全县30多家单位的60余名单身青年职工参加。

认真做好互助保障工作。年内，参保人数12364人，发放理赔慰问金83万余元。

【工人文化宫投入使用】 县工人文化宫于1月建成并投入使用。该文化宫2017年7月开工建设，占地面积5255平方米，建筑面积4882.4平方米，总投资1200万元。内设职工歌影厅、棋牌室、电子阅览室、书画展览中心、体育健身中心、乒乓球室、篮球场、气排球场、羽毛球场等设施，以及职工帮扶服务中心、职工教育培训中心。县工人文化宫的建成解决了长期以来寻乌县没有职工活动场所问题。

（谢海标）

共青团

【概　况】 2019年，全县共有基层团组织452个，其中团委25个，团工委1个，团总支6个，团支部309个；在册团员15000余人，2019年新发展团员800人。共有少先队900个，少先队员2.3万多名。

【团组织建设】 配齐配强团组织干部。年内，团县委机关配备两名团干，其中行政编制1人，下属事业单位县青少年事务服务中心1人。团县委机关干部全部配齐。2019年底，全县共有专兼职团干部833人。11月29—30日，中国少年先锋队寻乌县第四次代表召开。大会选举产生寻乌县第四届少先队工作委员会主任、副主任等。对县、乡、村团组织干部开展“送培训下基层”“智慧团建”等业务培训。发展“团建指导员”“团课指导员”“团员讲解员”等“三员”队伍639人。

加强基层团组织建设。1月28日，“学习强国”平台用户服务中心落户寻乌后，该中心招聘150余名工作人员。针对年轻人占绝大多数，团县委及时与中心负责人联系协商，及时成立“学习强国”平台用户服务中心（寻乌）团委。此外，还成立乡村大学生创新创业协会团支部、寻乌长利果业有限公司团支部等5个基层团组织。

【县第四届少代会召开】 中国少年先锋队寻乌县第四次代表大会于2019年11月28—29日召开。出席大会代表共173名，其中少先队员代表105名，成人代表68名。会议听取县领导和团市委负责人讲话，听取和审议《中国少年先锋队寻乌县第三届工作委员会工作报告》，选举产生中国少年先锋队寻乌县第四届工作委员会委员25名，选举产生出席市少年先锋队代表大会代表5名。在寻乌县第四次代表大会第一次全体会上，选举产生寻乌县第四次少年先锋队工作委员会主任、副主任各1名。

【青少年文化活动】 为纪念五四运动100周年，组织开展“青春心向党 建功新时代”文艺晚会，表彰“全县五四红旗团委”“全县五四红旗团支部（总支）”“全县优秀共青团干部”“全县优秀共青团员”等；结合创建市级文明城市工作，开展“创建文明城市 放飞春天梦想”首届千人风筝节手绘活动和“我眼中的文明寻乌”主题征文、演讲比赛；成功举办寻乌县第二届网络少儿春晚暨第八届少儿艺术节活动；全年举办三期大型机关单身青年联谊活动，参加人员150余人；组织各机关单位歌手、学生与人民群众上演“我和我的祖国”快闪活动表白祖国。

【青年志愿服务】 组织青年志愿者持续开展“暖冬行动，为爱回家”“爱心送考，助力未来”“义敬老”等活动；组织乡镇团委、各中小学团委、县直各单位团委（团总支、团支部）等青年志愿者队伍开展“河小青”沿河环境整治和环保宣传，进一步提高文明城市创建的知晓率、参与率。支持县税务局、县人民医院等团支部开展“环保行”“学雷锋”志愿服务活动等。4月，团属县义工联合会被共青团赣州市委、赣州市青年志愿联合会评为2017—2018年度“赣州市优秀青年志愿服务集体”。开展青联委员“微心愿”行动；对接东莞市“千分一志愿服务团队”开展捐资助学活动，为全县贫困学生送去资助金和慰问品共计资金80万余元，受益学生共计658人；持续在县城城北新区小学开展“四点半课堂”特色品牌活动，联系专业老师为100余名县城内留守儿童传授陶艺、舞蹈、美术等课程，丰富留守儿童课余生活；开展“四点半课堂”进乡村试点工作，在贫困农村小学开设艺术支教课堂，定期为农村贫困学生上课；引导各基层团组织、少先队开展“与爱同行，温暖童心”等关爱留守儿童系列活动，为200余名留守儿童送去温暖。

【信息宣传】 利用寻乌共青团微信公众号和工作博客等网络平台，积极编撰图文并茂的简讯，宣传习近平新时代中国特色社会主义思想和中共十九大精神，共青团的业务知识，社会核心价值观等，宣传全县各级共青团和少先队组织开展的各项工作，推进各级团组织的网络信息化建设。11月，团县委微信公众号在全省县（市、区）团委微信公众号综合影响力排行榜中位居第15名。

（陈　琪）

妇女联合会

【概　况】 2019年，共有妇联组织92个，其中乡镇妇联15个；县直单位妇委会70个；建立妇联组织的企业有6个，公益组织数1个，联系巾帼志愿者300余人；在全县2269个村（居）小组中，配备了2269个村（居）妇女小组长。

县妇联内设办公室、组织部、宣传部、妇女发展部、权益部、家庭和儿童工作部，下属正股级事业单位县妇女儿童工作服务中心。编制6名，在编干部5人。

【“赣南新妇女”活动】 全县186个村（社区）妇联主席、2269名村妇女小组长以“赣南新妇女”运动为载体，发动广大农村妇女，按照脱贫攻坚“五净一规范”要求，在全县开展“清洁家园”活动。4月，全省村妇女小组长配备工作现场会在寻乌县召开，寻乌做法在全省推广；5月，广东省妇联副巡视员一行到寻乌县调研考察村妇女小组长配备和“赣南新妇女”运动等工作；8月，全国《婚姻与家庭》杂志社记者到寻乌县采访调研基层妇女发挥作用、妇女干事创业、脱贫致富的相关事迹；9月，全市“赣南新妇女”运动流动现场会首站在寻乌召开；11月，兴国县学习考察团一行97人到寻乌学习“赣南新妇女”运动“清洁家园”创建、发挥村妇女小组长作用、助力“五净一规范”等工作中的经验做法。

【信访工作】 在三八节维权周、综治宣传月、宪法日期间，开展《中华人民共和国反家庭暴力法》《中华人民共和国婚姻法》《中华人民共和国未成年人保护法》《中华人民共和国妇女权益保障法》等内容普法宣传活动。做好信访维稳工作，村（居）妇联主席、妇女小组长积极化解矛盾纠纷，全年共受理来信来访20余件，结案率达98%以上。

【妇女儿童民生项目】 运用县妇女“人均一元钱”资金，用于妇女创业就业培训、妇女素质提升等项目；全面完成“两癌”筛查任务数，其中农村妇女“两癌”筛查6000例，城镇妇女700例；争取“两癌”救助资金21万元，共救助“两癌”妇女21名；开展“春蕾一日捐”活动，共募捐资金210193元，帮助329名贫困女童实现求学梦想。发放爱心水灾救灾物资“蜜儿餐”250份，价值5万元；“99公益日”期间，募捐资金12.31万元，发放673个“母亲邮包”到贫困母亲手中。助力推动“加油木兰”项目在寻乌落户，为全县24174名女性建档立卡人口再添一道医疗、教育“保障线”。举办6期农业技术、农产品电商微商培训班，提高妇女再创业的能力。

【开展系列活动】 三八节期间，举办“树新风、助脱贫，争当赣南新妇女”表彰大会暨庆祝“三八”国际妇女节109周年文艺晚会，会议表彰10名优秀妇女工作者、5名“三八红旗手”、5名巾帼建功标兵、100名村（居）优秀妇联干部、100名“赣南新妇女”示范户。举办优秀妇联干部培训班，组织100余名乡村妇联干部参训；7月，组织挂兼职副主席、各乡（镇）妇联主席、专职副主席、村居妇联主席代表、县直单位妇委会主任代表共150人，赴于都开展“不忘初心、牢记使命”主题教育；9月，举办“幸福生活跳起来”庆祝中华人民共和国成立70周年全县妇女邀请赛活动。组建县、乡、村三级“传承孝道好家风”巾帼宣传队开展宣讲活动；组建“赣鄱红色娘子军”宣讲团，宣传爱国奉献奋斗的时代精神。举办“女性大讲堂”活动12场，提升现代女性整体素质；联合县委组织部、团县委举办4期青年干部联谊活动，加强社会青年与单位青年职工之间的学习交流。开展“陪伴的力量”“青少年健康”“女童自护”“防溺水”“禁毒禁赌”等主题宣传进校园活动21期。

（汪　彤）

科学技术协会

【概　况】 2019年，寻乌县科学技术协会围绕县委、县政府工作部署，团结和带领全县广大科技工作者坚定方向、改革创新、科技创新、科技扶贫，各项工作取得新成效。

2019年，南桥镇高排村获全国十佳科技助力精准扶贫示范点，寻乌县百香果协会被评为全国科技助力精准扶贫先进单位，在全国科技助力精准扶贫工作交流视频会上县科协负责人作典型发言。

【科协系统深化改革】 充分利用乡镇科协换届机遇，广泛吸纳一线科技工作者纳入科协组织、参与科协工作、壮大科协队伍。全县共吸纳医院院长、学校校长、农技站站长、协会会长等67人进入科协组织，占科协各协会成员的51%，基本形成以党委副书记任主席，乡（镇）卫生院院长、中小学校校长及农技推广站站长任兼职副主席，乡（镇）科协具体负责事务人员任秘书长的乡镇科协工作新格局。建立“三长”（医院院长、学校校长、农技站站长）工作机制、服务机制和保障机制。10月18—20日，寻乌县受邀参加全国基层科协“三长”论坛，在大会上围绕基层科协组织建设作经验交流发言。

【科技助力扶贫】 围绕寻乌农业产业结构转型升级要求，瞄准甜柿产业、百香果产业、猕猴桃产业、鹰嘴桃产业和柑橘产业，组织农技协开展培训26场，参与专家12人；组织8个县级农技协、6个市级以上科普示范基地参与科技助力精准扶贫工作。全年开展各类技术培训60余场次，培训人员3600余人次，其中贫困户参与人数1900余人。11月19日，在2019年全国科技助力精准扶贫工作交流视频会上做典型发言。

【科技服务企业】 组织恒源达公司、络锡机电、世纪陶瓷等10余家企业注册登录平台，免费提供3000多万条专利技术信息检索服务。在全国科普日活动期间，开展科普讲解大赛、系列科技小制作、征文等活动15场次，组织老师和学生参观体验农村中学科技馆5600人次，6所农村中学建成科技馆并投入运行。组织开展科普大篷车进校园活动，全年受益中小学生达1万人次。邀请中国科学院老科学家科普演讲团成员刘大禾苗、金能强两位老科学家分别在澄江中学、寻乌中学举办"物理学趣谈人""电磁与我们的生活"两场专题科普讲座，600余人中小学师生参加讲座。

整合各部门力量，联合开展科普宣传及科技咨询活动，全年开展各类科普宣传活动30余次，发放各类宣传资料12000人次。邀请种植百香果、猕猴桃、甜柿、鹰嘴桃等专家开展6次技术培训，参与群众900余人次，组织县果业局、县扶贫办等单位在全县15个乡（镇）开展农民技能培训，参与果农1500余人。

（刘　仁）

归国华侨联合会

【概　况】 2019年，寻乌县归国华侨联合会贯彻落实中央对侨工作方针，团结广大归侨侨眷，帮扶侨资侨企，服务侨胞群众，维护归侨侨眷合法权益等工作取得新进步。

【服务侨胞群众】 加强与上级侨联的对接联系，帮助因暴雨受灾侨企羊角园果蔬有限公司争取中国侨联慰问物资2万元，市侨联代表中国侨联到寻乌走访慰问因暴雨受灾的侨企"寻乌县羊角园果蔬有限公司"。10月1日，县侨企羊角园果蔬有限公司用1000余公斤两色辣椒，以晾晒的形式拼成一副长9米、宽6米的巨幅"国旗"和"丰收了"的字样，欢度国庆。对长宁镇城南社区侨属聚居较多的情况，联合县皮肤病防治所、县长宁镇城南社区，在县城中山路开展社区居民免费健康体检活动。做好华侨、华人探亲拜祖接待工作，年内，共接待回乡探亲18人次。

【组织活动】 在市侨联的组织下，到上海等长三角等地考察学习当地侨联基层建设工作，并向当地有关侨商推介宣传寻乌投资发展环境和招商项目。组织参加第二十届世界华人学生作文大赛，共有4262名学生参赛，向大赛组委会选送了60篇文章参赛，其中获得特等奖3名，一等奖6名，二等奖9名，三等奖12名。为庆祝新中国成立70周年与团县委等单位联合举办以"我和祖国共成长"为主题的全县第五届"童话杯"青少年现场书画大赛，全年共刊发4篇工作信息。

（范新华）

工商业联合会

【概　况】 2019年，县工商联围绕县委、县政府中心工作，适应非公有制经济不断发展变化要求，夯实组织基础、发挥商会作用、增强参政能力、创新工作平台。成立非公有制经济维权服务中心。

【引导教育】 县工商联利用《寻乌商会网》、《寻乌商会会刊》、《寻乌商会手机报》、"寻乌县工商联"微信公众号和微网等宣传平台和载体，向会员发送有价值的政务信息和商务信息1万余条，加强与会员的沟通和联系。支持、引导企业开展招聘会、展销会、新产品发布会，推动筹建融资担保公司进程和召开政银企交流会，为会员解决融资困难。

【帮助服务】 开展"百企帮百村"活动，组织全县90余家企业（非公经济人士）、5个外埠商会、5个行业商会、协会和23个合作社，与全县69个贫困村实行结对帮扶，在产业、就业技术、电商、教育、公益事业等方面开展帮扶，实现产业帮扶项目19个，资金1600万元，技术培训400余人次，解决就业1450余人。组织非公企业、商会、协会开展“百企帮百村迎新春爱心扶贫送温暖”、“第三届百名学子爱心助学”、社会扶贫“一日捐”活动。其中，广寻商会向对接帮扶项山乡村中坑村捐款66000元及捐赠投影仪等物资；社会扶贫“一日捐”活动中，非公企业捐款49.478万元，认捐贫困户微心愿65个。

（刘文华）

文学艺术界联合会

【概　况】 县文联围绕县委、市文联工作部署，服务经济建设大局，履行联络、协调、服务职能。发现和培育文艺新人，加强文艺团体和文艺工作者之间的协调和联系，积极开展与外地文艺协会的友好往来和学术交流，提高全县文艺创作氛围，丰富全县文化精神生活。

【主要活动】 4月，举办“寻乌县庆祝中华人民共和国成立70周年主题征文比赛”，全县广大党员干部、群众、学生积极参与，收到成人组投稿作品67篇、学生组投稿作品202篇；8月，庆祝中华人民共和国成立70周年暨人民政协成立70周年书法篆刻大赛作品展活动正式启动，县外书法篆刻爱好者广泛参与，收到书法篆刻作品90余幅，评选出优秀奖18名、入展作品62名；10月，庆祝新中国成立七十周年暨闽粤赣边三县（武平·平远·寻乌）“客家·艺韵”第二届美术、书法、摄影作品联展在寻乌县正式开幕，展出书法、美术、摄影作品150幅，吸引5000余名市民前来观展。

“村暖花开·三村采风行”作家助力精准扶贫公益项目到寻乌开展采风活动。6月2—6日，《中国作家》杂志社主编程绍武一行10人到寻乌开展采风活动，作家们通过实地踏访、组织座谈等形式，深入了解寻乌县脱贫攻坚情况，并形成文学作品。中国文联和中国摄协、中国民协共同发起的“影像见证新时代 聚集扶贫决胜期2018—2020大型影像跨界驻点调研创作工程”项目主创人员到寻乌调研创作。6月30日至7月7日及11月3—10日，《中国摄影》杂志原主编闻丹青一行4人先后两次到寻乌开展调研创作，了解并用影像记录寻乌县脱贫攻坚工作情况，活动期间，在《光明日报》、光明网等多家主流媒体上刊发《赣南脐橙进入采摘期》的新闻报道。

5月，县作家协会组织会员前往广东省平远县开展交流活动。7月，县美术家协会组织会员前往广东省平远县开展创作交流活动。10月，县诗词楹联学会举办重阳诗会，诗会邀请县外诗词爱好者共同参与；依托“新时代文明实践中心”开展活动。1月，县书法家协会组织会员在城区、乡镇开展“脱贫致富奔小康，党的恩情永不忘——新时代文明实践送春联活动”，为全县市民书写春联900余幅。4月，县书法家协会组织会员深入全县15个乡镇开展“新时代文明实践——礼赞新时代，弘扬书香情”书法培训文化惠民活动，开展书法宣讲、书法培训、书法文化惠民等各类活动213次，受益人数达7000余人次。7月，县摄影家协会在新时代文明实践中心举办“全县‘三区’人才支持计划手机摄影培训班”，吸引全县60余名手机摄影爱好者参加学习。9月，县音乐家协会编排的民乐联奏《今天是你的生日》等在县新时代文明实践活动——“壮丽70年 奋斗新时代”晚会中演出；利用新媒体开展文艺交流。6月，县作家协会正式开通“寻乌文学”公众号，为文学爱好者提供一个投稿、学习、交流的窗口。2019年，分别以晨光镇、龙廷乡为创作素材，出版2期大型综合性文化刊物——《寻源》。

【艺术成果】 寻乌县注册的文艺培训机构90个，受益群体辐射超1万人。全年在国家级和省市级以上报纸杂志发表作品30余篇，组织参加市以上文艺家协会举办的书法、美术大赛15次，有10余人次获奖。

残疾人联合会

【概　况】年内，全县残疾人总数21120人，占全县总人口的6.39%，其中肢体残疾人6336人，占残疾人数的30%；听力残疾人2112人，占残疾人数的10%；智力残疾人634人，占残疾人数的3%；视力残疾人4435人，占残疾人数的21%；精神残疾人422人，占残疾人数的2%；言语残疾人2112人，占残疾人数的10%；多重残疾人3802人，占残疾人数的18%；其他残疾人1267人，占残疾人数的6%。

【残疾人证办理】开展调查摸底，2019年2月、3月、6月、8月、12月五次组织村干部、帮扶干部按照户户过滤方式认真开展疑似残疾人排查工作，全县共排查上报疑似残疾未办证人员743人；县残联按照各乡（镇）调查摸底疑似残疾人名单，联合县卫健委组织评残医生和办证人员开展五次下乡集中办证活动，同时对瘫痪在床、卧床不起、行动不便的残疾人进行上门办证，下乡办理残疾人证908人。全县有持证残疾人总人数7761人，2019年共办理残疾人证1411人（其中下乡办证908人，窗口办证503人），残疾人办证率位居全市第四名。

【扶贫解困】组织人员宣传残疾人两项补贴政策，开展建档立卡贫困残疾人补贴核查补漏工作，共补发建档立卡贫困残疾人补贴共计665人10.446万元。截至12月底，全县共发放残疾人补贴共计4920人406.82万元，其中生活补贴113.89万元，护理补贴89.47万元，两项补贴（指同时享受生活补贴和护理补贴的残疾人补贴）203.46万元。6月，县残联下发《关于印发〈寻乌县2019年中央彩金和省贫困重度残疾人家庭无障碍改造项目实施方案〉的通知》，共完成142户贫困重度残疾人家庭无障碍改造任务。年内，为418名贫困智力、精神和重度残疾人发放残疾评定补贴，补贴资金62700元；为118名贫困残疾人发放残疾人机动轮椅车燃油补贴，每人补贴260元；共发放30680元，为115名贫困残疾人申报2020年残疾人机动轮椅车燃油补贴。

【康复服务】做好智力、精神和重度残疾人托养服务工作，4月10日下发《关于印发〈寻乌县2018年度阳光家园计划——智力、精神和重度残疾人托养服务实施方案〉的通知》，为80名符合条件的残疾人实施阳光家园托养服务每人1500元共12万元；为421名残疾人免费发放轮椅、坐便器、助行器、拐杖等辅助器具；为4名听力残疾儿童免费配发助听器；为8名肢体残疾人装配假肢，装配矫形器10人；为2名听力残疾儿童实施人工耳蜗植入手术康复救助，救助金额20.4万元；为14名残疾儿童实施康复救助，救助资金11.8985万元。

【教育就业】5月20日，县残联会同县文广新局联合印发《关于2018年度寻乌县农家书屋残疾人管理员工作考核的通知》，对全县100名“农家书屋”管理员进行考核，经考核合格人数90名，不合格10人，对考核合格的给予续聘，对10名因外出务工、身体原因、只领钱不履职等情况不适宜从事农家书屋管理员岗位及年龄超过60周岁的给予解聘；落实“民生工程”公益性岗位残疾人专职委员28名，每人每月岗位补贴1000元，安置“农家书屋”残疾人管理员100名，每人每月补贴300元，2019年共发放公益性岗位补贴25.36万元、发放“农家书屋”残疾人管理员岗位补贴35.85万元；做好各类企业安置残疾人就业工作，有13家企业共安置28名残疾人就业，同时积极宣传安置残疾人就业的惠企政策，对未按比例安置残疾人就业的企业联合县税务局对其征收残疾人就业保障金，在财政、税务部门的大力支持下，全县依法征收残疾人就业保障金101万多元；积极扶持阳光助残创业就业示范基地，全县共扶持5个阳光助残创业就业示范基地，分别是：寻乌县风先鹌鹑专业合作社、寻乌县虎石村百香果专业合作社、寻乌县南桥镇友宾专业合作社、寻乌县粮丰果蔬种植专业合作社、寻乌县源丰果业家庭农场，共扶持资金20万元，安置18名残疾人或残疾人家庭成员就业。推进助学助残，促进残疾人教育事业发展，保障贫困残疾学生接受高等教育，2019年共资助6人，其中专科生5名每人资助3000元，本科生1名资助4000元。

【开展助产日活动】 在全国助产日期间，县委常委、副县长米雅娜走访慰问县特殊教育学校师生、县人民医院评残小组成员以及困难残疾人家庭。助产日期间，全县共走访慰问困难残疾人265人，发放慰问金、慰问品计14.3035万元；组织县残工委相关成员单位在城北广场为残疾人开展法律、法规、政策的宣传和咨询服务，组织寻乌县“福康园”专家和长宁镇城北新区卫生服务中心医生为残疾人开展免费健康义诊活动；为56名贫困残疾人免费发放轮椅、拐杖、助听器等辅助器具；县残联组织爱心服务协会志愿者为残疾人上门理发、打扫卫生等助残关爱活动。

4月28日，下发《寻乌县2019年残疾人康复体育关爱家庭计划实施方案》，为50名不易出户或家庭困难的重度残疾人实施康复体育家庭关爱服务。

（钟　芳）

红十字会

【概　况】 县红十字会认真贯彻学习中共中央总书记习近平视察江西和赣州重要讲话精神，落实中国红十字会第十一次全国代表大会工作部署，获江西省红十字会先进单位，彭家琴获江西红十字会先进个人，在“99公益日”网络众筹活动中县红十字获得全县三连冠的县级红十字会。

【基层组织】 共有基层红十字会10个，分别是南桥镇下廖村红十字会、寻乌二中红十字会、博豪中学红十字会、长宁镇石圳村红十字会、长宁镇河东社区红十字会、长宁镇城南社区红十字会、长宁镇河东社区红十字会、广寻现代物流有限公司红十字会、寻乌县石崆寨旅游景区红十字会和寻乌县阳光购物红十字会。专业救援队伍两支，分别是红十字救援队和蓝天救援队。注册志愿者122名。

【募捐活动】 10月17日，联合扶贫和移民办开展全县精准扶贫“月捐计划”集中募捐暨“扶贫超市”项目认领活动，有120个企业代表及单位（乡镇）职工代表参加，累计接受捐赠物资131万元，其中各单位干部职工捐赠82余万元、爱心企业人士捐赠49余万元。红十字会充分利用腾讯“99公益日”募捐活动为契机，在腾讯公益推出“为救援使者添装”和“红十字蓝天救援”两个公益项目，为两支救援队筹集救援装备款，共为救援队募集善款151万多元。积极与社会爱心企业开展募捐活动，至年底，先后获得赣州昌顺工程建设监理有限公司、赣州市公路局寻乌分局等十余家爱心企业及政府部门捐赠，共接受捐款415.85万元。

【人道救助】 发扬“人道、博爱、奉献”的红十字精神。2019年，为邝小红募集捐款3.2496万元，为梅秋榕募集捐款2.27万元，为古剑辉烈士家属募集捐款124.2万元，全年发放大病救助138人次，发放救助金28.25万元。“扶贫一日捐”款项及社会爱心人士、企业捐赠物资用于全县各乡村贫困户慰问及扶贫工作，合计发放139.79万元。

在元旦、春节、重阳等重要节日期间，组织志愿者开展走访慰问活动，共筹集油、面等物资54.03万元，在留车、南桥等乡（镇）看望老人及贫困户950人。在县敬老院、博爱家园开展“关爱老人健康生活、提高老人疾病防治意识”“守望夕阳、冬日敬老行”等为主题的老年介护及义诊活动。

【宣传培训】 2019年，在省市红会媒体及总会媒体等各级主流媒体发表红十字会的新闻稿件共150篇，其中在总会媒体发表5篇，省红会网站及微博发表13篇，市红会网站及微博发表62篇，社会主流媒体70篇，手机报11篇。积极宣传《中华人民共和国献血法》，提高无偿献血普及率，积极宣传遗体（器官）和造血干细胞捐献的相关知识和优惠政策。年内，完成遗体器官捐献1例。深入开展应急救护培训，共开展应急救护培训22期，完成普及培训达5000人次，救护员培训1000人次。

（潘冬凤）

哲学社会科学学会联合会

【概　况】 2019年，寻乌县哲学社会科学学会联合会团结和带领广大社科工作者围绕中心工作，服务大局、担当作为、扎实工作，在社科研究、自身建设、科普活动都取得新成效。

【社科活动】 举行“2019年社科普及宣传周暨学术活动周启动仪式”。此次活动以“礼赞新中国，奋进新时代”为主题，县委宣传部、县社联、文明办、防震减灾局、气象局、果业局、林业局、卫健委、医疗保障局等多家单位为群众提供各类现场咨询服务500余人，发放新时代文明实践中心手册、农技知识普及、防震减灾知识、城乡环境整治知识等各类资料图书5000余份，组织医护人员为群众免费体检、义诊。

开展“不忘初心、强国有我”主题活动，发挥“学习强国”学习平台的资源优势和“学习强国”学习平台用户服务中心（寻乌）的人才优势，组建以“强国志愿者”为主要力量的宣讲团，走进全县15个乡镇187个行政村（社区），为村民们举办科普知识和红色理论讲座。深入开展中共十九届四中全会精神宣讲，宣讲员用通俗易懂的语言，阐明全会的重大意义。在两周的时间内，90余名志愿者共宣讲187场，听众1.5万余人。

【社科成果】 充分利用社联学会人才优势，组织“新时代文明实践员”50余名，录制本地方言和普通话版本的内容，利用村村通广播，在全县各村开展新时代文明实践“天天播报”活动，使“村村通”广播成为群众了解新时代好声音的重要载体。

法 治

政法委及综治

【概 况】 2019年，县政法综治维稳部门深入贯彻落实中央、省委、市委、县委政法工作部署，推进平安寻乌、法治寻乌和过硬队伍建设。深入开展扫黑除恶斗争，扫黑除恶专项斗争群众知晓率和满意度分别列全省第27名、第41名。综治中心实体化建设月考核成绩全年有11个月稳定在全市三类县第二名并受到通报表扬。寻乌县公众安全感指数98.5%，位列全省第20名、全市第10名。

【扫黑除恶专项斗争】 出台《寻乌县四套班子领导及法检“两长”落实扫黑除恶专项斗争包干督导责任规定》，落实扫黑除恶专项经费150万元。出台《寻乌县涉黑涉恶线索摸排问责办法》，全面压实线索摸排和核查责任，全县共收集受理涉黑涉恶线索271条，已核查完毕266条，累计发放有效线索举报奖励资金19.5万元。开展扫黑除恶“百日追逃”行动，4名涉案逃犯已全部缉拿归案。开展专项斗争以来，共打掉涉黑涉恶犯罪团伙6个，获涉黑涉恶刑事案件50起，刑拘犯罪嫌疑人77人。办理九类案件41起，抓获犯罪嫌疑人95人；查处腐败、充当“保护伞”和失职失责三类问题共28件28人（科级干部14件14人），其中立案23件23人，运用第一种形态处理5件5人，问责单位2个。抓好村级班子建设，清理不符合任职条件的村“两委”干部10名。开展软弱涣散村党组织排查整顿，倒排软弱涣散村（社区）党组织13个。2018年以来，共查处涉黄案件27起80人，捣掉赌博窝点252个，查处涉赌案件254起1104人，查处涉毒案件63起82人，缴获各类毒品5652.84克。打掉涉“黄赌毒”黑恶势力团伙3个。

【维护社会稳定】 落实各项防范化解措施，确保元旦、春节、全国“两会”、清明、“五一”、端午、八一、中秋佳节以及中华人民共和国成立70周年大庆、第七届世界军人运动会、十九届四中全会等重要时间节点的社会稳定工作。

【信访工作】 探索建立访前法律教育、律师陪访等制度，坚持县领导带班接访，完善考核奖惩机制，结合主题教育开展聚焦解决信访积案突出问题专项整治，化解一批涉稳信访积案，实现赴京访零登记，连续12年被评为全省信访工作“三无”县，连续3年被评为全国信访工作“三无”县。

【综合治理】 深化“自治、法治、德治”基层治理，制定出台《关于推进自治、法治、德治乡村治理体系建设，加强基层社会治理的实施意见》《寻乌县政法机关推进自治法治德治相结合乡村治理体系，服务乡村振兴战略实施意见》，打造共建共治共享的基层社会治理新格局。三级综治中心实现全覆盖，配齐乡（镇）专职政法委员，推进综治中心与便民服务中心一体化建设，县综治中心运行管理考核成绩基本稳定在全市三类县第二名。制定《寻乌县开展社会心理服务体系建设试点工作实施方案》，组建试点工作专家指导组，组织开展全县机关干部心理健康知识讲座等培训活动。成立寻乌县平安志愿者协会，印发《县委政法委关于开展平安志愿者行动的实施方案》，组建应急、交通、法律等14支平安志愿者队伍，实名注册13000多名平安志愿者，全年开展各类平安志愿者活动共740多次。排查各类矛盾纠纷1622件，成功化解1559件，化解率98.6%。县综治中心委派案件172件，成功调解157件，调解成功率91.28%。

【司法体制改革】 落实中央、省委、市委和县委关于政法机构改革部署，不再设立县综治办、县维稳办，相关职能并入政法委。重新组建司法局，将县政府法制办划入司法局。全面落实司法责任制，推进以审判为中心的诉讼制度改革。推动公安受立案制度、人民警察职务序列改革工作。落实干预、过问案件的记录和追责制度。

【队伍建设】 建立覆盖全县各村（社区）的“1+2”［即1个村（社区）安排2名政法干警挂点联系服务，负责收集社情民意、提供法律咨询、指导平安建设、协助化解矛盾］警民联系机制。聘请4名专职人员，运用“12345”市民服务热线平台，对各乡镇（村居）公众安全感、政法满意度及扫黑除恶群众知晓率、不存在率、满意度每周进行调查，对电话收集的群众意见建议，梳理分类，建立台账，分流处置，销号管理。每周将电话测评及排名情况报告县委、县政府，定期约谈落后乡（镇）、村（居）及政法单位相关责任人。运用政法新媒体及时宣传平安法治建设成效，回应社会关切。

（何艳红）

公　安

【概　况】 2019年，县公安局深入推进风险防控、扫黑除恶、重点整治、民调评警等工作，大力推进基础信息化、警务实战化、执法规范化、队伍正规化建设，提升公安工作和队伍建设水平，切实担负起维护社会大局稳定、促进社会公平正义、保障人民安居乐业的职责使命。全年立刑事案件598起，同比上升23.69%，破获246起，同比增加12.33%，刑事拘留239人，同比增加13.81%。受理治安行政案件1228起，调解367起，行政拘留410人，罚款352人，警告65人。

县公安局被省公安厅刑警总队评为全省现勘工作优秀单位，户政科被省公安厅治安总队评为全省公安机关户籍窗口服务成绩突出集体，网安大队被省公安厅网安总队评为全省公安机关网安部门网络反恐工作优秀单位；县公安局被市公安局记嘉奖一次，禁毒大队、城关派出所被市公安局荣记集体三等功一次，刑侦大队被市公安局荣记集体三等功一次，县公安局扫黑办被市公安局记嘉奖一次。

王玮被省公安厅治安总队评为全省公安机关户籍窗口服务成绩突出个人，杜宗祥被省公安厅网安总队评为全省公安机关网安部门网络反恐工作优秀个人；庄平被市消防安全委员会评为全市“身边灭火英雄”，何春林被市公安局荣记个人二等功一次，刘永红被市公安局荣记个人三等功一次，曾国瑞被市公安局荣记嘉奖一次。

【维护稳定】 确保敏感节点社会政治稳定。各警种密切配合，快速反应，处置突发事件和非正常死亡事件50余起，将问题苗头解决在基层，消灭在萌芽状态。

【扫黑除恶专项斗争】 扫除涉黑涉恶团伙6个（其中黑社会性质组织1个、恶势力犯罪集团1个、恶势力团伙4个），破获刑事案件50起，抓获违法犯罪嫌疑人达77人，查封、冻结、扣押嫌疑人资产1亿余元。“百日追逃”专项行动4名目标逃犯全部归案。

【打击刑事犯罪】 命案发2起破2起，连续16

年实现命案全破目标。抓获各类网上逃犯145人。其中，“云剑”追逃第一阶段行动，因完成率、抓存比，率先超额完成目标任务，追逃成绩特别突出，获得市局通报表扬，局刑侦大队记集体三等功一次。破获“盗抢骗”案件152起，抓获犯罪嫌疑人43人，打掉犯罪团伙7个，破获系列案件79起，追缴赃款40万余元。打掉一个在安远、会昌、寻乌、平远多地流窜作案的盗窃团伙，抓获嫌疑人3人，破案30余起。查处赌博案件132起（刑事案件14起，行政案件118起），抓获涉赌违法犯罪人员564人，收缴赌资40万余元；查处涉黄案件11起（刑事案件4起，行政案件7起），刑事拘留4人，取保候审1人，行政拘留24人，罚款3人。全县“黄赌”警情同比下降22.79%，社会风气明显好转。开展“百日缉毒风暴”“大收戒”等专项行动，顺利退出重点关注整治，打赢禁毒整治翻身仗。侦破涉毒案件29起（行政案件19起，刑事案件10起）缴获冰毒2826.1克。呈报的《寻乌县禁毒重点整治工作报告》受省公安厅领导的批示肯定，要求各地学习借鉴。

【治安管理】 以“缉枪、治爆、净网”为重点，排查整治枪爆物品安全隐患，打击枪爆违法犯罪活动。收缴各类枪支49支，子弹330发，炸药801公斤，雷管4941枚，办理涉枪涉爆案件8起，移送起诉4人，行政拘留4人。

对全县50家旅馆、15家寄递物流企业以及乡镇收寄点、13家加油站、2家危爆单位、92家烟花爆竹零售单位开展不定期检查，落实各项安全管理责任，对检查中发现的问题及时整改到位。取缔无证宾馆10家，下发整改通知书6份。

查处各类交通违法行为32421起，其中，无证驾驶799起，货运车辆超限超载475起，客车超员17起，酒后驾驶550起，醉驾11起，违法停车14308起，杜绝重特大交通事故的发生。

【巡逻防控】 各派出所和特巡警大队坚持将警力最大限度地摆到社会面上，对交通要道、居民集中地、案件多发区实行全方位、多角度的巡逻防控，出动巡逻警力15300余人次，服务群众185起203人次，现场盘查可疑人员1400余人次，可疑车辆856辆次，现场抓获各类违法犯罪嫌疑人35人。特巡警大队被省厅评为全省治安防控体系建设成绩突出优秀单位。

【110报警服务】 110报警服务台共接公民有效报警、求助、投诉等9369起。其中刑事警情747起，行政治安警情2141起，交通事故警情2983起，纠纷类警情1888起，公民求助警情1241起。

【民调评警】 下半年，县公众安全感指数97.2906%，比上半年提升2.02个百分点，排名从全省第78名前移到第34名，公安满意度也得到进一步提升。

【窗口服务】 落实公安“放管服”改革，依托24小时自助办证服务大厅和“警银通”便民支付平台，整合户政、出入境、城关派出所户籍业务统一进驻县行政服务中心，打造一体化、一站式办证服务，优化首接负责、便民支付、免费照相和自助办理等服务。公安窗口共办理户籍业务21451人次，受理出入境业务10657人次。

【监所管理】 县看守所、拘留所共处理出所828人。其中看守所共处理出所270人（投送监狱81人、刑满释放73人，转取保候审68人，转本省区市其他所29人，其他处理释放18人，撤案释放1人）；拘留所共处理出所558人（其中拘留期满释放499人，转刑事拘留人员9人，停止执行拘留1人，暂缓执行行政拘留1人，其他处理43人，遣送出境5人）。

【法治工作】 审核刑事案件123起，刑事拘留156人，取保候审16人；审核行政案件195起，行政处罚447人。

【装备建设】 全局有各式车辆45辆，其中警车24辆，防暴处突车1辆，指挥通讯车1辆。另有警用摩托车66辆。路由器1台，楼层交换机5台，视频指挥系统1套，视频会议系统1套，应急综合通信平台1套，“110·119·122”三台合一数字报警服务台1个，数字350兆PDT通信终端6套，监室安全监控系统2套，防脱逃系统1套。有尿检器材1套，易制毒化学品快速检测箱1个，现场麻醉毒品检验箱1个，看守所用医疗设备1套，人像采集设备15套，指纹采集仪15套，证照信息采集设备28个，执法记录仪276部，录音录像5套，采集工作站18台，档案扫描仪1套。高速扫描仪4套，无人机1台。刑侦情报信息、指挥平台1套，4G定位公安技侦列装产品1套，刑侦多制式无限基站采集终端2套，物证保全系统1套，有安检通道式X光机1套，安检先进刑侦技术装备1批，武器弹药若干。

有居民身份证自助领证机1套，居民身份证自助申领机1套，自助拍照机16台。港澳通行证签注一体机1台、自助领证机1台。

【基础建设】 建设“两所一队”，争取中央预算内投资补助资金318万元，吉潭、三标派出所全面开工建设；投资400万余元，在城区学校、医院、广场等人员密集的公共场所新建完工一批安全防护设施。

（曾令培）

检　察

【概　况】 2019年，县人民检察院按照省院“把作风搞实，按法律办事；把风气搞正，按规矩办事”的要求，聚焦大局，依法履职，推进平安法治寻乌建设，加强队伍建设和自身监督，检察工作取得新成效。县人民检察院微信公众号“寻检说法”栏目被最高人民检察院评为2019年度全国检察新媒体栏目20强。县人民检察院被省人民政府授予第十五届全省文明单位、被市文明办授予第九届全市文明单位、被评为全市检察机关先进集体。朱鑫城撰写的调研文章《检察机关环境公益诉讼司法实践的困境及对策》被省人民检察评为第15届全省检察理论研究年会优秀调研成果三等奖，曾照嵘、黄世珍创作的微信公众号作品《公益诉讼让你电鱼一斤，赔罚“千金”》获评全市检察机关优秀新媒体作品奖。

【刑事检察】 依法严惩黑恶势力犯罪，批捕11件20人，起诉6件28人（其中黑社会性质组织1个、涉恶集团1个、涉恶团伙2个）。加大“破网打伞”力度，发现并移送涉黑恶线索9条，起诉黑恶势力“保护伞”案件4件4人，李肇荣等一批横行乡里的“村霸”及其背后“保护伞”受到依法严惩。持续推进“打财断血”，加强对黑恶案件财产刑适用及执行监督。对办案中发现的监管漏洞，向有关行政机关发出检察建议6份，均得到采纳。

始终保持对严重刑事犯罪高压态势，批准逮捕各类刑事犯罪178件237人，提起公诉197件295人，人数同比分别下降0.8%、上升12.2%，其中起诉抢劫、伤害等严重暴力犯罪24件24人，起诉盗窃、抢夺等多发性侵财犯罪38件47人。坚持宽严相济刑事司法政策，依法不批捕18件29人、不起诉13件17人。与监察机关加强联系协作，受理移送职务犯罪案件7件7人，已起诉5件5人。认真落实群众来信件件有答复制度，对受理的群众信访，均在7日内程序性回复、3个月内办理过程或结果答复。建成“12309”检察服务中心，帮助和引导当事人依法维权。

加强对刑事立案、侦查、审判活动的监督，监督立案4件，纠正漏捕5人、漏诉12人，提出书面纠正意见11件次；对重大、疑难案件提前介入侦查22次，提出检察建议11件；对认为确有错误的刑事裁判提出抗诉3件，法院改判2件。加大对监管场所和监管活动的检察监督，发出检察建议2份，提出纠正违法通知书2份。强化羁押必要性审查，发出审查建议21份，提出建议后释放或变更强制措施19人。

对侵害未成年人的刑事犯罪零容忍，批准逮

捕8人，起诉9人。贯彻教育挽救方针，对涉嫌轻微犯罪并有悔罪表现的，依法不批捕3人，不起诉11人，对34名未成年人的犯罪记录予以封存。坚持宽容不纵容，依法惩戒罪行严重的未成年人，批捕3人，起诉7人。积极落实“一号检察建议”，选派业务骨干担任13所中小学法制副校长、法制辅导员，组织开展“法治进校园”等主题活动10次，受教育人数6000余人。

【民事行政检察】 受理生效裁判监督案件3件，提出加强社会管理类检察建议1件。监督、支持法院依法执行，依法提出检察建议3件并得到采纳。强化虚假诉讼案件监督，开展行政非诉执行专项监督活动。认真落实“四个最严”专项部署，联合市场监管部门开展“保障千家万户舌尖上的安全”专项监督。

【公益诉讼检察】 聚焦生态环境和资源保护、食品药品安全、国有财产保护等法定领域，立案22件，同比上升57%；提起刑事附带民事公益诉讼4件，督促治理被污染或损毁的耕地、林地面积3000余亩，督促收回国有财产1222万元。把诉前实现公益保护目的作为最佳司法状态，向相关行政机关发出诉前检察建议18件。开展农村饮水专项监督，推动整治农村集中供水工程7处。1件案件获评“全市检察机关十佳公益诉讼检察案件”。

【司法改革】 突出专业化建设，以案件类型和业务性质为基础设置业务机构，优化整合行政综合和司法辅助机构。改革后，业务部门形成了刑事、民事、行政、公益诉讼“四大检察”法律监督格局。内设机构由过去的15个减少为现在的6个，减少60%，实现机构瘦身、履职增效。

积极履行检察机关主导责任，建立与政法各单位的衔接配合机制，进入检察环节的刑事案件，优先做好犯罪嫌疑人（被告人）认罪认罚工作，促进化解社会矛盾、减少社会戾气。共适用认罪认罚从宽程序办理案件127件172人，占同期提起公诉案件总数的58%，量刑建议采纳率为93.02%。

全面实行“捕诉一体”办案新模式，同一案件批捕、起诉由同一办案组织、同一检察官负责到底。落实人员分类和动态管理改革，1名干警退出员额，20名检察辅助人员和司法行政人员完成职务职级套改。压实办案责任，入额院领导直接办理案件289件，占案件总数的44%。

【服务企业】 严惩破坏市场经济秩序犯罪，依法批捕非法经营、串通投标、生产、销售伪劣产品等经济犯罪11件19人，起诉9件17人。加大对涉众型经济犯罪追赃挽损力度，与执法司法部门加强联系协作，为群众追赃挽损754.5万元。强化对企业的法律服务，设立服务非公企业检察工作室，院领导带队走访非公企业46家，认真聆听企业家意见。正确把握法律政策界限，坚持少捕慎诉、不机械办案，依法不起诉涉案民营企业人士3件3人。对11件涉重点工程建设的案件中出现的法律问题开展调研，调研报告得到县政府充分肯定。

【脱贫攻坚】 推动司法救助助力脱贫攻坚，依法办理贫困群众司法救助案件2件，发放救助金24万元。广泛开展送法进村、法治宣讲等法治扶贫活动，协助培养农村“法律明白人”。坚决落实县委、县政府部署，积极担当脱贫攻坚政治责任，为挂点帮扶村拨付和争取帮扶资金、项目资金70万余元。强化司法救助与精准脱贫衔接，为2名贫困刑事被害人发放救助金各12万元。

【环境治理】 突出打击非法占用农用地、非法采矿犯罪，起诉6件10人。起诉失火以及破坏环境资源犯罪32件43人，督促涉案人员补植种树15000余株、缴纳复绿费用14万余元，办理的1件林地公益诉讼案获评全市检察机关优秀案件。加强跨区域生态环境保护协作，与广东平远县检察院会签《关于建立平远、寻乌交界生态环境和资源保护检察公益诉讼协作的实施意见》。

【接受监督】 依法接受人大监督，积极向县人大及其常委会专题报告工作，认真落实审议意见。主动向县政协通报工作情况，听取政协委员意见建议。全力支持县人大代表、政协委员依法履职，邀请县人大代表政协委员视察工作、参加检察开放日等活动160人次。深化代表委员联络，通过发送联络专报、集中走访、登门拜访等方式提高联络覆盖面。发布办案信息415条，公开各类法律文书317份。

（朱鑫城）

法　院

【概　况】 2019年，县人民法院围绕“让人民群众在每一个司法案件中感受到公平正义”的目标，忠实履行宪法和法律赋予的职责，各项工作取得新进展。全年新案件2792件，审执结2829件（含旧存，下同），同比分别上升11.9%和6.6%。审判执行质效稳步提升，各类案件结案率98.23%，列全市第三。“联村共治、法润乡风”的“寻乌经验”于6月13日在南昌召开的全国高级人民法院院长座谈会上予以推广。人民群众对法院工作的满意度持续提升，2019年度县人民法院群众满意度测评位列法院系统全省第七、全市第一。2019年1月17日，寻乌县人民法院被最高人民法院授予“全国优秀法院”荣誉称号。2019年1月，原寻乌法院党组成员、副院长汪勇被最高人民法院追记个人一等功。

【刑事审判】 全年受理刑事案件185件，审结182件，判处罪犯276人，其中五年以上有期徒刑26人。审结故意伤害、盗窃、赌博等群众反映强烈的案件54件68人，提升人民群众的社会安全感。被告人王某金等赌博案入选“江西法院服务保障乡村振兴十大典型案例”。打击毒品犯罪，审结容留他人吸毒、贩卖毒品等涉毒案件11件。维护市场经济秩序，审结虚开增值税专用发票、非法出售增值税发票案3件。组建专门团队审理涉黑涉恶及黑恶势力“保护伞”案件。全年共受理涉黑涉恶和“保护伞”案件11件，审结11件，判处犯罪分子56人，其中判处五年有期徒刑以上22人。依法审结严城等20人涉黑案件，威慑黑恶势力及其保护伞犯罪。注重源头治理，针对黑恶势力及其保护伞犯罪情况向有关部门发出司法建议12份。强化“打财断血”，适用财产刑金额1860万余元，成立专项执行小组，铲除黑恶势力再犯罪的经济基础。

【民事审判】 全年新收各类民商事案件1567件，审结1567件。深化家事审判方式和工作机制改革，审结婚姻家庭案件217件，倡导“孝老爱亲”“以和为贵”，婚姻家庭类案件调撤率达38.7%。依法维护市场秩序，审结买卖、租赁等合同案件264件，标的额共计2296.5万元。深化“分调裁审”机制改革，推进案件繁简分流、轻重分离、快慢分道，速裁团队审理各类案件841件，平均审理天数为26.6天，比法定审限缩短三分之二以上，维护当事人的合法权益。

【行政审判】 全年受理行政案件61件，审结64件。支持行政机关依法履职，维护公共利益和群众利益，依法保障全县重点工作、重大项目顺利推进，特别是对全县棚改工作的依法推进成效显著。审查行政非诉案件11件。推动解决“告官不见官”问题，落实行政机关负责人出庭应诉制度。

【破解执行难问题】 全年新执行案件979件，执结案件1014件，执行质效位列全市第二，实际执行到位金额5760万元，加大执行力度，实行集约化执行，开展执行雷霆行动、拔钉行动、“一乡一镇一清”等专项行动。突出执行强制性，全年司法拘留104人次，是2018年司法拘留人次的两倍多。发布“失信黑名单”106例，限制高消费984例，形成强大法律震慑。开通“执行110”举报热线，做到有报必处、有警必出，全年共接受举报98人次，拘留37人次，执结19件。县委高度重视和支持执行工作，由县纪委监委约谈公职

失信被执行人，责令限期履行义务，先后有6名公职失信被执行人主动履行法律义务

【社会治理】 推进诉源治理，丰富“寻乌经验”内涵。参与“自治、法治、德治”三治结合的乡村治理体系建设，因地制宜、主动作为，推动形成“止争、止讼、止访”的乡村善治模式，打造新时代司法保障乡村治理和乡村振兴的样本。人民网、《法制日报》等20余家中央媒体对县法院创新乡村治理经验进行系列采访报道。选取具有典型意义的失火、滥伐林木、婚姻家庭、相邻纠纷等案件开展巡回审判35次，就地化解纠纷，宣传法律知识，促进乡风文明。加强“三调联动”，采取委派调解、联合调解等形式化解各类矛盾纠纷376件。县法院矛盾纠纷源头化解机制入选新时代“枫桥经验”江西实践优秀成果展，基层司法参与文明实践的做法入选江西省建设新时代文明实践中心试点工作案例汇编。

【案　例】 2019年，寻乌县首例涉黑性质组织案件在寻乌法院审结。至2016年年初，以被告人严某为首的黑社会性质组织，为获取非法利益，有组织的实施开设赌场、非法拘禁、寻衅滋事、非法侵入住宅、非法讨债等违法犯罪活动，非法获利520万余元，严重破坏当地的经济、社会、生活秩序。寻乌县人民法院审理后判决如下：被告人严某犯组织、领导、参加黑社会性质组织罪、寻衅滋事罪、非法拘禁罪、非法侵入住宅罪、开设赌场罪、窝藏罪，数罪并罚，被判处有期徒刑二十年，并处没收个人全部财产；被告人魏某等13名参与者，分别被判处有期徒刑十四年六个月至九年不等，并处罚金。被告人刘某等6名参与者，被判处有期徒刑六年六个月至四年不等，并处罚金。二审维持原判。

2019年4月16日上午，被告人陈某华、陈某峰、刘某某、谢某某相约一同去打鸟以供食用。在驾车返回途中被公安民警拦下，现场查获被猎杀的鸟类14只及作案工具。经司法鉴定机构鉴定，5只雉类鸟、2只斑鸠类鸟、2只彩鹬类鸟属省级重点保护野生动物。寻乌县人民法院审理认为，被告人陈某华、陈某峰、刘某某、谢某某违反狩猎法规，在禁猎期内使用禁用的工具进行狩猎，破坏野生动物资源，情节严重，其行为已构成非法狩猎罪，且是共同犯罪。对被告人陈某华、陈某峰、刘某某、谢某某均以非法狩猎罪，判处拘役四个月。

（古慧琳　刘慧鹏　龚珍珍）

司法行政

【概　况】 2019年，县司法局以深化司法行政工作改革为重点，围绕“法治寻乌”“和谐寻乌”建设目标，坚持服务群众、服务发展、服务稳定，为创建“活力、富裕、生态、和谐”新寻乌提供优质高效的法律服务和法治保障。寻乌县被中共赣州市委全面依法治市委员会评为2018年法治赣州建设优秀单位；文峰司法所被省司法厅评为第三批“五好司法所”；长宁司法所被省司法厅评为首批“特色司法所”；廖建强被省司法厅评为“首批全省人民调解专家”；凌莉被省普法教育领导小组评为全省“七五”普法中期先进个人。

【法治寻乌】 全面依法治县委员会第一次全体会议召开，部署依法治县工作。全面依法治县委员会办公室以法治督察工作为切入点，督查15个乡镇、30个行政执法单位开展依法治县工作，将党政主要负责人履行推进法治建设第一责任人职责、法律顾问制度落实、行政执法三项制度、农村“法律明白人”培养等重点工作纳入督察工作内容，推动法治建设工作责任、目标、任务、措施落实。

成立议事协调小组，制定任务清单，组织线上线下公开推行行政执法公示制度，紧抓执法记录仪配备推行执法全过程记录制度，推进重大执

法决定法制审核制度。不断创新制度体系，强化顶层设计，构建推行行政执法三项制度“6+6+1”制度体系，规范流程、明确职责，将执法信息置于“阳光下”、为执法行为安上“电子眼”、给执法决定戴上“紧箍咒”，规范执法行为。2019年，“三项制度”推行工作取得阶段性进展，并将相关经验在市“五型”政府建设简报上刊登。

组织各单位制定并公布《寻乌县2019年县直有关单位随机抽查事项清单》，全县共139项检查事项纳入2019年度随机抽查事项清单，组织各单位严格按照清单开展行政检查。依托“互联网+监管”平台数据汇聚要求，组织各单位在“双随机一公开”进行执法结果公开，监管行为数据上传数量位于全市前列、全省上游水平。

对全县重大行政决策进行合法性审查，确保政府决策依法依规。成立合法性审查工作组，积极落实《国务院关于加强市县政府依法行政的决定》的相关规定，对拟发的规范性文件严格制定权限和发布程序，提升审查质量，为县委、县政府重要决策部署、重点项目建设和重大活动等提供法律意见，发挥政府参谋助手的作用。

做好出庭应诉，切实维护政府合法权益。规范行政应诉工作流程，落实行政应诉工作责任。加强对案件的分析、研判，协助律师准备好相关材料，加强对答辩状的审核，确保在法定期限内提交答辩状；针对审结案件，加强协调沟通，及时组织有关部门讨论应对措施，及时将讨论意见报送县政府，为县政府决策提供法律意见。发挥行政复议监督职能，及时化解纠纷。创新行政复议办案机制，规范行政复议申请、受理、审理、决定等各项工作流程。建立案件审议制度，做到每案必讨论，加强与当事人的沟通联系，解答当事人疑惑，有效化解当事人的矛盾。

【人民调解】 县推广“廖建强工作室”人民调解“八步法”，选聘首批人民调解专家10名，定期开展矛盾纠纷集中排查调处活动。通过县、乡（镇）、村（社区）三级调解网络，充分利用各村（社区）网格化管理，通过小网格的矛盾摸排、实时上报、风险预警、交办化解，做到第一时间发现、介入、处置。全年共受理434件人民调解案件，调解成功数为381件，成功率为88%以上。

【法律服务】 在乡（镇）建立法律援助工作站，在村（居）建立法律援助工作联系点，构建法律服务县、乡（镇）、村（居）三级网络，推进实体、热线、网络“三大平台”一体化建设。司法行政纵向业务网基本建成。与社区矫正中心、各基层司法所对接，信息化工作有序开展。投资40万余元，率先建成多中心合一、多功能一体的寻乌县司法局指挥中心。

做好刑事法律援助辩护工作，落实法律援助律师看守所值班制度。做好“老年人、未成年人、妇女、残疾人、农民工”等“五类”弱势群体法律援助服务，重点围绕“农民工讨薪”“企业员工讨险”等群体性案件开展法律援助。建立涉法涉诉信访工作律师专家库，与检察院联合成立涉法涉诉重大疑难案件专家咨询委员会，与县委政法委及公检法三家联合建立涉法涉诉信访工作领导小组，选派律师定期到公安局、检察院、法院值班。做好律师和司法鉴定工作，完成律师执业证年检工作，通过规范鉴定程序、收费标准等，推动司法鉴定健康发展。推进公证便民服务。承诺办理时限，提供预约办理、上门服务、免费寄送公证书等服务。县法律援助中心全年接待法律咨询案件近2000人次，办理法律援助案件317件。县公证处办理各类公证437件，其中国内民事公证388件，国内经济公证38件，涉台公证11件。县司法鉴定室共办理案件644件。

【法制宣传】 充实普法讲师团、法制副校长、企业村居法律顾问、普法志愿者队伍，将增强全民法治观念纳入全县督查检查考核计划，将法治宣传教育融入全县统一测评体系。开展“法律六进”“宪法宣传日”活动，发挥法治宣传教育作用，围绕县委、县政府的重大决策部署，加大宪法学习宣传力度，紧密结合重要时间节点，开展扫黑除恶、防范非法集资、文明城市创建等法律知识宣传，发放各类法治宣传材料2000余份。推进法治文化广场建设，依托手机短信平台、寻乌县司法局微信公众号，向民众传递法律知识，全年共推送微信54条，解答法律咨询3000余人次。

每个村民小组培养1名以上法律“明白人”骨干，普通法律明白人占总户数35%以上的培养任务。引导农村“法律明白人”参与法治实践活动。组织旁听庭审、每月定期召集法律明白人进行集中培训，定期邀请农村“法律明白人”轮流到“廖建强工作室”进行见习，锤炼他们的法治实践能力。引导“法律明白人”参与修缮村规民约65个，参与化解矛盾纠纷124件，成功调处119件，参与法治宣传教育、乡风文明建设，在农村法治建设方面发挥示范引领作用，推动农村法治建设。7月14日央视新闻联播和9月2日江西新闻联播分别报道寻乌县农村“法律明白人”参与乡村治理的典型做法。

完善县、乡、村三级法律顾问制度，深入推进各乡（镇）、各单位及“一村（社区）一法律顾问”工作，实现法律顾问全覆盖。各乡（镇）、各单位法律顾问积极参与政府的重大决策、政府合同审查，发挥法律顾问在政府制定重大行政决策、推进依法行政中的积极作用，发挥律师在维护社会稳定、经济发展的重要作用。

【群众满意度】 组织司法行政干警、法律服务工作者逐村逐户上门走访，在宣传司法行政职能、政策法律，为群众提供免费法律咨询，帮助群众解决实际困难和问题；营造法治文化氛围。通过开展法治宣讲、赠送法治资料等方式，运用微信、微博、网站等新兴媒体，加大法治宣传力度。发挥“法律明白人”作用。引导“法律明白人”积极参与法治宣传、化解矛盾纠纷、提供法律服务。开展法制宣传创新活动。开展“司法行政开放日”“接听电话送伞”等活动。

【机构改革】 公证处转为事业体制，从公益一类事业体制转变为公益二类事业体制，拥有公证机构独立法人地位，进行税务登记，设立独立账户，开展人员招录工作。

县全面依法治市领导小组改为寻乌县委全面依法治市委员会，办公室设在县司法局。整合县司法局和县政府法制办公室的职责，重新组建县司法局，作为县政府工作部门。

【基层建设】 规范司法所工作力量配备，实现“一乡（镇）一所，配备副科级所长，有二名以上工作人员”目标。规范司法所外观建设及内部功能设置，8个司法所完成司法所外建设。规范司法所信息化建设，按照“数字法治、智慧司法”体系建设标准，结合全省司法行政“法务云”建设要求，打造“智慧司法所”。

【扫黑除恶】 开展扫黑除恶专项斗争法治宣传教育活动。加强对社区服刑人员的教育，鼓励他们主动提供涉黑涉恶案件线索并建立相关台账。加强律师代理涉黑涉恶案件工作的指导。加强对律师行业的监管，建立律师办理涉及扫黑除恶案件备案报告机制和诉讼过程报告机制，依法严查违法违规行为。

落实中央关于特赦的决策部署，根据十三届全国人大常委会第十一次会议6月29日通过的全国人大常委会关于在中华人民共和国成立七十周年之际对部分服刑罪犯予以特赦的决定，对符合条件的3名服刑罪犯实行特赦，依法完成全县特赦工作。

（黄卫兵）

军　事

人民武装

【概　况】2019年，县人民武装部坚持强军目标，履行“五部”职能，紧扣应急应战主线，不断夯实基础，谋求发展，确保部队各项任务完成和安全稳定。

【党管武装】始终坚持双重领导制度，积极参加地方经济建设，主动作为树形象提地位，不断浓厚党管武装氛围，严格党管武装制度，积极协调县委、县政府将武装工作列入年度综合考评，提高考评分值比例。

6月27日，省军区副司令员方建华少将到寻乌县检查指导工作，听取全县党管武装、军事训练、民兵整组等工作情况汇报，对县人民武装部各项工作给予充分肯定。

【队伍建设】9月9日，县人武部召开宣布命令大会。赣州军分区司令邓新生宣布任职命令并讲话。会上，邓新生宣读中央军委国防动员部命令和赣州军分区党委决定，任命蒲金山为寻乌县人武部政治委员，增补蒲金山为中共寻乌县人武部委员会委员、书记。

【兵员征集】召开全县征兵小组会议、县乡两级征兵工作推进会议，推进征兵准备工作，三级联动搞好征兵宣传，对确定入伍的新兵通过召开座谈会、发放光荣牌、送上慰问金、挂上大红花、贴上红喜报、上门报喜等。建立廉洁征兵微信群、公布廉洁征兵监督举报电话和信箱，及时公示体检、政治考核和定兵结果，为应征青年提供公平、公正、公开竞争的良好环境。全县征兵工作从7月初开始，9月中旬结束，按照组织准备、体检、政治考核、役前训练、征兵走访、定兵、领送新兵和总结七个阶段实施，完成兵员征集任务和大学生新兵比例数。

【规范化建设】坚持以习主席新时代强军思想为引领，着眼改革转型实现需要，聚焦打造“四铁”机关目标，按照“训战一致、合理负荷、因地制宜、周密细致”原则，紧贴实战背景突出国防动员应急应战的动员需求，对部队进行全面的磨炼、摔打。3月15日，按照军分区统一部署，以遂行应急处突任务为背景，组织基本指挥所带部分应急分队以紧急出动形式，完成20千米战斗体能训练，动用车辆2台，训练时间4小时。

【民兵练兵比武】10月中旬至11月23日，组织全县尖子民兵强化训练后，选送10人先后赴军分区和省军区参加群众性练兵比武竞赛。在军分区比武中，卫生救护和教学法名列前茅；在省军区的练兵比武活动中，室外教学法和室内教学法分获全省一等奖和三等奖。

【双拥共建】开展“双拥在基层”活动，组织对特困户、军烈属、贫困户、退伍军人和老干部遗孀走访慰问，开展送温暖、做好事和送医药送诊等活动。协调地方落实优抚安置政策、帮助军属解决实际困难，树立“人民军队爱人民、为人民”的良好形象。

1月19日，县人武部组织为荣立二等功的武警福建省某部士官范富如举行立功喜报送达仪式。以敲锣打鼓方式将喜报送到立功受奖军人的家中去。

4月6日，县人武部组织干部职工、专武干部、民兵连长、基干民兵等在菖蒲乡、县殡仪馆参加迎接古剑辉烈士回家活动并发动全县的民兵对古剑辉烈士进行捐赠，共捐赠3万余元。市委常委、军分区政委陈李忠一行代表军分区党委表示慰问，并送上慰问金，询问烈属家庭情况和生活状况。

7月14—15日，部机关根据赣州军分区值班室通知，携带冲锋舟2艘，带领民兵应急分队17人，赶赴会昌县参加抢险救灾，在会昌县人武部的统一指挥下，协助救助群众100余人。

（谢永贵）

武装警察

【概　况】 2019年，中国人民武装警察部队寻乌县中队（简称武警寻乌县中队）以《军队基层建设纲要》和《基层正规化管理规定》为依据，以建设一支听党指挥、能打胜仗、作风优良的现代化武装警察力量为目标，坚持依法治警、从严治警方针，坚持把思想政治建设摆在首位，严格管理，严格训练，科学建队，圆满完成以执勤和处置突发事件为中心的各项任务，为确保寻乌县社会治安稳定和人民安居乐业做出应有的贡献。

【思想建设】 把学习践行习近平新时代中国特色社会主义思想作为当前和今后长期践行的重大政治任务，深入学习、忠实践行、全面贯彻新时代习近平强军思想，打牢官兵听党指挥思想根基，确保坚定正确的政治方向，自觉强化“四个意识”，坚定“两个维护”，以听令而行的政治自觉和实际行动深学深悟、笃信笃行。学习党的创新理论。学习中共十九大精神、《习近平论强军兴军》、《习近平强军思想学习纲要》、总队支队党委扩大会议精神等内容。针对战士接受能力、个性需求等方面的差异，从学文化、学知识、学表达开始，让大家学一篇著作，读一篇文章，明白一个基本道理。鼓励战士走上讲台，围绕教育内容讲心得、谈体会、传经验，交流所思所想、所感所悟，组织“最喜欢的一句话”“印象最深的一句话”“感触最深的一则故事”等个人体会活动，在活动中将教育内容消化吃透，留下烙印。做好“一人一事”的思想工作。坚持安全员每日、思想骨干每周汇报人员思想和支部每月思想分析制度，把掌握官兵思想动态放在重中之重，认真做好“一人一事”的思想教育工作。运用各种载体，对思想有波动、训练压力大、生活不适应的战士，干部骨干及时靠上去，及时解难帮困，解开思想疙瘩。

【军事训练】 围绕“能打仗、打胜仗”要求，把提高履行使命任务能力作为工作的出发点和落脚点。结合看守勤务特点，紧盯哨兵情况处置、基础体能，擒敌技术刺杀、应急班等重点难点，突出基础体能训练这个关键，提出“器械体操饭前练，基础体能日日训，重点难点突出抓，固强补弱促提高”的思路，每周组织1次5000米武装越野，每月组织一次全面测试，打牢体能基础。周密制定训练计划，针对干部骨干专业特长，合理教学分工，把训练内容明确到每个课目、具体到每个课时、细化到每个动作，确保训练内容落实。在组训中始终把安全作为核心来抓，严格科学组训，按纲施训，不盲目蛮干，不随意降低训练标准，严格落实训练前对设施、器材、场地、参训人员进行安全检查和安全风险评估，在确保安全的前提下，稳妥推进中队训练质量的提升。严格落实训练奖惩有关规定，开展“创纪录，当尖兵”活动，结合每周军事会操，周日利用点名时机对先进个人和先进班排进行表彰，将训练尖子，列为双争评比对象，释放出“训练有为、训练有位、训练有功”的强烈信号。

【作风建设】 坚持依法治军，从严治军，始终用严明的纪律和严格的制度正向纠偏，正心塑形，严格按照条令条例抓好本项工作落实。强化法纪意识。每月第一个工作日作为条令法规学习日，系统对《安全工作规定》《基层正规化管理规定》《基层分队经常性基础性工作规范》《事故案件警示录》和《安全防事故手册》等内容进行学习，引导官兵正确认识当前部队安全管理工作存在问题，增强官兵安全法规意识。抓好作风纪律养成。把“查不足”“强自身”作为带部队的关键，规范官兵日常行为养成。抓好教育管理的同时，从严要求整改问题。狠抓日常生活秩序和日常管理养成，部队管理严格，秩序正规，官兵遵纪守法、举止文明，中队精细化管理水平和官兵精气神得到提升。

【履行使命】 牢记全心全意为人民服务宗旨，把“弘扬苏区精神，当好红军传人”作为根基血脉，把驻地当故乡，视人民如亲人，积极参加驻地经济建设，广泛开展精准扶贫、“助学帮困”、慰问孤寡老人、参加公益事业等活动，全年义务献血40余人次。守护一方平安。在春节、劳动节、国庆节等重大节日参加联勤武装巡逻，全年武装巡逻达60余次。担负武装押解任务30余次。担负烈士公祭仪式敬献花篮和礼兵任务，树立威武之师、文明之师良好形象。

（刘乾宇）

人民防空

【概　况】 2019年，县人防办围绕全县工作大局和年度人防目标任务，按照上级人防办有关要求，有序推进人防工程建设。努力做好服务，推动房地产市场健康发展，积极完善人防设施，强化人防专业队伍建设，提高人防指挥和信息化建设水平。

【人防宣传】 加强人防宣传教育工作。利用“3·1”国际民防日、“5·12”全国防灾减灾日、“9·18”警报试鸣日、“12·4”国家宪法日等重要时间节点，通过悬挂宣传标语、发放宣传资料、建立县有线电视台、寻乌融媒、寻乌宣传、寻乌县政务网站、微信、微博等多种形式宣传人防知识和人防法律法规。开展人防知识进校园活动，向县城中学初二年级学生免费发放人防教材——《中学生防空防灾知识》2000余册，开设人防知识课堂。组织全县中小学生10000余人参加全省人防知识竞赛活动。与县委党校合作，利用党校培训干部的有利时机，推进人防知识进党校活动。

【基础设施建设】 县人防应急救援指挥中心大楼于2018年12月正式竣工并通过市、县有关部门的验收，2019年1月搬入新大楼办公。

【通信警报系统建设】 加强人防机动指挥系统通信信息保障建设和实际应用操作训练以及日常维护保养、管理工作。县财政出资、县人防办招标采购人防指挥特种车一辆。县人防办每月与赣州市人防办开展短波通信、视频会议等日常信息保障训练，对联通中出现的问题及时处理。9月18日，按照省、市人防办通知要求，组织一年一度的警报试鸣工作，鸣响率和音响覆盖率均达到100%。

【结建工程审批和易地建设费征管】 广寻云府商住小区人防地下室主体工程完成初步验收。依法规范收费。易地建设费征收工作执行上级文件规定的收费标准，做到应收尽收，全年收取人防易地建设费1143万余元。

【行政审批改革】 承接赣州市人防办下放的县（市）级结建人防工程质量监督工作权限。结建人防工程建筑面积2万平方米以下及抗力级别6级（含）以下的人防工程项目质量监督工作，委托县住建局下属质量监督站结合房屋建筑工程质量监督一并受理并实施监督。参与政府“放管服”行政审批改革和政务服务专项治理行动，县人防办优化审批流程、精简审批环节、实行联审联批、提高审批办结效率，理清证明材料，规范审批收费，减证便民。根据省纪委监委和省人防办的部署要求开展全县人防系统腐败问题专项治理工作。以县委、县政府名义成立县人防系统腐败问题专项治理工作领导小组，制订实施方案，明确工作目标、内容、措施、步骤和要求，分解任务，压实责任。开展自查工作，查找主体责任、政策法规、行政审批、工程项目、人防市场环境等方面的问题，摸清家底，检视问题，剖析原因，落实整改。针对自查中发现的问题实行分类甄别、厘清情况、全面整改，建立健全各类规章制度，扎牢制度“笼子”，形成长效机制。

（谢福秀）

经济管理

发展改革

【概　况】 2019年，稀土矿山公园荣获“省生态文明示范基地”，省级生态县创建通过考核验收，新增10个市级绿色机关等荣誉。县直及驻县单位绩效考评中评为综合先进奖、授予省文明单位。

【经济监测】 全年生产总值97.57亿元，同比增长8.3%；三次产业结构，由2018年的22.9∶31.4∶45.7调整为22.7∶31.3∶46；财政总收入9.7亿元，同比增长6.6%，其中一般公共预算收入5.79亿元，同比增长1.3%；规模以上工业增加值同比增长8.4%；实际利用外资2846万美元，同比增长6.4%；固定资产投资同比增长9.6%；社会消费品零售总额24.36亿元，同比增长11.3%；城镇居民人均可支配收入28493元，同比增长8.6%；农村居民人均可支配收入11872元，同比增长12.0%。争取各类项目资金33.16亿元，占任务118.43%。

【项目建设】 实施省、市、县三级联动项目8个，完成年度投资21.91亿元，占年度计划投资的113.23%；省大中型项目12个，完成年度投资26.81亿元，占年度投资计划的104.81%。省百日攻坚项目9个，完成年度投资33.94，投资完成率99.76%，竣工投产项目6个。完成项目在线审批、核准、备案295件。

【深寻合作】 深圳支援合作寻乌工作机制签约落地，支援建设的金鸡产业和幸福小镇项目加快建设；新建寻乌中等职业技术学校学生宿舍楼、文峰乡中小学教学楼，职校“2加1”联合办学模式；深圳市对口医院与寻乌县人民医院院、中医院、妇幼保健院对口帮扶合作益加紧密。腾讯基金会发起“益”路同行护东江公益活动，腾讯集团配捐2000万元用于东江源生态保护项目实施；发起“人人为村出份力、点亮寻乌回家路”公益活动，捐款1560万元购置路灯助力点亮寻乌回家路。

【基础设施】 城乡天然气项目顺利推进，西气东输会昌至寻乌段建设工程基本具备通气条件。低电压清零工程，留车至长宁110千伏线路、项山风电场竣工运行。创新践行“山上山下”“地上地下”“流域上下”的“三同治”生态治理修复模式，让满目疮痍的废弃矿山重现绿水青山，并通过“生态+”发展模式，将昔日的“环境痛点”转化为“生态亮点”和“产业焦点”。寻乌县矿山治理做法和经验得到了国家有关部委和省市的高度肯定和认可。项目治理修复工作案例被列入2019年3月全国省部级干部深入推动长江经济带发展研讨班培训教材，被评为江西省国家生态文明试验区改革示范经验优秀成果一等奖。

【生态文明】 投资9.55亿元对以文峰乡石排、柯树塘和涵水3个片区为核心的废弃稀土矿山治理修复工程，总投资约9.55亿元。

【物价管理】 县价格认证中心按照《价格鉴定行

为规范》及《江西省价格鉴定文书格式规范》规定，调解价格矛盾，处理价格纠纷，履行价格行政裁定职能，做好涉案财产价格鉴定，受理各种价格鉴证案件170件，标的金额282.14万元。

（吴　静）

统计工作

【概　况】 2019年，县统计局以规范化建设为着力点准确及时提高数据质量，获得全国第四次经济普查先进集体、全省统计系统先进集体、全市统计系统先进集体等荣誉。

【统计服务】 每月及时刊出《寻乌经济动态》《寻乌统计》《统计专报》《寻乌工业月度快讯》等，编制年度《统计提要》《寻乌县国民经济和社会发展统计公报》《统计年鉴》等统计资料。同时积极做好“四上”企业入库入规工作。

【统计基础建设】 推进乡镇统计基层基础规范化建设，夯实基层统计基础，提高统计工作水平和数据质量；巩固企业一套表改革工作，根据国家、省、市企业一套表统计改革方案，优化数据采集处理、组织联网直报等形式，全县“四上”企业实现联网直报；对县、乡、村及统计调查单位（对象）的统计工作规范化管理，落实统计持证上岗和统计继续教育制度；巩固统计“四大工程”建设基础工作，遵循“先进库、再有数”的原则和管理模式，对专业年报、定报调查单位信息的统一管理，对规模以上工业、资质内建筑业、限额以上批零住宿餐饮业、房地产开发企业等单位与名录库进行核实、比对和确认。清理营业状态长期为“当年关闭、当年破产”单位，以降低临时代码使用率为突破口，调整有组织机构代码的单位，提高管理维护水平，推进基本单位名录库建设。

【统计法制建设】 组织宣传车进入乡村、企业，宣传统计法律法规；对各统计调查单位主要领导和统计人员的普法。以宣传《中华人民共和国统计法》《统计违法违纪行为处分规定》和其他相关的法律法规为重点，通过以会代训、举办培训班形式，使调查对象法律意识得到提高；联合相关职能部门，重点对乡镇、厂矿企业开展了统计执法检查。

【普查和专项调查】 完成第四次全国经济普查农业普查工作的机构组建、人员选聘和培训等各阶段的各项工作。开展对规模以下工业企业抽样调查、劳动力调查、文化产业调查、限下批发零售住宿餐饮调查等专项调查工作，已进入入户登记等阶段。

（邝松涛）

审　计

【概　况】 2019年，县审计局完成财务收支、经济责任审计项目14个，完成专项审计项目3个，审计发现违规问题金额10334万元、管理不规范金额42364万元，提出审计建议42条。提交审计专题报告、综合性报告和信息简报8篇，在国家、省、市、县各级宣传平台刊登信息31篇。在全市农村保障房专项审计调查中林素琼获市审计局先进个人、在基础教育政策落实情况专项审计中寻乌县审计局获市审计局先进集体，古加栋获先进个人称号。

【预算执行审计】 查出预算执行问题金额1542.61万元，管理不规范金额4888.76万元，提出审计建议6条，得到采纳，规范预算管理和财政财务收支管理。对县城投集团公司、县果业局等单位借出资金，对拖欠本息催收不力的问题进行专题反映，推进返款工作。

【经济责任审计】 开展领导干部经济责任审计和对被审计领导干部任职期间履行自然资产管理、生态环境保护责任情况进行试点审计。对14个单位14位领导干部经济责任审计及留车镇领导干部自然资源资产离任审计，客观反映领导干部任职以来履行经济责任所取得的成绩以及存在的主要问题，为组织部门选人用人提供可靠的参考依据。

【基建工程预决算审计】 完成政府投资性工程审计 442 个，送审金额 13.05 亿元，核减率 4.86%，核减工程造价、节约财政资金 6339 万元，规范政府投资行为。

【专项资金审计】 派出审计组赴石城县农村保障房审计、赴定南县基础教育政策执行情况专项审计、扶贫产业信贷通等专项审计。查出违规金额 10507.3 万元，涉及责任人 3 人，其中账外账 3 个，涉及金额 23.41 万元，涉及责任人员 3 人。审计期间已向纪检部门移送问题线索 2 起，涉及金额 383.93 万元，涉及人员 2 名（其中科级领导干部 1 人）。此案当地纪检监察部门已立案侦查之中。对民营企业中小企业账款进行审计调查、减税降费政策落实情况等项目跟踪审计。对寻乌县 2016—2018 年扶贫资金项目管理及使用情况审计，其中，分别在长宁镇、留车镇等乡镇的现场审计，对民政资金专项审计。

【审计整改】 对县财政局、县城投集团公司、县果业局等单位审计查出问题整改情况提交《关于 2018 年度县本级预算执行和其他财政收支审计查出问题整改情况的报告》并进行满意度测评。整改不到位问题 11 个，督促整改完成 8 个。

（谢越圣　王万忠）

市场监督管理

【企业登记管理】 截至 2019 年 11 月 18 日，办结企业简易注销登记 611 户，每户登报公告注销节省费用 300 元，为企业节省费用 183300 元。截至 2019 年 11 月 19 日，网上注册登记业务 568 户（其中无纸全程电子化 330 户），网上办公比例为 94.04%。按国务院要求进行“证照分离”改革。市场主体新增数较去年略有增长，市场活跃度全市排名前列。

2019 年寻乌县个体工商户基本情况表

表 1

行业分类	期末实有 合计			本期登记		
	户数（户）	从业人员（人）	资金数额（万元）	户数（户）	从业人员（人）	资金数额（万元）
合计	15583	38055	211448.5	1985	5720	38854.07
农、林、牧、渔业	513	1526	25464.9	63	215	4017
农、林、牧、渔服务业	36	96	1024.8	4	13	175
采矿业	9	48	253	3	16	146
开采辅助活动	1	12	15	0	0	0
制造业	282	136	6283	124	712	4218.8
金属制品、机械和设备修理业	4	13	14	0	0	0
电力、热力、燃气及水生产和供应业	61	203	6248	3	21	285
建筑业	23	65	508	4	29	210
批发和零售业	11743	26151	145862.1	1152	3015	16854.37
交通运输、仓储和邮政业	43	193	6183	7	43	5033
住宿和餐饮业	1326	3257	13672.4	346	807	3724.5
信息传输、软件和信息技术服务业	98	230	1258.7	17	57	307
金融业	0	0	0	0	0	0
房地产业	0	0	0	0	0	0
租赁和商务服务业	38	105	1425	9	39	698
科学研究和技术服务业	1	5	1.5	0	0	0

续表 1

行业分类	期末实有 合计			本期登记		
	户数（户）	从业人员（人）	资金数额（万元）	户数（户）	从业人员（人）	资金数额（万元）
水利、环境和公共设施管理业	0	0	0	0	0	0
居民服务、修理和其他服务业	175	4537	1578.9	242	691	2852.4
教育	2	6	20	0	0	0
卫生和社会工作	33	105	457.8	3	15	23
文化、体育和娱乐业	27	136	1178	8	47	310
其他	0	0	0	0	0	0

2019 年寻乌县私营企业基本情况表

表 2

行业分类	期末实有				本期登记			
	户数（户）	投资者人数（人）	雇工人数（人）	注册资本（出资金额）（万元）	户数（户）	投资者人数（人）	雇工人数（人）	注册资本（出资金额）（万元）
合计	3641	5340	39106	1072511.3	698	1002	7012	285610.65
农、林、牧、渔业	603	893	6187	284322.58	87	121	575	31245
采矿业	30	60	267	18467	9	21	64	9500
制造业	417	675	11254	245873	141	205	2875	52346
电力、热力、燃气及水生产和供应业	132	363	1188	48329.27	10	18	124	2254
建筑业	362	178	3987	43561.65	135	47	845	8235.5
批发和零售业	1204	1859	8946	196543.76	224	305	1189	31684
交通运输、仓储和邮政业	97	167	1023	20135	19	18	65	1238
住宿和餐饮业	69	114	803	26267	11	19	167	5468
信息传输、软件和信息技术服务业	112	176	694	14561	42	64	258	4778
金融业	23	26	219	2500	0	0	0	0
房地产业	70	126	538	59635	13	21	88	9010
租赁和商务服务业	193	278	1129	45087	61	78	263	117564
科学研究和技术服务业	69	76	854	24563.54	17	18	171	5191.88
水利、环境和公共设施管理业	35	40	481	13782	3	3	19	150
居民服务、修理和其他服务业	137	194	892	13645.5	21	23	119	978.27
教育	33	45	238	3725	7	10	34	620
卫生和社会工作	4	4	32	2018	1	1	2	3
文化、体育和娱乐业	51	66	374	9495	23	30	154	5345
其他								

【企业监督管理】 市场主体新增 2394 户，同比增长 0.25%（2388 户）。新增企业 614 户，同比增长 −14.25%（716 户）；新增个体工商户 1735 户，同比增长 11.79%（1552 户）；新增农民专业合作社 45 户，同比增长 −62.5%（120 户）。

【公平交易执法】 开展价格监督检查与反不正当竞争，联合多部门、整治“保健”市场乱象百日行动，查处各类案件 159 起，案件罚没 3456163.46 元，已入国库。

【商标广告监督管理】 全年新增商标 215 件，商标有效量达 1454 件，受理商标注册 353 件、驰名商标 1 件、省著名商标 6 件、市知名商标 13 件、地理标志证明商标 1 件。

【消费者权益保护】 受理消费投诉 91 件，调解成功91件，挽回消费者损失13.27万元，解答各类消费咨询155人次，“3·15”期间发放宣传资料15000余份，维护消费者的合法权益。

【食品安全监督】 集贸市场食品经营单位233家，其中，食品生产加工主体18家（含企业），登记小作坊86家，食品经营主体1170家（批发1329家，零售908家，批发兼零售133家），餐饮服务单位887家（含中小学51家，托幼机构60家）。寻乌县获“洁厨亮灶”工程省级示范2家，市级示范单位8家，县级示范单位34家。中小学食堂“洁厨亮灶”111家，覆盖率100%。查处2家无检验检疫证销售猪肉案件，捣毁1家私屠滥宰窝点，没收猪肉300余公斤，工具1副，对当事人立案处理。出动执法人员900多人次对各类摊点的食品安全巡查监管，发出整改通知书39份，已整改到位。

【知识产权工作】 申报国家知识产权优势企业1家。发明专利授权数新增1件（爱馨泰电子1件），累计6件。发明专利申请量30件，授权量1件；实用新型申请量396件，授权量256件；外观设计43件，授权量19件。有效发明专利拥有量6件。

【特种设备安全监察】 全县有锅炉13台，压力容器82个，电梯347部，超重机27部，厂内机动车45辆。辖区内特种设备进行检查，约谈11家液化气充装单位。特种设备安全使用单位的主要负责人为安全监管第一责任制，按照风险等级越高、监管越严格的原则，采取现场检查、约谈、挂牌督办、安全诚信“黑名单”等监管措施，“倒逼”企业落实安全主体责任。年内未发生一起特种设备安全事故。

【计量检定】 以“民生计量”为重点的计量检定工作有效开展，扎实开展加油机、衡器、压力表、血压计、砝码等与群众生活关系密切的计量器具检定工作，检定各类计量器皿1311台（件），其中加油机182枪，血压计235台，压力表568台，衡器326台（件）。以“计量惠民”为重点积极开展“5·20”世界计量日活动，组织供水、供电“民用三表”自查工作。

【药械安全监管】 全县药品零售企业107家，药械经营种类1859种。开展药品、医疗器械、化妆品不良反应督促上报工作，开展药物滥用上报工作，全面完成市局下达的任务；开展一系列专项整治工作（药品生产企业专项整治工作、药品医疗器械经营企业质量安全专项整治工作、药品医疗器械使用单位专项整治工作、中药饮片专项整治工作、保健食品化妆品专项整治工作及疫苗专项整治工作等）；加强特殊药品安全监管，确保高风险药品不出事故。严格把握特殊药品准入关，定期对辖区内麻醉药品、精神类药品、蛋白同化制剂、肽类激素、毒性药品和其他特殊药品进行监督检查。

（汪海波）

自然资源管理

【概　况】 根据《寻乌县机构改革实施方案》（寻办发〔2019〕1号）文件，县自然资源局于2019年1月31日正式挂牌成立。并按《中共寻乌县委办公室寻乌县人民政府办公室关于印发寻乌县自然资源局职能配置、内设机构和人员编制规定的通知》（寻办字〔2019〕37号），县自然资源局内设办公室（法规监察和行政审批股）、自然资源调查确权登记股（地理测绘信息股）、自然资源开发利用与生态修复股、国土空间规划与用途管制股4个职能股室。在服务转变经济发展方式中，全年供地39宗，面积105.2公顷，成交总价款61535万元，优化资源配置，提供用地保障。

【建设用地管理】 全县土地面积2311.38平方千米。其中耕地面积1.66万公顷，占土地面积7.41%；林地面积15.58万公顷，占土地面积83.1%；园地面积2.67万公顷，未利用地面积 1.11 万公顷。完成《寻乌县土地利用总体规划（2006—2020 年）》修改调整工作。启动国土空间规划，出台《寻乌县国土空间规划（2020—2035）编制工作方案》。编制完成《过渡期“两规”融合实施评估报告和规划调整方案》，完成核对碧桂园幼儿园、丽景百汇、恒源科技等共 12 个项目规划报建经济技术指标。完成 7 个批次组卷报批，缓解用地“瓶颈”。对寻乌县赣宁机械工程有限公司沥青搅拌站项目等 12 个建设项目进行用地预审，预审面积达 85.5 公顷；对接上级部门对《寻乌至广东龙川高速公路（江西境内段）新建工程建设 用地预审意见》进行用地预审，取得自然资源部批复，预审面积 213.5 公顷。

【土地开发与保护】 为破解耕地占补平衡“瓶颈”难题，整体推进赣南等原中央苏区农村土地整治重大工程项目，建设总规模 617.8 公顷，投资预算 4757.62 万元，已全部完工。完成澄江镇等六个村土地整治项目，验收总规模 262.9 公顷，新增耕地面积 3425.1165 亩。通过异地有偿流转指标实现财政预算外收入 7933 万元。寻乌县已核定消化面积 140.3 公顷，批而未总面积从年初的 353 公顷下降至 212.7 公顷，批而未用率从 37.79% 下降至 22.77%；消化周期从年初的 3.7 年降至 2.3 年，下降了 1.3 年，批而未用总面积控制到 333.3 公顷以内，周期控制在 3 周年以内，为寻乌县经济发展提供了用地保障。全县招拍挂出让土地 39 宗，总面积 105.2 公顷，成交总价款 61535 万元。其中，工业用地 23 宗，面积 65.1 公顷，成交价 5675 万元；商业住宅用地 16 宗，面积 40.1 公顷，成交价 55860 万元。为充分发挥土地交易市场的作用，在保障土地供应的同时，也为寻乌县“七大攻坚”提供资金支持。根据上级要求，寻乌县开展第三次土地调查工作，按时间节点完成现状调查、权属调查、城镇村内部土地利用现状调查，数据库成果以较低错误率通过省三调办核查。为推进“房地一体”农村宅基地和建设用地确权发证工作提供依据。

【不动产统一登记】 根据“放管服”要求，为方便群众和企业办证，提升登记效率，寻乌县 90% 的登记业务能在“1、2、5”个工作日内办结，在全省政务监测监管排位前列；抵押注销、查解封登记类业务实行当场办结。完成不动产各类登记 9785 件，其中不动产登记证明 5258 份、核发不动产权证书 4527 本，实现减税降费共 23.53 万元。在推行“一窗办”服务中，加强与住建（房管）、税务等部门协作，利用信息化手段整合集成业务流程，由不动产登记综合窗口统一受理企业不动产登记各相关办理事项，一次性收取所需全部材料，一次性录入，方便群众和企业申请办理不动产登记。

【土地执法监察】 加强对土地违法行为的查处，查处 18 宗违法占用土地违法案件，涉及面积 390.23 亩，罚款 61.78 万元，动态巡查中制止 22 宗土地违法行为，对 9 宗符合立案标准的违法行为进行立案查处，罚款金额 204901.1 元。在矿管执法中，坚持每周巡查制度，重点打击稀土非法开采行为和私自回收稀土尾水破坏环境不法行为，强化部门之间协作，确保全县矿业秩序健康平稳。全县未发生稀土非法开采行为。配合扫黑除恶和公安专案组工作，启动对 2009—2013 年无证开采稀土的破坏矿产资源价值鉴定共 11 例，已移送有关公安机关侦查。推进“两违”整治。拆违 7388 处（栋），拆除违建面积 539601.307 平方米。其中，拆除铁皮棚 1063 处，拆除面积 50040 平方米；拆除高速公路沿线铁皮棚 38 处，拆除面积 2990 平方米；拆除存量违建 285 处，拆除面积 96393.41 平方米。

【矿产资源管理】 推进第三轮矿产资源总体规划工作。挂牌出让文峰乡下坪建筑用花岗岩矿和桂竹帽高尖建筑用花岗岩矿两个矿山，最终成交价格分别为 6520 万元和 4047 万元。加强矿山地质环境整治，组织召开“关于寻乌县证内外、证外补充工程、补充工程（增加5个治理点）的现场整改会议”，按要求限期整改到位。开展矿山开发整治专项行动，出台《寻乌县矿山开发整治专项行动工作方案》。对环保不达标、未配套建设废气处理设施的7家采石场、5个砖厂全部予以关闭。推进文峰乡柯树塘废弃稀土矿山环境综合治理与生态修复工程建设，总投资2.98亿元，其中中央补助资金7353.14万元。项目治理面积4平方千米，按流域区分为4个标段，主要实施矿山环境整治、植被恢复、人工湿地建设和小流域水环境保护治理等内容。在治理修复中，寻乌县探索出山上山下、地上地下、流域上下游同时治理的“三同治”模式。通过种树、植草、固土、定沙、洁水、净流等生态工程和自然恢复措施，做到源头截污、系统治污。治理经验和成效在中央电视台《新闻联播》、人民网等主流媒体的报道，打造出全国山水林田湖草综合治理与生态修复试点的示范样板。

【地质灾害防治】 下发《寻乌县2019年地质灾害防治方案》，落实24小时值班和速报制度。建立《寻乌县地质灾害隐患点工作台账》《寻乌县地质灾害群测群防员管理台账》《寻乌县地质灾害群测群防县、乡（镇）、村、组防灾责任人台账》，定制张挂《全县地质灾害应急抢险管理体系图》《全县地质灾害群测群防网络图》，构建县、乡、村、组四级地灾防治行政责任体系框架。加强地质灾害的预防，发放“两卡”2000余份，手机信息平台发送地质灾害预警预报信息25000多条。在“4・22”地球日、“5・12”防灾减灾日、“6・25”土地日，设置咨询台，发放宣传资料6000多份，提升群众识灾、防灾、避灾能力。

【土地房屋征收】 征收土地3500亩，完成15个重点项目土地征收经费包干测算，完成青水山下片区、石田心片区341户棚户区改造签约，核拨土地房屋征收补偿资金约8000万元。

（易文贞　钟碧辉）

农　业

农业农村经济

【概　况】 2019年，完成机构改革工作。进行农地确权颁证“回头看”。启动农村产权制度改革试点。继续实施高标准农田建设。成立全县重大动物疫情应急指挥部，统一抓好非洲猪瘟防控。引进客商投资大棚蔬菜，进一步优化农业种养殖结构。获全市农村人居环境整治百日攻坚奖。

【机构改革】 1月21日，根据《寻乌县机构改革实施方案的通知》（寻办发〔2019〕1号），将县委农村工作部的职责，县农业和粮食局的职责，县发展和改革委员会的农业投资项目、县国土资源局的农田整治项目、县水利局的农田水利建设项目等管理职责，以及县农业和综合开发办公室、县果业局、县农业机械局、县畜牧兽医局、县农村能源办公室的行政职能等整合，组建县农业农村局，作为县政府工作部门。不再保留县委农村工作部，县农业和粮食局。县农业农村局是县政府主管农业农村以及粮食工作的工作部门，正科级行政事业单位。新组建农业农村局内设办公室、农业股、农村股、项目股（科教股）、执法股（行政审批服务股），下辖寻乌县农业综合行政执法大队。

【种植业】 粮食作物以水稻、玉米、大豆、番薯为主。全年粮食作物种植面积合计2.4万公顷，产量13.1428万吨。水稻种植面积（含复种）2.4万公顷，产量12.4221万吨。其中，早稻种植面积1万公顷，产量4.7799万吨；中稻及一季晚稻种植面积0.46万公顷，产量2.4738万吨；二季晚稻种植面积0.91万公顷，产量5.1684万吨。玉米种植面积466.1公顷，产量0.1594万吨；豆类种植面积（含复种）789.5公顷，产量0.2878吨。薯类种植面积822公顷，产量0.2735万吨。全年柑橘复种新建标准园10个，示范园30个，复种面积2000公顷。百香果2800公顷，猕猴桃1200公顷，油茶2000公顷，茶叶527.6公顷，中草药440公顷。引进四季绿（赣州）农产品有限公司投资建设钢架大棚蔬菜基地，共流转全县10个乡（镇）18个村的土地200公顷。同时，引进江西赫伯农业开发有限公司分别在南桥镇团建村、车头村，留车镇飞龙村，晨光镇司城村共流转69.3公顷土地，投资兴建钢架棚蔬菜基地。

【养殖业】 全年饲养生猪15.91万头，出栏10.60万头，存栏5.31万头，比上一年大幅减少。为恢复生猪养殖，重点抓新建、改扩建养猪场建设。其中，新建和扩建8家，共有450个养猪场恢复养殖，生猪存栏数5.36万头。饲养肉牛4.25万头，出栏1.16万头，存栏3.09万头，同比增长2.13%。饲养羊3.44万头，出栏1.68万头，存栏1.76万头，同比增长3.09%。饲养家禽446.45万羽（其中肉鸡出栏52.98万羽），同比增长3.3%。饲养肉兔4.2万只。肉类总产量1.76万吨。其中猪肉0.84万吨，牛肉0.13万吨，羊肉0.03万吨，兔肉0.05万吨，禽肉0.71吨。禽蛋总产量0.9844万吨。其中鸡蛋产量0.9829万吨，鸭蛋产量0.0012吨，鹅蛋产量0.0003吨。养蜂16625箱，产量231吨，同比增长14.93%。

【水产养殖】 全年水产养殖面积1338.8公顷，比2018年增长1%，水产品产量8783吨，增长2.99%，特种水产产量2716吨。为实行生态养殖，改善渔业环境，推广“稻蛙养殖、稻虾养殖”技术。开展水产养殖污染治理专项行动，拆除牛蛙养殖场19家。在珠江流域寻乌段增殖放流四大家鱼鱼苗360万尾。发布《关于在马蹄河水域实施全年禁渔管理的通告》，对寻乌河干流马蹄河及东江源平胸龟国家级水产种质资源保护区实施全年禁渔管理。打击“电、毒、炸”鱼等非法捕捞行为。全年专项执法20余次，查处非法捕捞案件3起，没收电捕鱼器3台（套），网具5副，其中移送公安机关立案查处案件2起。

【重大动物疫病防控】 举办防控技术培训5次，落实防控经费43.67万元。按照“统一组织、分片包干、集中免疫、整村推进”的防疫模式，储备疫苗（猪口蹄疫4.8箱、牛羊口蹄疫2箱、禽流感H5+H753箱），消毒药3吨，石灰20吨，350套防护服及雨鞋，发放疫苗猪口蹄疫32.2箱、牛羊口蹄疫14箱、禽流感H5+H7 247箱。其中免疫注射牧畜口蹄疫疫苗猪53600头、牛30000头、羊12000头；禽流感疫苗2460400羽；采集50份家畜血清样品进行抗体监测和病原学监测，做到采样数据真实、不出差错。对检测出阳性家畜，按照操作规程进行无害化处理。完成免疫注射任务，做到“乡不漏村、村不漏组、组不漏户、户不漏畜禽、畜禽不漏，”免疫密度达到100%，建立健全免疫档案。复兴养鸡场、华丰蛋鸡场开展强制免疫“先免后补”试点，安排直补经费34.998万元，制定“先免后补”政策。为强制免疫疫苗使用管理，县、乡两级疫苗台账记录齐全、账物一致；专人管理、专库储备；专账管理，发放规范。及时清理过期或失效的生物制品、消毒药物。

【非洲猪瘟防控】 开展非洲猪瘟疫情（泔水）排查，对全县养殖场（户）集中开展消毒灭源行动，指导养殖场（户）落实主体责任，严格清洗、消毒，降低疫病传播。全县累计消毒农贸市场（含活禽市场）和家禽养殖场面积49.565万平方米。加强生猪贩和屠宰场监督执法。在省际公路南桥检查站，抽调农业、交通、公安、林业四个部门25名执法人员，进行24小组值班值守，检查出入省际生猪贩运车辆。设立有奖举报电话，一经查实给予500—2000元奖励。全年共查处违规调运生猪车辆96辆，罚款53万元，无害化处理生猪56头。与公安、市场监督联合对畜禽屠宰注水、添加其他物质或屠宰病死猪等违法行为进行专项治理。4月28日，出动30名执法人员，端掉一个私屠滥宰窝点，抓获3人，没收屠宰工具1套，猪肉300余公斤，并对当事人给予行政处罚。全年共出动执法车辆32次，执法人员120人（次），检查屠宰场、农贸市场、超市24次，对屠宰场下达整改通知2次。

【动物卫生监督与治理】 新建动物疫病防控实验室340平方米。严格实行产地检疫。安装产地检疫应急状态视频监控。严格要求官方兽医人员按规定操作程序性电子出入证。落实生猪屠宰场自检和官方兽医派驻屠宰检疫“两项制度”。派驻官方兽医6人监督屠宰场开展“非洲猪瘟”“瘦肉精”自检及开具票证等工作，兽医监督屠宰场检测人员每天进行非洲猪瘟自检，抽取的数量不得低于进场生猪的10%。对进入屠宰场车辆进行登记，查验运载生猪的检疫证、耳标号，及时清洗消毒卸载车辆。

【农业面源污染治理】 开展畜禽养殖污染整治，全县禁养区内畜禽散养户养殖场1114家，年内关停953家，拆除161家。关停牛蛙养殖场19

家。畜禽规模养殖场粪污资源利用，按照“源头减量、过程控制、末端利用”的治理模式，全县82%畜禽养殖场完成雨污分流改造，15家规模养殖场安装固液分离机，20家养殖场新建或改建漏缝免冲地面，实现污水减排2.82万吨、分离固形物减排1.41万吨。700家养殖场兴建沼气池2.108万立方米，储液池4.87万立方米，6.02万吨畜禽粪污经沼气发酵处理后直接施用农作物，完成土地消纳粪污量面积1.205万亩。98%散养家禽实施圈养，畜禽粪污综合利用率为90.93%。按照《寻乌县养殖标准化示范创建活动工作方案》（2018—2025年）要求，开展畜禽养殖标准化示范创建工作，通过养殖场申请创建、材料审核、现场核查、评审确定，截至年底县级畜禽养殖标准化示范场47家、市级示范场3家、部级示范场1家。

【农地污染防治】 制定《寻乌县污染防治攻坚战农用地污染防治专项行动实施方案》，发放农村沼气工程安全使用告知书500余份，开展对农用地污染情况摸排。推行“猪—沼—果”农业循环模式。全县沼气池拥有量达19.5万立方米，“猪—沼—果”配套用户达10000余户。实施产地土壤重金属污染例行监测。采集12个稻谷样品送省环境监测站进行检测（其中国控7个，省控5个），完成省厅下达的例行监测任务。实施土壤治理与修复工程。集中推进区轻中度污染耕地安全利用实施面积达933亩，占任务数的100%；重度污染耕地严格管控实施面积达419亩，占任务数的100%。

【农产品质量安全监管】 县农产品质量安全检测中心组织各乡（镇）农产品质量安全监管站对辖区内种养和畜禽屠宰的农产品开展快速检测，全年完成1990批次，其中，检测蔬菜水果1036批次，猪（牛）尿804批次；猪（牛）肉100批次，淡水产品50批次，合格率为100%，全年未发生农产品质量安全事件。预算安排农产品质量安全检测经费及畜禽屠宰管理工作经费50万元，用于农产品质量安全监管及检测中心等日常支出。坚持属地管理原则。指导乡镇监管站开展日常巡查监管工作，鼓励生产企业配备快速检测设备，开展产品自检工作，保障农产品质量安全。确保乡镇监管站有人员、有制度、有经费、有装备，同时建立村级农产品质量安全协管员队伍，按时完成上级下达的各项定性监测任务。加大标准化生产技术的指导力度，对农产品生产基地、企业、专业合作社发放田间农事操作、投入品使用、生产资料购买、产品质量检测和流向等记录表，要求生产者严格规范投入品使用、严格执行相关生产技术规程和农药安全间隔期，做好生产各环节记录，建立生产档案。对符合“三品一标”认证条件的产品及时申报，截至年底全县持有全国绿色食品原料标准化生产基地1个，绿色有机农产品认证企业27家，其中有机认证企业5家，绿色农产品认证企业19家，无公害认证企业3家。加强与市场监管部门的协作，定期公布、广泛宣传国家允许使用、禁用或限用的农业投入品目录，定期开展农资市场拉网式大检查，设立绿色、有机农产品农资专柜，杜绝禁用农（兽）药及其他有害物质流入农产品生产环节，联合查处经营国家禁售农（兽）药及其他有毒有害物质的违法行为，确保农产品质量安全。食品安全工作出动执法人员240人次，检查经营企业151家次，开展农资市场打假专项行动，重点查处农业投入品中涉及水溶肥料及植物生长调节剂。行动共检查水溶肥料品种35个，检查植物生长调节剂品种7个，对部分所售产品存在问题的经营户给予警告和问题产品禁止销售的处罚。

【植保植检】 做好柑橘、水稻等常发病虫害预测预报，开启水稻虫情测报灯，按时记录并上报灯下数据，及时发布病虫情报14期。柑橘红蜘蛛、木虱、白粉虱中等发生，轻于2018年，溃疡病中等发生，相似于2018年，树脂病重发生，相似于2018年；水稻二化螟偏重发生，重于2018年，卷叶螟轻发生，轻似于2018年，飞虱中等发生，局部重发生，轻于2018年。

会同县果业、市场监督和管理、公安等部门对全县大田露天非法育苗、市场无证交易苗木行为进行全面清查。对文峰乡大路村石痕育苗点、桂竹帽华星村育苗点开展日常检疫工作；其中，对华星村新建的28栋温室大棚，除组织植保站人员在不同季节和各个生育期开展实地踏看及取样检疫外，还指导育苗基地建立生产记录档案，做到每批苗木均实现质量可追溯。2019年分2批次抽样送室内检验检疫共计293万棵柑橘苗。对在菖蒲乡黄砂村培育的100亩水稻制种基地进行产地检疫。在城乡开展植物检疫宣传，发放“加强植物检疫，保护农业安全”等宣传画和宣传资料2200份，并利用手机、县有线电视台、设立咨询台等形式，加大宣传力度。按照“双随机、一公开”要求，重点开展农药隐性添加等专项检查，严肃查处制售假劣农药等违法行为。推进化肥农药减量增效试点，化肥利用率提高到42%以上。

【新型农业经营主体】 新增农民合作社23家，家庭农场16家，种养大户67户。新型农业经营主体已覆盖粮食、油茶、蔬菜、水果、花卉、生猪、养羊等20多个行业。全县共有农民合作社915家，家庭农场184家，种养大户697户，其中种植大户320户，养殖大户277户，农业龙头企业35家，经营性农业服务组织542家。五类新型经营主体带动并服务农户43172户，生产总值占农业生产总值比重达45%以上。遴选一批行业比较突出的新型农业经营主体带头人、现代青年农场主、创业创新青年、农民合作社带头人、农业职业经理等29人参加省级培训；寻乌县东江源职业农民培训学校组织对县主导产业、特色产业，举办各类专业技能培训26期，参训人数4600人（次）。

【农村集体产权制度改革】 县政府办印发《寻乌县农村集体产权制度改革试点方案的通知》（寻府办字〔2019〕118号）文件。按照“归属清晰、权能完整、流转顺畅、保护严格”的总体要求，构建边界清晰权能运作流畅的农村集体产权制度，以及建立起良好的产权制度运营机制。从明确集体经济组织成员，明确股权设置方式，明确股权管理采用动态管理还是静态管理，赋予农民对集体资产股份的占有、收益、有偿退出及抵押、担保、继承权六项权能等四个方面进行改革。完成村集体经济组织成员确认、集体资产清查和着手实施股权设置与量化等相关工作。全县173个村全部完成村集体成员身份确认共计291932人。股权设置与量化采取“确权确股不确资”的方式，将经营性和资源性集体资产在集体经济组织成员中按1人1股平均量化。未来股份经济合作社通过开发农村资源，盘活集体资产资金，以市场主体身份开展经营管理，农民通过持有的股份获得分红。

【农地确权“回头看”】 按照省、市关于开展农村承包经营权确权登记颁证“回头看”工作（简称农地确权颁证“回头看”）部署要求，5月7日召开全县开展农地确权颁证“回头看”工作部署会。并下发《寻乌县关于开展农村土地承包经营权确权登记颁证“回头看”工作方案》（寻农确权字〔2019〕1号），按照“缺什么、补什么，错什么、纠什么”的原则，开展农地确权颁证“回头看”纠错工作。成立寻乌县农村土地承包经营权确权登记颁证“回头看”工作领导小组，由副县长王晓东任组长、县农业农村局长彭开云任副组长，县财政局、县自然资源局、县林业局、县档案局、县农业农村局等单位分管领导为成员，明确主要领导亲自抓，分管领导具体抓、相关部门务实抓的工作机制，强化宣传，做到乡（镇）、村、组三级合力推动，任务到人，责任到人。

至2019年11月20日，已完成4个乡（镇），

27个村民小组，535家农户，面积1146.01亩，占暂缓确权535承包农户数的100%，占暂缓确权承包面积1146.01亩的100%。

至2019年11月20日，完成证书未发到户共11件数，728家农户，面积2612.98亩，占证书应发到户任务730承包户的99.7%，占证书应发到户承包面积2519.46亩的99.7%。

至2019年12月20日，完成确权信息不准问题共14件数，完成了9个乡（镇）62个村126个村民小组656家农户，面积2256.36亩，占暂缓确权面积2391.22亩总数的95%。占暂缓确权承包方692户的94%。完成了3个乡（镇）3个村5个村民小组33户农户余漏地块面积35.36亩的纠漏工作，占农户纠漏地块100%。

共完成全县15个乡（镇），173个行政村，2092个村民小组，56789家农户的农村承包地进行确权，发放农村土地承包经营权证书56699万本，占应确权农户的99.8%；全县经过测绘确权的农户承包经营土地25.44万亩，比“二轮承包”多出7.64万亩；确权农户档案整理完成56699万份。

【高标准农田建设】 完成高标准农田建设任务3000亩，实际规划建设3183亩，按时高质高效完成2019年度高标准农田建设任务，截至年底，全县共建高标准农田5.9万亩。全县划定高标准农田“两区”片块2772个，“两区”地块3022个，涉及14个乡镇157个行政村，划定水稻生产功能区面积12.2081万亩。巩固“两区”划定成果，确保“两区”地块数据100%建档立卡、上图入库、到村到户。

【农业综合开发】 2019年，继续抓好南桥镇团建村现代农业产业基地的道路、水沟项目的实施，该项目总投资370万元。在项目实施过程中，严格执行农业开发项目招投标制、项目工程建设监理制、县级报账制、项目和资金公示制等“四项制度”。

果 业

【概 况】 2019年，县果业局围绕县委、县政府提出的“柑橘为主、多元发展”果业发展战略，紧扣“严防控、抓复种、做示范、强品牌、促转型”工作思路，重点做好持续推进柑橘黄龙病综合防控，推进柑橘产业科学有序恢复，推进特色产业健康发展，做大绿色品牌，全面落实柑橘产业扶贫。

【技术培训】 健全县、乡、村三级技术服务体系。村级果技员实行“月工作任务清单制”，月初有任务，月终有考核，做到“政策宣传员、果业普查员、技术指导员、信息报送员”四员职责，为寻乌果业黄龙病防控，柑橘恢复种植，产业转型发挥作用；年内，县果业局举办五期培训班，邀请华中农大、江西农大、赣州市果业局教授、专家、总工程师讲授《柑橘标准果园建设》《柑橘病虫害综合防控》《猕猴桃栽培管理技术》《甜柿栽培技术》《百香果栽培技术》，参训人员为乡（镇）分管领导、乡（镇）果技员、村支部书记、村主任、村果技员，每期参训450人次，共培训2250人次，发放技术资料10000份。每个乡（镇）举办3—4期培训班，共培训2700人次。村举办1—2期培训班，共培训10140人次，年内全县共培训15090人次。

【柑橘黄龙病综合防控】 全面清理失管果园。制定工作方案，制定出台《寻乌县2019年度柑橘黄龙病防控工作方案》（寻府办字〔2019〕39号），明确年度工作目标和工作机制，确保病树清除率达100%，病株率控制在5%以内；实行黑名单制度。通过政策宣传提高果农自主防控的积极性，对不配合防控工作、造成失管果园的果农，列入柑橘黄龙病防控黑名单，取消其享受政府有关奖励补助的资格；采取“整村推进”的方式，全面彻底清理失管果园。春季共清除病树49万余株，秋、冬季失管果园集中行动于11月1日起启动，病树清理22.9万株，全年共清理病树64.8万株；苗木股定期对定点苗木繁育场的育苗过程进行监管，确保繁育苗木安全可靠，年内共嫁接苗木210万株，预计出圃160万株；实行苗木繁育“身份证”制度。建立苗木档案卡，详细记录砧木、接穗来源嫁接品种等，并对苗木的流向进行造册登记；打击贩卖外来“无证”苗木和大田育苗行为，净化柑橘苗木市场，共开展苗木巡查156次，销毁“无证”苗木2万余株；建立防控长效机制，建立防控示范基地，对病树率控制在3%以内，树体长势较好的基地建立区域性联防联控组织，在联防联控区域内按“统一时间、统一技术、统一措施”防控柑橘木虱和清理病树，年内共建10个柑橘黄龙病防控示范基地、5个柑橘木虱监测点，安排专人对柑橘木虱虫情动态进行监测，根据监测数据，及时发布虫情预报，指导果农开展统防统治，提高柑橘木虱的防治效果；健全县、乡、村三级技术服务体系，每个乡（镇）配备一名乡级专职果技人员，全县共聘用89名村级果技员。

【柑橘科学恢复】 制定出台《关于进一步规范柑橘恢复种植建园审批工作的通知》（寻府办字〔2019〕47号）。以文件形式确定柑橘发展的适宜区和不宜发展区，明确果园审批程序。对未批先建的果园采取取消苗木补助、建园补助及不得供电等措施，建园审批工作取得突破性进展。至12月底，已审批2571户，面积2011.53公顷。以南部乡镇为突破口，按照“山顶戴帽、山腰种果、山脚穿靴”的方式。高标准规划菖蒲乡坪岗千亩标准示范园，园区道路贯通，基础设施完善，果树生长旺盛，成为寻乌县柑橘复种的观摩地，起到示范引领作用。年内，新建标准果园32个，恢复柑橘种植面积1800公顷。

【柑橘产业扶贫】 按照柑橘扶贫专项扶持政策，采取帮扶干部逐户调查、逐项梳理、逐一落实的方式，严格执行核查公示制度，做到柑橘扶贫工作不遗漏一户贫困户，不遗漏一项扶持政策，加强对柑橘苗木假植扶贫基地的监管，每月分片对53个基地进行技术指导，确保基地柑橘苗木健壮、安全。对贫困户种植柑橘无偿提供苗木。年内，扶持贫困户7078户，每户150株，总株数106.17万株，总资金1500.87万元。

【特色产业发展】 根据群众发展产业的需求，结合百香果“短、平、快”的特点，全力推进百香果产业的发展。邀请专家到寻乌举办专题讲座和实地指导，解决群众的技术难题；借助“阿里巴巴”网络平台加强宣传，扩大寻乌百香果的知名度和销售量。至年底，全县百香果种植面积约2667公顷；全县猕猴桃面积333.3公顷，猕猴桃果品质量得到消费者认可，价格比其他产区略高，红阳销价12元/公斤，金艳销价8元/公斤，产业效益得到充分体现。

【果品营销】 2019年，寻乌县柑橘面积1.624万公顷，总产量24.36万吨，总产值11.308亿元，其中寻乌蜜橘2907公顷，4.36万吨，产值1.308亿元；赣南脐橙1.333万公顷，20万吨，产值10亿元。营销方式实行线上线下、果品推介，线上销售主要平台是阿里巴巴、淘宝网、京东、微商，线下销售主要平台是果业公司、“客户+果品批发市场”（或超市）。2019年，赣南脐橙（寻乌产区）上海营销推介活动在上海市闵行区中海寰宇天下社区举行，寻乌产赣南脐橙以“汁多、味浓、香甜”品质获得社区居民的高度赞誉。

（邱云峰　张智华）

林　业

【概　况】 2019年，县林业局全力推进林业生态建设，着力推进绿色发展，树立绿水青山就是金山银山的发展理念，林业各项工作进展顺利。全县森林覆盖率82.45%，被江西省林业局评为第七次全省森林资源二类调查先进集体。

【森林资源】 林业用地面积195995.9公顷，占全县面积的 82.93%，其中有林地 147551.3 公顷（含竹林 7120.4 公顷），疏林地 350 公顷，灌木林地 42996.7 公顷，未成林造林地 2119.7 公顷，无立木林地和宜林地 2952.6 公顷，苗圃地 16.7 公顷，其他林地 8.9 公顷，森林覆盖率 82.45%；林业用地中国有林 16743.9 公顷，集体林 173448 公顷，外资林 5804 公顷。活立木总蓄积量 1549.84 万立方米，总蓄积量中林分蓄积 1539.87 万立方米，散生蓄积 0.22 万立方米，四旁树蓄积 9.75 万立方米，毛竹 2416.83 万根。林分蓄积中按林种分商品林 886.12 万立方米，生态公益林 653.75 万立方米；按优势树种分杉木 107.78 万立方米，松类 61.28 万立方米，阔叶树及其他 1370.81 万立方米；按龄组分幼龄林 940.76 万立方米，中龄林 528.01 万立方米，近成过熟林 71.1 万立方米；按起源分人工林 153.26 万立方米，天然林 1386.61 万立方米。湿地面积 2420.9 公顷，占全县土地面积的 1.02%，其中自然河流湿地 2132 公顷，占湿地总面积的 88.06%，人工库塘湿地 288.9 公顷，占湿地面积的 11.94%。东江流域湿地 2245.5 公顷，占 92.8%，赣江流域湿地 153.6 公顷，占 6.3%，韩江流域 21.8 公顷，占 0.9%。

【森林资源管理与林政执法】 2019 年，全县各级林长、护林员、监管员、警员（其中县级林长 6 名、乡镇级林长 150 名、村级林长 326 名、组级林长 2053 名、监管员 206 名、护林员 1137 名、警员 12 名）均已进入“赣林通”App 巡护管理系统，进行智能化、网格化管理。严格禁伐天然林，有序放开人工林主伐利用和技术性抚育采伐利用，严格县内商品材、林农自用材采伐管理，加大林木采伐申请、设计、审核、许可和木材运输加工、销售等各个环节的管理力度。执行林木采伐限额“五项制度”；进一步完善封山育林管理措施，建立健全村级护林网络。全年发放林木采伐许可证 60 份共 10014.24 立方米（出材 6989.2 立方米），其中人工商品林采伐 9883.54 立方米（出材 6909.9 立方米），特种用防洪材 119.3 立方米（出材 83.5 立方米），征占用公益林林地采伐 130.7 立方米（出材 79.3 立方米），人工商品林采伐中安排人工杉木商品林外销采伐 8057.44 立方米（生产商品材 5944 立方米），含主伐 7492.5 立方米（生产商品材 5619.4 立方米）、抚育间伐 564.94 立方米（生产商品材 324.6 立方米）。林地利用严格按照《寻乌县林地保护利用规划》执行，林地保护利用实行规范化、制度化管理。全年完成征占用林地查验、初审、审核上报 35 宗共 2572.437 公顷，征收森林植被恢复费 1861.7963 万元，基本保证了县内各项重点工程的用地需求。继续实施生态公益林和天然林保护工程，实施国家和省级公益林 91.2462 万亩，其中个人自留山及集体林 76.969 万亩，国有林 14.3782 万亩，发放公益林补助资金 1620.486 万元；实施天然林保护工程 56.08 万亩，其中集体和个人 53.3077 万亩，国有 2.7723 万亩，发放天然林保护补助资金 1176.4116 万元。将林地保护利用、森林资源培育、森林防火、林业有害生物防控、林木采伐管理、野生动植物保护管理和山林权属纠纷调处等保护发展森林资源目标责任制内容列入政府的综合考评体系。对毁林开垦、盗伐滥伐林木、非法占用林地、无证运输木材等行为进行清理、整顿查处，对森林图斑案件进行勘查、核实、查处。全年查处问题森林图斑案件 61 起；查处林业行政案件 90 起，行政处罚 90 人次，行政罚款 200 万余元；移送涉刑林业案件 19 起；开展打击贩卖野生动物专项行动 6 次，没收并放生鸟类 90 只，放生眼镜蛇 2 条。

【森林防火】 森林防火坚持“预防为主、积极消灭”的工作方针，突出重点、强化火源管理，加大排查、减少火灾隐患。努力减少森林火灾的发生和损失，保障了重点森林防火期内，全年未出现一起重大森林火灾和特大森林火灾，实现森林防火安全零伤亡和无重大火灾的防火目标，完成

《2018—2019年度森林防火责任书》确定的年度森林防火各项工作目标。全年共印制《森林防火户主通知书》《禁火令》《关于禁止在森林防火区野外用火的通告》及各种宣传单11万多份，组织各乡（镇）印制发放防火宣传工作手册、应知应会手册、村级工作开展情况、电话记录本等宣传资料；全年开展各级森林防火业务培训12场，受训人员1600多人；重点防火期制订行动计划，执行森林火灾“日报告”“零报告”和重大事项随时报告制度，专门部署“春节”“清明”期间的森林防火工作，严防失火。

【林业有害生物防治检疫】 森林病虫害总体控防良好，林业有害生物成灾率为0、测报准确率96%、防治率100%、苗木产地检疫率100%（150亩）；调运木材检疫801.82立方米，调运检疫率100%。全县林业有害生物发生面积7936亩，主要为松针褐斑病、油茶炭疽病、湿地松粉蚧、萧氏松茎象、杉梢小卷蛾、马尾松毛虫、松墨天牛、松材线虫病等。松材线虫病是危害松林资源的主要病害，全县15个乡镇、1个林场均发生松材线虫病疫情。2019年，全县共普查松材线虫病死亡植株24659株，其中文峰乡2139株、晨光镇4447株、吉潭镇1130株、南桥镇3061株、长宁镇308株、留车镇5141株、龙廷乡2034株、澄江镇62株，菖蒲乡4415株、水源乡325株、丹溪乡164株、桂竹帽镇822株、罗珊乡137株、三标乡204株、项山乡56株、县生态公益林场214株。第三方除治公司组织专业队伍，砍除病枯死树11488株，县财政累计投入防控资金630万元。

【政务服务】 林业政务服务事项依申请类共44项，其中行政许可15项，行政奖励13项，行政确认2项，其他行政权力14项，已全部进驻行政服务中心，进驻率100%，林业政务服务实现“三集中三到位”。“网上办、一次办、马上办”事项清单依申请类事项网上可办事项27项，可办率61%。“一窗式”受理事项44项已全部达到100%，“只跑一次”受理事项28项，可办率64%，“一次不跑”事项27项，可办率64%；承接市级下放清理证明材料事项2项，县级清理证明材料19项，合并1项林业行政审批事项；再次梳理14项行政许可所涉及的办证事项及申报材料清单，并制作相应的服务流程再造图；已接入“赣服通”分厅的林业行政服务事项27项，加强“赣服通”寻乌分厅的宣传推广工作，完成注册人数822人的目标任务。1项行政裁决划出至自然资源局（林木林地权属争议行政裁决），1项行政处罚划出至自然资源局（在调处山林权属争议中当事人伪造、涂改证据或指使、胁迫、诱骗、贿买他人作伪证的处罚），1项行政奖励划出至自然资源局（在林权争议处理工作中作出突出贡献的单位和个人的奖励），调整54项重复事项的名称；全年行政服务中心林业窗口受理业务共239项（承诺件81项，即办件158项），其中权限内占用或征收、征用林地许可7项，省级非重点保护野生动物驯养繁殖许可4项，林木种子生产经营许可5项，林木采伐许可65项，植物产地检疫89项，木材运输许可69项。承诺件全部在承诺期限内办结。

【林业产业发展】 全县林业产业快速发展，产业结构不断优化。包括珠江防护林1.59万亩（人工造林0.59万亩、封山育林1万亩）、低质低效林改造3.26万亩、森林抚育2.64万亩和东江源国家湿地公园湿地保护与恢复等4个工程，这些工程均按年度计划任务建设完成。县城规划区山体复绿工程3367.8亩的抚育管护。现代农业攻坚：完成油茶产业发展项目0.65万亩（低改0.25万亩、新造0.4万亩），龙脑樟种植项目完成1000亩。林业扶贫攻坚：包括林下经济项目扶贫、林业工程项目扶贫、生态保护补偿项目扶贫、林业科技项目扶贫等4种类型11个项目：实施林下经济项目扶贫项目5个。新造油茶4000亩，参与农户 401 户，其中贫困户 96 户，贫困户实施面积 409.7 亩；油茶低改 2500 亩，农户 186 户，其中贫困户 60 户，贫困户实施面积 465.4 亩；竹产业发展 2285.5 亩（其中毛竹低改 2233.5 亩，笋竹两用林建设 52 亩），涉及 2 个贫困村，28 家毛竹专业合作社带动贫困户直接参与和投工投劳 49 户。香精香料实施完成 1218.1 亩，其中龙脑樟种植完成 1140 亩，农户 226 户，有 31 户贫困户实施面积 110 亩；森林药材种植完成 78.1 亩（草珊瑚 51.9 亩、灵芝 26.2 亩），农户 99 户，有 66 户贫困户实施 52.1 亩。实施林业工程扶贫项目 1 个。低质低效林改造实施完成 3.26 万亩，贫困户 972 人通过投工投劳的方式参与低改，获得劳务收入。实施生态保护补偿扶贫项目 4 个。珠防林实施完成 5810 亩，其中贫困户 67 户，实施面积 527.3 亩；天然林保护工程实施面积 56.08 万亩，贫困户面积 3.87 万亩，覆盖贫困户 660 户，落实补助资金 69.17 万元；生态公益林实施面积 91.2462 万亩，其中涉及贫困户面积 6.437 万亩，覆盖贫困户 951 户，落实补助资金 114.9 万元；生态护林员选择建档立卡贫困人口担任生态护林员 923 名，补助生态岗位工资 923 万元，923 名建档立卡贫困人口获得生态护林员公益性岗位人均年工资 10000 元。实施林业科技扶贫项目 1 个。科技培训以省、市林业局“珍贵树种栽培技术科技扶贫特派团”在寻乌开展科技扶贫活动为契机，举办油茶、龙脑樟、樟树、毛竹、低质低效林、草珊瑚等栽培管理技术培训，采取集中培训与现场指导相结合方式，开展各类培训 5 次共 310 人次，组织参加市级培训 1 次共 12 人次，培训对象主要是有发展林业产业意愿的技术人员和贫困种植户。

【信访工作】 全年接受群众咨询、来访人员 396 人次，答复信访件 29 件，县委、县政府主要领导交办件 9 件，办理人大代表建议、政协委员提案 4 件。

【林权交易】 配合不动产登记部门、金融机构做好林权抵押贷款（含鉴证书、流转证、公益林或天然林补偿收益权质押贷款）、金穗油茶贷和财政惠农信贷通的配套服务及统计等工作。2019 年，林权管理服务中心办理林权抵押贷款续贷 3 笔，抵押面积为 32384.4 亩，续贷款金额为 5460 万元。

【争资争项】 2019 年，林业局争资争项争政策任务 6500 万元，其中普惠制任务 4500 万元、非普惠制任务 2000 万元。完成争取项目资金 11404.58 万元，其中普惠制项目 4 个 4828 万元，非普惠制项目 15 个 6576.58 万元。

（赖鹏辉　曾德强）

水 利

【概　况】 2019 年，被江西省水利厅评为“2018 年度水利改革发展考核先进县（第五名）”，被江西省人民政府评为全省河长制湖长制工作考核第四名，被江西省人民政府评为“2016—2018 年度全省河长制工作先进集体”，寻乌县水利局水政执法工作被省水利厅评为全省河湖卫士监督执法工作“河湖卫士先锋”先进单位。

【农村饮水安全】 2019 年，农饮工程围绕“建得起、管得好、长效益、能持续”为重点，确保农村安全饮水工程规范运营管理，出台《寻乌县农村集中供水工程运行管理办法》《寻乌县农村集中供水工程运行管理考核办法》，农村安全饮水管理制度得到完善。落实农村饮水安全管理“三个责任”（地方人民政府主体责任、水行政主管部门行业监管责任、供水管理单位运行管理责任），健全完善农村饮水工程运行管理“三项制度”（农村饮水工程运行管理机构、农村饮水工程运行管理办法、农村饮水工程运行管理经费），农村饮水工程管理有章可循。城乡供水一体化项目工程北亭水厂开工建设。

【防汛抗旱】 充实完善《水利局班子成员挂点各

乡镇防汛工作督导方案》，全局干部职工实行包片包库包山洪地质灾害点。全年较大降雨过程 11 次，成灾降雨 7 次，有 1.7736 万人受灾，房屋倒塌 4 间，解救洪水围困群众 41 人，累计转移人口 2271 人，无一人因灾伤亡。水利设施损失 2984.9 万元。年内“未倒一库、未决一堤”。

【水资源管理】 以水质提升为核心强化管理，出台《寻乌县实行最严格水资源管理制度考核办法的通知》(寻府办〔2015〕35 号)，具体划定各乡(镇)用水总量、用水效率和重要河流湖泊水功能区水质达标等“三条红线”控制目标。强化责任主体、明确时间任务、奖励处罚问责等举措，水生态环境明显改善，全县 10 个水功能区和 7 个千吨万人饮用水水源点水质达标率 100%，年终有效取水许可证数为 176 个；严格落实水资源管理“三条红线”的关键环节；推进节水型社会和生态文明试验区建设，年内有 76 个公共机构单位中获得节水型单位称号的比例为 93.4%。三标乡基田村入选第五批“江西省水生态文明村”名单，荣获“江西省水生态文明村”的荣誉。

【河(湖)长制】 全县 10 个水功能区监测断面水质均在Ⅲ类及以上，水功能区水质全部达标。开展河湖“清四乱”、河湖卫士监督执法、非法矮圩网围专项整治，持续推进清河行动，大力开展生态环境专项整治。全年，排查出问题 30 个，其中乱采问题 5 个、乱占问题 8 个、乱堆问题 13 个、其他问题 4 个、年末全部整治到位。推进违规小水电整治，《中华人民共和国环境影响评估法》实施以后，对未通过环境影响审批即开工建设的电站 15 座，按要求督办完成环评报告并审批，对上级未安排的 142 座水电站按市级督办的 15 座整改要求同时补办环评手续并取得环境影响评价批复，148 座小水电站完成生态泄流设施改造，《寻乌县水电站综合评估报告》市政府已批复，《寻乌县水电站清理整改“一站一策”工作方案》经专家评审报市政府待批复。

【工程建设】 向上争取资金 1.87 亿元，水利工程补短板资金进入总规 11.48 亿元。大力实施防洪、供水、生态“三大工程”建设。2019 年完成 2 个中小河流治理项目，河道治理长度 108.98 千米，完成年度总投资计划 9177 万元(其中中央投资计划 5162 万元，地方投资计划 4015 万元)，年度投资计划完成率 100%。

大路下大湖水库配套工程水厂 2018 年 5 月开工建设，占地面积 56 亩，设计日供水能力 5.4 万吨，2019 年 3 月完工，4 月 15 日正式向城区供水，供水范围为县城及太湖水库下游长宁镇、文峰乡、吉谭镇、澄江镇、水源乡，覆盖人口近 15 万人。

年内，河道治理 103.95 千米。岸坡加固 47.33 千米，清淤疏浚 9.055 千米，新建下河埠头 103 座，新增排水涵管 106 座，新建水陂 3 座，新建生态净化池 5 座，修复生态湿地 2 处。工程保护人口 2.4 万人，保护耕地 1.75 万亩。工程总投资 14625 万元。

水土保持

【概　况】 2019 年，寻乌县水土保持局统筹水土保持服务全县经济发展大局，全力推进废弃矿山综合治理，打造“山水林田湖草生态保护与修复”工程样板，强化预防监督管理，深入推进水土保持工作。

【预防监督】 制定《寻乌县水保局 2019 年综治及水土保持法宣传月实施方案》，利用“世界水日”“法制宣传”“党员义工”等主题活动日，通过县有线电视台、寻乌手机报、宣传车、墙报、标语等方式，开展水土保持法宣传活动。发放水土保持宣传资料 100 余份，发放水土保持法手册 120 份；开展执法检查 120 次，督促生产建设单位编报水土保持报告书(表)39 项，审批水土保持方案报告 39 项。开展对稀土矿山、石场、砖厂、公路建设、房地产开发等生产建设项目的监督执法巡查，督促各类生产建设项目依法编报水土保持方案。年内，开展监督执法巡查120次，依法审批水土保持方案39个；收取补偿费476.6713万元；依法查处违法案件8起，行政处罚33.42万元。对落户寻乌县的3个风电场和21个采石场的山体复绿工作进行监管和督查。年内，项山风电场完成复绿面积96万平方米，乱罗嶂风电场完成62万平方米，基隆嶂风电场完成72万平方米，修复率为100%。通过巡查、执法，生态修复、山体复绿效果明显，在全省水政工作会议上县水保局水保监督执法工作作经验典型发言。

【综合治理】 2019年，争取国家水土保持重点治理资金1170万元，市级水保补助资金10万元，水保监测费用1万元。完成废弃稀土矿山综合治理面积3.6平方千米。引进总投资5000万元，打造以乡村旅游、生态康养为一体的寻乌县花开了农业科技开发有限责任公司，项目总占地面积1800亩。统筹山水林田湖生态保护修复专项资金3370万元，实施《寻乌县文峰乡柯树塘废弃矿山环境综合治理与生态修复工程》Ⅱ标段，治理废弃矿山0.39平方千米，目前完成投资3672万元，占总投资的100%；统筹东江源流域上下游横向生态补偿专项资金7000万元，实施《寻乌县文峰乡柯树塘废弃矿山环境综合治理与生态修复工程》Ⅲ标段和Ⅳ标段，治理废弃矿山3.21平方千米，其中Ⅲ标段完成投资5820万元，占总投资的100%；Ⅳ标段完成投资1000万元，占总投资的100%。2019年，按照水利部《关于开展全国水土保持规划编制工作的通知》（水规计〔2011〕224号）、赣州市水保局《关于开展〈水土保持规划（2016—2030年）〉编制工作的通知》（赣市水保字〔2018〕37号）要求，聘请广东省东莞市水利勘测设计院有限公司编制《寻乌县水土保持规划（2016—2030年）》并完成报批。对2019年国家水土保持重点建设工程，结合实际，做好外业调查工作，聘请赣州市绿岩水土保持技术服务有限公司到实地进行勘察、设计，编制工程预算项目。完成《南桥示范镇2019年重点推进项目团建至冠洲示范线公路沿线水土流失治理工程》的外业调查工作。

（王龙胜）

农业机械

【概　况】 县农机局扎实抓好农机安全生产，打好现代农业攻坚战，提升农业机械化水平，全县农机化事业取得新成效。有效防范和遏制农机较大以上事故，为实现农业现代化提供有力支撑；全县以柑橘为主的机械高于全市的机械化水平。农机安全监理、农机购置补贴业务统一进驻县行政服务中心农机窗口受理。

【农机应用与管理】 2019年，农机总动力16.5895万千瓦，争取市级以上各类农机化发展项目资金210.8124万元，农业机械数量大幅增加，新增拖拉机3台210.1千瓦，种植微耕机382台1528千瓦，田园管理机13台52千瓦，稻麦联合收割机2台45千瓦。

【农机购置补贴】 实施农机购置补贴政策，执行《寻乌县2018—2020年农机新产品购置补贴实施方案》（寻府办字〔2019〕32号）；加强农机购置补贴销售网点监管力度，联合市场监督管理等部门不定期对农机购置补贴产品进行抽查。公布投诉电话，年内，未接到农民购买假冒伪劣农机产品的投诉案件。在农机购置补贴工作实施过程中，严格执行农机购置补贴程序，会同财政等相关部门，对农户购置的补贴农机具逐一抽查，杜绝违法、违规现象发生。年内，完成农机购置补贴国补资金35.943万元，惠及农户365户，新增各类农机具377台。

【农机推广与培训】 年内，组织农业、果业机械技术人员进行现场演示，指导农机手修复、保养、安全操作各类农机具。完成机耕面积36.195万亩；机播面积11.76万亩；机收面积35.025万亩；加大对农机合作社和农机大户的扶持力度，加大对新购机农民、农机维修人员、驾驶操作人员的培训力度，年内培训各类农机化技术人员392人。

【农机安全生产与监督管理】 开展农机安全生产相关法律、法规宣传，发放宣传单260多份。依法强制报废拖拉机（变型机）151台，实现存量拖拉机（变型机）清零。强化源头管理，严把农机具上户关，凡未上目录和检验不合格的拖拉机、联合收割机一律不予办理上户手续。组织农机安全监理执法人员深入到田间场院、乡村道路、农机具销售点、农机合作社、农机大户及购置补贴大型果业加工企业进行巡查，严格查处私自拼装、改装农业机械及拖拉机（变型机）达到法定报废期仍上道路行驶等的违法、违规行为。会同公安交管部门在全县范围内开展农机安全生产大检查和道路交通安全“专项整治”活动。对存量拖拉机（变型机）实行强制保险、年度安全检验。年内依法强制报废拖拉机（变型机）151台。全年未发生重特大农机安全事故，农机安全事故死亡率为零。

（谢家坚）

工 业

工业和信息化局

【概　况】2019年，围绕“主攻工业，三年再翻番”目标，大力推进平台建设，培育首位产业，帮助企业技术改造，开展招商引资。全年完成主营业务收入同比增长6.5%；规模以上主营业务收入57.41亿元；规模以上工业增加值23.6亿元，增速8.3%；工业投资总额149.18亿元，同比增长18.3%。

【工业经济运行】全县实现规模以上主营业务收入57.41亿元，比2016年年末增加100.9%，完成市2019年目标任务的100.45%，实现工业固定投资145.25亿元，工业固定投资同比增长18.5%，排全市第8名。

出台《寻乌县通用设备制造产业创新引导意见19条》《关于引导通用设备制造业创新发展的实施意见》《通用设备制造产业推进工作方案（2019—2021）》《关于“主攻工业、三年再翻番”的实施意见》《寻乌县支持机电机械产业发展人才集聚政策19条》《关于进一步明确我县首位产业招商引资基本优惠政策的意见》等一系列政策，政策扶持涉及企业研发投入扶持、科技创新平台扶持、专利创造和科技成果引进转化扶持、企业成长扶持、企业品牌创建扶持以及对通用设备制造企业给予信贷服务方案，给予首位产业招商引资在工业用地、税费优惠、标准厂房建设奖补、金融扶持、外贸出口奖励等方面的优惠和扶持政策。

2019年签约首位产业项目10个，总投资46.8亿元。至2019年年末，全县首位产业项目累计48个，初步形成上游的铸造、钣金，到下游的空压、水泵、减速设备、工业冷水机、环保设备、空压机后处理设备、工业机器人、智能控制系统等通用设备制造产业链，首位产业呈现集群发展良好态势。全县列入市级调度项目24个，总投资149.2亿元，年度计划投资45.11亿元（全市排第4位）。年末建成投产项目20个，完成投资59.2亿元。

以智能生产线示范，打造数字化车间为目标，鼓励、引导企业自主创新。加快机器换人工、智能换数字、自动换机械步伐。年内完成赣州市恒源科技股份有限公司年产3000吨稀土金属合金技术改造项目、寻乌县万业水泥有限公司新增50万立方米生产线及新增环保项目、寻乌世纪陶瓷有限公司新增750万平方米墙砖生产线项目及传动系统节能改造项目、赣州泰鑫磁性材料有限公司新增年产2000吨稀土合金技改项目、赣州弘昇科技有限公司年产3000吨废旧磁材料生产技术改造项目、江西省石湾环球陶瓷有限公司年产150万平方米科达窑炉瓷砖生产线技改项目。江西寻乌南方万年青水泥有限公司、赣州通洲塑胶机械有限公司、江西杨氏果业股份有限公司、顺其（江西）竹业有限公司、寻乌佳鼎混凝土有限公司、寻乌县恒顺生物科技开发有限公司等企业技术改造快速推进。

【安全生产】 年初制订安全生产工作方案，每季度组织人员，对园区内所有企业和园区外规模以上企业，进行安全生产和消防工作检查；开展“夏季百日行动”，组织48家企业进行安全生产和消防知识教育培训。年度内所有规模以上企业未发生安全生产责任事故和消防安全事故。

【信息化扶贫】 针对通信覆盖盲区和弱区，争取信息化基础设施项目建设资金964万元，争取苏区弱覆盖补点建站指标，逐一落实4G网络建设及2G网络补点工作，全县172个行政村100%通有线宽带，其中171个村委通4G信号，尚有金村村基站在筹建中；衔接落实原中央苏区超高速无线局域网试点工作，全县15个乡（镇）计55个行政村开展试点，另30个试点村在申报中。

（彭　炜　赖学洪）

供　电

【概　况】 2019年，累计完成售电量4.8009亿千瓦时，同比增长18.34%，工业总电量2.2582亿千瓦时，同比增长16.56%。其中大工业电量1.6931亿千瓦时，同比增长20.46%；非普工业电量0.5651亿千瓦时，同比增长6.25%；商业电量0.5085亿千瓦时，同比增长25.03%；居民电量1.7656亿千瓦时，同比增长18.48%。售电收入完成27975.85万元，同比增加19.74%。利润总额6992.41万元（不含大网购电成本及返供大网收入）。实现税收和教育附加597.44万元。获第十五届江西省文明单位称号，保持赣州市文明单位称号。

【电网建设】 投资2825万元新建110千伏长宁至留车输电线路，项目于12月16日投运，有效提升南部片区供电可靠性。组建“电网建设领导小组”，扎实推进农村电网改造升级补短板，投资4431万元用于年度农网升级改造。新建10千伏线路53.784千米（其中电缆21.846千米），改造10千伏线路0.121千米；新建配变台区60台/13050千伏安，改造配变台区5台/900千伏安，配套建设改造低压线路117.329千米。

【安全生产】 落实安全责任，强化安全生产“红线”意识，安全管理下沉两级，安全生产局面平稳，未发生七级以上安全事件。开展春秋季安全大检查、在建工程专项检查、防汛隐患专项排查、变电站防误闭锁装置隐患排查，不断夯实安全基础。严格施工作业全过程管控，管控APP应用实现全覆盖，抓好各级各类人员到岗到位安全履责。持续开展反违章督查，保持反违章高压态势，安全生产保持平稳。圆满完成10项重要供电保障任务。

【运维管理】 推进生产运行维护精益化管理，通过“日管控、周分析、月考核”，强化10千伏线路

2019年寻乌县用电情况表

表3　　　　单位：人

类别	用电量（亿千瓦时）	占比（%）
工业总用电	2.2582	47.04
商业用电	0.5085	10.60
居民用电	1.7656	36.77
农业用电	0.0973	2.03
非居民照明用电	0.1713	3.56
2019年累计售电量	4.8009	

跳闸率、公变出口电压合格率、配电线路可靠性率和报修工单管控，10千伏线路可靠率99.57%，同比提升0.12%，公变出口电压合格率99.83%，同比提升0.24%。加强输变电设备周期性巡视，开展迎峰度夏、度冬、防汛抗灾特巡特维，实现了35千伏主变“零跳闸”。落实线路常态化特巡特维工作，深化配电网有序跳闸治理，清理线路廊道，加大防外力破坏力度，对频繁跳闸线路进行差异化防雷改造。配电带电作业完成作业82次，停电时长大幅缩短。

【扶贫攻坚】 落实“五保户”“低保户”每月减免10千瓦时电费政策，全年减免98.91万千瓦时电，减免资金59.82万元。光伏用户并网工程实现“全额消纳、及时结算”，2019年累计结算3718.2073万元。完成35千伏寻乌—石排、石排—南桥、留车—丹溪线路迁移改造共计13.5千米；完成10千伏南桥—青龙、石排—黄坳等21条线路共计145千米的迁移改造；完成配电台区迁移改造65台，完成0.4千伏线路迁移改造共计235千米。公司经理挂点帮扶留车镇水背村担任“大村长”，带领公司驻村工作队和帮扶干部全面履行精准脱贫帮扶工作，建设村级光伏电站产生年收益为5万元；村级分散式光伏收益3.2万元。百香果产业收益1.4万元，2019年水背村集体收入10万元。挂点村顺利通过全省脱贫验收，贫困户已全部脱贫。

（郑华槟　袁向阳）

民营企业管理

【概　况】 寻乌县民营企业局2019年围绕非公经济发展，帮助小微企业融资，培训企业管理人员开展工作，促进小微企业发展。通过银企对接，为小微企业解决贷款5亿元，6个企业升为规模以上企业。

【非公经济】 全县民营经济市场主体17734户，其中民营企业数量3840户，增长24.95%；从业人员76009人；注册资金128.5亿元。非公有制经济实现增加值367951万元；增长8.3%，占GDP比重47.2%。

【融资服务】 开展中小微企业融资对接，县农商银行等7家金融机构与江西省洛锡实业有限公司等68家企业签约，共签约资金50485万元，年底履约率91.52%，有效缓解企业融资难问题；继续做好“小微信贷通”“创业信贷通”工作，为寻乌县水源红果品有限公司等130户中小微企业发放“小微信贷通”贷款11817万元；为寻乌县荣盛电子厂等43户初创企业发放“创业信贷通”贷款1508万元。两个信贷通的贷款利率为基准利率最高上浮30%；有效缓解企业融资难问题。

【帮扶企业】 继续实行“四个一”（每个重点企业安排一名挂点县领导、一个挂点单位、一名挂点干部、一个服务金融机构跟踪帮扶）帮扶机制，实施局领导挂点企业制度。在要素配置、融资、市场拓展、科技创新、人才对接、品牌培育等方面支持企业，促进企业健康发展；实施“一企一策”帮扶，遴选出华南泵业（赣州）有限公司等26家企业为重点培育对象，深入企业调研帮扶，邀请专家团为部分企业开展个性化咨询诊断，有力地促进了企业发展，2019年有华南泵业（赣州）有限公司、亿迪生精密科技（赣州）有限公司等6家企业“入规”。

【培训服务】 9月23—25日与寻乌县启梦中小微企业服务有限公司联合举办寻乌县创业型中小微企业经营管理培训班，共培训120人；组织企业参加创新培训班，选送15名中小企业主或高管，参加赣州创业大学创新培训班培训。

【项目服务】 根据省市各级支持中小微企业发展政策，积极为企业申报项目扶持。经省工信厅认定：江西省洛锡实业有限公司、江西孺子牛智能科技有限公司两家企业为省级“专精特新”企业；经市工信局认定：寻乌县启梦中小微企业服务有限公司为市级公共服务示范平台。协助德新达解决施工过程中的施工材料纠纷、管理人员突发疾病死亡等问题；协助德新达企业招聘员工 9 人。

（罗华桢）

工业园区

【概　况】 2019 年园区内共有企业 107 家，其中规模以上企业共有 26 家，首位产业规模以上企业 17 家，新引进首位产业 6 家。工业园区规模以上企业完成工业总产值 587840.62 万元，同比增长 32.79%，主营业务收入 574057.5 万元，同比增长 31.73%，税金 15964.5 万元，提供就业岗位 3371 个。

【企业帮扶】 完善“四个一”（一个县级领导、一个帮扶单位、一个银行机构、一名帮扶干部）帮扶机制，园区内每一个企业都安排干部挂点联系，帮助企业解决具体问题，2019 年共为企业协调解决问题 203 个。针对企业融资难的问题，大力做好政策宣传，为 7 家园区企业发放标准厂房以奖代补资金共计 518.39 万元；为 11 家园区企业发放标准厂房租赁补助共计 1061.236 万元；为 23 家企业发放基础设施奖励资金 5602.112 万元，税收奖励 78.9 万元（按县招商政策有税收奖励）；税收减免企业 4 家，累计减免金额达 782.99 万元（用于企业技术研发）；对园区 20 家企业发放财园信贷通贷款 13535 万元；3 家企业发放首位贷贷款 1500 万元；实际为企业减负 8043.628 万元，切实兑现承诺，减轻了企业资金投入，为企业发展注入活力。

【园区建设】 2019 年末，园区总面积 13.01 平方千米，分为“一园三区”，石排工业园区、民营创业园区、杨梅工业园区。

石排工业园区。坐落于文峰乡石排村，距离县城 10 千米，实际管理范围东至石排双茶亭自然山体南至石排村石一小组西至上甲村圆墩背自然山体北至河岭村竹子坳，规划面积 9.82 平方千米。至 2019 年年末，已建成面积 4.43 平方千米，入住企业 64 家，其中首位产业 25 家。

民营创业园区（包含广寻商会小区）。坐落于文峰乡黄坳村、小布村、岗背村，距离县城 3 千米，规划范围东至河岭村 G206 国道，南至黄坳村寻乌河西至岗背村鹅河公路，北至石圳大桥，规划面积 1.94 平方千米，至 2019 年年末，已建成面积 1.53 平方千米，入住企业 35 家，其中首位产业 5 家。

2019 年实施建设项目 15 个，工程总投资 2237 万元（其中平台建设类工程项目 6 个，总投资 1847 万元；企业服务类工程项目 9 个，总投资 390 万元）。截至 2019 年底，环球陶瓷南面地块平整工程（石排废弃稀土矿矿山地质环境治理示范工程结余资金项目）竣工验收，增加园区工业用地 11.9 公顷，林地 2.1 公顷；完成广寻商会工业小区（寻乌县文峰乡小布村）管网工程，铺设园区供水管道 2633 米，排污管道 1500 米，排水管道 1600 米。并完成民营创业园广寻商会工业小区 G236 国道沿线绿化亮化、路面排水及部分人行道工程。园区小综合体已入驻饭店、超市及农商银行 ATM 机，配套服务能力有了较大改善。

杨梅园区。坐落于文峰乡杨梅村，距离县城 5 千米，规划范围东至 G206 绕城路南至杨梅村村委会，西至杨梅村自然山体，北至纬三路，规划面积 1.25 平方千米，至 2019 年年末，已建成面积 0.79 平方千米，入住企业 8 家，其中首位产业 8 家。

【安全生产】 成立工业园区安全生产领导小组，对在建企业、生产企业进行安全生产隐患排查 4 次，建立隐患台账；开展企业员工消防技能培训班 6 期、参加培训人员 1200 人，提高企业应对消防险情的能力；成立园区小型消防站，实行 24 小时值班制度；开展道路交通安全专项整治、特种设备安全专项整治、企业涉危险化学品安全风险排查。

2019年年末园区企业一览表

表4

序号	企业名称	隶属园区	是否首位产业	是否规上企业	行业类别	企业负责人	备注
1	江西力玛机电科技有限公司	石排工业园	是	否	通用设备	邹联石	生产
2	江西荣霸机械有限公司	石排工业园	是	否	通用设备	赵德荣	生产
3	江西祐臣节能净化科技有限公司	石排工业园	是	否	通用设备	廖红花	生产
4	江西汉诺斯压缩机科技有限公司	石排工业园	是	否	通用设备	林添生	生产
5	江西省夫能环境设备科技有限公司	石排工业园	是	否	通用设备	林平东	生产
6	江西中气机械设备有限公司	石排工业园	是	是	通用设备	林增亮	生产
7	江西领创机电科技有限公司	石排工业园	是	否	通用设备	石大星	生产
8	江西省洛锡实业有限公司	石排工业园	是	是	通用设备	罗胜辉	生产
9	江西中超泵业有限公司	石排工业园	是	否	通用设备	曾　峰	生产
10	寻乌世纪陶瓷有限公司	石排工业园	否	是	建材	陈小龙	生产
11	赣州市恒源科技股份有限公司	石排工业园	否	是	稀土回收	林德明	生产
12	江西立德传动设备有限公司	石排工业园	是	否	通用设备	何德忠	生产
13	赣州泰鑫磁性材料有限公司	石排工业园	否	是	稀土冶炼	温鹏贵	生产
14	赣州弘昇科技有限公司	石排工业园	否	是	稀土回收	陈昌栋	生产
15	江西孺子牛机械股份有限公司	石排工业园	是	否	通用设备	钟粤兴	生产
16	寻乌县金泰机动车检测有限公司	石排工业园	否	否	机动车检测	何志军	生产
17	江西颖川堂绿色食品有限公司	石排工业园	否	是	食品	赖佛金	生产
18	顺其（江西）竹业有限公司	石排工业园	否	是	竹制品	黄世英	生产
19	江西地康药业有限公司	石排工业园	否	是	药品	陈志敏	生产
20	寻乌县京桥混凝土有限公司	石排工业园	否	是	建材	赖国钧	生产
21	寻乌佳鼎混凝土有限公司	石排工业园	否	是	建材	谢火云	生产
22	寻乌县鸿泰机动车辆检测服务有限公司（租用新纪元场地）	石排工业园	否	否	机动车检测	钟松林	生产
23	寻乌县天源包装有限公司	石排工业园	否	是	纸品	李云平	生产
24	江西省石湾环球陶瓷有限公司	石排工业园	否	是	建材	曾勇慎	生产
25	江西寻乌南方万年青水泥有限公司	石排工业园	否	是	建材	彭生仁	生产
26	寻乌县万业混凝土有限公司	石排工业园	否	否	建材	彭生仁	生产
27	江西伟德智能电气有限公司	石排工业园	是	否	通用设备	周欣远	生产
28	寻乌县蓝天机动车驾驶员考试有限责任公司	石排工业园	否	否	驾校及驾考	曾晓红	生产
29	江西东磊精密铸造有限公司	石排工业园	是	否	通用设备	黄志成	在建
30	江西泛宇压缩机科技有限公司	石排工业园	是	否	通用设备	安齐宏	在建
31	江西莫可精密铸造有限公司	石排工业园	是	否	通用设备	陈　彩	在建
32	江西中铸精密铸造有限公司	石排工业园	是	否	通用设备	林增亮	在建
33	华南泵业（赣州）有限公司	石排工业园	是	否	通用设备	赖华煌	在建
34	江西埃撒压缩机有限公司	石排工业园	是	否	通用设备	宋艳辉	在建
35	江西智尖能源科技有限公司	石排工业园	是	否	通用设备	姚　攀	在建
36	江西迈特有限公司	石排工业园	是	否	通用设备	林键峰	在建
37	江西德新达智能机械有限公司	石排工业园	是	否	通用设备	康新庭	在建
38	江西欧仕格能源装备有限公司	石排工业园	是	否	通用设备	陈琮伟	在建
39	江西珅丰机械科技有限公司	石排工业园	是	否	通用设备	宋小兵	在建
40	寻乌县恒跃商贸有限公司（属世纪陶瓷贸易服务）	石排工业园	否	否	贸易服务	林　明	生产
41	江西灵奇医药有限公司（属地康药业贸易服务）	石排工业园	否	否	贸易服务	陈志敏	生产
42	寻乌佳鼎混凝土检测有限公司（属佳鼎贸易服务）	石排工业园	否	否	贸易服务	谢火云	生产
43	江西佳鼎运输有限公司（属佳鼎贸易服务）	石排工业园	否	否	贸易服务	谢火云	生产
44	寻乌县赣通贸新型建材有限公司（属佳鼎贸易服务）	石排工业园	否	是	贸易服务	谢火云	生产

续表 4

序号	企业名称	隶属园区	是否首位产业	是否规上企业	行业类别	企业负责人	备注
45	寻乌县卓越环球陶瓷有限公司（属石湾环球贸易服务）	石排工业园	否	是	贸易服务	曾勇慎	生产
46	寻乌县万业运输有限公司（属万业混凝土贸易服务公司）	石排工业园	否	否	贸易服务	彭生仁	生产
47	寻乌县万业水泥有限公司（属万业混凝土贸易服务公司）	石排工业园	否	否	贸易服务	彭生仁	生产
48	寻乌县南方稀土有限责任公司	石排工业园	否	是	稀土	林晓东	停产
49	寻乌县振鑫石业有限公司	石排工业园	否	否	建材	陈振权	停产
50	寻乌县金鹏矿业有限责任公司	石排工业园	否	是	矿业	凌金必	停产
51	赣州稀土矿业有限公司寻乌分公司	石排工业园	否	否	稀土矿业	李　钊	停产
52	赣州通诚稀土新材料有限公司	石排工业园	否	是	稀土	厉立军	停产
53	寻乌县康盛教学用品有限公司	石排工业园	否	否	服装	康政红	停产
54	寻乌县福华塑料秧盘厂	石排工业园	否	否	塑料	林福明	注销
55	寻乌县果丰塑料筐厂	石排工业园	否	否	塑料	曾浚恒	停产
56	寻乌县建龙矿业有限公司	石排工业园	否	否	矿业	陈　总	停产
57	寻乌诚意陶瓷原材料加工厂	石排工业园	否	否	陶瓷原料加工	刘铭东	停产
58	寻乌县中山沥青道路工程有限公司	石排工业园	否	否	建材	简水宝	停产
59	寻乌县顺成节能建材有限公司	石排工业园	否	否	环保砖	侯清泉	停产
60	寻乌新纪元磁材有限公司	石排工业园	否	否	稀土新材料	邝宏辉	停产
61	寻乌县大良家俱制造有限公司（租用新纪元场地）	石排工业园	否	否	家具	王进良	停产
62	寻乌县文峰竞成钢铁有限公司	石排工业园	否	是	钢铁	李永刚	停产
63	寻乌县文峰钢铁实业有限公司	石排工业园	否	否	钢铁	叶志中	停产
64	江西永德精密机械铸造有限公司	石排工业园	否	否	钢铁	李永刚	停产
65	寻乌县海德路面工程有限公司	石排工业园	否	否	建材	林　总	停产
66	亿迪生精密科技（赣州）有限公司	杨梅园区	是	否	通用设备	凌征军	生产
67	江西诺肯环保科技有限公司	杨梅园区	是	否	通用设备	谢军英	在建
68	江西省鹏顺智能装备有限公司	杨梅园区	是	否	通用设备	张日勇	在建
69	江西博广智能装备有限公司	杨梅园区	是	否	通用设备	朱绍福	在建
70	江西磁特有限公司	杨梅园区	是	否	通用设备	焦　总	在建
71	江西睿哲鑫精密科技有限公司	杨梅园区	是	否	通用设备	刘路红	在建
72	江西杨氏果业股份有限公司	黄坳工业园	否	是	食品	杨灿伟	生产
73	寻乌县伟强果业农药经销部	黄坳工业园	否	否	仓库	范忠民	生产
74	寻乌县成品门窗厂（租用永泰机械场地）	黄坳工业园	否	否	生产铝合金门窗	刘桂林	生产
75	寻乌县吉丰织造厂（租用永泰机械场地）	黄坳工业园	否	否	生产薄纱	刘其东	生产
76	江西省苏菲尼智能家居有限责任公司（租用永泰机械场地）	黄坳工业园	否	否	生产衣柜、橱柜、组合家具	徐庭楷	生产
77	寻乌县博亿钢结构建材经营部（租用永泰机械场地）	黄坳工业园	否	否	生产彩瓦、钢瓦	刘玉祥	生产
78	寻乌县华诚门窗有限责任公司（租用荣华钢结构场地）	黄坳工业园	否	否	生产铝合金门窗	谢斌臣	生产
79	寻乌县一帆行交通标牌制品厂	黄坳工业园	否	否	塑料加工	陈国清	生产
80	寻乌县鸿福织业洗衣厂（租用一帆行场地）	黄坳工业园	否	否	干洗、湿洗	刘松涛	生产
81	寻乌县恒顺生物科技开发有限公司	黄坳工业园	否	否	食品	刘加桃	生产
82	寻乌县爱馨泰电子商贸有限公司	黄坳工业园	否	是	电子	陈爱松	生产
83	寻乌县宝琦电子科技有限公司（租用爱馨泰场地）	黄坳工业园	否	是	电子	陈锐佳	生产
84	寻乌县阳天玩具厂（租用爱馨泰场地）	黄坳工业园	否	否	塑料玩具生产	梅勇海	生产
85	寻乌县家得宝电子有限公司（租用爱馨泰场地）	黄坳工业园	否	是	电子	张鹏珠	生产

续表 4

序号	企业名称	隶属园区	是否首位产业	是否规上企业	行业类别	企业负责人	备注
86	赣州通洲塑胶机械有限公司	黄坳工业园	否	是	眼镜配件	刘铭忠	生产
87	寻乌县益丰纸品加工厂（租用孺子牛智能场地）	黄坳工业园	否	否	纸品	钟沧军	生产
88	江西聚道食品股份有限公司寻乌分公司（租用孺子牛智能场地）	黄坳工业园	否	否	食品	范佳盼	生产
89	江西龙橙果业有限公司	黄坳工业园	否	否	食品	陈俊平	季节性生产
90	江西元山新能源科技有限公司	黄坳工业园	是	否	通用设备	陈盛辉	在建
91	江西省新得利电子科技有限公司	黄坳工业园	是	否	通用设备	彭清泉	在建
92	江西省永标照明科技有限公司	黄坳工业园	是	否	太阳能节能灯饰、电器产品	陈太标	在建
93	寻乌县东江源珍稀食用菌厂	黄坳工业园	否	否	食品	赵步堤	在建
94	江西省金铭电子有限公司	黄坳工业园	是	否	通用设备	温建平	在建
95	江西东方信腾实业发展有限公司	黄坳工业园	否	否	保密柜	陈金伟	在建
96	江西锦绣药业有限公司	黄坳工业园	否	否	药品	洪冬青	在建
97	江西思晨机器人有限公司	黄坳工业园	是	否	通用设备	谢金华	在建
98	江西东江源生物科技有限公司	黄坳工业园	否	否	食品	陈俊平	在建
99	寻乌县供销惠农服务有限公司	黄坳工业园	否	否	销售	赵梅莲	生产
100	寻乌县丰源纸业有限公司	黄坳工业园	否	否	纸品	谢永水	停产
101	寻乌县万祥纸业开发有限公司	黄坳工业园	否	否	纸品	凌　总	停产
102	寻乌县永泰机械制造有限公司	黄坳工业园	否	是	通用设备	谢永水	停产
103	江西三舰客气体技术有限公司	石排工业园	是	否	通用设备	康　健	在建
104	江西三格滤清器制造有限公司	石排工业园	是	否	通用设备	韩　总	在建
105	江西坤绵顺制造有限公司	石排工业园	是	否	通用设备	吴海涛	在建
106	江西易林自动化科技有限公司	杨梅园区	是	否	通用设备	张贵华	在建
107	寻乌县荣华钢结构工程有限公司	黄坳工业园	否	否	钢结构	彭劲华	停产

（陈古德）

交通　邮政　通信

交通运输

【概　况】 2019年，完成县道升级改造4条70.2千米，乡道窄路面拓宽7千米，村道窄路面拓宽23.1千米，完成农村公路危桥改造10座，完成15条乡村公路的安防设施工程。总计完成投资55551.49万元。

境内有高速公路2条：G35济广高速境内里程46.959千米，S80寻全高速境内里程36.1千米。合计里程83.059千米。另有1条高速（寻乌—龙川）在建之中；有国道公路3条：G206威海—汕头线寻乌境内全长60.017千米；G236芜湖—汕尾线寻乌境内全长81.229千米，其中重复路段42.923千米，G236线计算里程42.189千米；G358石狮—水口线寻乌境内里程58.213千米，其中重复路段27.777千米，G358线计算里程30.436千米；合计国道里程132.642千米。有省道公路2条：S317长宁—正平公路，境内里程35.006千米；S458南桥—龙廷线路全长30.13千米，合计里程65.136千米。有高速公路连接线10千米（济广高速寻乌出口—县城，一级公路9.125千米，南桥出口0.887千米）；县道12条总里程255.452千米；乡道66条总里程479.046千米；村道325条总里程345.183千米；组道及入户小道1234.674千米。

【农村公路建设】 年内，完成县道升级改造3条72千米，乡道窄路面拓宽31.088千米，村道窄路面拓宽23.1千米，完成农村公路危桥改造5座，完成15条乡村公路的安防设施工程，总计完成投资55551.49万元。

2019年农村公路建设项目一览表

表5

序号	线路名称	线路编号	建设里程（千米）	起止桩号	主要技术指标				项目投资（万元）		开工时间	完工时间	备注
					改造后等级	路面性质	路基宽度（米）	路面宽度（米）	总投资	其中建安费			
1	溪尾—江下坳	Y796360734	2.64	K0–K2+640	公路四级	水泥混凝土路面	6.5	6	469.04	368.47	2018	2019	
2	万人桥—仰天湖	Y002360734	8.581	K0–K7+781	公路四级	水泥混凝土路面	6.5	5	1763.12	1338.37	2018	2019	长链800米
3	吾良畲—大田	X549360734	25.856	K0–K25+856	公路三级	水泥混凝土路面	8.5	7	19761.0	17960.5392	2017	2019	
4	胡屋—清平	Y031360734	14.09	K0–K14+09	公路四级	沥青混凝土路面	6.5	6	5032.09	3122.3	2018	2019	

表 5

序号	线路名称	线路编号	建设里程（千米）	起止桩号	主要技术指标				项目投资（万元）		开工时间	完工时间	备注
					改造后等级	路面性质	路基宽度（米）	路面宽度（米）	总投资	其中建安费			
5	澄江—甲子乌	X541360734	23.07	K0–K20+218	公路三级	沥青混凝土路面	8.5	7	26542.9	18552.28	2018	2019	支线 2.85 千米
6	竹村—澄江	X542360734	21.13	K0–K21+130	公路三级	水泥混凝土路面	8.5	7	19331.0	12477.9397	2018	2019	
7	岗背—图合	Y776360734	2.02	K0–K2+020	公路四级	水泥混凝土路面	6.5	6	636.0	421.91	2018	2019	
8	大同—坳上	Y791360734	3.757	K0–K3+757	公路四级	水泥混凝土路面	6.5	6	699.25	482.54	2018	2019	

【危桥改造】 年内完成危桥改造项目 5 个。改造 危桥 5 座，共计 253.32 延米。

2019 年危桥改造项目一览表

表 6

序号	桥梁名称	所处位置	桥梁主要技术指标						开工时间	交工时间
			桥梁全长（米）	桥梁全宽（米）	桥面净宽（米）	设计荷载	上部结构类型	跨径		
1	莲塘桥	吉潭镇	70.08	8.5	7.5	公路—Ⅱ级	预应力空心板	中桥	2018	2019
2	铁丝里二桥	桂竹帽镇	23.04	8.5	7.5	公路—Ⅱ级	现浇钢筋砼板	小桥	2018	2019
3	蕉子坝桥	桂竹帽镇	20.04	8.5	7.5	公路—Ⅱ级	预应力空心板	小桥	2018	2019
4	泊竹河口桥	罗珊乡	54.08	8.5	7.5	公路—Ⅱ级	预应力空心板	中桥	2019	2019
5	滋溪桥	吉潭镇	86.08	8.5	7.5	公路—Ⅱ级	预应力空心板	中桥	2019	2019

【建设“四好农村路”】 2019 年统筹各类资金 12.5 亿元用于县乡村道升级改造。完成县道升级改造 111.6 千米、乡村道升级改造 133.2 千米、农村危桥改造 17 座，25 户以上通组路 621 千米。通公交、校车和承载旅游休闲、产业物流功能的乡村公路达四级路标准，行政村 100% 通水泥路。

执行农村公路建设“三同时”“七公开”制度，聘请第三方检测机构，对全县新（改）建公路工程项目关键指标进行检测，一次性交工验收合格率 100%。乡（镇）制定爱路护路乡规民约、村规民约，建立联合执法队伍，提高上路巡查频率，严厉打击超限超载等违法行为。

全县 15 个乡（镇）均成立农村公路养护管理站，并由乡（镇）分管领导出任站长，配备专职工作人员。全面推进“路长制”，明确县级路长 4 人，乡级路长 15 人，村级路长 173 人，建立了涵盖县、乡、村三级的农村公路养护管理体系。把农村公路管养经费纳入县财政预算，财政按县道 7000 元 / 千米・年、乡道 3500 元 / 千米・年、村道 2000 元 / 千米・年的拨付标准，统筹安排经费 537 万元用于农村公路养护。农村公路列养率和经常性养护率均达 100%，全县优良中等路比率达到 85%。

完成南桥等 7 个乡（镇）镇村公交改造，购置 26 辆新能源公交车，下调 15%—20% 的票价，启动水源汽车客运站建设。2019 年 10 月，完成南线一路、二路，北线一路镇村公交线路候车亭建设，试开通东线一路、二路，南线三路、四路、五路镇村公交线路。

投资 2000 万元，购置新能源公交车 26 辆，开通镇村公交线路13条，实行公交化运营农村客运线路25条。寻乌被列为全省“四好农村路”（镇村公交）发展试点县。

【农村公路养护】 按照农村公路管养好标准，“路长制”行动计划。实行“县道县养、乡道乡养、村道村养”总体方案，严格“主管部门负责制、乡村执行制、责任人问责制”模式。对重点养护路段，按养护里程及时拨付补助金额。

2019年，全县列入养护公路1089.693千米，其中县养公路265.464千米（县道255.452千米+高速公路连接线寻乌出口9.125千米+南桥出口0.887千米），乡镇养护公路479.046千米，村养公路345.183千米。全县共有养路工163人，其中贫困户44人，按照240元/月/千米进行养护，全年共拨付养护经费167.16万元。

【交通工程质量监督】 健全现场质量监督制度、首问责任制度、一次性告知制度、寻乌县交通工程质量举报调查处理程序、档案管理制度、廉政建设制度等制度，规范监督程序。对全县公路工程质量进行有效监督，及时检测验收。全年对6个危桥改造项目，投资总额1406万元；续建7个PPP项目（其中县道升级改造项目1个，乡道双车道拓宽改造项目1个，旅游公路项目1个，村道窄路面拓宽改造项目1个）进行监督。定期对受监项目进行检查及不定期抽查，下发质量安全抽查意见通知书11份，返工通知书2份，督促各参建单位整改。完成14个受监项目交工验收检测（县道升级改造项目1个，乡村到拓宽改造项目13个），一次性通过率100%。

【路政运政管理】 全年拆除公路沿线违法违规建房113处289016.54平方米；拆除沿线“铁皮棚”等乱搭乱建2452处155501.45平方米；拆除猪栏等简易房362处31529.57平方米；清除非公路标志牌等临时搭建物171块；治理沿线水沟、建筑垃圾等废弃物914处，治理抛洒滴漏等污染路面12处。对沿线安全隐患枯死路树和遮挡标志树枝进行了砍伐，整治各类非法架设（埋设）管线3处，查处2处在农村公路边河道挖沙采土违章行为，规范处置平面交叉道口设置2处。

开展打非治违专项联合执法行动和常态化联合执法行动，查处违法违规车辆42辆次，罚款34万元。

打击货运车超限超载违规行为。全年共查处违法车辆39台，其中超限超载20辆，改型改造车辆19台，罚款6.97万元。

对辖区内运输企业开展安全生产检查、督查125次，抽查营运车辆250辆次，发出安全隐患整改通知书12份，督促运输企业及时抓好安全隐患的治理和整改工作。

按《赣州市2019年道路春运应急预案》要求。春运期间，安排5辆客车、10辆货车作为应急保障车辆、安排15位应急驾驶员负责辖区内应急调度。同时，安排2辆客车、2辆货车作为负责对口支援毗邻县，并确保在下达指令1小时内到位。

对客货车实行源头管理、隐患排查。向各行业派驻联络员，每周不少于4次到各企业了解情况，督促抓好安全生产。利用政府4G实时视频监控监管平台，坚持每日抽查50台营运车辆，及时纠正处理各类违规行为。运用卫星定位对车辆实行动态监管，掌握客货运车辆技术状况，严把司机资质关。履行旅客“三关一监督”（指严把运输经营者市场准入关、严把营运车辆技术状况关、严把营运车辆驾驶员从业资格关，搞好汽车客运站的安全监督）职责，把住行李安检关口，实名制售票，保障客运安全。开展汽车审检，搞好风险辨认、风险管控，建立“一图一牌三清单”（指安全风险四色分布图、风险告知牌以及风险管控责任清单、风险管控措施清单、应急处置措施清单），开展安全隐患“扫雷”“清零”行动，督促安全隐患整改。

【新汽车客运站投入运营】 新建县汽车客运站，

2019年1月1日投入运行，该站位于县城学习大道66号，于2016年7月动工，占地面积50亩，建筑面积10824平方米，有全县乡（镇）客运售票联网系统，发车位14个，停车位90个，可日发客班300辆次，日发送旅客5000人次。

【客货运输】 2019年，公路客运运量241万人次，周转量14062万人千米；有公路客车辆65辆，座位1813个。

完成农村客运班线公交化改造，实现县城和镇村客运一体化，新的班线2019年1月开始运行，北线：县汽车站—水源载下村5辆、南线一：县汽车站（往南桥、留车）—菖蒲虎石村8辆、南线二：县汽车站（往河角、中和）—虎石3辆。其他乡（镇）村班线暂用原来车辆。实行公交化运营后，票价下降20%。

城市公交运营线路10条，车辆20辆，全部为电动车。出租车公司营运车辆20辆。年初，全县有货运企业47家。年末，货运企业因无运输业务注销38家，保留9家。有货运车296辆，其中总质量12吨（含12吨）载货车辆110辆，重型半挂牵引车74辆，重型半挂车62辆，总质量12吨以下（不含12吨）载货车50辆。1月1日起，实行简政放权、放管结合，减轻企业负担。对总质量4.5吨以下的营运车辆，取消道路运输证和从业资格证，共取消37辆。经过整顿，运力结构更能适合市场经営，转型升级促使货运健康发展。总吨位3525吨，运量315万吨，周转量68315万吨千米。

【物流产业】 寻乌县广寻现代物流园，位于学习大道北侧，占地面积270亩，其中物流用地200亩，物流商住用地70亩，总建筑面积13万平方米。项目由江西广寻现代物流物流有限公司投资6亿元兴建，年度计划投资1亿元，截至2019年，已完成投资4亿元，超额完成年度计划的300%。园区主要功能为“一平台、四中心”，即物流大数据公共信息平台和配送中心、仓储中心、后勤中心、金融结算中心，是寻乌县物流载体重要平台。

【行政审批服务】 继续“放管服”（简政放权、放管结合、优化服务的简称）改革，交通审批事项按标准化办结。“最多跑一次”（指政务机关通过优化办理流程、提升服务质效、融合线上线下，让办理人办理“清单”范围内的事项，在资料完整且符合法定受理条件的前提下，从受理申请到形成办理结果全过程，最多只需要到政务机关跑一次）和“一次不跑”及“网上办理”（指在资料完整且符合法定受理条件的前提下，办理人通过电子平台全程网上办理事项，一次都不用跑）。审批程序按省标准化重新编制，清理取消“证明材料”33项。在审批业务办理中，协助群众解决申报时遇到的困难，实现无超时、无差错，办结率100%。

【应急保障】 县战备办制定“应急实施方案”。路政养护部门负责桥梁状况巡查，掌握应急动态及时上报。养路中心负责应急施工的工料、机械调度。应急保障，组织有经验的抢险队伍，进入应急施工。通信保障，利用电话、对讲机、手机形成通信网络，密切联系。医疗救护保障，协调县医院、乡（镇）医院组成医疗队，实施救护。物资保障，储备救援物资，响应调用。

【交通扶贫】 老区旅游公路完成大路下至磜石背、塘背至磜石寨旅游公路（共4.7千米，投资4763.34万元）；青龙岩景观大道［4.22千米，双向四车道，宽40米（按城市主干道标准）投资23321万元］建设，2019年12月25日建成通车。

落实外出务工贫困户交通补贴政策，给予到县外务工的贫困劳动力交通补贴500元/人·年（深度贫困村劳动力600元/人·年），县内工业园区务工的贫困劳动力交通补贴300元/人·年（深度贫困村劳动力400元/人·年），每人每年享受一次。全年发放交通补贴573.4万元。惠及贫困户6924户、11449人。

2019 年交通补贴情况表

表 7

序号	乡镇	户数（户）	人数（人）	金额（万元）
1	澄江镇	717	1145	556300
2	丹溪乡	541	1039	519000
3	吉潭镇	399	546	269600
4	文峰乡	400	589	297000
5	罗珊乡	282	475	228300
6	水源乡	317	504	252800
7	三标乡	265	406	197300
8	菖蒲乡	402	678	337300
9	长宁镇	92	126	61700
10	留车镇	1031	1817	931800
11	龙廷乡	178	334	166000
12	南桥镇	869	1389	706400
13	桂竹帽镇	243	393	196700
14	项山乡	148	214	106500
15	晨光镇	1040	1794	907300
小计		6924	11449	5734000

（李孟龙）

国、省公路养护

【概　况】 寻乌公路分局为赣州市公路管理局下属事业单位，负责市养公路的路政管理、路产路权保护、公路日常养护、公路水毁灾害治理，确保设施完好，公路畅通。2019 年，被评为江西省第十五届文明单位；市公路管理局考核第一名，评为先进单位；获全县年工业攻坚先进奖、争取非普制项目资金完成奖、争取重大项目和重大政策贡献奖、评为基础设施攻坚先进单位、平安寻乌建设和综合治理工作目标管理先进单位。

【公路建设】 省道 S458 南桥—吊神排公路改建工程交工验收；青龙岩景观大道工程完工；澄江大桥重建工程完工；G358 上坪道班主体工程完成；申报“十四五”普通国省道改造计划［国道 G206 寻乌县城—牛埃石公路改建工程、G358 线河岭—罗坑夹子公路改建工程（过境规划）、G206 盘石—大路公路改建工程，省道 S317 寻乌县城—长安公路改建工程、S317 寻乌长安—太阳关公路改建 5 个项目］。

【公路养护】 分局负责养护公路有国道 G206、G236、G358；省道 S317、S458，合计里程 179.684 千米。制定养护考核管理办法，月初下达养护计划，月底进行月度检查。养护内容，整治路容路貌，清理高路肩，整修二坡、边坡，清理水沟、涵洞等。清理水毁塌方 82 处 68600 平方米，修补水毁路面 12000 平方米；S317 线 K32+888-K32+980 和 G206 线 K2122+700-K2122+800 灾毁隐患点已处治完成。G358 蓝天驾校考试中心路面积水交通阻断，连续奋战 48 小时，恢复交通；G236 线 K988+630 山体滑坡隐患，封闭交通，及时卸载削坡，恢复交通。消除安全隐患点 28 处，设置标示标牌 68 块，增设减速标线 400 平方米，修复钢护栏 960 米，增设平交道口示警桩 20 根。

寻乌公路分局管理里程情况表

表 8

序号	路线编号	路线名称	桩号	里程（千米）			桥梁（延米 / 座）	技术等级	路基（米）	路面（米）	备注
				合计	其中：国道	其中：省道					
1	G206	威海—汕头	K2084.848–K2144.865	60.017	120.17		672.14/14	二级	12/16	9/10	养护里程 179.684 千米，其中沥青路面 61.1 千米，水泥砼路面 118.584 千米；桥梁：2179.49 米 /55 座 大桥：270.4 米 /2 座 中桥：1231.67 米 /20 座 小桥：677.42 米 /33 座
2	G236	芜湖—汕尾	K975.465–K1013.655	38.19			497.44/11	二级	12	9	
3	G358	石狮—水口	K549.957–K571.92	21.963			255.27/11	二级	12/8.5	9/7	
4	S317	长宁—正平	K5.622–K35.006	29.384		59.514	219.28/8	三级 / 等外	7/7.5	6/5.5/6.5	
5	S458	南桥—龙庭	K0.0–K30.13	30.13			535.36/11	二级	12/10	9/10	

寻乌县普通国省道路线一览表

表 9

序号	路线编号	路线名称	起点		终点		里程（千米）	路段情况	备注
			节点	桩号	节点	桩号			
一	G206	威海—汕头	盘古	K2084.848	江贝	K2090.457	5.609	与 G236 重复	一、G206 线寻乌境内全长 60.017 千米。起点澄江镇盘古，途经澄江镇、吉潭镇、文峰乡大路村、绕城公路、河岭村、石排、南桥镇、终点南桥镇牛埃石（广东平远交界）。二、“十四五”规划 G206 寻乌县城至牛埃石公路改建，起点 K2127.271，经粽子坳、古坑、南桥、终点南桥镇牛埃石（广东平远交界），工可里程 19.436 千米
			江贝	K2090.457	澄江	K2094.612	4.155		
			澄江	K2094.612	吉潭	K2108.939	14.327		
			吉潭	K2108.939	大路	K2117.088	8.149		
			大路	K2117.088	河岭	K2123.888	6.8	与 G236、G358 重复	
			河岭	K2123.888	济广高速寻乌南互通连接线与 G206 平交口	K2137.153	13.265	与 G358 重复	
			济广高速寻乌南互通连接线与 G206 平交口	K2137.153	牛埃石	K2144.865	7.712		

续表 9

序号	路线编号	路线名称	起点		终点		里程（千米）	路段情况	备注
			节点	桩号	节点	桩号			
二	G236	芜湖—汕尾	盘古	K932.426	河岭	K971.466	39.04	与 G206 重复	G236 线寻乌境内全长 81.229 千米，其中重复路段 42.923 千米。起点澄江镇盘古，途经澄江镇、吉潭镇、文峰乡大路村、绕城公路、河岭村、石圳村、岗背村、黄沙、菖蒲、终点菖蒲乡虎石（广东龙川交界）；电子地图已完善。G236 线计算里程 42.189 千米，其中公路分局管养里程 38.19 千米
			河岭	K971.466	石圳	K975.349	3.883	与 CZ01 重复（城管路段）	
			石圳	K975.349	石圳	K975.465	0.116	城管路段	
			石圳	K975.465	岗背	K979.443	3.978	公路分局管养	
			岗背	K979.443	金星	K996.431	16.988		
			金星	K996.431	主人（桂花）	K1000.671	4.24		
			主人（桂花）	K1000.671	黄砂	K1006.348	5.677		
			黄砂	K1006.348	菖蒲（铜锣中桥）	K1010.546	4.198		
			菖蒲（铜锣中桥）	K1010.546	虎石	K1013.655	3.109		
三	G358	石狮—水口	牛埃石	K513.707	大路	K541.484	27.777	与 G206 重复	G358 线寻乌境内里程 58.213 千米，其中重复路段 27.777 千米。起点牛埃石（广东平远），途经南桥镇、石排、河岭村，G206 绕城公路、大路、沙子头，长安大道、大塘坪、桂竹帽（上坪）、终点蓑衣坳（安远交界）；G358 线计算里程 30.436 千米，其中公路分局管养里程 21.963 千米
			大路	K541.484	大塘坪	K549.957	8.473	城区路段［起点大路，经沙子头、蛇子岭（老汽车站）、城北桥、长安大道、城北加油站、大塘坪］	
			大塘坪	K549.957	桂竹帽（上坪）	K562.502	12.545	公路分局管养	
			桂竹帽（上坪）	K562.502	蓑衣坳	K571.92	9.418		
四	S317	长宁—正平	寻乌县城	K0	长举村	K5.622	5.622	起点寻乌县城，经新桥西路、柯树背、向阳大道，终点长举村十字路口。城管路段	一、S317 线寻乌境内里程 35.006 千米，起点寻乌县城，经新桥西路、柯树背、向阳大道、长举村、长溪、三标乡、长安、终点太阳关（安远交界），公路分局管养里程 29.384 千米。 二、“十四五”规划寻乌县城至长安公路改建，S317 线起点调整到文峰乡大路（G206 线 K2117.088），途经长岭、土伦坑、官下峡、长溪、三标、终点基田村（K24.12），施工图设计路线全长 24.925 千米
			长举村	K5.622	长溪	K8.423	2.801	老路	
			长溪	K8.423	三标乡	K16.123	7.7		
			三标乡	K16.123	基田	K24.12	7.997	升级改造起讫点	
			基田	K24.12	长安	K31.944	7.824	升级改造已完成，电子地图已完善	
			长安	K31.944	太阳关	K35.006	3.062		

续表 9

序号	路线编号	路线名称	起点		终点		里程（千米）	路段情况	备注
			节点	桩号	节点	桩号			
五	S458	南桥—龙廷	济广高速寻乌南互通连接线与 G206 平交口	K0.0	乌廖栋	K4.22	4.22	自东向西沿着枫山里、角子里，过青龙后与老路 X401 相接，已完成升级改造，电子地图调整完善，需按图示修改	S458 线起点寻乌南桥，经留车、龙廷，终点吊神排（广东兴宁交界），路线全长 30.13 千米
			乌廖栋	K4.22	团建	K7.0	2.78	老路	
			团建	K7.0	团红	K8.0	1		
			团红	K8.0	留车镇	K15.65	7.65		
			留车镇	K15.65	雁洋	K18.058	2.408	升级改造已完成，电子地图已完善	
			雁洋	K18.058	龙廷	K25.0	6.942		
			龙廷	K25.0	吊神排	K30.13	5.13		

【路域环境整治】 联合相关部门，开展路域环境整治。出勤 585 次，清除违法建筑和地面构筑物 635m²/6 处，清除增设平面交叉道口 333m/54 处，清除占用挖掘公路 360m²/57 处，清除跨越穿越公路的设施 326 米 /60 起，清除非公路交通标志 258 处 /258 处，清除路基路肩边坡非法种植物 281m²/57 处，清除摆摊设点和打谷晒场 300m²/61 处，清除公路用地范围内堆积物 314m³/65 处，清除污染路面 34 处 174 平方米。

（凌林泉）

交通管理

【概　况】 2019 年，县交通管理大队以民生为引领，以问题为导向，以改革为动力，实现交管模式转型升级、服务水平不断提高，交管工作的公众服务性显著增强，群众对交管服务的满意度明显提升。实现交管信息化建设。科技应用高效性显著增强。交通执法更加规范、警营健康发展，交警队伍的执法公正性显著增强，群众对交警执法信任度明显提升。由于切实维护全县广大人民群众生命财产安全，为寻乌经济社会发展营造良好的道路交通环境。

【交通事故受理】 受理大小交通事故 2897 起，死亡 28 人，受伤 1482 人，直接经济损失 1324560 元。办理刑事案件 32 起，刑事拘留 16 人，行政案件 24 起，行政拘留 24 人。

【创平安畅通县】 联合公安、城管、工商组成联合执法组，开展“创建文明城市”活动专项整治，对城区主次干道的占道经营、占道卸货、机动车占用人行道以及机动车乱停乱放、非法占用停车泊位等交通违法行为进行劝导处罚，并对“僵尸车”拖离；做好“高峰岗”和“护学岗”工作，加强上下班、上放学高峰期的交通秩序管控，指挥、疏导，维护学校周边、城区各路口交通秩序。

增设红绿灯 1 处、路口电子警察设备 4 处、违停抓拍系统 13 个、远光灯抓拍系统 2 套、鸣笛抓拍系统 2 套、逆行抓拍设备 3 套、卡口设备 4 套、流量监控设备 20 套、测速设备 4 套、驾驶机动车不系安全带抓拍系统 15 套、驾驶机动车接打手机抓拍系统 17 套；清除更新老旧标志标牌 77 块、交通标线 17800 平方米、增设中央隔离护栏 1000 米、交通标线 80000 平方米、交通标志标牌

35块和停车泊位1072个。

【专项整治】 整治“两客一危一校一货一面包”等6类重点车辆源头管理，严查辖区“酒驾醉驾毒驾、三超一疲劳、货运车辆超限超载、拼装改装、无牌无证、涉牌涉证”等严重交通违法行为，始终保持严管高压态势。查处各类交通违法行为38421起，其中酒后驾驶601起（含醉驾3起）、无证驾驶1047起、客车超员3起、其他车辆超员674起、涉牌涉证1644起、货运车辆超载522起、不戴安全头盔298起、斑马线不礼让行人4876起、违法停车12250起。

【隐患排查】 会同安监、交通运输、公路等部门组织联合组，对全县范围内的国省道、县乡道、景区存在的安全隐患路口路段进行全面的排查，排查出县级督办隐患15处，将道路安全隐患情况、整改意见函送达至相关责任单位限期整改，年内15处道路安全隐患全部整改完成并在农村道路系统中销号。全年发放宣传资料近2万余份，开展法制讲座28次，宣传活动30余次，发送温馨提示61条。

重点聚焦六类车辆，即：“两客一危”（从事旅游的包车、三类以上班线客车和运输危险化学品、烟花爆竹、民用爆炸物品的道路专用车辆）、重型货车、校车、农村面包车，健全重点车辆隐患清零机制，推动重点人、车、企业监管的问题清单，责任清单，任务清单，督查清单“四个清单”治理常态化。会同交通、公路、安监等部门，紧盯重点车辆逾期未检验、未报废、违法未处理等源头隐患，清理小车隐患67辆、大车隐患18辆。

【管理创新】 在事故处理中发挥“三调”联动、交通事故救助基金、事故处理“一站式”服务和“交管12123”App简易事故处理平台及“道交一体化”等，解决民事赔偿纠纷问题，及时化解矛盾，方便群众快速调解理赔，年内行政调解1200余起，无一上访事件。

落实20项“放管服”改革措施，完善便民利民设施，设立导办台、语音叫号台、自助服务机台。7月22日，大队车管、违法处理综合窗口统一搬迁至华南国际汽车城，在原有便民设施的基础上，新增人脸识别道闸系统防止非法中介超限次数进入大厅，并新设6个综合业务受理岗，设立群众等候区、座椅、配备书报架、饮水机、一次性纸杯等便民设施，为群众创造更为人性化的办事环境；安装证件自助拍照终端设备，根据语音提示操作，可实现拍照、上传、打印等环节的全自助。

全年办理五小车辆上户6952辆，办理“五小车辆”年检29279辆，补牌补证换证1926人次，小车注册2243辆，大小车年检12725辆、免检2426辆；初办五小车辆驾驶证1746人次、增驾1521起，办理各类驾驶证补证换证等业务5365个，驾驶证审验1108起，满分学习989人次，注销恢复198起，互联网换证1457起。

创新警企合作，在园区内共增设红绿灯监控系统2处，减速带1000米，增设交通标牌20块，施划标志标线1500平方米，消除园区道路安全隐患。

（曾祥明）

邮　政

【概　况】 2019年，寻乌县邮政分公司业务收入3380万元，完成年计划88.5%，实现收支差374.3万元，其中邮政业务总量3407.74万件，国内函件4874件，国内包裹快递业务量1117355件，机要邮件462件，订销报纸293.06万份、杂志7.64万份。

【服务网络】 寻乌县邮政分公司服务网点共143处。其中自办网点8处（县城3处、乡镇5处），邮政代办点9处，邮政报刊亭4处，综合营业大厅1处，邮政便民服务站122处。

【设施设备】 房屋建筑面积合计 11409 平方米，自有房屋建筑面积 10487 平方米，租用房屋建筑面积 847 平方米，无偿使用房屋建筑面积 75 平方米；邮政营业用房 8604 平方米，非生产用房面积 240 平方米。邮政车辆 12 部，其中生产用车 9 部，行政兼生产用车 3 部。ATM/CRS 机 17 台。

【通信服务】 服务范围覆盖全县 15 个乡镇，2311 平方千米，建制村已全部实现通邮，开办邮政储蓄业务的乡镇 7 个。按固定班期投递邮件的乡（镇）15 个，城区日平均投递次数 2 次，农村每周平均投递次数 3 次，城区内信箱（筒）每日开箱次数 2 次，城区外信箱（筒）每日开箱次数 1 次。

【邮运投递】 全县邮路 12 条，总长度（单程）465 千米，全部为自办邮路。城区普邮投递段道 7 条，分别是市 1 段、市 2 段、市 3 段、市 4 段、市 5 段、市 6 段；城郊投递段 1 条，为乡邮段；农村投递路线 26 条，总长度（单程）1215 千米。县城城区开设 10 条邮政快递包裹投递段，全年为城区居民投送快递包裹 54 万件。

（潘瑞锋）

中国电信

【概　况】 中国电信股份有限公司寻乌分公司围绕“三大目标、三大任务、三化转型”目标，致力新型 DICT、智慧家庭，基本实现年初各项工作目标。完成主营收入 4184.81 万元（不含网间结算），全市排第 16 名，移动市场份额 24%。

【网络建设】 2019 年完成投资 1874.2 万元，主要项目有 800M 4G+ 网络建设、乡镇宽带提质、行政村宽带建设以及杆线改迁工程、县城人居环境线路整治工程；承建全县“雪亮工程”，新增 1000 多个前端点位。全年共计新增光交接箱 34 个；新增 OBD 端口 3600 个，共有 OBD 端口 63449 个，端口利用率 65.18%。全县实现 4G+ 网络全覆盖，所有行政村实现了 H 覆盖。做好 5G 建设准备，新设计 4 个综合接入区，有效改善汇聚机房地电力、线缆环境；在电信主营业厅，城北手机一条街新建 2 座 5G 基站，让客户真实体验 5G 网。

【营业网点建设】 全年新增网点 10 家，其中核心商圈卖场 1 家，全网通卖场 3 家，城区营销维护一体社区店 4 家，商客门店 1 家；拓展开放渠道 1 家。全县全业务有效网点 83 家。城区有营销维护一体社区店 10 家，全面实现营维一体。

【“智慧寻乌”项目】 继续致力寻乌政务信息化建设，政务云、教育云、医疗云等“云”业务上线。签约“雪亮工程”，金额 2539 万元；签约寻乌交警警务综合执法平台，金额 59 万元。寻乌电信搭建的天网、政务云、数字城管等智慧项目继续为寻乌提供快捷、智能的政务服务。

【提速降费】 2019 年 5 月起，推出智能双千兆宽带，含千兆光网 +5G 应用，实现智能提速，应用提速。100 兆以下宽带用户免费提速至 100 兆；家庭宽带网速进入 200 兆起步、500 兆高速时期；专线用户平均免费提速 30%；2019 年 10 月推出高速率 5G 融合套餐。

（江　伟）

移动通信

【概　况】 中国移动通信集团江西有限公司寻乌县分公司，推进 4G+ 和 5G 网络工程，为全县人民提供优质通信服务。2019 年年末，移动用户 19.3 万户，移动 4G 手机用户 15.9 万户，宽带用户数 4.5 万户，完成收入 1.13 亿元。被江西公司评为 2019 年度中国移动江西公司县级经营优胜单位、2019 年度赣州移动网络质量管理优胜奖，2019 年度赣州移动卓越团队。寻乌县移动公司党支部被评为市公司 2019 年度优秀红色党支部。

【通信设施】 2019 年通过整网优化使用，率先开通 5G 网络，LTE 综合覆盖率达到 92.86%，4G 网络覆盖 100% 行政村，实现广覆盖的适度领先、连续覆盖的相对领先、深度覆盖的绝对领先。

2019 年移动公司网络基站情况表

表 10

网络覆盖率	基站数（个）	直放站（个）	管道（千米）
100%	690	48	112

【渠道建设】 持续开展服务网点整合，至年底全县共建有渠道服务网点 82 个，其中在城北十字路口打造手机一条街，让客户方便购买手机，有村级服务站 26 个，把移动服务带到田间地头，满足广大人民群众的通信服务需求。

【业务发展】 满足人民群众对美好生活的向往，致力于产品优化及服务提升，实现各类业务高质量增长。响应国家“提速降费”号召，率先推出 5G 网络，通过 5G 技术实现一边高速上网一边高清语音通话，实现万物互联；适应市场需求推出 4G 畅享套餐和 5G 优享套餐，满足新时代客户不断增长的手机流量需求；开展网络光纤改造，提升家庭宽带网络品质，让客户享受低资费高品质的家庭宽带。

【助力信息化】 发挥中国移动通信优势，为党政军、民生、教育、金融商贸、交通运输、工业制造等单位和行业提供优质的信息化服务。以 5G 为契机，推动智慧平台建设、助力实现智慧城市、智慧园区、智慧农业、智慧教育等，率先在石排工业区建设了全县首个固定 5G 宏基站，覆盖华南泵业等厂区，实现 5G+ 智慧工厂项目的落地实施。

（刘剑平）

联合网络通信

【概　况】 中国联合网络通信集团有限公司寻乌县分公司，隶属于中国联合网络通信集团有限公司赣州市分公司。2019 年，公司参与建设全县党政信息网、智慧粮库、智慧林长制、强国云广播、企业上云、工业互联网以及学习强国学习平台客服中心（寻乌）等多个信息化项目，在“信息强政、信息兴业、信息惠民”等方面取得新发展。

【网络基础设施】 乡村 4G 基站建设，在乡镇及行政村新建 L900 基站 139 个，总投资 1351 万元，公司基站物理站点总计 186 个。

完成南桥镇上游村、团建村 2 个光交建设，项目投资 5 万元；投资 10 万元，在南桥圩镇、南桥团建、南桥南龙村建成 97 个宽带分纤箱建设。

通过网络基础设施建设，城区实现 4G 网络全覆盖，行政村覆盖率由原来的 65% 提高到 80%；城区实现宽带全覆盖，乡镇及行政村覆盖率由原来的 60% 提高到 70%。

【智慧农业】 江西联通协助江西省农业厅启动全省智慧农业建设，完成江西农业数据云中心、江西“12316”资讯服务中心、江西农业指挥调度中心的基础框架体系搭建，县级应用系统建设快速推进，全省百县百园物联网示范园区建设有序开展。

【5G+ 工业互联网】 依托中国联通（江西）工业互联网研究院，打造三类场景：面向大型制造企业打造“智能工厂”，实现智能化、无人化，并通过 5G+AR 进行质检和检修；面向中小企业打造“工业互联网平台应用”，实现中小企业订单、原料、设计、加工等资源共享，减少中小企业成本；面向中小企业提供云设施、云平台及云应用等基础服务，融合大数据及物联网创新能力，覆盖工业企业产供销全流程。

【区块链】 2019 年 11 月，江西联通首次将区块链技术与国家工业互联网二级节点项目建设结合，实施“区块链+标识解析”技术融合。2019年12月，“江西省区块链产业联盟”获准成立，加快构建江西区块链产业生态。

【企业上云】 开展“云光惠企”企业上云专项行动，引导全县企业“上云”，应用互联网、云计算、大数据、人工智能等技术手段，降低企业成本、提高生产经营效益和管理水平。帮助中小企业节省时间，缩小与前沿企业的差距。

（彭 婷）

城建　环保

住房和城乡建设

【概　况】2019年，县住房和城乡建设局围绕县委、县政府及省、市业务主管部门的工作部署，积极履行职责，突出解决群众反映的热点、难点问题，推进精致宜居城市建设，各项工作均取得积极进展。获得2019年度全市物业管理工作先进单位、全市燃气管理工作先进单位等荣誉。

【建筑业监管】全年成功申报混凝土专业承包资质2家，全县共有施工总承包企业2家、专业承包资质2家。推进建筑节能与绿色建筑。全年通过图审的绿建设计工程有8个，建筑总面积38.89万平方米、项目总投资约51677万元。打击转包挂靠等违法行为。对晨光镇香山村村民活动中心工程、澄江镇桂岭村保障性用房工程、项山乡中坑村保障性住房工程、留车镇金鸡产业项目前期土石方二标段（青年鸡场）施工工程等项目进行行政处罚。

【建设工程管理】开展建设工程安全生产专项整治活动。开展建筑工地安全生产大检查15次，燃气行业安全生产大检查6次。排查、整改隐患396条，整改率100%。开展建筑工地扬尘管控。对城区54个在建工地实行分组包干，责任到人，建筑工地扬尘得到有效控制。开展建筑工程创优。县公共就业和社会保障综合服务中心与县人防应急救援指挥中心合建工程、县人民医院住院大楼工程等项目获得“赣州市建筑结构示范工程奖”。

【工程建设项目审批】拟定并出台《寻乌县人民政府办公室关于印发寻乌县工程建设项目审批制度改革实施方案的通知》，工程建设项目审批时间由150个工作日缩短至115个工作日以内，初步建成县级工程建设项目审批制度框架和信息数据平台；建立上门服务制度，安排一名干部专职服务企业，涉及办理审批事项时，主动上门，提供全程帮助和服务。强化重点项目联审制度，推行容缺后补、告知承诺审批改革，经申请人书面承诺，办理住建局各事项可容缺受理，在相关审批事项办结时限前补齐相关申报材料即可，全年受理项目19起，将消防、人防、技防等技术审查并入施工图设计文件审查，办结项目6起；启用“行政审批中介服务超市”平台，全过程监管中介服务行为，实现“多评合一、多介合一”。全年受理行政审批事项135项，发放各类证件119份，征收城市基础设施配套费278.58万元，收缴罚款166.45万元。

【房地产市场管理】全年备案商品房销售2589套（间），面积28万平方米，销售总额175334万元，同比分别下降9.57%，16.27%，14.65%。其中住宅1783套，面积24.58万平方米，销售额144554万元，均价5881元/平方米，同比分别下降13.4%，10.1%，1.15%，增长9.94%。商业店铺806间、面积3.42万平方米、销售额30780万元、均价9100元/平方米，同比分别下降4.16%、43.93%、48%、6.15%，呈量减价升态势，总体平稳。出台《寻乌县人民政府办公室关于促进我县房地产市场健康有序发展的通知》（寻府办字〔2019〕9号），受理并审核通过车位补贴371户158.5万元，棚改购房契税补贴93户53.49万元，商业契税补贴462户663.25万元。

【保障性安居工程建设】 完善住房保障制度，鼓励和支持符合条件的住房困难群体通过市场租赁解决住房困难，为符合条件的296户902人，发放补助金48万元；出台《关于推进城镇贫困群众住房解困工作的实施方案》，对符合住房保障条件209户全部给予保障。其中保障房实物配租114户，租赁补贴80户，棚改安置15户；县城棚户区改造项目涉及长宁镇县幼儿园、青水山下2个片区，全年完成征收土地房屋341户，征收房屋面积约4.5万平方米，总投资2.6亿元。

【城乡建设】 认真落实习近平总书记解决“两不愁三保障”突出问题座谈会重要讲话精神，紧扣“两不愁三保障”核心指标，组织人员开展住房保障“双向排查”，对贫困户住房情况进行再次过筛，对全县12219户建档立卡贫困户的住房安全进行全面确认，悬挂A、B级标识牌，让住房安全有佐证。鉴于往年在实施农村危房改造中的工匠业务技术水平比较匮乏，8月，举办个体建筑工匠授课培训，使全县15个乡（镇）400余人的工匠水平有所提升。

市调度新型城镇化攻坚项目10个，项目总投资37.16亿元，完成年度投资18.26亿元。市调度城市功能与品质提升项目26个，项目总投资22.63亿元，完成年度投资10.8亿元。

6月，南桥镇被市委、政府列入全市第一批新型城镇化示范乡镇创建名单。根据市新型城镇化示范镇总体要求，按照以人为本、规划先行、产业支撑、共建共享、示范带动、彰显特色的基本原则，结合南桥镇发展实际，在全市率先制定《南桥镇新型城镇化示范镇建设实施方案》，对照创建目标任务以项目为抓手，强化工作措施，狠抓工作落实，有序推进南桥示范镇建设。阶段性工作成效得到市里的肯定与点赞。

对管辖范围内的在建工地、危房改造、居民小区（含保障性住房）、物业公司、燃气企业、其他相关中介公司及招投标开标现场等场所醒目位置张贴宣传海报686张，设置宣传栏182个，发放宣传资料16230份，营造扫黑除恶专项斗争工作氛围，全年查处“治乱”案件4个。摸排发现并上报2条有效线索。

（王成富）

城乡规划设计

【概　况】 2019年，县城乡规划设计研究院按照县委、县政府提出的开创“活力、富裕、生态、和谐”寻乌新局面的总体要求，坚持城乡统筹发展，积极转变观念、创新工作机制，圆满地完成县委、县政府交办的各项工作任务，用实实在在的工作成绩，为全县城乡规划建设做出积极的贡献。

【规划设计】 落实乡村振兴工作要求，完成全县22个村的美丽宜居村庄规划编制工作；编制《南桥示范镇专项规划》，推进南桥示范镇的建设；编制《寻乌县公路沿线建筑屋顶防渗防漏图纸汇编》及《寻乌县农村建房图集二》，为乡镇建房规划管控提供技术支持；制定《林业大桥至石圳桥东岸环境整治规划设计方案》及《果业用房整治规划设计指导意见》，为全县人居环境整治工作提供规划依据；以城市“双修”为目标，通过规划设计治理“城市病”，改善人居环境，促进城乡一体化健康发展。全年完成规划设计项目59个，项目涵盖市政、规划、园林等方面，其中县中心城区市政项目37个，10个提升乡镇及农村人居环境项目37个，工业攻坚项目6个，城镇攻坚项目6个。

【规划选址】做好苏区振兴金鸡项目和深圳市援建恒大幸福小镇项目的选址工作。为推进项目落地，组织技术人员赴现场踏勘，通过地形测绘、土方量测算，做好项目选址的论证，保障项目选址的科学性、合理性。做好毛泽东调查纪念馆提升工程的规划选址工作。为打好毛泽东寻乌调查这张名牌，找准定位，丰富内涵，拓展教育培训，完善配套服务，结合纪念馆现状，对纪念馆提升工程提出初步规划方案及投资估算，提出寻乌二中搬迁选址，同时做好技术服务咨询工作，助推项目落地。协助城管局完成中心城区11个厕所的选址，推进“厕所革命”落到实处。

【技术指导与服务】不断提升技术指导服务，为城镇攻坚主战场——客家风情小镇提供技术咨询及现场服务，完善小镇基础设施建设；参与寻乌博物馆布展工作，为布展提供技术支持；保障全县工程建设项目的测绘及放线等服务工作。全年完成地形测量63次、施工放样68次、土石方计算验收工作87次。包括金鸡项目地形测量、恒大幸福小镇放征地线和流转土地范围线、南桥规划区地形修补测、星级宾馆周边地形补测、杨氏果业5000亩征地红线放线、南桥青龙景区征地红线放线、小布土方验收等。

（刘　宇）

城市管理

【概　况】2019年，县城市管理局围绕“干干净净、漂漂亮亮、井然有序、和谐宜居”的城市管理目标，大力推进“城市管理标准化建设”，全力开展“城市管理攻坚年”活动，以市容环境专项整治为抓手，创新管理方式，完善公共设施，城市管理水平进一步提升。被市城管局评为“2019年城市管理工作先进集体”，被赣州市城市环境卫生协会评为“2019年度先进单位”。

【城市卫生管理】落实清扫保洁和机械清扫、冲洗作业制度，督促玉禾田公司投入855万元新购置环卫作业车辆和设备，对县城主要路段的人行道、交通护栏、广场、公园等进行清洗，街道扬尘得到有效治理；开展“垃圾不落地、城市更美丽”“亮角落、扫盲区、清死角”等行动，共清理卫生死角402处约598吨垃圾；完善垃圾处理设施。城北新区两座总投资约936.8万元垃圾转运设施（迎宾大道中转站和向阳大道中转站）项目完成建设并投入使用，缓解新区生活垃圾的转运压力。澄江镇生活垃圾填埋场工程总投资4300万元，全部完工。推动垃圾分类。2019年5月通过政府采购方式，由第三方服务公司寻乌县顾家保洁服务有限公司负责全县城区餐厨垃圾的收运和处置，实现城区餐厨垃圾的分类收运和集中处置。推进“厕所革命”，城区新建公厕13座、升级改造20座，缓解部分区域“如厕难”状况。

【交通拥堵治理】重点对石田心、东门路、中山街、岳家庄大道、新桥西路、江东大道、新罗南路等城市主次干道和小区公建退让停车区域及长乐、东门等农贸市场周边区域进行整治与管理；完成县城强国路临时停车场工程和县老车站停车场改建工程的建设，新增小车停车位435个，解决寻乌宾馆至强国路加油站沿线及老车站周边停车难的问题。

【市容秩序整顿】推进城区次干道、居民小区、背街小巷等区域拆违，拆除城区屋顶违章搭建铁皮棚1057处共49286平方米；实行路段管理和重点地段蹲守制度，重点对城区主次干道、商业广场、农贸市场周边等人员密集区域进行整治，加大对占道经营、乱堆乱放、乱停乱放、“牛皮癣”广告等行为的规范和监管，拆除违章大型户外广告4处共290平方米；扣押两轮车300余辆，整治违规摊点2360起，处罚23人次（其中治安拘留3人）；设置便民经营疏导点8处，清理“牛皮癣”小广告3560处，整治占用公共用地种菜154处，提升城市整体形象。

【城市环境整治】 加大餐饮店及烧烤店（摊）存在的油烟直排、露天烧烤及油烟净化装置启用情况的整治力度，安装油烟净化装置的183家，安装率97.9%查处油烟噪音扰民17起；成立扬尘整治组，保持对建筑工地扬尘、渣土运输车辆抛撒与带泥上路的整治，开展工地扬尘治理检查150次，查处违章乱倾倒建筑余土6起，查处违规运输渣土车辆24起；完善城区污水管网建设。新建污水管网9公里，城区污水处理率达到91.05%；向上争取污水处理工程建设资金6000万元，完成城区生活污水处理厂二期工期建设。

【城市建设项目】 2019年，完成长举棚改产权安置房主体工程建设，项目总投资约4200万元，总面积15174.82平方米。

完成县级党群服务中心项目建设，总投资2400万元，总建筑面积4022.96平方米，预计2020年6月竣工。

完成广寻云府及上尚城中间规划道路工程项目建设，总投资360.5万元。

完成看守所、拘留所和武警营区整体搬迁建设项目建设，总投资约7500万元，其中新建看守所总面积约9078平方米，新建拘留所总面积约2446平方米，新建武警营区3477平方米。2018年12月开工，预计2020年12月底完成。

（谢赣文）

升级改造市政公园内九层灯、烟花灯、柱状景观灯及周边中华灯等1000余盏，更换学习大道162杆路灯芯片；主次干道、商业街亮灯率达到96%以上，维修主次干道路灯1000余盏，维修小街小巷路灯780余盏，线路故障维修290余次；开展城市道路设施精细化维修活动，对城区破损路面、人行道、雨水箅等零星市政设施修复约200万元；对新汽车站、政务服务中心、县中等职业技术学校等重要建筑进行亮化，投资574.32万元，实施城区公交站台、长乐农贸市场、人行道提升改造工程，提升城市品位。

【创新管理】 扩宽市民参与渠道，加强城市管理局公众微信号的宣传，衔接市县一体化平台的微信上报和案件查询功能，发挥数字城管作用，细化城市管理，全年处置城市管理类事件21495例，提升处置效果。启动环卫、园林市场化运营模式。3月1日启动园林养护政府购买服务，4月1日启动城乡环卫“全域一体化”政府购买服务，提高城市环境卫生质量和园林养护水平。建立环卫督查考核机制，采取“日督查、周通报、月考核、年考评”的方式，对各乡（镇）和玉禾田公司进行监督检查考核，全年印发周通报31期，对乡镇月考核排名10次。全年受理信访件82件，完成处理信访件82件，答复率100%。

（刘福鑫）

生态环境

【概　况】 2019年，县环保局牢固树立“生态立县、绿色崛起”理念，围绕县委、县政府提出的“七大攻坚”部署，紧扣“生态建设攻坚”工作，扎实推进环保工作，加强干部作风建设，提高工作和服务水平，严格环境监督管理与行政执法，努力提升生态环境质量，各项工作取得新的进展和成效。空气质量达到国家二级标准，优良天数比例达100%。斗晏国控出境断面水质稳定在二类以上，团丰桥省控断面水质全部达标且稳中有升，九曲湾、太湖饮用水源地和乡镇千吨万人、农村村级集中饮用水水源地水质达标率达100%。土壤环境质量持续改善，未发生涉及土壤的环境事故。

【机构改革】 根据省以下生态环境系统垂直管理工作部署，完成寻乌生态环境部门垂直管理改革工作。原寻乌县环境保护局于2019年7月29日正式更名为赣州市寻乌生态环境局并挂牌，为赣州市生态环境局派出机构；原寻乌县环境监察大队于2019年8月29日正式更名为赣州市寻乌生态环境综合执法大队并挂牌；寻乌县环境监测站更名为赣州市寻乌生态环境监测站；原寻乌县污染物总量与控制办公室、寻乌县九曲湾库区办人员编制全部划入赣州市寻乌生态环境综合执法大队；撤销寻乌县环境保护局、寻乌县环境监测站、寻乌县环境监察大队、寻乌县污染物总量与控制办公室、寻乌县九曲湾库区办等机构名称。

【污染防治攻坚】 组建县生态环境保护委员会和10个专业委员会，印发《污染防治攻坚战总体方案和30个专项行动子方案》，各专项行动有序推进，部分攻坚取得突出成效。2019年度全市污染防治攻坚战考评，获得全市第二名。

山水林田湖草治理专项行动完成90.32%，杜绝稀土“收尾水”现象。摸排违法违规小水电，编制《寻乌县水电站综合评估报告》和《寻乌县小水电清理整改“一站一策”工作方案》，推进各乡镇水电站手续补办和生态流量设施改造工作。

蓝天保卫攻坚战。完成全县39个在建工程项目扬尘问题整改。整治县城区域147家100平方米以上餐饮店。整治全县砖瓦窑行业。拆解老旧报废柴油货车85辆。

碧水保卫攻坚战。整治九曲湾水库、太湖水库两个县级和6个千吨万人饮用水源地环境。城镇污水处理厂二期工程（含提标改造）基本完工，城镇污水收集率达91%。摸排整治全县入河排污口。

净土保卫攻坚战。完成菖蒲、留车简易垃圾填埋场整改，完成项山乡福中村、桥头村和澄江镇汶口村简易垃圾填埋场整治工程。实施轻中度污染耕地安全利用350亩，实施重度污染耕地管控273亩，完成通诚稀土有限责任公司污染地块初步调查报告。8家危废重点监管企业均按要求做好危废管理工作。

自然生态保护攻坚战。排查清理全县4个自然保护区范围内建筑物、违建别墅。全县10家采石场生态修复达标，其余4家正在有序推进，全县三家风电场生态修复进度达95%。

工业污染防治攻坚战。积极推进工业园区污水管网建设，企业在线监控平台建设完成招投标工作。整改卫生防护距离不达标企业6家。

农业农村污染防治攻坚战。关停禁养区内规模养猪场10家、散养户1114家，关停牛蛙养殖场19家。12个美丽宜居示范村的农村生活污水处理项目基本完工。

医疗废弃物及医疗废水攻坚战。建成县人民医院、中医院和南桥镇等4个卫生院医疗废水处理设施，开工建设县皮防所和晨光镇等13所卫生院的医疗废水处理设施，新建的县妇保院同步建设医疗废水处理设施。全县所有医疗机构的医疗废物均交由有资质处置单位统一处置。

【生态建设攻坚】 实施6大项目11个子项目，计划投资2.45亿元，完成投资2.41亿元，投资完成率100%，完工项目7个，完工率63.63%。

【东江源生态补偿】 实施东江流域生态补偿工程项目24个，投资完成率达100%。东江源斗晏出境断面水质由2015年的五类水提升至现在的二类水。对接第二轮东江流域上下游横向生态补偿协议的签订，编制34个项目，涉及资金9.38亿元。

【农村环境基础设施】 农村生活垃圾得到有效清运，留车镇、澄江镇各新建1座标准化生活垃圾填埋场，全县176个村居的垃圾处理100%覆盖，生活垃圾均能达到日产日清。完善农村污水处理体系，建设13个乡（镇）圩镇排水、排污管网和8个乡（镇）污水处理站。投入2000万元建成12个行政村污水处理项目和55个农村生活污水处理设施。

【省级生态县创建】 2017年5月，收到省级生态县测评专家组的反馈意见后，制定《寻乌县创建省级生态县问题整改工作方案》，实施一系列省级生态县创建整改举措，确保省级生态县5项基本条件、23项指标全面完成。2019年11月，通过省级生态县验收。

【环境执法】 出动环境执法人员800多人次，对辖区内135家企事业单位进行820多次现场执法，查处环境违法案件13起，行政处罚49.17万元，移送公安机关行政拘留案件1起，震慑环境违法行为。同时，完成调处信访案件25件，做到件件都有落实有反馈，维护人民群众的合法权益。

（温志秋）

财税　金融

财　政

【概　况】寻乌县财政局深化财政体制改革，落实减税降费政策，为全县经济社会发展提供财政保障。被评为2019年度全省政府系统“五型政府”建设先进集体；赖芳丽被省政府评为“在推进全省义务教育基本均衡发展中作出积极贡献个人”；邱运林被评为县级优秀科级正职领导干部，谢志芬被评为全县脱贫攻坚优秀副科级干部，潘昌萍被评为全县脱贫攻坚优秀工作队长。

【财政收入】财政总收入97000万元，同比增收6000万元，增长6.6%，在全市各县（市、区）排第10名。税收收入占财政总收入比重87.5%，比2016年、2017年、2018年分别上升了8.4、4.5、3.4个百分点。一般公共预算收入57855万元，同比增收716万元，增长1.3%。一般公共预算税收收入占一般公共预算收入比重79%，比2016年、2017年、2018年分别上升了7.5、6.9、4.3个百分点。政府性基金预算收入61162万元，同比减收53015万元，下降46.4%。

向上争取项目资金37.73亿元，同比增加2.38亿元，增长6.75%。

【财政支出】一般公共预算支出385000万元，同比增支62000万元，增长19.2%，其中，民生类支出33.92亿元，同比增长20.4%，民生支出总量占一般公共预算支出总量的88.1%；涉及GDP增长八项支出307613万元，同比增支50556万元，增长26.3%，占一般公共预算支出总量的79.9%。政府性基金预算支出86600万元，同比减支13600万元，下降13.6%。

2019年寻乌县财政收支情况表

表11

单位：万元

收入科目	累计收入数	比上年+-%	支出科目	累计支出数	比上年+-%
一、一般公共预算收入	57855	1.3	一、一般公共服务支出	23863	2.0
1.税收收入	45687	7.0	二、国防支出	630	-10.1
增值税45%	19502	16.8	三、公共安全支出	14854	11.3
营业税45%	0	-100.0	公检法司支出	14167	14.4
企业所得税32%	6497	55.6	四、教育支出	68721	12.4
个人所得税32%	980	-54.0	五、科学技术支出	8528	11.2
资源税	2016	-67.7	六、文化旅游体育与传媒支出	2653	4.1
房产税	1952	3.3	七、社会保障和就业支出	36753	7.9
印花税	622	39.1	行政事业单位离退休	11228	27.5
城镇土地使用税	535	-7.8	八、卫生健康支出	42351	10.8

续表 11

收入科目	累计收入数	比上年+−%	支出科目	累计支出数	比上年+−%
土地增值税	690	30.9	九、节能环保支出	42005	17.7
城建税	3771	−10.6	十、城乡社区支出	70538	134.8
车船税	777	34.9	十一、农林水支出	58086	1.3
耕地占用税	0	−100.0	其中：农业	7902	54.5
契税	8292	70.6	林业	6845	53.9
环境保护税 80%	53	17.78	水利	18225	68.0
2. 非税收入	12168	−15.8	扶贫	16883	−32.8
专项收入	1196	−63.1	农业综合开发	134	−95.1
行政事业性收费收入	1883	−51.6	十二、交通运输支出	4088	3.3
罚没收入	2598	−53.7	十三、资源勘探信息等支出	1052	−34.6
国有资源（资产）有偿使用收入	5702	1150.4	十四、商业服务业等支出	231	−48.9
政府住房基金收入	489	189.3	十五、金融支出	50	194.1
其他收入	300	−72.5	十六、自然资源海洋气象等支出	1582	−58.1
二、上划中央及省级收入	39145	15.6	十七、住房保障支出	3287	−49.0
财政总收入合计	97000	6.6	十八、粮油物资储备支出	361	−3.5
其中：税务部门组织收入	84832	10.8	十九、灾害防治及应急管理支出	2280	净增
财政部门组织收入	12168	−15.8	十九、其他支出	175	−11.2
			二十、债务付息支出	2894	48.0
			二十一、债务发行费用支出	18	−28.0
			一般公共预算支出合计	385000	19.2
政府性基金收入	61162	−46.4	政府性基金支出	86600	−13.6

说明：财政总收入＝一般公共预算收入＋上划中央及省级收入

【重要收支情况】“三公”经费预算 2060 万元（其中公务用车运行费 878.98 万元、公务接待费 1181.02 万元），通过消费平台监管，实际支出 1673.69 万元，节省 386.31 万元，节省率 18.75%。

安排“雪亮工程”（以县、乡、村三级综治中心为指挥平台、以综治信息化为支撑、以网格化管理为基础、以公共安全视频监控联网应用为重点的群众性“治安防控工程”）建设、运行经费 637.5 万元，实现社会治安防控实时、动态管理；安排扫黑除恶专项经费 100 万元，比上年增加 50 万元，增长 100%；禁毒专项经费 122.8 万元。

筹集道路交通事故社会救助基金 76 万元，全年受理救助申请 3 件，实施救助 3 人，拨付救助金额 14.43 万元。

安排教育资金 68721 万元，同比增长 12.4%；公共文化建设专项资金 853.5 万元；寻乌县博物馆陈列布展项目 1950 万元。

筹集扶贫资金 5.25 亿元，其中整合涉农扶贫资金 1.75 亿元，上级专项资金 0.5 亿元，县级投入资金 0.67 亿元（含地方债券资金 1800 万元），“产业扶贫信贷通”贷款资金 1 亿元，社会扶贫资金 1.33 亿元。重点用于农业生产发展、农村基础设施建设、帮助贫困人口持续增收的产业项目，兑现教育、医疗保障政策，其中产业扶贫 28150.08 万元，占 53.63%；就业扶贫 1655.87 万元，占 3.15%；生态扶贫 923 万元，占 1.76%；基础设施扶贫 8689.94 万元，占 16.56%；安居扶贫 5000 万元，占 9.53%；社会保障扶贫 496.42 万元，占 0.95%；教育扶贫 4922.09 万元，占 9.38%；健康扶贫 2647.28 万元，占 5.04%。

财政惠农补贴项目 19 大项，50 小项，发放资金 20594.84 万元，资金发放率 93.68%，项目发放率 100%，综合发放率 97.49%。财政惠农补贴资金“一卡通”发放工作排全市第六名。

发放企业、机关事业离退休人员基本养老金32747.39万元；城乡居民基本医疗保险财政补助16993万元。

财政供养年末人数6375人，发放在职人员工资、遗属生活补助、抚恤金、临时人员工资等51944万元。

全县行政事业单位干部职工住房公积金财政配套资金4681.7万元。廉租住房租金收入263.8万元。发放租赁补贴家庭296户494万元。公积金增值收益489万元，全部缴入非税收入，实行“收支两条线”管理。

办理国有资产处置事项26宗（其中划拨4宗、拆除1宗、报废20宗、拍卖1宗），处置金额2060.94万元。发布经营性资产招租公告27次，签订承租合同30份，合同月租金合计5.45万元，招租店铺及房屋面积合计49195平方米（不含土地面积），实现国有资产经营收入494万元。

发行地方政府债券43029万元（省财政厅转贷地方政府债券），其中新增债券38517万元，再融资债券4512万元。年末政府性债务余额18.56亿元，其中一般债务8.47亿元，专项债务9.81亿元，或有债务（县政府负有担保责任的债务）0.27亿元。

【财政改革与创新】 推动县城投集团转型发展，开展户外广告经营，成立城投汽车服务公司，组建建筑公司，实施金鸡产业（中宣部对口支援引进北京德青源农业科技股份有限公司建设的蛋鸡立体散养项目）和标准厂房等项目建设，走市场化实体化自主经营的路子。

2019年1月1日，全省实行国库集中支付一体化改革，用一套电子凭证在财政部门、人民银行、代理银行和预算单位之间跨部门、跨系统联网操作，实行财政资金“无纸化”运行。全县预算单位资金实现“无纸化”管理。

5月8日起，全县财政票据和非税收入收缴采取电子一体化管理。实现单位、银行、财政信息互通共享，使用财政票据的收缴行为纳入非税收入收缴管理系统，实行全程电子化监管。

【财政管理与监督】 制定《关于贯彻落实〈寻乌县人民政府关于全面实施预算绩效管理的实施意见〉》（寻财发〔2019〕72号）、《预算绩效评价共性指标体系框架》（寻财发〔2019〕78号）等文件，对高龄老人生活补贴、专项扶贫资金、城乡环卫一体化经费等26个项目，资金计11483万元，实施绩效评价。

落实清费降费政策，清理收费项目，收费目录清单实行动态管理。6月19日，县财政局、县物价局联合下发《关于印发〈2019年度寻乌县行政事业性收费和政府性基金目录清单〉的通知》（寻财发〔2019〕47号）。减少公安办证收费、不动产登记费、防控地下室易地建设费、养老保险缴费等收费1749万元。

依《关于全面推行乡镇机关工作人员绩效考核工作的通知》（赣组字〔2019〕71号）精神，对长宁镇、文峰乡、三标乡、桂竹帽镇、南桥镇、项山乡、澄江镇实行绩效考核试点，绩效考核资金总量按乡镇机关工作人员年均工资收入比县直机关同职级人员年均工资收入高出20%以上的水平核定，发放绩效考核资金579.9万元。奖金总量除低于已实行绩效考核工作的检察院、法院外，高于其他部门（单位）奖励金。

按照《寻乌县人民政府关于进一步规范政府投资建设工程变更相关事项的通知》（寻府发〔2019〕32号）、《寻乌县人民政府关于转发〈江西省发展改革委员会关于认真做好国家发展和改革委员会令第16号和赣府发〔2018〕17号文件贯彻落实工作的通知〉的通知》（寻府发〔2018〕13号）等相关文件要求，加强政府性投资项目工程变更管理，规范基建程序、维护建筑市场秩序、合理控制工程造价、节约财政资金，提高工程预算执行效率和财政资金使用效益，推进财政预算管理的科学化、精细化。2019年，审核工程项目预算 798 个，工程预算总价 16.46 亿元，审核后总价 14.47 亿元，节约财政资金 1.99 亿元，核减率 12%。

推进简政放权“放管服”工作，强化采购人的主体地位；转变监管方式，工作重心由事前审批向事中、事后监督转变，加大检查监管力度，畅通投诉渠道；放开政府采购代理机构市场，新增代理机构 1 家；根据《赣州市政府采购代理机构监督管理暂行办法》对代理机构采取日常监管和随机抽查相结合的方式，实行记分制年度考核，加强对我县 6 家政府采购代理机构的监督管理。全年执行政府采购预算 90328 万元，实际采购 88423 万元，节约资金 1905 万元，节约率 2.1%。年内，收到中标供应商要求放弃中标人候选人资格案件 4 起，没收保证金 63100 元，处理投诉案件 5 起（其中纪委转 2 起）。

按照“收支并重、内外并举、监管结合”总体思路，开展惠民惠农财政补贴“一卡通”专项治理、落实减税降费政策自查自纠、会计评估监督检查、财政内部监督检查及配合县审计局开展扶贫领域专项审计 5 项重点检查工作，查出违规资金 80.94 万元。

3 月，成立了由县纪委、公安局、财政局、发改委、公共资源交易中心等部门组成的招投标信息调查组，对涉嫌围标串标的 47 个政府采购招投标项目进行全面调查核实，收（退）缴非法所得 400 万余元，移交公安机关立案侦查项目 7 个。

（陈 曙）

税 务

【概 况】 国家税务总局寻乌县税务局，落实国家减税降费政策，推进各项减税降费措施落落实社保费征管职责划转工作，优化税收营商环境，服务县域经济发展。

荣获全县绩效考核先进单位（驻县单位第二名）、党建工作先进驻县单位（第一名）；被评为第十五届省级文明单位；第一税务分局（办税服务厅）被评为“江西省五一巾帼标兵岗”；获全市税务局系统绩效考评中第三名；胡雄被评为脱贫攻坚优秀第一书记；刘春英被评为全市税务系统 2018 年“纳税服务标兵”。

【税源及税收】 主要税源结构为矿产品（稀土、铜等有色金属）、电力（发电、供电）、建筑业、房地产、金融保险业以及其他个体工商户。

增值税 31884 万元，同比增收 4105 万元，增长 14.78%；消费税 34 万元，同比增收 17 万元，增长 100%；企业所得税 5290 万元，同比增收 2991 万元，增长 130.1%；车辆购置税 2078 万元，同比增收 618 万元，增长 42.33%。

建筑业入库 9277 万元，同比增收 4609 万元，增长 98.74%；房地产业入库 5091 万元，同比增收 1316 万元，增长 34.86%；金融保险业入库 2895 万元，同比增收 1302 万元，增长 81.73%；矿产品行业入库 4190 万元，同比减少 1959 万元，减幅 31.86%；批发零售业入库 7366 万元，同比增收 2841 万元，增长 62.78%；交通运输行业入库 954 万元，同比增收 647 万元，增长 210.75%。

【税种税率】 主要开征增值税、消费税、企业所得税、个人所得税、资源税、印花税、房产税、土地增值税、契税、城镇土地使用税、耕地占用税、车船税、烟叶税、车购税、城建税等 15 个税种。

【税费改革】 国务院决定从 2019 年 1 月 1 日起，将基本养老保险费、基本医疗保险费、失业保险费、工伤保险费、生育保险费 5 项社保费用，由税务部门统一征收。2019 年 1 月 1 日至 2021 年 12 月 31 日，增值税小规模纳税人月销售额 10 万元以下（含本数）、季度销售额 30 万元以下（含本数），免征增值税；2019 年 4 月 1 日起，制造业等行业税率由 16% 降至 13%；交通运输业、建筑业等行业税率由 10% 降至 9%；保持 6% 一档的税率不变，同时扩大进项税抵扣范围；2019 年

5月1日起，将城镇职工基本养老保险（包括企业和机关事业单位）单位缴费比例降至16%。

【减税降费】 执行国务院、国家税务总局关于个税改革、增值税小规模纳税人“六税两附加”（资源税、城市维护建设税、房产税、城镇土地使用税、印花税、耕地占用税和教育费附加、地方教育附加。）顶格减免、小微企业所得税优惠、增值税税率减并等“减税降费”政策。全县260户小型微利企业符合减免条件，共减免税额624.48万元；1623户次小规模纳税人享受免征增值税588万元；6011户次纳税人享受减半优惠，减征税（费）额478万元；483户纳税人因降税率减征增值税税额4369万元；2146户纳税人享受个人所得税专项附加扣除优惠，减征个人所得税税额200万元；1户企业享受留抵退税896万元；4户企业申报享受研发费用加计扣除金额782万元；5户纳税人享受西部大开发税收优惠，减免税额488万元。对未及时享受政策的2082户纳税人，办理7263笔退税，退库58万元，退税率99%。

【税务管理】 继续推广使用电子发票，逐步取消手工票、定额票等票种；落实网上申领发票免费邮寄配送措施，引导纳税人“非接触式”办税。

推广应用江西省电子税务局，纳税人不需到大厅即可进行纳税申报、税款缴纳；深化与邮政合作，进一步在乡镇增设委托代开发票网点。

【便民服务】 出台50项便民服务措施，推行新办纳税人“套餐式”服务，集成10个关联事项为一个流程、集成22张表单为一张报表，让新办纳税人多个事项一次办、一表填。推出186项“一次办”（一件事情只跑一次就能办理）、76项“网上办”（网上办理涉税业务）、60项“就近办”（例如设立税收服务延伸点，放置发票领用设备等，方便纳税人“就近办”）、22项“马上办”（提供延时服务，保证在工作时间做到纳税人涉税事项办结）、63项“一站办”（进驻政务服务中心，实现税务部门与多部门多平台深度融合，打造一站式服务）和20项“容缺办”服务清单（允许次要申请材料在规定时间内暂时缺少，可先行受理业务，随后补齐资料），明晰95%的模糊涉税材料，减少纳税人30%的报送资料，实现75%的涉税事项一次办结。

【税法宣传】 围绕“落实减税降费，促进经济高质量发展”主题，开展第28个全国税收宣传月活动，培育自觉纳税意识，提高税收遵从度。召开座谈会。4月中旬，召开“落实减税降费，促进经济高质量发展”专题座谈会，邀请纳税人、县人大代表、政协委员参加。介绍税收优惠政策，持续释放政策红利、助力企业发展成效；解答纳税人和社会各界关注的热点和难点问题，帮助纳税人准确理解政策、充分享受政策。走访纳税人。局领导带头走访洛锡实业等60余户企业，与纳税人交谈，现场解答纳税人提出的问题。开展政策辅导，使纳税人准确理解减税降费政策，全面享受政策红利。组织宣传报道。积极向媒体投稿，有《宣传发力，让减税降费惠民政策植根百姓家》《减税降费让老百姓获得感满满》2篇稿件在人民网发表。开展志愿服务活动。组织党员开展“减税降费党员在行动”“减税降费进乡村”活动，进村入户宣传减税降费政策和办税流程。

（凌亦康）

金融工作

【概　况】 2019年，贯彻中央防范化解重大风险部署，守住不发生区域性、系统性金融风险底线，抓好融资服务、金融稳定、金融扶贫、企业上市工作。

【金融扶贫】 下发《关于寻乌县金融扶贫巩固提升工作实施方案的通知》（寻府办字〔2019〕17号）、《关于进一步完善“产业扶贫信贷通”相关政策的通知》（寻府办字〔2019〕58号），完善“产业扶贫信贷通”政策，发挥扶贫效应。2019

年发放“产业扶贫信贷通”贷款10035.28万元，其中续贷9895.28万元。

【支持经济社会发展】 印发《2019年寻乌县金融机构支持地方经济发展考核奖励办法》，2018年度金融机构考核先进单位，奖励407万元；2019年年底，全县存款余额110.55亿元，同比下降10.12%；贷款余额97.93亿元，比年初增加13.09亿元，同比增加15.43%。

召开政银企对接会，会上10家银行与68家企业进行签约，签约金额5亿元。至年末，履约金额4.7亿元，履约率93%。

出台《寻乌县农商银行支持寻乌县通用设备制造企业信贷服务方案》(简称首位产业贷)，支持通用设备制造企业发展。2019年，县农商银行向华南泵业（赣州）有限公司、江西德新达智能机械公司累计发放“首位产业贷”1000万元。全年“五个信贷通”贷款发放75907.3万元；周转金发放12838万元，为56户企业解决“过桥”贷款。

【维护金融秩序稳定】 强化“两类机构”（小额贷款公司、融资性担保机构）监管。配合做好市年审工作，不定期深入小贷公司，了解运行情况，确保两类机构不触碰“三条红线”(非法集资、高利贷、非法催债)。联合县市场监督管理局、县银监办、人民银行寻乌支行，拆除未经许可悬挂含有“金融、投资、理财”等字样的招牌；清理经营范围中含有“投资管理”“资产管理”“资本管理”“财富管理”等字样的民间投融资机构；对全县合作社开展违规金融合作业务进行排查。

防范、打击非法集资。开展非法集资宣传月活动、开展非法集资风险专项排查、防范和打击“套路贷”“校园贷”(“套路贷”是以非法占有为目的，假借民间借贷之名，通过“虚增债务”“签订虚假借款协议”“制造资金走账流水”“肆意认定违约”“转单平账”“虚假诉讼”等手段非法占有他人财产。“校园贷”是在校学生向各类借贷平台借钱的行为）等非法集资等专项行动。通过各项活动，提高各乡（镇）、各单位对打击和防范非法集资工作的责任意识，有效遏制全县非法集资。

【资本市场建设】 2019年，杨氏果业和恒源科技两家企业在全国中小企业股份转让系统（即“新三板”）挂牌，其中恒源科技进入“新三板”创新层。另有31家企业在江西联合股权交易中心（即“新四板”）挂牌。2019年，组织江西石崆寨文化旅游发展有限公司、江西省君好农业开发有限公司参加“江西常态化路演”活动；积极协调，为杨氏果业解决上市过程中存在的社保缴交、流动资金不足等问题。年末，江西证监局已受理杨氏果业公司辅导备案申请材料，正接受招商证券的辅导；长利果业公司在开源证券的辅导下完成股份制改造。

（谢　静）

人民银行

【概　况】 中国人民银行寻乌县支行2019年实现了核算无差错，资金无风险，安全无事故，引导金融业保持良好发展态势。年末，全县各项存款余额119.20亿元，比年初减少12.02亿元，下降9.16%，各项贷款128.22亿元，比年初增加21.45亿元，增长20.09%。获赣州市“文明单位”荣誉称号。

【货币政策】 支持小微企业发展。搭建银企融资平台，开展银企融资对接，年末，银行实际发放贷款4.7亿元，履约率为93.11%。搭建“江西省小微客户融资服务平台”。年末，注册小微企业3456家，申请贷款小微企业507家，金额合计15.02亿元，其中首次向银行申请贷款小微企业占42.80%；获银行授信小微企业400家，授信金额9.58亿元；需求满足度（户数）78.90%，平均放款时间仅4.12天，实现了小微企业融资覆盖面、可得性、普惠性、便利化、满意度提高的目标。

推动金融机构落实“四通”（“财园信贷通”“小微信贷通”“惠农信贷通”“创业信贷通”）贷款。全县金融机构累计发放“四通”贷款6.55亿元，支持陶瓷、物流、果业、生态农业等产业发展，基本满足小微企业资金需求；支持民生工程建设。督促各银行业金融机构贯彻落实住房信贷政策，缩短放贷审批周期，优先满足居民家庭贷款购买首套普通自住房和改善型普通自住房信贷需求。发放房地产按揭贷款8.46亿元，贷款余额27.12亿元。为支持城镇化建设、农业科技发展，农发行发放政策性贷款7亿元；推进小额担保贷款业务。依托各项优惠政策，实施再就业、创业信贷资金援助。发放再就业贷款8210万元，其中支持个人创业468户、5840万元。

【金融稳定】 贯彻《中国人民银行赣州市中心支行金融管理办法》，及时上报本单位发生的重大事项。全年各金融机构共上报重大事项26起，涵盖开业管理、机构变更、业务经营等范围。强化金融风险研判。落实地方法人金融机构风险监测制度，严格报表审核，强化重点业务风险和潜在隐患监测分析，提升监测实效。开展央行金融机构评级，强化结果运用。关注政府债务、房地产、银行同业往来、金融市场业务、地方融资平台、民间融资和扶贫贷款等重点行业和领域，摸清风险底数。积极开展重点企业金融风险早期识别，将3家企业纳入监测范围，密切关注经营风险及可能对银行产生的风险传染。

【征信管理】 以宣传“6·14信用关爱日”为主题，开展征信宣传月活动。执行征信查询规定，规范查询流程，方便群众查询信用报告。全年，为385户企业办理机构信用代码证，为385户企业办理企业信用查询，为个人办理信用报告查询11744人次。开展征信信息安全检查。根据《征信信息安全巡查工作计划（2018—2019年）》，2019年2—3月对建设银行、农业银行进行征信巡查。及时发现和处置征信信息泄露问题和征信信息安全隐患，确保辖内不发生征信信息安全重大风险事件。推进信用体系建设。建立失信惩戒机制，提高全社会信用意识，推进中小微企业和农村信用体系建设，为融资提供良好信用环境。

【金融宣传】 2019年，共开展各种形式宣传活动13次，宣传主题包括“3·15金融消费者权益保护日”“信用记录关爱日”“反假知识进校园”“我是小小银行家”“金融夜校”等，宣传内容涵盖人民币、反洗钱、国库国债、支付结算、征信、存款保险、金融消费者维权、防范非法集资等知识。年末，全县有“普惠金融服务站”163家，覆盖65个“十三五”贫困村和9个深度贫困村，为村民提供日常小额取款、金融政策咨询服务。推进县域便民支付工程。组织辖内所有银行机构，推广移动支付，辖内10家银行机构采用认领商圈、服务圈等方法，打造移动便民商圈，逐步推进县域移动支付全覆盖。落实取消企业银行账户许可工作。根据2019年中国人民银行1号令，全国分批次取消企业银行账户许可，支行在取消工作前高效完成系统调试、压力测试、培训及宣传准备工作。江西省于7月22日正式取消企业银行账户，按照上级行要求，支行对各商业行开展业务辅导及事后核查，保证取消工作全面落实。开展新版人民币发行工作，探索赣粤边界省际反假协作机制。按照《关于开展2019年江西省新版人民币及反假货币宣传的通知》要求，完成2019年版第五套人民币发行，包括点验钞机具升级、防伪特征宣传培训等。2019年度收缴假币1394张，面额126350元；上交假币1816张，面额165390元。

【金融扶贫】 年末，扶贫再贷款余额3.97亿元，撬动法人金融机构发放扶贫贷款3.72亿元。推进“产业扶贫信贷”。年末，“产业扶贫信贷通”余额5.65亿元，其中建档立卡贫困户贷款余额2.94亿元，经济组织贷款余额2.71亿元。全年为2211

户建档立卡贫困户发放贷款0.99亿元，为6户涉农经济组织发放贷款550万元。发展特色金融产品，助推农业产业发展。年末，光伏贷款余额2.2亿元，油茶贷余额110万元，脐橙贷余额16707万元，蔬菜贷余额50万元，葡萄贷余额145万元，农业保险收入3598万元，农业保险理赔支出662.92万元。

【金融监管】 开展央行金融机构评级专业评价工作，对辖内法人金融机构经营管理及风险状况，全年整体风险和企业管理状况进行专业评价。开展重大事项和开业管理现场核查。2019年11月对寻乌农商行开展了重大事项和开业管理现场核查，强化金融监管。存款保险现场核查。2019年12月对寻乌农商行开展了存款保险现场核查，规范法人金融机构存款保险管理。建立健全辖内金融机构反洗钱档案。辖内10家商业银行、6家保险业公司、1家证券公司共计17家金融机构建立反洗钱监管档案。2019年3月对辖内法人金融机构开展反洗钱分类评级，对评级结果进行反馈，提示存在风险，整改存在问题；2019年11月，成立支行领导担任组长的反洗钱监管走访工作组，对寻乌县2019年年初新成立的三家银行机构进行监管走访。

【经理国库】 2019年，寻乌县支库完成国库业务量137927笔，核算资金629855.14万元。其中完成预算收入入库97548笔，入库金额200006.61万元；完成预算支出9621笔，支出金额402576.56万元；完成预算收入退库7467笔，退库金额15670.56万元；完成更正调库122笔，调库金额为11601.39万元；完成其他核算业务23169笔。截至12月31日，寻乌县支库库存余额17112.27万元。

执行会计标准化指引，强化国库内控建设，落实岗位责任追究制度，确保国库资金无风险，会计核算无差错。柜面监督严把资金出入关、凭证传递关、分级审核关；拨款、退库严格坚持三级审批制度，执行岗位责任追究制度；开展TCBS系统应急演练。根据国库科统一部署，12月6日，支库与安远县支库进行TCBS系统交叉应急演练，采取在生产系统进行演练方式，交叉进行业务处理，模拟应急情况下的真实操作，提升支库应急能力；开展资格认定。集中支付代理银行和非税收入经收处资格认定。5月，开展对辖内银行集中支付业务和非税收入经收处代理资格认定工作，确定了九家银行的代理资格，并于12月完成清算协议签订。电子化支付。结合国库会计标准化指引要求，国库新增集中支付无纸化系统、电子退库、社保费划转税务征收等业务。对代理银行业务操作进行规范化指导，保持核算的有序性、正确性及规范性。落实减税降费政策。根据税务总局、人民银行和财政部《关于明确小微企业普惠性税收减免等政策退库办理有关事项的通知》，支库与寻乌县税务局沟通与研究并结合寻乌实际，为政策性减免退库开辟绿色通道，简化流程材料，提高退库效率。共开展国债巡查36次，特别是加大对农村销售网点的指导走访。针对农村国债宣传、销售薄弱的情况，支库指导各国债承销机构建设农村国债销售示范点，共建立六个示范点，以点带面，建立长效宣传机制。

【安全管理】 年初全体干部职工签订安全保卫目标管理责任状；支行建立安全考核奖惩机制，促进各项安全工作落到实处；完善支行保卫值班制度，规范保卫安全值班制度；利用职工学习日，组织全行员工学习金融法律知识和金融知识，使全行员工加深对法律认识理解；加强季度安全检查、每月日常检查和节假日期间安全维稳大检查，及时发现风险隐患，杜绝事故案件发生；做好人行安全保卫工作检查登记落实，保证机构、人员落实到位；履行综合治理暨平安建设工作职责，将扫黑除恶专项斗争与综合治理深度结合，保障金融环境稳定。

（王建华　高超华　钟俊莹）

银行保险监管

【概　况】 中国银行保险业监督管理委员会赣州监管分局寻乌监管组，2019年，金融体制改革，银监会与保监会合并成立银保监会，寻乌监管办更名为寻乌银保监组，监管对象为辖内银行和保险机构，承担的监管任务更加繁重。适应新的监管要求，寻乌银保监组落实省局和分局年初监管工作会议精神，树立底线思维，满足服务需求，转变工作作风，提高监管效能，有效促进辖内银行业克服困难和地方经济平稳发展。年末，全县各项存款111.7亿元，比上年减少11.4亿元，下降9.26%，各项贷款100.3亿元，比年初增加13.1亿元，增长15%。

辖内银行机构10家，保险机构8家，银行机构网点36个，其中工商银行寻乌支行1个、农业银行寻乌支行3个、中国银行寻乌支行1个、建设银行寻乌支行1个、邮储银行寻乌支行（不含代理网点）2个、江西银行寻乌支行1个、九江银行寻乌支行1个、赣州银行寻乌支行4个、寻乌农商银行21个、赣州银座村镇行寻乌支行1个。

【信贷引领】 督促银行机构结合“送金融知识下乡”“金融知识进万家”“法制宣传月”等活动，开展小微企业金融服务宣传，引导农商银行、赣州银行小微中心等加大小微企业信贷支持，继续推进“五通”业务。截至年末，全县“五通”贷款122526万元，其中财园信贷通29351万元、小微信贷通12357万元、惠农信贷通23025万元、产业扶贫信贷通56481万元、创业信贷通1312万元，实现小微贷款“三个不低于”（小微企业贷款增速不低于各项贷款平均增速、小微企业贷款户数不低于上年同期户数、小微企业申贷获得率不低于上年同期水平）目标。同时，配合县政府召开银企对接工作会，督促7家银行机构与29家小微企业签订意向性贷款达86000万元，实际发放贷款83420万元，完成97%。

督促银行机构特别是涉农机构加大“三农”信贷投放力度。年末，全县农户贷款用信覆盖面接近56%，比年初新增用信农户3148户，用信覆盖面提升近4个百分点，有效帮助农户果业搭棚复种和产业转型，为脐橙、蜜橘、猕猴桃、百香果、茶油、葡萄等种植提供资金支持。

围绕习近平总书记在《寻乌扶贫调查报告》上的指示精神，督促银行机构落实扶贫信贷“三个全覆盖”（“责任银行对乡镇全覆盖、建档立卡贫困户信贷需求调查全覆盖、符合贷款条件的建档立卡贫困户信贷投放全覆盖”）。先后5次参加全县产业扶贫工作调度会，开展小额信贷扶贫督导、扶贫领域作风整治，接受省局扶贫作风整治巡查。推动金融扶贫同，对寻乌农商银行、邮储银行寻乌支行进行约见谈话，实现了金融扶贫在乡镇、调查和放贷“三个全覆盖”目标。截至年末，县农商银行等5家机构产业扶贫贷款56481万元，其中农商银行29191万元（占51%）、赣州银行22585万元、农业银行3467万元、邮储银行1018万元、银座银行220万元。全县15个乡镇、贫困户信贷需求调查面和信贷投放覆盖面均达到100%。

【风险防范】 柑橘“黄龙病”给全县果业贷款带来较大风险。为防范金融风险，实行果业贷款风险预警制度，按月按季统计分析果业贷款风险，及时风险预警。向县政府及关部门提出加快产业转型建议，督促银行业机构加大对转型产业的信贷扶持，稀释和化解由“黄龙病”带来的果业贷款风险。

督促银行机构按季报送不良贷款，特别是对一些不降反升或大额不良贷款出现逾期的机构进行重点跟踪管控，下发风险提示书5份，并督促银行机构加大对不良贷款实时监测和清收力度，不良贷款反弹得到有效控制。截至年末，全县共清收不良贷款1646万元，不良贷款余额11327万元，占比 1.29%，比年初下降了 0.13 个百分点。

督促银行机构开展防范和打击非法社会集资宣传，加强对信贷资金流向跟踪管控，全面清查信贷资金流入高利贷、非法集资领域等违贷行为，对清查非法集资风险工作进行现场督导。年内，未发现银行机构人员从事非法集资。

组织开展银行业机构市场乱象整治督导、P2P 网络借贷、电信诈骗等风险排查及股东股权质押督察，督促银行业机构进一步完善债权委员会工作，加大对不良贷款监测，特别是加大对寻乌农商银行隐性不良贷款风险的跟踪监测。根据分局“1+1+N”监管格局要求，重点加大法人机构寻乌农商银行和赣州银行寻乌支行监管力度，根据风险情况进行监管约谈，及时指出问题，提出针对性措施，督促其规范经营、稳健发展。

【日常监管】 对拟任江西银行寻乌支行、九江银行寻乌支行、农业银行寻乌长宁支行高管，寻乌农商银行董秘、合规部经理实行任职资格审查和备案，否决了拟任寻乌农商银行会计部经理任职备案资格。

寻乌农商银行违规投资购买低评级债券问题，提出 40 万元经济罚款和对直接经办人纪律处分意见。寻乌农商银行项山、丹溪和长兴 3 家支行未及时更换经营业务许可证问题，责令该行对相关人员作出经济罚款和纪律处分。寻乌农商银行报送数据差错、小微企业“两增两控”指标不达标等问题，开展约见谈话。

督促寻乌农商银行做实 2018 年财务指标，合规分配利润，规范股金管理，保证股金分红的真实性和合法性，切实维护股东权益。

从严加强保险行业监管，督促各保险公司合规拓展业务，截至年末，各保险机构合规展业、稳健运行，全年累计完成投保数 16953 万元，发挥保险在稳定社会经济发展中的积极作用。

【社会治理】 3 次联合县公安局，开展银行机构安全保卫现场检查，重点检查国道沿线、基层中心乡镇和新设机构安全保卫，下达检查意见书，督促限期整改。对辖内银行业机构进行安全达标评定，堵塞风险漏洞，提高银行机构安防能力。与公安部门联合，5 月下旬，对辖内 7 家银行机构进行安全评估，对存在问题下发整改意见书，督促整改，及时解决安全隐患。

本着为民服务监管要求，密切关注群众来信来访，妥善处理 2 起有关农行贷款清收和邮政代理网点中间业务问题的群众信访件，把矛盾化解在基层，消除不稳定因素，营造良好内外部金融环境。

【普惠金融服务】 指导寻乌农商银行加大普惠金融推进力度，在全县 173 个村开展 297 场金融夜校集中授课，为 12095 多户村民普及金融知识；普惠金融服务站行政村覆盖率 93.64%，全年实现交易 20.6 万笔、金额 1.3 亿元，惠及全县 16 万农户，使村民足不出村就可以办理小额取款、转账等业务。指导农商银行借助互联网金融向乡村延伸产品和服务，百福通聚合支付入驻商户 6225 户，为广大商户、农户提供高效、便捷的“一键支付”功能，受到商户、农户的广泛好评。

（宋荣春）

工商银行

【概　况】 中国工商银行股份有限公司寻乌支行，积极应对经济金融环境变化，抢抓市场机遇，加强转型发展，业务经营得到发展，完成了各项目标任务。在全市支行行长经营目标考核中排名一直靠前，在市分行大零售专业考核中荣获“优胜支行”。有辖内网点 1 个，自助银行服务区 4 个，从业人员 22 人。

被市分行授予“2019 年度内控合规先进集体”“综治保卫先进单位”荣誉称号。

【金融业务】 年末，各项存款余额 87103 万元，较年初下降 8384 万元。其中储蓄存款较年初净增4934万元，完成市分行下达的目标任务；人民币对公存款余额35758万元。对公存款余额较年初下降13318万元。贷款业务。全年累计投入信贷资金1.32亿元，年末各项贷款余额61932万元，较年初下降1271万元。其中公司客户贷款余额12567万元；普惠贷款新增896万元，完成了市分行下达的必保任务。资产质量。面对小微通风险贷款劣变形势，支行组织人员，筛选清单，明确目标，实现不良贷款有序压降。年末，支行不良资产余额105.44万元，不良金额比年初下降107万元，不良率0.17%，实现资产质量“双下降”。经营效益。全年实现拨备前利润2423万元，人均创利110.34万元；实现中间业务收入261元，完成上级行下达的目标任务。

（胡国华）

建设银行

【概　况】 中国建设银行寻乌支行，围绕省市分行党委工作部署，践行“零售优先”“移动优先”发展战略，圆满完成各项目标任务。截至年末，一般性存款余额64405.68万元，四行占比24.63%，较年初提升2.51%。各项贷款余额78804.27万元，四行份额占比24.86%，较年初提升3.83%。贷款余额年初新增20051.81万元，四行新增占比52.37%，排名第一。

【产品业务】 开办活期存款、定期存款、特种存款、定活两便、个人通知存款，“速盈”产品，“乾元”系列理财产品，创新推出了“旺财”“结构性存款”等存款账户升级产品；有个人快贷、小微企业快贷、林农快贷、薪金云贷、云税贷、“七贷一透”（即税易贷、POS贷、善融贷、创业贷、信用贷、善融E贷、善店贷、结算透）等大数据产品，为全县小微企业搭建了方便快捷的企业融资平台；发展个人住房信贷业务；信用卡产品种类多样，衍生了汽车分期、装修分期、车位分期、消费分期、账单分期、现金分期等一系列个人消费信贷产品。

【渠道建设】 为城乡居提供方便快捷的金融服务，发展金融科技，创新手机银行、网上银行、电话银行产品，减轻网点及柜面分流压力；在全县182个行政村设立“裕农通”惠民存取款服务点，解决农村地区存取款难问题。为政企搭建金融科技平台，搭建“党费通”云平台，为党费收缴、党费保管、党费档案提供方便；搭建“学费通”云平台，帮助学校进行学费收缴难、保管难、对账。搭建“ERP企业助手”，帮助企业扩展商品销售渠道、盘点库存。

（赖逸词）

农业银行

【概　况】 中国农业银行寻乌县支行，坚持“不忘初心、牢记使命”，围绕经营管理目标，开展综合营销活动，实现全行业务持续、快速、稳健、协调发展，全年无各类案件，无重大事故。至2019年年末，全行各项存款余额102247万元，其中：对公存款余额42561万元，个人存款余额59686万元。

【信贷管理】 截至2019年末，全行各项贷款余额166691万元，比上年净增9889万元，其中对公贷款余额71340万元，比上年净增3689万元；个人贷款余额95351万元，比上年净增6200万元。与辖内工行、建行比较，农行各项贷款存量余额占比52.57%。全行惠农e贷新增8050万元，完成率100.62%，全市排名第七。

【中间业务】 中间业务收入结构得到调整，根据监管部门要求，2019年取消代客理财和部分结算收费项目。全年实现中间业务收入845.72万元。

【风险管理】 发挥风险与信贷管理部职能，贷前调查做到全面、真实、准确、严密识别风险，把好客户准入关口；贷中审查把好手续完备性、合法性、项目效益性、还贷来源可靠性、担保合法有效性等关口；履行放款审核职责，逐一落实信用发放条件。贷后管理放在突出位置上，摸清各类贷款风险底数，针对性采取风险控制措施，至年末，不良贷款余额 1871 万元（其中信用卡不良透支 76 万元），比年初增加 1375 万元（其中信用卡透支不良减少 12 万元），不良率为 1.12%，比年初上升 0.81 个百分点，全年清收原委托资产 89 万元。

【服务“三农”】 2019 年末，支行精准扶贫贷款余额 27262 万元，较年初增长 5899 万元，完成年度计划的 109.24%，覆盖贫困人口 3133 人，完成年度计划的 196.92%；惠农 e 贷余额 7958 万元，比上年净增 4343 万元；产业扶贫信贷通累计发放 56 户 267 万元，带动脱贫人口达 2074 人。金融扶贫项目涵盖柑橘、油茶、猕猴桃种植及养殖业。延伸金融服务网络。电子机具覆盖 136 个行政村，较年初增长 80 个，行政村电子机具覆盖率为 80.6%，在行政村布放电子机具 215 台，服务网络不断延伸至村镇一级。

（赵万亿）

邮储银行

【概　况】 2019 年，中国邮政储蓄银行寻乌县支行继续保持平稳有序经营态势，坚持“普之城乡，惠之于民”经营理念，提供普惠金融服务、发展绿色金融、支持精准扶贫，为寻乌县经济稳健发展贡献金融力量。在市分行综合管理条线考核评比中，法律合规条线、人力资源条线荣获二等奖，党委党建条线、监察条线、运营管理条线荣获三等奖。

【存贷款业务】 2019 年，全行各项贷款余额 62798.56 万元，年增 9214.6 万元；居民储蓄存款余额 126898 万元；公司存款余额 9516 万元。2019 年共发放财政惠农信贷通 6507.4 万元，小微信贷通 1578 万元，为城乡融通资金、解决融资难问题，为农村金融环境改善做出贡献。

【风险防控】 按照“稳中求进、实中求新”“强基固本、提质增效”要求，提升风险管理水平，充分发挥风险管理在县支行改革、转型和发展中的保障和支撑作用；对上级行案件防控精神进行部署落实；案防合规贯穿业务发展始终，坚持“围绕发展抓合规，抓好合规促发展”理念，将内控合规纳入业务发展指标，并实行一票否决制。2019 年荣获全市案防先进单位二等奖。

（陈　磊）

赣州银行

【概　况】 2019 年，各项经营收入 9078.49 万元，实现账面利润 4267.99 万元。在总行 2019 年度分支机构综合业绩考评中获第十一名。年末，支行各项存款余额 143997 万元，较年初增加 1811 万元，增长了 1%。其中对公存款余额为 60306 万元，储蓄存款余额为 78375 万元，保证金存款 5316 万元。全年销售“金瑞香”理财 29023 元。年内新增“添薪存”“安鑫存”“财富宝”等储蓄定期产品。年末，支行各项贷款余额 179841 万元，其中自营贷款余额 129841 万元，结构化融资余额 50000 万元。

【支持地方经济建设】 争取信贷规模，支持地方经济。2019 年，向县重点项目寻乌县东江源温泉养生小镇有限公司发放固定资产贷款 600 万元、江西省润垚投资有限公司发放流动资金贷款 1000 万元、江西省华颐丰投资有限公司发放贷款 750 万元，有效解决企业资金需求。

坚持“立足地方、服务中小企业”，为个体工商户、小微企业主发放贷款 115 笔，金额 12847 万元。发放个人住房按揭贷款 233 笔，贷款金额 13083 万元。

（王荣珍）

农商银行

【概　况】 江西寻乌农村商业银行股份有限公司（以下简称“寻乌农商银行”），落实金融扶贫政策，为寻乌县经济社会发展作贡献。2019年获江西省农村信用社联合社2019年度“金秋送福”综合营销竞赛优胜单位；江西辖内农商银行“金秋送福”综合营销竞赛先进支行名单（寻乌农商银行营业部）；2019年业务经营绩效先进单位。

【信贷业务】 年末，各项存款余额52.67亿元，占全县存款市场份额46.06%。各项贷款余额45.76亿元，比年初增加5.30亿元，增幅13.10%，占全县贷款市场份额为45.63%。实现营业收入41561万元，同比增加4243万元，增幅11.37%，其中利息收入29913万元，金融机构往来收入4856万元，投资收益5954万元，手续费及佣金收入817万元，其他业务收入20万元。实现账面拨备前利润20449万元，同比增加849万元，增幅为4.33%。

【金融服务】 春秋开学季，在学校进行“校园通”宣传。至10月末，共签约入驻“校园通”平台学校35所，较年初增加7所，实现缴费7654笔，金额585万元，较去年秋季开学分别增加4585笔、163万元。缴费人数占全县中小学学生16.3%，较2018年上升10.3个百分点；推广“银医通”。完成系统内12个乡镇卫生院（含一个皮防所）平台入驻设置，待合作公司针对入驻卫生院操作人员进行培训后即可上线运行。推动社保卡激活。开展社保卡上门集中激活月活动，组织各乡镇支行深入各村组，充分利用POS机、手机银行等渠道为农户提供上门激活服务。发卡量较2018年同期增加10.19万张（其中发放未成年人社保卡6.5万张），全行社保卡激活率达到65.87%，较1月提升了16.18个百分点。推广ETC业务。2019年底，在县城和乡镇增设7个ETC业务办理点（原来仅有1个办理点），配置相应设备，并购置2台移动发卡设备，提供办卡服务。同时与高速收费站管理部门联系，在收费站现场办理ETC业务。推进普惠金融。建立完善普惠金融组织架构、制度体系和基础设施，推进“网格化”营销。选定普惠金融工作示范乡镇1个，建立高规格高标准普惠金融服务站1个，升级助农取款服务点4个，开展金融夜校行政村131个，完成整村推进行政村51个，普惠金融累计调查走访农户1.5万户。发展电子银行。年末，手机银行用户62788户，较年初增加18482户；网上银行用户6902户，较年初增加292户；e百福绑卡用户24498户，较年初增加4850户；聚合支付用户6242户，较年初增加858户。年轻客户占33.07%、互联网新增客户占27.32%、企业客户占26.65%、互联网用户活跃率20.14%、互联网用户互动率22.24%、电子交易替代率89.68%、信贷业务替代率78.8%、中间业务替代率87.01%，完成省联社下达的互联网金融业务目标任务。

【支持地方经济建设】 支持农业产业发展，落实小额农贷、产业扶贫信贷通、惠农信贷通等涉农贷款政策，为家庭农场、农民专业合作社等新型经营主体提供有效信贷支持。年末，涉农贷款余额34.02亿元，比年初净增0.11亿元。支持民营、小微企业发展。单列贷款投放计划，创新金融服务产品，解决小微企业融资难、融资贵问题。年末，小微企业贷款余额10.76亿元，比年初净增1.68亿元，增幅18.54%，增量占各项贷款增量的31.74%；1000万元以下小微贷款余额10.20亿元，比年初净增1.18亿元，增幅13.13%，高于各项贷款同比增幅0.03个百分点；小微贷款户数9769户，较去年同期增加4户，涉农贷款实现“一个高于”，小微贷款实现“两增两控”目标。落实金融扶贫。持续加大扶贫贷款投放，实现产业扶贫贷款“三个全覆盖”（金融服务信息档案全覆盖、建档立卡贫困户信贷需求调查全覆盖、符合贷款条件的建档立卡贫困户信贷投放全覆盖）。截至2019年底，全行累计发放产业扶贫贷款9248户、金额57619.47万元，较好地完成了金融扶贫任务。支持创业再就业。为170户发放下岗再就业贷款1821万元；为9户发放创业信贷通贷款377万元。代理发放中央及地方政府各项惠农支农资金，做好国家发放给农户的粮食直补、低保资金等金融服务。

【监管指标提质】 年末，农商行资本充足率14.89%，核心资本充足率达13.78%，不良贷款率为2.23%，拨备覆盖率321.67%，资产利润率1.42%，比年初上升0.21个百分点；资本利润率15.04%，流动性比例42.41%。

【风险防范】 每天通过信贷管理系统查看贷款情况，加大欠息和到期贷款处置力度，控制不良余额和不良率；不良资产处置。发现不良贷款及时收集代偿资料并依法起诉。今年，有惠农通4笔167万元、财园通1笔150万元代偿到位，完成1笔新增财园通代偿资料上报；落实核销政策。对处置难度大，借款人因各种原因无法处置的不良贷款，符合政策的及时核销，累计核销贷款4712万元。

（邓雅萍）

人寿保险

【概　况】 中国人寿保险股份有限公司寻乌县支公司2019年完成保费收入4888.16万元，赔付各类保险金677.97万元。

【业务发展】 从保险业务综合经营向金融综合经营转变，拓展保险金融业务领域，形成多元、稳定、可持续盈利模式。将团体保险业务深入各乡（镇）网点、企事业单位一线拓展。发展学生平安保险、小额信贷保险、团体意外人身险及建工险等保险业务。

【优化服务】 秉承“用专业和真诚赢得感动”信念，通过“热诚、规范、准确、便捷”服务，回报广大客户的支持与信赖。“95519”呼叫平台，双重客户服务热线随时为客户提供接报案、救援、咨询、查询、预约、投诉服务。

【理赔管理】 中国人寿恪守承诺，重视履行保险责任，提供快速、贴心的理赔服务，推出一系列特色理赔服务。2019年支付各类赔款和给付金677.97万元。

（赖竹林）

财保公司

【概　况】 中国人民财产保险有限公司寻乌支公司2019年保费收入0.96亿元，实现承保利润1257万元。评为全省人保财险系统2018年度“标杆县区支公司”。

【保险险种】 主要险种有机动车辆商业险、机动车辆交强险、财产保险基本险、财产保险综合险、变压器保险、家庭财产保险、个人贷款抵押房屋保险、供电责任保险、雇主责任保险、公众责任保险、产品责任保险、旅行责任险、货物运输保险、人身意外保险、意外伤害医疗保险、借款人责任保险、学生、幼儿意外伤害保险、医疗责任险、柑橘保险、林木火灾保险、能繁母猪保险、短期健康保险、保证及信用保险等100多个险种。

（钟定京）

商贸　旅游

商　务

【概　况】 2019年，实现社会消费品零售额24.36亿元，同比增长11.3%，全市排名并列第16名，其中限额以上消费品零售额实现4.32亿元，增长14.8%，增幅排全市第17名（剔除两桶油数据），新增限额以上商贸流通企业8家，退出5家，净增3家。年度外贸出口总额50417.71万元，完成比127.66%，按完成比排全市第6名，同比增长27.66%，按完成比排全市第6名；年度实际利用外资2846万美元，同比增长6.35%，其中现汇进资124万美元，现汇比4.36%；年度实际利用省外资金24.26亿元，同比增长8.79%，增幅排全市第8名；完成省、市认定项目14个，其中亿元以上项目9个。

【市场体系建设】 根据《江西省人民政府办公厅关于进一步推动夜间经济发展促进消费升级的指导意见》和赣州市人民政府办公室《关于进一步推动夜间经济发展促进消费升级的实施方案》文件精神，出台《寻乌县关于进一步推动夜间经济发展促进消费升级的实施方案》。联合县财政局对吉潭镇农贸市场建设项目进行验收；组织四季绿（赣州）农产品有限公司、江西龙橙果业有限公司、赣州巧耕人家农业发展有限公司、寻乌县思源发展有限公司等企业参加第十二届中国绿色食品博览会。

【市场秩序建设】 开展成品油市场专项整治，出台《寻乌县成品油市场专项整治方案》《关于开展成品油市场专项整治的通告》《关于明确全县民营加油站整治服务工作责任的通知》等文件，并成立成品油市场专项整治领导小组。相关单位签订《寻乌县成品油市场专项整治工作责任状》。排查散装油售卖点111处，排查废弃储油罐19个，查封储油罐4个，扣押处理非法流动加油车5辆，行政处罚罚款39.13万余元，查处漏税68.9万元，查封关停9个非法民营加油站。

【商务服务与管理】 开展全县商贸行业企业安全生产工作专题培训2次，组织32家重点商贸流通企业消防安全培训讲座4次，开展“3·15消费者权益日”“安全生产月”“安全生产万里行”等安全生产知识宣传活动，发放宣传资料1000份。对行业内各大商场（市场）、宾馆、加油站等单位开展内部安全检查12次；开展民爆行业安全生产大检查12次，进行消防演练4次；开展对县民爆公司运输、储存、销售民爆物品，进出库档案检查12次，确保民爆物品使用安全规范；优化限额以上企业结构，扩大限额以上企业数量。年底，限额以上在库企业共27户，其中限上企业23家，大个体4户。

【开放型经济】 突出引进大项目和首位产业（以通用设备制造为工业首位产业），全县签约项目21个，合同总额37.89亿元，其中亿元以项目15个、合同金额34.93亿元，首位产业项目8个、合同总额 11.8 亿元。

实际利用外资2846万美元，同比增长6.35%，其中现汇进资 124 万美元，现汇比 4.36%。

出台《招商引资工作意见》，设立外贸出口促进奖，对出口企业开拓国际市场给予奖励。

【电商扶贫】 与阿里巴巴合作，共同举办“7·15”县长来了、“7·22”“聚土地·聚划算”、“7·23”公益直播、“9·17”丰收节直播、淘乡甜百香果专供、聚划算、“双十一”晚会等系列活动，累计销售超过 300 万元农特产品；联合县邮政公司，销售农特产品，通过邮政“9·19”电商节、邮政扶贫极速鲜项目、电商站点扶贫等，累计销售 80 万余元。

借助热门明星真人秀，邀约《益起追光》节目组到寻乌实地拍摄明星真人秀节目，在优酷网、人流密集地区 bbs 电子广告牌、阿里主页面等播放；借助直播销售新业态，增加寻乌县网货曝光率；邀约国内主要媒体记者到寻乌参加“浔·寻乌模式探访暨 2019 阿里巴巴脱贫基金半年会”，实地采访、宣传寻乌产品。据统计通过电视、直播、电子播放等各种渠道了解寻乌农特产品的群众超过 3000 万人。

联合寻乌县中等职业技术学校，采取“理论 + 实践 + 后续跟踪服务”培训模式，培训 345 人次，其中贫困户 71 人，村干部 20 人。与人社局共同举办电商基础培训班，培训 200 人次。对接京东与淘宝“土货出山、电商下乡”扶贫活动，免费培训 200 人次，对参培人员发放粮油食品，价值 3 万余元。

申报赣州市电商扶贫示范镇、示范村和第三批赣州市电子商务示范企业。澄江镇入选赣州市电商扶贫示范镇（全市有 3 个名额），南桥镇南龙村入选赣州市电商扶贫示范村，有 3 个企业入选第三批赣州是电子商务示范企业，获 11.5 万元资金扶持。

（范正亮）

招商服务

【概　况】 2019 年，围绕“主攻工业，三年再翻番”工作目标，开展“大干项目年”活动，各项工作取得一定成效。

【制定政策】 对产业引导基金转为贴息扶持情况进行调研，为解决产业引导基金融资困难提供决策依据，向县委、县政府呈报《关于进一步明确我县首位产业招商引资基本优惠政策的意见》；重新修订、完善招商引资考核认定办法，考核奖惩规定、招商队组建等政策，出台《关于做好 2019 年招商引资工作的意见》（寻办字〔2019〕19 号）。

【招商推介】 1 月 5 日，举办赣州市桔都商会三届二次会员大会暨寻乌县招商引资推介会；1 月 11 日，举办第二届广东省江西寻乌智库论坛暨通用设备制造产业招商推介会；1 月 31 日，举办 2019 年寻乌县“三请三回”（请乡友回家乡、请校友回母校、请战友回驻地）新春座谈暨招商引资推介会；6月 11 日，举办“会昌、寻乌、安远”生态经济区产业合作推介会；11 月 29 日，举办东莞市江西寻乌商会成立庆典暨寻乌县招商推介会；12 月 22 日，举办梅州市江西寻乌商会六周年庆典暨产业招商推介会。宣传推介寻乌县情和重点招商引资项目，介绍寻乌县招商引资优惠政策。强化媒体宣传，加强政务公开网及公众微信号宣传力度，推介招商信息，加强对落户寻乌县的重点企业（项目）的宣传报道。

【外出招商】 2019 年，继续抽调干部组建 4 支专业招商队；推动各招商责任单位外出招商。全年招商责任县直单位外出招商 155 次，四支专业招商队外出 50 次，“高强度、高效率”外出，招商成效明显。寻乌县完成内资项目 14 个，其中亿元以上项目 9 个，项目实际进资 24.26 亿元，完成年度目标任务的 108.8%，比去年同期增长 8.79%，增幅排全市第 8 位。全年共签约合同项目 21 个，签约合同金额37.89亿元。其中外资项目1个，为现代服务业招商队引进的寻乌国际贸城项目，总投资3亿元；首位产业项目8个，签约合同金额11.8亿元。

2019年引进首位产业项目一览表

表12　　单位：亿元

序号	招商单位	招商项目	项目总投资
1	工业园区管委会	塑料设备制造	1.5
2	人社局	磁能电子设备制造	1.5
3	招商二队	数控自动化设备机械	1.2
4	通用设备专业招商2队	空压机系统设备研制	2
5	通用设备专业招商1队	空压机过滤器	1.6
6	通用设备专业招商1队	华南泵业（赣州）有限公司二期	1.3
7	招商服务中心	自动化设备制造	1.2
8	县委组织部	自动化设备制造	1.5

2019年招商引资签约项目一览表

表13　　单位：亿元

序号	项目名称	投资客商	投资总额	建设情况
1	蜂蜜产品深加工项目	浙江易北农业开发有限公司	1.3	未开工
2	食用菌种植示范基地及加工项目	寻乌县恒顺生物科技开发有限公司	0.6	未开工
3	塑料设备制造项目	佛山市迈特塑料设备有限公司	1.5	已开工建设
4	磁能电子设备制造项目	东莞市磁能电子有限公司	1.5	已开工建设
5	数控自动化设备机械项目	东莞市恒坤数控设备有限公司	1.2	已开工建设
6	寻乌县金刚山旅游度假区	鼎鹭翔（厦门）旅游管理有限公司	10.88	已开工建设
7	空压机系统设备研制项目	深圳市三舰客节能科技有限公司	2	已开工建设
8	四季绿（赣州）农业项目	惠州市四季绿农产品有限公司	8	已投产
9	寻乌县德青源金鸡产业项目	北京德青源农业科技股份有限公司	7.35	已开工建设
10	外购矿产品贸易加工项目	寻乌县添翼矿业有限责任公司	1.3	已投产
11	新建定安医院项目	寻乌县定安医院	0.43	未开工
12	寻乌县惠农服务中心项目	寻乌县中农现代农业服务有限公司	0.23	未开工
13	空压机过滤器项目	东莞市三格滤清器有限公司	1.6	已开工建设
14	华南泵业（赣州）有限公司二期项目	华南泵业（赣州）有限公司	1.3	已投产
15	年产1.5万吨蔬菜产品深加工项目	赣州巧耕人家农业发展有限公司	1.2	未开工
16	自动化设备制造项目	东莞市西格玛自动化科技股份有限公司	1.2	已开工建设
17	寻乌县长宁集贸市场项目	江西鸿璨投资管理有限公司	0.5	已开工建设
18	自动化设备制造项目	东莞市友卉机械有限公司	1.5	未开工
19	食品饮料（饮用水）生产加工项目	江西省腾圣食品有限公司	0.5	已开工建设
20	寻乌县鳗鲡鱼工厂化养殖基地建设项目	福建融达水产有限公司	0.7038	已投产
21	寻乌国际商贸城项目	香港大世界投资集团有限公司	3	未开工

【安商服务】 继续实行招商引资项目“一站式”办公机制，为企业提供“一站式受理、一次性告知、一条龙审批”服务，坚持“店小二”“保姆式”服务企业，营造“企业动嘴、干部跑腿”的服务环境。帮助企业早开工建设、早竣工投产、早见效。如为解决江西博广智能装备有限公司因产业引导基金政策改变，造成企业融资困难问题，寻乌县招商服务中心为该公司争取农商银行500万元首位产业贷款，解决了企业融资等难题，推动项目进度。协助解决祐臣、德新达、华南泵业等企业融资等问题。

（廖　静　赖声均）

供销合作

【概 况】2019年深化供销合作社改革、为农服务工作扎实，荣获市供销合作社业绩考核第一名。

【农民合作联社】组织10个成员社赴江苏参加农产品展销会，与15家大型商贸流通企业签订了脐橙、蔬菜等20多种农副产品产销对接协议。

【项目建设】7月，投资999.18万元购买广寻现代综合物流园中一栋四层建筑面积2140平方米房产建设供销大厦。9月，引进中国农业生产资料集团公司（简称中农集团）1800万元政府配套资金270万元，计划划拨土地32亩建设寻乌惠农服务中心。

【供销改革】根据《关于印发〈关于限期消化与解决供销合作社历史遗留问题〉的通知》（赣供改办字〔2018〕2号文件要求），县政府出台《寻乌县人民政府办公室关于印发寻乌县限期消化与解决供销合作历史遗留问题工作实施方案的通知》（寻府办字〔2019〕15号）对县社和下属企业土地房产确权面积1493.3平方米进行确权。涉及土地出让金、房屋鉴定报告等费用183.2万元给予免收；对冲决政策性亏损挂账金额58.66万元，由财政拨付，用于偿还省农资公司、银行等部分债务。

【基层社建设】争取全国总社基层建设专项资金250万元，其中，22万元对城关供销合作社房屋进行除险加固；18万元对留车供销社房屋进行除险加固。

【电子商务建设】依托县供销电商有限公司开展“电商+物流”模式，连通入驻“供销e家”电商平台，15个乡（镇）设立“供销e家”综合服务站，136个村设立村级电商服务点，为农产品上行和农资农服、日用品下行等领域实现业务对接，打通农村电商“最后一公里”，帮助贫困户销售脐橙150多万公斤，增强供销社为农服务的能力。

（樊贱明 谢 峰）

粮食流通服务

【储备粮购销轮换】2019年，继续执行国家粮食收购最低保护价收购政策，做好早稻收购工作。完成县级储备粮1076吨轮换任务，储备粮品质良好，数量真实，需要时调得出，用得上。

【库存粮食管理】执行国家新制定的粮食仓储管理办法。健全仓储管理各项规章制度，确保库存粮食不变质。按照中央、省、市、县大清查实施方案和有关质量清查要求，开展全县粮食库存大清查工作，经检查全县粮情正常，无虫害、粮温在23℃内，水份在12.5%内，储粮品质宜存，质量合格，储粮安全，质量可靠。组织有关人员对省级储备粮和县级储备粮开展春秋普查各1次，确保库存粮食账物、账表、账账相符。经省农业农村局、市农业农村局普查：储备粮管理达到“一符、三专、四落实”（“一符”即账实相符；“三专”即专仓储存、专人保管、专账记载。“四落实”即数量落实、品种落实、地点落实、人员落实），粮库、粮仓、粮食实现“四无”（无虫害、无变质、无鼠雀、无事故）。加强全县储粮监督检查，组织粮食保防人员运用科学保粮新技术、新工艺管好储粮，提升粮食仓储管理水平。军粮供应专人管理、专人记载，提高军粮供应服务水平。

【粮食监测和统计】开展全社会粮食流通统计和粮食价格监测，为粮食市场稳定和上级领导决策提供真实可靠的数据资料。开展“粮食科技周”“世界粮食日”宣传活动，宣传国家粮食最低收购保护价政策。推进“优质粮食工程”，引导农民多种粮、种好粮，实现增收。宣传科学储粮、健康粮油使用和健康饮食知识。

【安全生产】健全粮食仓储管理制度，加强储备粮食安全管理，提高粮食仓储安全管理水平。开展创建粮油仓储安全示范库活动。指导粮食购销企业落实安全生产责任制，健全仓储检查、事故报告和责任追究制度。对粮食储备管理人员进行安全生产培训。开展粮储安全生产大检查，组织安全生产隐患排查和整治。做好粮仓防汛物资准备工作，把安全生产工作落到实处。年内，未出现储粮安全事故。

（谢晓燕）

烟草专卖

【概　况】 2019年，实现利润3092万元，上缴税收1946万元。寻乌县烟草专卖局（分公司）被赣州市烟草专卖局（公司）评为“2019年度安全生产目标管理先进单位”。

【经营业绩】 全年实现卷烟总量销售11170箱，同比下降1.16%。其中省产烟销售5463箱，占系统外卷烟销售的48.90%，同比增长3.64%；金圣烟销售4452箱，同比增长8.44%。全年实现人均销量8.99条，卷烟单条均价102.9元/条，同比提高1.1元/条。

【市场监管】 全年累计查处案件182起，符合省标网络案件标准1起、省督案件2起。其中5万元以上重案11起，3万—5万元要案3起，1万—3万元大案6起。全年破获万元以上案件20起，共刑事拘留6人，逮捕7人，判刑3人（其中缓刑2人）。查获各类违法卷烟48681条，其中市外乱码卷烟182.9条，本地码段卷烟3306.8条，假烟43978.9条，走私烟1212.4条。共查获烟丝12303.1公斤，捣毁非法制丝窝点1个，查获非法制丝设备7台。

全年破获无证运输卷烟案8起，查获涉案卷烟44735条，总案值超过1000万元。加强与相关部门沟通协作，通过排查三相四线用电情况，4月18日，查处一处非法制售烟丝窝点，查获真空回潮机、立式打叶机等7台制烟设备及大量烟丝，案值700万余元。

加大经营监管力度。联合公安、工商等部门，建立卷烟销售经营信息库，精准掌握辖区内卷烟零售户分布情况。全县在册经营大户8户。2019年，共查处无证经营案件33起，其中经营大户案件14起，依法取缔经营大户3户，剩余5户经营大户纳入专卖日常监管。

【营销网络建设】 绷紧规范经营这根弦，抵制“主观故意、组织参与、内外勾结”行为，加强对卷烟配送过程监控，开展跟车作业、随时抽查，确保卷烟落地落户销售；加强货款资金安全监控，推进网上结算；查处一卡多刷、货款私存、套取现金等行为。

全年未发生重大卷烟外流案件，查获外流真烟同比下降67.38%，真烟非法流通现象得到遏制，规范经营取得实效。

建立“精口小级”“自律小组”“互助小组”，建设小组之家。全年组织自律互助小组长培训12次，“小组之家”累计召开会议100次，开展价格检查120余次，查处低价现象16起，停供相应规格客户16户。

销售终端建设。全年向客户发放烟柜49个，烟架681个。加强对零售终端监管，提升零售终端建设水平。年末开通上线云POS终端客户90户，户均有效在线率23.43%，在线扫描匹配率15.54%。

（胡婧晨）

石　油

【概　况】 全年，汽、柴油销量45473吨；非油品便利店营业额764.43万元。油品综合损耗率–0.17%，其中汽油损耗率0.14%、柴油损耗率–0.208%，全年油品实现溢余，未发生油品数质量事故。

中国石化销售股份有限公司江西赣州寻乌石油分公司直隶在营加油站：县城、城北、城东、文峰、澄江、吉潭、南桥、留车、晨光、上坪、罗珊、高速公路东区、高速公路西区等13个加油站。

寻乌石油分公司被赣州石油分公司评为2019年度数质量管理先进单位。

【油品购销】 全年成品油销售总量为45473吨，其中汽油25432吨、柴油20041吨，较2018年同期的45884吨，下降了411吨，下降0.8%。

【石油市场】 按照“巩固城区、占领国道、开拓高速、精细管理”发展思路，配合当地政府科学编制加油站规划布局，完善成品油零售网点，强化市场管理，发挥中石化成品油供应主渠道作用，保障全县成品油供应。

同时，拓展非油业务。各加油站的便利店按照多品种、多批次、少数量原则，结合本店销售要求，及时搞好要货、补货，经营适销对路的商品。加强对临期商品管理，减少商品损耗。全年非油品便利店营业额764.43万元。

【安全管理】 坚持“安全第一、预防为主、全员动手、综合治理、改善环境、保护健康、科学管理、持续发展”的方针，落实安全环保责任制，强化安全检查和监督，提高班组员工危害识别能力，增强风险防范意识。加强制度执行，严格履职尽责。治理纠正违规违章行为，及时发现和整改安全隐患，把责任落实到每一个岗位每一个环节，做到居安思危，防患于未然，年内未出现安全事故。

旅 游

【概 况】 编制《寻乌县全域旅游总体规划》，重点打造文峰乡云盖崠、三标乡、项山乡三个重点项目旅游开发；2018年，全县接待旅游人数206.77万人次，同比增长94%，实现旅游收入12.82亿元，同比增长189.7%。加大旅游项目推介。发放旅游招商宣传画册500份及其他旅游招商资料5000份。云盖崠景区开发项目、三标富寨乡村旅游项目、澄江镇仙人桥景区、项山乡坝尾乡村旅游项目已列入市旅游招商手。金刚山旅游景区项目投资签约10.88亿元。寻乌县纳入市重点旅游项目7个，景区项目投资10.318亿元，占计划的219%。寻乌宾馆“寻乌客家宴”获评江西名宴；加快青龙岩温泉酒店、东江源温泉酒店、维也纳国际酒店、广寻国际酒店4家以四星级酒店标准建设，完成主体建设；青龙岩温泉民宿、花开了园林民宿、金龟谷森林民宿建设加快推进。石崆寨旅游景区、项山甑度假酒庄、斗晏湖景区评为3个乡村AAA级旅游点。花开了生态旅游景区被评为乡村AAAA级旅游点；青龙岩旅游度假区通过国家AAAA级旅游景区景观质量评审。

文化　传媒　科技

文化艺术

【公共文化服务标准化建设】 全县村（社区）组建广场健身舞蹈队126支，开展活动256次。图书馆于2019年1月12日开馆。该馆位于滨河东路（寻乌中学校园西侧），建筑面积9053平方米（其中地上建筑6317平方米，地下建筑2736平方米）。馆藏总量20万册、电子文献12.7万册，拥有14个功能室。各乡（镇）村、社区173个农家书屋均已实现“数字农家书屋”建设全覆盖。

【非物质文化遗产保护】 对3个省级非遗项目《寻乌客家迎故事》习俗传习所、民间医学《挑积》传习所、《寻乌山歌》、《汶口汉剧》传习所定期有序开展传习活动、展演和展示。

【文物保护】 寻乌县全国重点文物保护单位1处，省级文物保护单位11处，县级文物保护单位39处。登记可移动馆藏文物665件，其中国家一级文物2件，二级文物10件，三级文物78件。澄江镇周田村被公布为第七批中国历史文化名村。澄江镇周田村、项山乡桥头村被公布为第五批中国传统村落。

【参展深圳文博会】 5月16—20日，第十五届深圳文博会在深圳会展中心举办。本届文博会提供给寻乌县展区面积100平方米。寻乌展区以客家围屋造形，以“东江源头　红色橙乡”为主题，介绍寻乌、特色产业、中央宣传部对口支援成果三大部分。7家文化企业（17人）78件展品参展，交易额26万元，现场签订合同金额60万余元。文博会上获奖项2个：寻乌县委宣传部获优秀组织奖、寻乌展团获优秀展示奖。

【文化市场监督管理】 对文化市场、新闻出版行业进行了执法检查。收缴非法出版物112本（册）。在城北广场开展文化市场法律法规知识宣传活动，共发放宣传资料120份。在万象影讯有限公司对反间谍法进行宣传工作。开展知识产权周宣传活动。参加江西省“护苗2019绿书签”系列宣传活动。

【图书阅览】 接受深圳市捐赠图书1.5万册，馆藏量达20万册，上架流通图书9万余册。办理借阅卡3202个，流通人数达到15万人，借阅图书7.8万册，馆外流动服务借阅册次近1万册。

【重要文化活动】 全年先后举办寻乌县第八届少儿艺术节暨第二届网络少儿春晚选拔赛、2019年“客家老俵春晚”第五届春节联欢晚会、“中国好声音”寻乌赛场歌手大赛、“五一”职工文艺晚会、纪念五四运动100周年文艺晚会、“我和祖国共成长”——寻乌县第五届青少年现场书画大赛、“童画杯”第四届少儿书画优秀作品展、“农商行杯”廉政建设书画展。组织县采茶歌舞演艺有限公司演职人员参加在瑞金举办的“2019红色旅游博览会暨中国红色旅游推广联盟年会”等。为纪念改革开放40周年和庆祝新中国成立70周年，举办改革开放40周年首届书法临帖展、辉煌70年——“九江银行杯”广场舞大赛（寻乌赛区）、“光辉70年·奋斗新时代”赣南六县（寻乌县、定南县、龙南县、全南县、信丰县、安远县）美术书法摄影展、赣闽粤边三县（武平、平远、寻乌）“客风艺韵”书画摄影作品联展、庆祝中华人民共和国成立70周年暨人民政协成立70周年书法篆刻大赛作品展。9月30日晚，县委、县政府组织“壮丽70·奋斗新时代”大型国庆文艺晚会在县东江源艺术中心举办。

【与深圳市文化交流活动】 自深圳市支援合作寻乌以来，两地文化交流日益增多。5月7日，寻乌县采茶歌舞演艺有限公司在深圳市龙岗区会堂演出大型赣南采茶戏《寻路》。6月27日，深圳市龙岗区大围屋艺术团在寻乌县东江源艺术中心上演现代舞剧《浮流》。8月27日，由宋庆龄基金会、深圳市龙岗区政府与寻乌县政府共同举办壮阔70年·阔步新时代“深圳声乐季·中国声乐人才培养计划”走进基层公益活动，在县东江源艺术中心举行。11月24日，深圳市龙岗区在寻乌县开展“益行红色胜地　重温寻乌调查”徒步活动。来自龙岗区委宣传部、龙岗区文广电旅体局以及珠三角和寻乌县周边县（市）的1000多名徒步爱好者参加。其中来自深圳市的400多名爱心人士参加。沿途经柯树塘废弃稀土矿山治理示范区、青龙岩风景区等，领略寻乌山水林田湖草综合治理后变化，全长26千米。活动结束后，龙岗区委宣传部向菖蒲乡黄砂村捐赠一套数字电影放映设备，并将该村一座闲置仓库改造为小影院。

【举办文化艺术培训】 全年县文化馆举办各类艺术培训和知识讲座共28期，培训919人次。举办“三区”计划人才培训2次80人、中国文艺队舞蹈下乡培训4次120人次、阳光工程志愿者培训1次10人；开设唐宋国学·易经讲座3期共60人次、古筝培训3期80人、老年大学合唱班2期146人、中老年舞蹈培训班120人；举办摄影培训2期97人、声乐培训1期20人、青年舞蹈培训3期100人、幼师舞蹈培训45人。

【文艺创作】 电视剧《毛泽东寻乌调查》再次送审，力争在2020年10月在央视播出。大型赣南采茶戏《寻路》列为2018年度江西省文艺精品创作资助作品、列为2018—2019年度江西省文化艺术基金传播交流推广资助项目，并在10月参加江西省第十一届“玉茗花”戏剧节，获优秀编剧奖、优秀音乐创作奖；应邀赴深圳龙岗、福建上杭交流演出。音乐快板《扫黑除恶》、精准扶贫小品《杨大叔脱贫》、采茶表演唱《说扶贫唱采茶》、民俗舞蹈《客家儿女情》、大型开场歌舞《当祖国召唤的时候》、小品《我是黑社会》、歌伴舞《盛世圆梦》等文艺精品，采茶传承舞蹈《一生一师》获赣州市“飞燕奖”舞蹈大赛。

参加省级赛事获奖项计13个：美术类赛事二等奖1个，三等奖2个；书法赛事类三等奖2个，入展奖7个；文化馆获少儿艺术大赛组织奖1个。

广播电视

【新闻宣传】 年内在中央电视台播出寻乌县新闻14条，其中《新闻联播》4条、《新闻直播间》4条，《地理中国》2条、综合类4条；省电视台播出75条，其中典型报道、深度报道、重点报道30条，相关报道45条；赣州电视台播出204条，其中脱贫攻坚、工业攻坚、果业发展、城市建设等选题头条30条，提要60条，单条45条，综合新闻、简讯69条；县广播电视台制播新闻1568条。

县广播电视台开设《为人民谋幸福》《不忘初心、牢记使命、主题教育进行时》《壮丽70年，奋进新时代》等专题新闻。开通《以上率下，脱贫攻坚在行动》《脱贫攻坚春季攻势》《扫黑除恶专项斗争》栏目。开办《曝光台》《回音壁》专栏。宣传内容涵盖精准扶贫、扫黑除恶专项斗争、乡村振兴诸多方面。“寻乌融媒”APP下载总安装数为16905户，APP原创稿件发稿量9013篇，总点击量229347次，转发量1175次。整合电视台、广播电台、“寻乌宣传”公众号、“寻乌发布”官方微博、“寻乌手机报”、“寻乌融媒”APP、“寻乌融媒”抖音号、“寻乌融媒”百家号、“寻乌融媒”头条号9个平台按照“中央厨房”采编模式统一管理、统一运营、统一发声。

【安全播出】 对内部传输线路、播出前端进行定期检查、养护，规范播出程序，健全检测维护制度，机房各项指标数据输出平稳。配齐监看设备和人员，值机员24小时值班，重要时期坚持领导带班。特别在节、假日、“全国两会”“建国70周年”等重要保障期及其他时间的安全播出。

（吴志琼）

【广电网络】 2019年县广电网络公司完成总收入901万元，占总任务的80%，网络用户14600户，历年停断用户2500户，BOSS系统续费率42%，宽带收入31万元，占总任务的35%，互动收入25万元，占总任务的30%，新安装融合套餐515户。为配合支持县重点工程建设，争取项目资金90万元，用于杆线搬迁。

科　技

【科技项目】 实施各级科技项目27项，实施中央引导科技计划项目1项，即《龙脑樟种植及精深加工技术应用与示范》；实施省科技计划项目8项，分别为《一种新型扦插苗床育种的龙脑樟》《寻龙香龙脑精油》《寻龙香天然冰片》《免破碎混合酸溶分布沉淀法回收氧化钕》《低失重、高性能烧结钕铁硼永磁材料》《大颗粒氧化镝》《钕铁硼永磁体磁性改善剂钆铁合金》；实施市科技计划项目5项，分别为《水泵系统及配套设备研发制造项目》《环保高效压缩空气干燥机生产项目》《螺杆式节能空气压缩机无油润滑的研究与开发》《富硒灵芝健康产业链示范基地建设》《荧光粉废料回收制备高纯稀土氧化物的研究与开发》；实施县科技计划项目11项，分别为《一体化泵站的研发与应用》《手机精密结构件及其配套设备研发制造项目》《水泵系统及配套设备研发制造项目》《压缩空气干燥机的研发》《稀土矿尾砂地多用途高效经济植物筛选与应用》《新型吸附塔及其内分子筛研发生产项目》《脐橙标准化种植技术的研究与推广》《一种可减轻压痕的舒适型鼻托》《狗皮膏质标准提高》《肉兔人工授精繁育技术的研究与应用》《绿色有机辣椒优质高产栽培技术的研究与示范》。

【培育高新技术企业】 提高科技含量，培育高新技术企业。科技型中小企业，有10家企业升级为高新技术企业，分别为江西博广智能装备有限公司、江西恒顺生物科技开发有限公司、江西省夫能环境设备科技有限公司、江西地康药业有限公司、寻乌县天光新能源开发有限公司、寻乌县中辉新能源开发有限公司、江西领创机电科技有限公司、江西祐臣节能净化科技有限公司、江西伟德智能电气有限公司、寻乌县香源农业发展有限公司；20家企业升级为科技型中小企业，分别为寻乌县香野豪猪生态养殖专业合作社、寻乌县思源农业发展有限公司、寻乌县农合园果蔬种植专业合作社、寻乌县群鑫文化产业发展有限公司、赣州市宝都节能有限公司、江西省君好农业开发有限公司、江西地康药业有限公司、寻乌县太湖果业专业合作社、寻乌县火花果业专业合作社、寻乌县惠源农业发展有限公司、寻乌县绿之源生物科技有限公司、寻乌县果维电子商务有限公司、江西泛宇压缩机科技有限公司、江西荣霸机械有限公司、江西祐臣节能净化科技有限公司、江西思晨机器人有限公司、赣州通洲塑胶机械有限公司、江西广寻现代物流有限公司、江西中超泵业有限公司、江西省赣安居新型建材科技有限公司。

（程　燕　钟凤云）

地震监测与服务

【概　况】 2019年防震减灾对重点监视防御区数据提供准确，在市县防震减灾指数的考评体系居县级第一档次。

【监测预报】 地震监测分为微观监测和宏观监测。微观监测主要有专业的测震仪器，有文峰长溪测震台，南桥和三标两个强震动观测台，南桥古坑跨断层测量，马蹄岗GPS形变观测，局内院地下流体前兆观测。建有县、乡、村三级宏观观测点194个。5月30日，江西省地震局派出技术人员专程到寻乌，开展地震监测设备的校测工作，检查地震台的电力、通讯保障以及其他安全隐患，保证台站仪器正常运转和数据的及时传输。

【震害防御】 利用"5·12"防灾减灾日、"7·28"唐山地震纪念日、科技活动周、"开学第一课"、"12·4"等重要时间节点，开展"提高灾害防治能力，构筑生命安全防线"为主题的防震减灾宣传，发放宣传资料、摆放宣传展板、播放地震应对常识宣传片、应急装备展示、应急救援技能演示等形式，有效提高寻乌县广大群众应急地震灾害等突发性公共安全事件的应急响应和处置能力，在"全国科普日"宣传期间，印发通俗易懂的《防震避震手册》和宣传资料，增强全民防震减灾意识和自救互救能力。围绕"安全放心房"，在南桥、文峰、澄江开展建筑就业个体工匠技能培训班，推进农村民居地震安全工程。

气象观测与服务

【气象业务】 寻乌气象局属国家基本气象站，担负气候观测和亚洲气象情报交换任务。器测项目包括：气温、气压、地温（地表、浅层、深层）、草温、风向、风速、雨量、相对湿度、E601型蒸发、电线积冰等；目测有云、能见度、天气现象。天气预报有日常天气预报、中长期、短期、短时灾害性天气预报；雷电、森林火险等级预报等；与县矿管局合作开展地质灾害预警预报。

【气象服务】 发布各种气象灾害预警信号171次，其中包括大雾黄色预警6次、雷电黄色预警111次、暴雨蓝色预警15次、暴雨黄色预警17次、高温预警2次、霜冻预警5次。各部门、各乡镇、防指成员、气象信息员接收天气预报、预警、雨情公告等短信上万人次。做好春运、春节、春播、汛期、高考、中考、秋收、秋种等气象服务。加强汛期及应急响应期间领导及工作人员的值班制度。通过手机短信、微信、电视、广播、网络等媒体向决策部门、学校和社会公众发布预报预警。组织预报服务小组进行天气会商，中短期天气预报准确，短临预警信号发布及时。开展人工影响天气作业。9月中旬以来，全县晴多雨少，人工增雨，在三标基田、九曲湾，桂竹帽土公坳，生态公园，吉潭等地作业13次，发射火箭弹32枚。开展各种下乡气象服务，发送气象服务材料上千份，发放气象防灾减灾、防雷、气象法律法规等宣传材料计3000余份，回收调查问卷50份。

【天气气候特点】 全县年平均气温19.9℃，比历年平均值（19.1℃）高0.8℃，比2018年高0.1℃；年降水量1781.1毫米，比历年平均值（1605.7毫米）偏多175.4毫米，比2018年多420.7毫米。全年降水主要集中在3—6月，占全年降水量的71.52%；雨量时间上分布1—3月487.2毫米，4—6月雨量924.8毫米，7—9月雨量359.6毫米，10—12月雨量9.5毫米。全年共出现9次暴雨日，1次大暴雨日，降水量为104.2毫米，出现在6月10日；全年日照总时数1618小时，比2018年少36小时，比历年平均值少49.2小时，年日照百分率37%，与2018年（37%）持平。无霜期313天，比2018年（307天）多6天。

据气象站观测纪录，2019年最高气温37.3℃（8月10日），比2018年最高气温（36.1℃）高1.2℃；最低气温-0.3℃（1月23日），比2018

年最低气温（–3.0℃）高 2.7℃。最大风速为 8.5 米 / 秒（4 月 26 日），风向南西南，极大风速 16.2 米 / 秒（9 月 2 日），风向南东南。任意 24 小时最大降水量 104.2 毫米（6 月 10 日）。

【异常气候与灾害】 1—3 月全县出现历史罕见的阴雨寡照天气，入讯早结束晚；汛期暴雨频发，降雨极端性强；夏季晴热少雨；秋冬季出现历史罕见的气象干旱过程。4 月 18—19 日，寻乌县普降大到暴雨，6 月 23—24 日，全县普降暴雨，部分乡镇大到暴雨。

（吴利雪）

卫 生

卫生健康事业

【概　况】 2019年全县各级各类医疗卫生机构336所。其中二级综合性医院（县人民医院）、中医院、妇幼保健计划生育服务中心、皮肤病医院（皮肤病防治所）、疾病预防控制中心、卫生计生综合监督执法局各1所，乡镇卫生院16所，民营医院2所，社区卫生服务中心（站）5所，门诊部1所，个体诊所40所，村卫生室262所，医务室4所。全县病床数1298张，其中县级公立医院707张，乡镇卫生院417张，民营医院99张，社区卫生服务中心75张。全县平均每千人拥有病床数4.33张。全县卫生专业技术人员1576人（含临时聘用和民营医院人员），执业（助理）医师535人，执业护士601人。全县平均每千人拥有卫技人员5.25人、执业（助理）医师1.78人、执业护士2人。全县拥有乙类大型医用设备3台。其中16排和双排螺旋CT各1台，1.5T超导型医用核磁共振成像设备（MRI）1台。县计划生育工作被评为“全省计划生育工作先进县”，寻乌县被评为“全市计划生育工作综合先进县”。

【医药卫生体制改革】 推进卫生健康领域“放管服”改革，办理登记“两证合一”医疗机构4所，办理医师多点执业12人，批准社会力量医疗机构4所。开展人文医院建设年活动，优化诊疗行为和控费结算制度，执行“先诊疗、后付费”制度，改善就医环境。

【健康扶贫工作】 落实健康扶贫政策，148所产权公有卫生室安排医生进驻或巡诊，每村发放300元/年的防疫津贴，贫困人口健康得到保障。

【爱国卫生运动】 开展农村公厕、户厕革命，农村改厕1100座，新建农村公厕23座；投入经费40余万元，全县范围开展6轮蚊虫化学消杀工作；健康教育实施“健康中国行 律动赣鄱地”和“控油限盐 健康进万家”活动，在5个乡镇和4所学校开展居民健康素养及学生健康素养知识调查，开展健康科普巡讲23次，发放健康宣传资料10000余册、青少年烟草流行监测调查问卷910份、发放控油限盐工具套装92619份。

【计划生育管理】 2018年10月1日至2019年9月30日，全县出生4275人，出生率为11.69‰，人口自然增长率为7.64‰；符合政策出生3920人，出生政策符合率为91.7%；其中，男婴2203人、女婴2072人，出生人口性别比为106.32（女为100）；药具使用率21.51%，各项指标均达到目标值以上或在控制值以内。有效申请生育登记（审批）2744例，办结2744例（其中《生育服务卡》二孩2668例，审批再生育“生育服务证”76例），办结率100%；接收协查信息180条，协查180条，处理171条，协查率100%、处理率95%。年内，在澄江卫生院、文峰卫生院新建2

所母婴室，全县共有7所标准化母婴室，母婴设施配置率达90%。

【医疗卫生设施建设】 县人民医院住院大楼建设项目完成主体和外墙装修的建设；县中医院住院大楼建设项目完成设计进入招投标阶段；县妇幼保健计划生育服务中心完成大楼主体；新南桥卫生院竣工搬迁并投入使用，丹溪卫生院建设项目完成主体，项山卫生院进入验收结算中。同时，各乡镇卫生院医疗废水处理站项目已挂网公示招投标，待完成招投标后将全部开工实施。

【妇幼健康】 聘请深圳专家在托幼机构举办知识讲座，对0—6岁儿童开展近视防控筛查工作。截至10月31日，结婚登记1578对，婚检1518对，免费婚检率96.2%；为1120对育龄夫妇免费健康检查；农村妇女“两癌”免费检查4950人，城镇贫困妇女“两癌”免费检查110人。

（张宏彬）

疾病预防控制

【卫生监测】 对公共场所从业人员、各学校（含学前班、幼儿园）炊事员进行体检，共体检6480人。做好农村义务教育学生营养改善计划健康监测，其中监测中小学校16所3668人。对农村饮用水、自来水厂、中小学饮用水、居民自备井水等进行监测，检测水样1758份。开展食源性疾病监测，共监测上报病例134人。全年监测农药中毒36例。对县城六所学校（小学、初中、高中各二所）2946人进行视力检测。开展职业病监测，对18名尘肺病人进行随访调查；对县内20家企业的员工开展工作场所职业病危害因素监测。

【免疫规划】 全县新建卡4760人，其中本地儿童3978人，暂住儿童239人，流动儿童542人，建卡率为100%，建证率100%。一类疫苗接种87116剂次，其中乙肝接种11414针次，接种率99.57%，首针及时率96.65%；卡介苗接种3603人，接种率100%；脊灰疫苗接种15188剂次，接种率99.57%；百白破基免接种12121针次，接种率99.08%；百白破疫苗接种15168针次，接种率99.1%；白破接种4595剂次，接种率98.69%，含麻类疫苗接种8502针次，接种率99.32%；A群流脑疫苗接种7667针次，接种率98.97%；A+C流脑疫苗接种9280针次，接种率92.41%；乙脑疫苗接种8541针次，接种率98.98%；甲肝疫苗接种3160针次，接种率72.31%。二类疫苗接种22471剂次。

规范AEFI、AFP监测和处置：监测报告AFP病例2例，其中一例为东莞东华医院上报病例，15岁以下儿童AFP发生率为1.29/10万（2018年15岁以下儿童数63444人）。麻疹监测：本地疑似病例11例，确诊5例；外地报告疑似病例16例，确诊15例。发生2例麻疹暴发疫情，对疫情进行及时处置。其他7例为排除病例。AFP监测：全县报告1例病人，14岁以下AFP报告发病率0.29/10万。

【传染病防治】 随时应对各种突发公共卫生事件，加强传染病信息系统管理，完善应急预案，成立2个应急机动队在重点季节负责值班，工作队员24小时保持通讯畅通，储备3万元的应急药品和应急器材，全年未发生大的疫情和突发公共卫生事件。

流行病控制。做好传染病预防和控制，加强手足口病等重大传染病的防控及监测，未发现重大传染病疫情和突发公共卫生事件。全县21家医疗机构共报告13种共计1571例法定传染病，其发病率为527.5/10万，死亡1例，死亡率为0.34/10万。与去年同期相比发病率上升17.1%。霍乱监测工作，从4月起，对寻乌河水及县城海产品开展霍乱弧菌检测，采集检测样品238份，检测河水98份，各种水产品140份，未发现霍乱弧菌。手足口病防控采取每月采样5份标本，采样 40 份患者的咽试子和肛拭子送市 CDC 检测，未发生聚集性疫情，未发现重症和死亡病例，为临床救治和采取防控措施提供参考。

H7N9 禽流感防控。5 月，开展针对 H7N9 禽流感的防控应急演练，提升防控能力，全县未发现 H7N9 禽流感病例。

灾后防疫。6 月全县持续强降雨，县疾控中心派出 2 支专业队伍奔赴各乡镇指导灾后消杀防疫工作，免费发放消杀药 230 袋、防疫宣传画册 330 份，确保灾后群众的身体健康。

结核病防治。按项目管理的要求开展追踪随访肺结核病人 296 人次，对乡镇卫生院督导 65 次，全县结核病人登记数 189 人，完成总病人数的 90.1%；其中，初治涂阳 72 例，全年完成任务的 86%；初治涂阴 83 例，完成任务的 101.2%；复治涂阳 15 例，完成任务的 55.5%；重症涂阴 16 例，完成任务的 72.7%；耐多药病人 3 人，完成任务的 75%；网络直报系统报告疑似肺结核病人 160 例，到位 150 例，到位率 93.7%。

加强学校结核病防控。9—10 月，完成对全县各级各类学校入学新生结核病筛查。其中，中学 20 所，筛查初一年级 4872 人，高一年级 2310 人，职业技术学校一所 364 人；小学 143 所筛查一年级新生 4491 人，幼儿园新入园幼儿 2833 人，将筛选结果反馈给教育部门进行重点管理，以及落实防控措施。

艾滋病防治。开展防治知识的宣传、血样检测和公共娱乐场所高危人群干预，对娱乐场所进行调查摸底，并对相关人员进行干预性教育宣传，发放宣传资料和安全套。有 1602 人次接受干预，发放安全套 16970 个。完成 412 人的自愿咨询检测。每月定期对县看守所在押人员进行抽血检测，未检出 HIV 阳性。年内新发 2 例艾滋病病人。对 25 名患者 CD4 细胞和病毒对配偶、子女和亲属进行载量检测，定期进行随访。其中，抗病毒治疗前体检 4 人，支出金额 2384.8 元；抗病毒治疗后体检 11 人，支出金额 4469.4 元。

【地方病防治】 完成碘缺乏病监测工作，对 5 个乡镇 8—10 周岁的学生抽取各 40 人、孕妇各 20 人进行盐碘、尿碘检测；对肿瘤登记和死因常规监测，肿瘤登记报告人数 472 人，肿瘤登记死亡人数 295 人。对澄江镇汶口村、水源乡袁屋村、罗珊乡华齐村、南桥镇黄塘村、菖蒲乡黄砂村五个行政村共调查 767 人，检查出寄生虫阳性人数 115 人，阳性率 1.95%。对全县 5 个乡镇 20 个行政村 300 户居民食盐采样监测，抽取食盐 200 份，合格率 100%。有关数据报上级单位决策参考。疟疾防治做好人员培训，完成三热人员血检任务 136 人。

（李　强）

计生协会

【概　况】 县计划生育协会是协助政府动员广大群众促进人口发展、生殖健康、计划生育和家庭保健的群众组织，是党和政府联系广大育龄群众的桥梁和纽带。

【生育关怀】 组织开展“5·29”计生协会纪念日活动，5 月 31 日，组织特殊家庭 30 户 40 人在县中医院进行免费健康体检，为 30 户特殊家庭发放 1000 元 / 户的社会关怀爱心救助金；利用“5·29”协会纪念日为契机，各乡（镇）开展宣传咨询活动和家庭医生签约及上门服务免费体检。对新增农村部分国家奖扶对象 32 人、国家特殊家庭奖励对象 3 人和农村已扎二女户提前十年享受奖励扶助 63 人进行上户走访调查并审核上报。为农村已扎二女户家庭 510 户 951 人缴交新农保参保费 28.5 万元。审核上报 110 名农村已扎二女户家庭和独生子女户家庭子女中考加分。春节期间，县卫健委为 30 户计生困难家庭发放 700 元 / 户春节走访慰问金共计 21000 元。

【特殊家庭关怀】 对计生特殊家庭建立帮扶档

案，详细收集相关信息。在卫健系统开展“乐帮”学雷锋志愿服务活动，安排机关党员干部采取一对一的形式，对计生特殊家庭结对帮扶，为每个计生特殊家庭成员办理住院护理保险。年内，为失独家庭40人按70元/人标准缴纳住院护理保险共计2800元。县人民医院为特殊家庭开辟看病就医“绿色通道”，发放就诊服务卡。

（张宏彬）

县人民医院

【概　况】县人民医院为正科级差额拨款事业单位，内设急诊科、内一科（心血管、肾脏、风湿免疫）、内二科（呼吸、消化）、内三科（神经、内分泌、血液）、老年病科、重症医学科（ICU）、儿科（新生儿科）、妇产科、外一科（普外、泌外、胸外、烧伤）、外二科（骨科）、外三科（神经外科、骨科）、眼耳鼻喉科、手术麻醉科、感染性疾病科、康复医学科、皮肤科、安宁疗护科、介入导管室、口腔科、门诊部20个临床科室，药剂科、磁共振/CT室、放射科、检验科、输血科、病理科、超声科、消毒供应中心8个医技科室，23个职能科室。年末共有员工647人，其中卫生技术人员540人；正高职称1人，副高职称16人，中级职称171人；执业医师158人，执业护士295人；研究生学历1人，本科学历203人。医院核定编制床位数499张，开放床位数609张。全年业务收入21553万元，门诊人次数353174人次，住院人次数25783人次，手术人次数5842人次，在江西省130家二级综合医院综合排名第5名。

（卢诗珍　陈文添）

中医院

【概　况】县中医院集医疗、保健、教学、科研、康复、基层中医指导为一体的二级综合性现代中医医院，为正科级差额拨款事业单位。内设急诊、内科、外科、康复科、肛肠科、门诊部、手术麻醉科、口腔科、妇科、五官科、中医科11个临床科室（其中康复科、肛肠科为省级基层特色专科），药剂科、CT室、放射科、检验科、功能科（B超心电图室、胃镜室）、煎药室、消毒供应中心等7个医技科室，21个职能科室。核定人员编制98个，年末在编人员74人，临时聘用人员89人，其中卫生技术人员134人；正高职称1人，副高职称5人，中级职称23人；执业（助理）医师56人，执业护士48人。医院核定编制床位数150张，实际开放床位数157张。全年业务总收入4350万元，门诊人次数98471人次，住院人次数3786人次，手术人次数2621人次。

（潘其伟　刘应华）

教育　体育

教　育

【概　况】 2019年，全县共有各级各类学校334所，其中小学26所、小学教学点97个、幼儿园186所（含幼儿看护点）、初级中学8所、九年一贯制学校12所、完全中学2所，普通高中1所、职业学校1所、特殊教育学校1所。在校学生58795人，其中幼儿园12577人、小学24187人、初中13633人、高中7057人、特殊教育25人、职业技术学校1316人。中小学、幼儿园公办教职工数为3532人，其中30岁以下1182人，31—40岁1063人，41—50岁752人，51—55岁337人，56—59岁198人。研究生学历13人，本科学历1902人，专科学历1406人，高中及以下211人。2019年，在省市级媒体（含省市《五型政府建设工作简报》）刊登（播放）经验做法。寻乌中学黄才发老师被中宣部、科技部、中国科学技术协会评为2019年全国十佳最美科技工作者。岑峰中小学李苍龙被江西省人社厅、教育厅授予全省模范教师荣誉称号。

【师资培训】 国培计划项目培训698人，其中派出培训403人，国培计划送教下乡培训295人。开展中小学教师县级集中培训共计2825人次，其中中小学校长培训171人，中小学政治、语文、数学、英语、学前教育等学科教师培训2126人，2019年新入职教师培训141人，骨干专业技术人员公需科目培训387人。广播电视大学、赣南师范大学函授专科、本科、一村一名大学生专科培训共计560人。进修学校中专全日制幼师专业班培训305人。教师参加2019国培计划——信息化素养提升培训610人，“互联网＋教师专业发展”培训2658人，合计3268人次。

【幼儿教育】 幼儿园（含公办、民办、幼儿看护点）共186所，611个教学班，在园幼儿12577人。2019年新增3所小区配套公办幼儿园，分别是太湖新村幼儿园、皇冠名苑小区幼儿园、国际公馆小区幼儿园，新增文峰乡河岭村等16所村小附属园。现有省级示范性幼儿园1所——寻乌县幼儿园，市级示范性幼儿园6所，分别是博豪幼儿学校、长宁镇中心幼儿园、晨光镇中心幼儿园、吉潭镇中心幼儿园、南桥镇中心幼儿园和水源中心幼儿园。

【普通教育】 有小学123所（含教学点97个），教学班875个，在校学生24817人，适龄儿童入学率达100%，巩固率达100%。完全中学2所，普通高中1所，初级中学20所（含九年一贯制学校12所），共有教学班404个（高中128个、初中276个），学生21089人（高中8192人、初中12897人），初中年辍学率0%，初中升高中的升学率91.68%。

【职业教育】 县中等职业技术学校在校学生1316人，开设了学前教育、计算机应用、计算机广告制作、汽车运用与维修、机电设备安装与维修、电气技术应用等专业。在技能培训中，县职校学生获省振兴杯新能源汽车技能大赛三等奖1人次；县职校老师获市中等职业学校技能竞赛一等奖2人次、三等奖5人次，学生获三等奖以上8人次。积极探索办学新模式，与深圳一职在2019年秋季合作举办现代学徒制试点班，遴选8名建档立卡贫困户学生赴深圳学习。寻乌县职校分别与深圳一职、深圳市龙岗二职签订支援合作协议。

【特殊教育】 县特殊教育学校1所，有小学阶段学生25人，专任教师11人。

【成人教育】 乡村两级成人文化技术学校73所，其中乡（镇）级14所，成人文化技术学校开展实用技术培训，培训人数达12265人次。

【民办教育】 民办幼儿园115所，在园幼儿7579人；民办中学2所，学生1408人。

【德育工作】 各学校成立德育工作领导小组，建立班主任工作队伍、少先队辅导员队伍、共青团工作队伍和法制教育工作队伍。重点对学生进行红色文化教育、社会主义核心价值观教育、法制教育、感恩教育、习惯养成教育、爱国主义教育、革命传统教育、生态文明教育；积极开展习近平新时代中国特色社会主义思想进教材、进课堂、进头脑等活动。

【学校体育】 在赣州市第十七届“英东杯”中小学体育竞赛中，寻乌二中获得高中组足球比赛第四名，城北新区小学获得小学女子组第六名和体育道德风尚奖，实验小学获得小学男子组第九名。

【教育经费】 财政教育拨款68721万元，较上年61150万元增长12.38%。严格执行生均公用经费（义务教育免杂费）标准（学前600元/生·年、小学600元/生·年、初中800元/生·年、高中1000元/生·年），其中义务教育学校学生37820人，拨付生均公用经费3457.82万元。发放学前教育资助金314.8925万元（1500元/生·年），资助4206人次；发放义务教育阶段寄宿生生活补助资金436.2525万元（1500元/生·年、初中1750元/生·年），补助5173人次；发放义务教育阶段非寄宿生生活补助资金129.14375万元（小学500元/生·年、初中625元/生·年），补助人数4965人次；资助普通高中家庭经济困难学生2582人次（2500元/生·年），资金322.75万元；资助中等职业教育（含技工学校）家庭经济困难学生1803人（标准为2000元/生·年），资助资金180.3万元；资助考入大学的家庭经济困难学生402人（为6000元/人、一次性），发放资金计241.2万元。寻乌县在脱贫攻坚省际交叉检查及国家检查考核过程中，实现了教育资助不漏1人、适龄少年儿童入学不落1人的成绩。县财政共拨658.12万元资金兑现各项奖励，其中高考奖445.5万元、中考奖200.62万元、学校目标管理考评奖12万元。

【学生营养改善】 全县138所（初中20所，农村小学117所，特殊学校1所）农村义务教育学校实施营养改善计划，受益学生21100人。实行“净菜”配送和“营养餐+基础餐”学校食堂供餐模式，食堂供餐率达100%。营养改善计划食品均实行“四统”政府招标采购。寻乌县率先在全市实行学校、家长、教师和学生为一体的集中用餐陪餐制度。2019年4月12日《赣南日报》头版头条将寻乌县实行家长陪餐制度的做法进行宣传报道。

【学校安全】 建立以局长为一级网格长，以副局长为二级网格长，校长、各股室负责人为三级网格长的校园安全网格化管理机制。学校安全常态化开展预防交通事故、消防电气、卫生疾控、煤气中毒、食物中毒、防溺水等系列活动。开展“综治宣传月”“防震减灾月”“安全生产月”“交通宣传日”“国家安全日”“法制宣传日”等主题宣传活动。开展应急救护培训、一警六员培训、食堂管理及从业人员培训、心理咨询教师辅导、卫生疾控防控系列安全培训。开展“紧急疏散演练”“防食物中毒”“防交通事故”等应急演练活动。隐患排查零容忍——各学校常态化开展安全隐患排查整改，每月以及每学期开学、结束均定期对学校饮食、饮水、交通、消防、用电、危房等全方位、拉网式隐患排查并整改。在100人以上学校共配备专职保安，共配备110人。设置学校路口交通标志标线、防冲撞设施；购置消防器材（含微型消防站），安装视频监控系统、一键报警系统，实施“洁厨亮灶”工程等技防措施；全县学校门卫室配备警棍、钢叉、盾牌等基本安保器械，实现全封闭管理；全县中小学有34个心理咨询室，共专（兼）职心理辅导教师174名。寻乌县被评为“全省平安校园建设优秀县”；县幼儿园获得“全省平安校园建设优秀成果评选活动”二等奖；各中小学校有42699名学生参与全省中小学生安全知识网络答题，参加率93.33%，平均分98.17分。

【校舍建设】 中央预算内投资、中职学校建设等项目建设总投入资金11098.9万元，（中央资金4360万元，地方资金4288.9万元，捐建资金2450万元），安排到21个项目学校进行校舍建设55331平方米、运动场建设、附属工程改造及电教设备采购。其中学前教育资金1788万元用于新建、维修改造寻乌县城东幼儿园等3个项目学校校舍7430平方米、附属工程改造及设备采购；中小学校舍维修改造工程资金836万元用于新建文峰中小学等8个项目学校食堂2994平方米、挡土墙及运动场项目；义务教育薄弱环节改善与能力提升项目资金1888万元用于新建丹溪中小学等3个项目学校校舍5601平方米和电教设施设备采购；普通高中改造计划项目资金389万元用于新建寻乌中学艺术楼建设15414平方米；城乡义务教育均衡发展资金2032.9万元用于新建文峰中小学教学楼项目6940平方米；投入中央预算内资金2200万元用于寻乌县第二中学教学实验楼、食堂建设10400平方米及运动场建设6100平方米；投入中职学校建设资金1965万元，用于寻乌县中等职业技术学校校舍建设6552平方米及辅道工程建设。

【招生考试】 中考报名人数3368人，其中高中类3298人，师范定向70人。寻乌中学高中录取人数为1282人，寻乌二中高中录取人数为1045人。

普通高校招生考试报名人数3283人，其中单报本科1097人，本科兼高职1714人，单报高职472人。

成人高校招生考试报名总人数1241人。自学考试200科次，毕业人数4人。

【教学质量】 义务教育阶段，教学质量综合评估排名靠前的学校有：城区初中是寻乌中学和寻乌二中，农村中学是罗塘中学和留车中学，九年一贯制学校是水源中小学、项山中小学和丹溪中小学；城区小学是实验小学和城关小学，农村小学是晨光中心校和文峰中心校。

高考取得优异成绩，其中一本236人（不含体艺生），二本以上人数847人（不含体艺生）；录取人数共计2645人（含体艺生）。

【教育科研】 小学、初中、高中学生参加市级以上学科竞赛166人次，其中24人获国家级奖，29人获省级奖，113人获市级奖。教师参加市级以上教学竞赛158人次，其中2人获国家级奖，54人获省级奖，102人获市级奖。各校有18个课题立项，19个课题结项。教师共173篇论文在市级以上报刊发表。

【电教装备】 为改善办学条件，财政投入资金1896万元用于教育教学设备购置。其中，投入830万元用于文峰中小学及改扩建项目学校设备采购，投入246万元用于寻乌职校设备采购，投入280万元用于幼教设备采购，投入540万元用于教育城域网建设。在市学生电脑制作技能提升活动中，获得市级一等奖23人，市级35二等奖人；高中英语听力竞赛获省级一等奖2人，省级三等奖5人，市级一等奖6人，市级二等奖13人；

优秀教学资源评比获得市级一等奖6人，市级二等奖13人，市级三等奖75人。

【教育督导】 接受国家义务教育质量监测现场测试，经教育部基础教育质量中心抽样，确认寻乌县博豪中小学小学部等15所小学、桂竹帽中小学（初中部）等8所初中为样本学校，监测对象为2019年春季学期样本学校四年级和八年级学生、学校校长、班主任，语文、音乐、美术教师，监测内容义务教育阶段学生语文、艺术学习质量，以及课程开设、条件保障、教师配备、学科教学和学校管理等相关内容。

【党组织建设】 中共寻乌县教育科技体育局委员会下设41支部（其中局机关党支部1个，局退休党支部1个，学校党支部39个），党员799名，另在全县民办幼儿园中成立16个联合支部。2019年定为“教育系统基层党组织标准化建设提升年”，出台《2019年党建工作要点》《2019年寻乌县中小学党建示范点创建工作方案》《寻乌县学校党建工作结对共建实施方案》等系列文件，开展校党支部建结对帮扶共建活动。按照“3+X”集中学习模式，深入推进“两学一做”学习教育常态化、制度化；认真开展“不忘初心、牢记使命”主题教育，集中开展树立正确政绩观教育及召开巡查反馈问题和“不忘初心、牢记使命”主题教育专题民主生活会及专题组织生活会；积极开展争先创优活动，并向市教育工委推荐3所党建示范校、5所红旗党支部和党员师德标兵、教学能手各5名。加强工会工作，教科体系统工会会员有4125人，以服务教职工为宗旨，动态更新教科体系统困难职工档案。为全县教职工投人身意外保险和教职工互助保险。关注青年教职工的婚恋状况，由江西建工集团出资，教科体局承办开展“相约五四 · 缘梦青春”为主题的单身青年教师联谊活动。

（曾祥海）

体　育

【概　况】 2019年，寻乌县有经营性体育场所达10家，注册资金达2000万元，体育从业人员200人，其中专业人员30人。经营涉及健身、游泳、台球、跆拳道、瑜伽、武术、轮滑、舞蹈培训等项目。

【竞技体育】 在赣州市第五届运动会上，参赛项目9个，报名参赛运动员167人，获得金牌3枚，银牌3枚，铜牌11枚；篮球比赛获得第四名、太极拳获得第二名、气排球获得第三名。

【群众体育】 活跃群众文体生活，开展联谊活动，4月，与广东省体育局联合举办南粤古驿道定向大赛、2019年“书香华府杯”寻乌县首届“三对三”篮球赛。5月，庆祝中华人民共和国成立70周年寻乌县太极拳展示活动。8月，开展塑质地掷比赛、草地滚球比赛、老年桌球比赛、乒乓球比赛、寻乌县第三届网络中国象棋大奖赛。12月，举行“宝来新城杯”自行车公益骑行活动。在县城社区安装了8套健身器材。

（黄　玲）

社会生活

民 政

【概　况】 2019年2月，按照机构改革方案，退役军人优抚、安置职责划至县退役军人事务局；救灾职责、县减灾委员会职责，划至县应急管理局；医疗救助职责划至县医疗保障局；老龄工作委员会日常工作职责划至县卫生健康委员会。机构改革后，民政局内设办公室、社会福利股、社会救助股、社会事务股，局属事业单位有光荣敬老院（社会福利中心、老年公寓）、婚姻登记处、流浪乞讨人员救助站、殡葬事业管理所、殡葬监察大队、民间组织管理办公室、慈善会办公室、居民家庭经济状况核对中心、社会救助中心。2019年向上争取资金13544.74万元，其中普惠制资金7000.77万元，非普惠制资金6543.97万元。

【社会救助】 从1月起，城市最低生活保障标准由每人每月580元提高到640元，月人均补差由380提高到410元；农村最低生活保障标准由每人每月340元提高到385元，月人均补差由255元提高到285元；城市精减退职人员救济标准每人每月405元提高到435元，农村精减退职人员救济标准每人每月365元提高到395元；农村特困人员集中供养标准由每人每月455元提高到505元，分散供养标准由每人每月350元提高到400元。

3月起，启动寻乌县社会救助和保障标准与物价上涨挂钩联动机制，对低保对象、特困人员发放价格临时补贴，3—12月共发放资金150.91万元。3—4月，开展农村低保专项整治，共清退农村低保对象2530人，新增农村低保对象145人。

8月，民政局与县福康园签订《失能特困供养人员集中托管护理协议》。9月，开始对全县失能特困供养人员实行集中护理，截至12月底，有18名失能特困供养人员入住县福康园。

【兜底保障扶贫】 制定《寻乌县2019年保障扶贫巩固提升工作方案》《寻乌县2019年社会救助兜底保障扶贫项目实施方案》《关于落实中央、省委脱贫攻坚专项巡视问题整改方案》，抓好中央、省委脱贫攻坚专项巡视问题整改工作。对涉及保障扶贫工作的整改事项11条，涉及16个小项问题全部整改到位。截至12月底，全县农村低保6901户13260人，已纳入建档立卡的农村低保5277户10991人，重叠率达82.89%。农村特困供养对象782人（集中254人、分散528人），集中供养率32.4%。年内，发放保障资金5780.24万元，其中农村低保金5101.68万元，农村特困供养金487.05万元（含丧葬费、集中照料护理费），临时救助资金191.51万元。

【城镇贫困群众脱贫解困】 制定《寻乌县城镇贫困群众脱贫解困工作领导小组主要职责和议事规则及成员单位工作职责》《寻乌县城镇贫困群众脱贫解困精准帮扶工作实施方案》，截至12月底，城镇贫困群众共有488户891人，发放各类保障资金673万元；享受四道医疗保障线住院386人次，补偿金额249.92万元；慢性病刷卡1654人，补偿金额90.19万元；落实就业培训140人，举办“春风行动”招聘大会，提供5000多个就业岗位；有76名学生纳入学生资助政策体系，249人享受寄宿生补助；为501人代缴城乡养老保险；为209名群众解决住房保障问题。

【社会福利】 落实残疾人保障政策，截至12月底，全县持证残疾人7761人，享受“两项补贴”残疾人4920人，发放补助资金406.822万元；落实老年人福利政策，为符合条件经济困难的高龄失能老年人发放生活补贴，全县享受补贴1265人，发放资金87.48万元；落实老年人长寿补贴政策，为满80周岁以上老年人发放长寿补贴计6903人，发放资金688.86万元；为70周岁以上老年人全部办理公交车意外伤害保险，为65周岁以上老人落实免费乘坐公交车政策；推进居家和社区养老服务改革，打造寻乌县智慧养老服务平台、留车镇飞龙村、长宁镇广场社区等17个居家和社区养老服务示范点建设；推进三标乡中心敬老院建设，项目于2019年7月动工，总投资540万元；完成留车镇敬老院升级改造，完成南桥镇敬老院增加附属工程建设。

【彩票发行】 2019年福利彩票投注站8个（其中县城4个、乡镇4个），截至12月底，完成彩票销售681.14万元，其中电脑票213.22万元、即开型467.92万元。

【慈善工作】 实施“助学、扶贫、济困、慰问”活动，为200名“空巢老人、孤寡老人”累计发放慰问金12万元；为34名大学生发放17万元的“农商行圆梦”助学金；为15个乡镇发放包括1500箱玩具、62箱毛鞋等慈善物资；在10个村开设关爱留守儿童的“童伴之家”，并配选10位童伴妈妈；与腾讯基金会积极对接，开展腾讯基金会“为村点灯”路灯安装项目，将为寻乌县15个乡镇168个村安装7648盏路灯，用爱点亮村庄道路。

【行政区划与地名管理】 完成闽赣线武（平）寻（乌）段，南（桥）吉（潭）线、南（桥）文（峰）线、吉（潭）文（峰）线、吉（潭）澄（江）线、吉（潭）项（山）线等行政区域界线的联检工作。开展地名普查成果转化工作，组织实施《寻乌县行政区划图》《寻乌县地名辞典》《寻乌县地名志》的编撰和地名网站、数据库建设，完成《中华人民共和国地名辞典》《中华人民共和国地名志》《赣南地名文化大观丛书》等书籍寻乌部分的撰稿和修改工作；指导长宁镇新增强国、学习2个社区居委会，县城新增道路命名10条，道路延伸命名2条。

【基层政权与社区建设】 举办村务监督委员会培训班，全县各乡镇组织委员、分管民政领导、民政所长和各村村务监督委员会主任共228人参加培训；扎实开展民政领域扫黑除恶专项斗争，持续开展村“两委”换届选举回头看，对6名村委会干部进行清理，并对缺额人员进行补选；对离任“两老”（即连续担任村党支部书记和村委会主任10周年以上的人员）生活补助进行提标，2019年1月起，离任村书记从每人每月160元提高到200元、离任村主任每人每月150元提高到180元，截至2019年12月，全县共有离任“两老”324人（其中：离任村书记216人、离任村主任108人），发放补助资金75.842万元。有序推进村规民约的制定和修订工作，全县184个村（居）按程序修订完善村规民约。牵头制定《关于加强和完善城乡社区治理的实施方案》，支持吉潭镇吉潭村、圳下村、团船村，项山乡卢屋村、南桥镇南龙村、古坑村，晨光镇公平村，菖蒲乡坪光村等农村社区加强社区服务平台建设。按照组织体系规范化、平台建设标准化、办事服务便捷化、协商议事制度化、居民活动常态化、生活环境宜居化“六化”标准，推进“绿色社区、美丽家园”创建活动，水源乡龙塘村被省民政厅命名为示范社区。

【社会事务管理】 9月，县政府办出台《关于推行免费殡葬政策进一步促进绿色殡葬事业发展的实施意见》（寻府办发〔2019〕22号），自10月1日起，落实遗体接运、暂存、火化、普通骨灰盒、骨灰寄存五项基本殡葬服务免费制度。截至12月，全县累计投入3311万元用于公益性公墓建设，规划建设公益公墓（骨灰堂）16处，可覆盖全县15个乡镇所辖区村居。截至12月31日，遗体火化1668具，政府补贴免火化经费174.7万元。

按照《寻乌县人民政府办公室关于进一步提升政务服务水平的通知》（寻府办字〔2018〕198号）要求，从2019年1月1日起，开展错时、延时和预约服务，为群众免费办理结婚登记、离婚登记及补办结婚证或离婚证等服务事项。推进政务服务"一网通办"，解决群众办事堵点问题。截至12月31日，共办理结婚登记1890对，离婚登记615对，补领婚姻登记证747对，婚姻登记合格率达100%。

依法办理三代以内旁系血亲子女收养登记2件。配合公安部门解决9起被公民私自收养且不能办理"收养登记证"或"收养公证书"未满18周岁无户口人员的户口问题。

加强流浪乞讨人员救助工作。截至12月底，街头救助流浪乞讨人员106人，站内救助外来流浪乞讨人员369人，其中委托医疗机构医治精神病人14人，护送返乡3人，福利机构安置未成年人4人。发放救助经费45万余元。

落实儿童福利政策。截至2019年12月，共有孤儿19名（其中社会散居孤儿15人、机构养育孤儿4人），累计共发放资金23.714万元。

加强事实无人抚养儿童保障工作。截至12月底，认定事实无人抚养儿童16人。健全农村留守儿童关爱保护和困境儿童保障工作机制。对全县乡镇督导员和村儿童主任进行全覆盖业务培训，建设示范儿童之家6个，制定《关于开展农村留守儿童和困境儿童课外服务工作的实施方案》，在"六一"儿童节和节假日期间，为留守儿童营造一个温馨的港湾。截至12月底，全县农村留守儿童4566人，困境儿童75人。

【社会组织管理】 依法加强社会组织监管，年内办理新成立登记社会组织9个（社会团体5个、民办非企业单位4个），完成全县2018年12月31日前登记的166个社会组织（社会团体69个、民办非企业单位97个）年检，年检率100%；随机抽查5个社会组织，抽查比例3%。对23个县属行业协会商会开展专项整治工作，对已登记的社会组织全部纳入"异常名录""严重违法失信名单"管理。积极培育涉农社会组织。至年底，在县民政部门登记的农村专业经济组织10个，村级扶贫互助社48个；县市场监督管理局登记的农民专业合作社913个；在乡（镇）民政所备案登记557个。

【志愿者服务】 参与脱贫攻坚的社会组织数15个，投入资金186.6万元，投入人员1200人，志愿者参与人数150人，受益贫困人数12836人。

2019年寻乌县百岁老人基本情况表

表14

序号	姓名	出生年月	年龄	性别	住址
1	赵德兰	1907.03.04	112	女	长宁镇三二五村竹子排7号
2	刘凤秀	1908.05.26	112	女	长宁镇城北村新路小组
3	易卢玉	1914.10.07	106	女	晨光镇新群村鸳鸯镇
4	刘庚秀	1915.07.10	105	女	澄江镇周田村东山下组
5	张招娣	1916.03.06	105	女	留车镇新村村寨门
6	谢顺英	1915.08.15	105	女	吉潭镇上车村口水小组

续表 14

序号	姓名	出生年月	年龄	性别	住址
7	梅五妹	1916.07.02	104	女	留车镇留车村居委会
8	范宝娣	1916.03.24	104	女	三标乡黄陂村永熟坝小组
9	欧阳等娣	1917.05.15	103	女	三标乡三标村观溪小组
10	陈二妹	1917.03.03	102	女	长宁镇三二五村柯树背 4 号
11	包连臣	1918.04.02	102	男	长宁镇城南区城南区马一路 37 号
12	曾二妹	1918.03.25	102	女	留车镇黄姜村柯树下下角
13	王五凰	1918.11.12	101	女	龙廷乡斗晏村
14	彭丙娇	1917.03.23	100	女	南桥镇廷岭村上排
15	陈亚成	1919.01.16	100	女	南桥镇南龙村下村
16	张兰凤	1919.07.01	100	女	南桥镇罗陂村秀田上
17	刘福招	1911.06.5	100	女	南桥镇高排村上坑
18	朱春凤	1919.06.16	100	女	罗珊乡上津村城脑小组
19	李新云	1919.08.15	100	女	罗珊乡罗塘村上街
20	李兰玉	1919.10.8	100	女	留车镇坧坊村裕丰
21	张庆英	1919.7.3	100	女	吉潭榜溪村排项小组
22	陈已兰	1919.11.9	100	女	丹溪下平村安坑里小组
23	罗美兰	1919.04.23	100	女	晨光镇司城村老屋下
24	周冬有	1919.04.03	100	女	澄江镇大墩村南二组
25	刘梅兰	1919.09.22	100	女	水源乡袁屋村上排组

人力资源

【概　况】 年内，寻乌县人力资源和社会保障局围绕全县经济社会发展工作大局，稳就业、重保障、强人才、促和谐，完成各项工作任务。抓好城乡居民社会养老保险扩面，为符合参保条件的建档立卡贫困户 30478 人代缴 2019 年城乡居民基本养老保险保费 304.78 万元，为 501 名城镇困难群众代缴 2019 年城乡居民基本养老保险保费 5.01 万元；落实社保降费减负政策，扩大就业，帮扶创业，开展就业扶贫，购买开发农村保洁、公路养护、关爱留守儿童等公益性扶贫岗位，帮助 1077 名贫困劳动力实现就地就近就业。

【招聘和选调】 向社会公开招聘事业单位工作人员 74 人；招聘“学习强国”学习平台用户服务中心（寻乌）工作人员 133 人。向全县公开选调 4 名工作人员到县退役军人服务中心工作，从县退役军人事务局现有抽调事业人员中考核选调 5 人。全省统招卫生专业技术人员 39 人、教师 36 人。从优秀村（社区）干部中公开选聘乡镇事业编制人员 11 人。

【三支一扶】 落实“三支一扶”大学生岗位计划，招募 16 名“三支一扶”大学生到农村基层工作。

【职称评定】 批复 2018 年度取得高、中、初级专业技术资格 270 人，其中高级 30 人，中级 98 人，初级 142 人。

【人事档案】 共藏人事档案 12841 卷。其中干部档案 1207 卷，聘干档案 530 卷，工人档案 5480 卷，退休人员档案 5624 卷。

【工资福利】 年内，办理机关、事业单位和企业职工退休审批手续 246 名；完成机关事业单位工作人员正常晋升级别、薪级工资审批；开展机关事业单位工作人员遗属生活补助对象基本信息审核工作。

【民工工资】 做好民工工资支付保障，建立健全预防和解决拖欠农民工工资长效机制。年内，受理投诉案件 239 起，依法追讨农民工工资 2500 万元；通过民工工资专户发放民工工资 25463.2 万元。

【调解仲裁】 开展劳动人事争议仲裁，受理劳动人事争议调解仲裁案件 110 件，在规定期限内结案110件，结案率100%。

【工伤认定】 做好工伤认定工作，受理申请工伤案件33起，其中作出认定32起，不予认定1起。

【就业再就业】 年内，城镇新增就业1984人；新增转移农村劳动力3816人；开展企业岗前培训、创业培训、电商培训、家政服务培训91期，培训学员4909人；新增发放创业担保贷款8210万元；安排见习275人。

（胡跃华）

社会保险

【概　况】 12月底，全县城镇职工参保人数（含离退休人员）为41070人。其中企业在职参保人数6361人，机关事业单位在职参保人数7061人，个体工商户及参照个体工商户在职参保人数17228人，离退休人数10420人（企业7007人、机关事业2788人、大小集体625人）。征缴基本养老保险基金总额27527万元，同比增长-8445万元，增长率-23.47%。其中企业5394万元，机关事业单位9972万元，个体工商户及自由职业者11132万元，清收旧欠及清偿挂账1029万元。离退休人员按时足额发放基本养老金29510万元，社会化发放率100%。其中企业离退休人员基本养老金14914万元，机关事业退休人员基本养老金12934万元，大小集体及知青改办退休人员养老金1662万元。城镇职工养老保险参保率97.18%，城镇企业职工养老金平均水平为1856.38元/月·人。

【政务服务改革】 1月，社保局搬迁至县政务服务中心并设立社保业务办理窗口。通过改善服务大厅环境、优化窗口服务功能、设立业务咨询窗口，严格领导带班制度，实行错时延时服务、开辟关系接续绿色通道，推行网上办理业务、公开权利责任及公共服务等措施，实现业务办理“一站式”，便民服务“一条龙”。

对个体和灵活就业人员缴费的问题，在原有刷卡缴费的基础上，开通五家国有商业银行直通缴费，并新增工行微信二维码和“江西人社”手机缴费方式，使群众可以“不进社保门，办成社保事”。

推广“刷脸”认证。积极创新资格认证式，利用数据共享和信息比对等措施开展资格认证，做好数据的核实反馈；引导参保退休人员使用“江西人社”手机APP自助确认。全年已认证为7486人，认证率97%，通过江西人社APP认证人数为1040，占比例14%。

推广使用社保卡，至12月底，离退休人员使用社保卡发放养老金9597份，完成率达92%。

社保新系统开通运行。8月，为开通“互联网+人社”新系统，对全局干部职工进行培训，使工作人员熟练地掌握操作系统。开通前与银行部门进行对接协调，及时向社会发布上线暂停办理业务通告，做好上线安全预警等。

【降费减负】 新的社保费率降低后，全县行政企业单位缴费负担明显减轻。其中有336家企业受益，1—4月按原降费率1%执行已减负53.25万元；5—12月已减负465.05万元。调整养老保险基数后，5—12月，全县企业养老保险费已累计减负1188.37万元，175个机关事业单位6959名参保人员，5—12月累计减负1064万元，减轻财政和单位缴费负担。

【城镇解困】 开展城镇贫困群众解困工作，经过全面调查摸底和逐个过滤，共有879名城镇贫困群众，经过数据比对，其中有147人参加企业职工基本养老保险，有6人领取退休养老金。继续开展养老保险助保贷款工作，符合助保贷款的城镇贫困群众有35人，全年共有11人提交申请，其中7人办理完成，其余4人因自身原因暂时无法办理。

【养老金调待】 根据赣人社发〔2019〕27号文件精神，全县企业退休人员人均调资额116.23元/月，机关事业单位退休人员人均调资额156.77元/月，在7月16日前全面完成调整退休人员基本养老金工作，并在7月底前全部足额补发到位。

【养老金保险转移接续】 继续落实养老保险关系转移接续业务，并在“三个15天”内完成所有程序办理，确保办理跨省转移无阻碍。全年共受理转移业务470笔，其中转入396人，基金转入814.83万元；转出74人，基金转出273.17万元，养老保险关系转移接续办理率100%。

【工伤保险移交】 10月，根据机构改革职能的调整，工伤保险业务由县医保局移交给县社保局，双方签署《工伤保险移交协议》，并完成业务移交手续。

至12月31日，全县工伤保险参保单位358家，当年新增建筑工程项目参保52个，其中新开工项目41个，延期续保项目11个；工伤保险基金结余1732万元；工伤待遇拨付11人次，拨付金额合计170268.06元。全年供养亲属抚恤金调资部分已调整补发到位。

（古叶琳）

【就业扶贫】 年内，完成有就业能力和就业意愿的11756户建档立卡贫困户实现一人以上就业，就业率100%；培训贫困劳动力1801人，“缺技术”贫困户培训全覆盖；开发并吸纳贫困劳动力在公益性扶贫岗位就业1010人。

【社会保障】 年内，城乡居民养老保险16—59周岁续保缴费人数105797人，扩面参保新增3338人；累计发放养老金4963.97万元。城镇职工养老保险参保人数（含离退休人员）41070人；为离退休人员按时足额发放基本养老金29510万元，社会化发放率100%。工伤保险参保人数13452人。失业保险参保人数10700万人。

（胡跃华）

城乡居民养老保险

【概　况】 2019年，县农村养老保险事业管理局（简称农保局）以加强基础管理为主线，落实城乡居民养老保险各项政策，继续实施困难群众养老保险保费代缴措施，各项工作顺利开展。

【城乡居民养老保险】 12月底，城乡居民养老保险16—59周岁参保人数为105797人，扩面参保新增3338人，收取保费2129.55万元；累计对60周岁以上符合领取条件的36281人发放养老金4963.97万元，其中支付基础养老金4702.25万元；完成全年民生指标任务142400人的102.1%。年内，依照《寻乌县人民政府关于印发寻乌县被征地农民参加基本养老保险实施办法的通知》（寻府发〔2016〕4号）、《关于被征地农民参加城乡居民养老保险相关事项的通知》（寻农保文〔2018〕5号），共为符合参保条件的728名被征地农民补助参保缴费共13.49万元。

【城乡居民养老待遇调整】 根据《江西省人力资源和社会保障厅 江西省财政厅关于建立城乡居民基本养老保险待遇确定和基础养老金正常调整机制的实施意见》（赣人社发〔2018〕44号）文件精神，县政府出台《关于印发建立寻乌县城乡居民基本养老保险待遇确定和基础养老金正常调整机制实施办法的通知》（寻府办字〔2019〕12号），累计为65—79周岁的城乡居保人员18338人每人每月增加3元基础养老金，累计为80周岁以上的城乡居保人员6489人每人每月增加6元基础养老金。

【社保费代缴】 继续实施城乡困难群众养老保险保费代缴政策。对符合参保条件的建档立卡贫困户及城镇困难群众，由县财政代缴保费，全年共为30979人代缴基本养老保险费309.79万元。按照《江西省人力资源和社会保障厅转发人力资源和社会保障部办公厅关于加快实现贫困人口城乡居民基本养老保险应保尽保的通知》（赣人社字〔2018〕377号），对建档立卡贫困户和城镇困难群众进行核实，对符合条件的416人60周岁以上的贫困人员纳入城乡居民养老保险管理对象，并发放养老保险金283.35万元，建档立卡贫困户参保率达100%。

【政务服务改革】 推广使用“赣服通”和微信公众号上线缴费，实现业务、财务、网络信息互联互通，使城乡居民养老保险缴费更加高效、便捷、安全。进一步利用国家待遇核查平台、省级数据共享平台、县级相关单位数据共享，加强信息互通，方便群众办事。

（廖梦怡）

医疗保障

【概　况】 县医疗保障局于2019年1月31日挂牌成立，组建以来，县医疗保障局坚持以人民群众健康为中心，认真落实各项医保待遇政策，不断提升经办服务水平，全力做好脱贫攻坚，各项工作稳步推进。

【民生保障】 基本医疗保险。到12月底，全县基本医疗保险参保缴费人数达324203人，其中城镇职工参保缴费人数17853人，城乡居民参保人数306350人，参保率98%。基本医疗保险基金收入总额32896.89万元，其中城镇职工基本医疗保险基金收入6349.4万元，支出6403.36万元，当年基金使用率为100.85%；城乡居民基本医疗保险基金收入25833.13万元，支出23852.61万元，当年基金使用率为92.33%。

工伤生育保险。生育保险参保人数10953人，征缴生育保险基金714.36万元，支出634.35万元，当年基金使用率为88.8%；工伤保险参保人数15725人，征缴工伤保险基金509.92万元，支出68.94万元，当年基金使用率为13.52%，10月1日起，工伤保险经办职能已划转至县社保局。

【健康扶贫】 2019年，城乡贫困人口及城镇脱贫解困对象计56850人全部纳入参加基本医疗保险及疾病医疗补充保险范围，实现100%参保。至年底，贫困人口就医68992人次，医疗总费用12085万元，“四道医疗保障线”补偿10807.87万元，补偿比例为89.43%；其中住院18283人次9850.42万元，“四道医疗保障线”补偿8897.2万元。补偿比例不足90%的补差人数319人次57.66万元；住院补偿比例为90.32%。继续开展对非贫困人口特别是贫困边缘人口的大额医疗费用进行“暖心基金”救助，2019年，共救助重病患者484人次497.8万元，医疗费用报销比例由原来的58.9%提高到70.4%。

【“放管服”改革】 按照省、市“放管服”改革要求，寻乌医保“一次办”事项占依申请类政务服务事项比例达到90%，其中“一次不跑”事项达到50%；“网上办”事项占依申请类政务服务事项的比例达到80%。推进异地就医直接结算，年内共有6230人次成功实现跨省异地就医直接结算，占全市跨省就医结算人次的30%。其中有24例外省病人在县内医院住院即时结算。对常见、多发的Ⅱ类部分门诊特殊慢性病购药权限下放到乡镇卫生院办理，保证患者能就近医疗。对贫困人口慢性病登记备案录入权限下放到乡镇卫生院，转诊转院办理权限下放到县人民医院、中医院和边远乡镇卫生院，使参保人员就近办医。

严格执行《关于进一步深化寻乌县基本医疗保险支付方式改革的实施方案》，实行以按次均费用考核为主，按病种付费、床日付费为辅的多元复合式医保支付方式，控制医疗费用不合理支付行为。

【医保“两定机构”监管】 对全县医保定点医药机构进行不定期的日常检查，同时联合县公安局、县卫生健康委和县市场监督管理局对医保定点医药机构以及欺诈骗保人员开展拉网式的排查。年内，实地检查定点医疗机构176次，查处违规定点医疗机构24家，查出违规金额41.07万元；检查定点零售药店88家，核实违规金额49.63万元；查处涉嫌欺诈骗保人员8名，其中移送公安机关立案侦查处理2人，并追回医保基金34万元。

持续保持打击欺诈骗保高压态势，严格把关入院标准，规范入院管理，全县住院人数明显减少，其中乡镇由7月的1359人次下降到9月的513人次。违规用药、小病大治等问题得到有效治理。

（潘齐姗）

住房公积金

【概　况】 2019年，归集住房公积金15115.2万元，比去年同期增长12.02%；向全县300户家庭共发放住房公积金贷款11337.6万元；资金运营安全、良好，贷款逾期率为零；划拨城镇廉租住房保障补充资金489.32万元。

【归集发展】 以规范为抓手，做好归集增量扩面，2019年，归集住房公积金同比去年增加1622.42万元，新增非公企业及个体工商户30个，实现缴存人数、覆盖率、归集指标每年递增目标。

抓好缴存基数核定工作，对全县387个缴存单位进行年度缴存审核，规范缴存基数和缴交比例，做到一个单位不漏，一个职工不少，确保职工住房公积金缴存基数准确无误。

抓好聘用人员建缴工作，从1月开始，县公安局、交管队、森林公安分局3个部门为300多名聘用人员建缴住房公积金制度，全年增加归集住房公积金120万余元。

抓好公积金扩面工作，对符合条件的非公企业及个体工商户做到应建尽建、应纳尽纳，扩大住房公积金制度覆盖面，年内，新增非公企业及个体工商户30个74人；做好“学习强国”学习平台用户服务中心（寻乌）建缴工作，为140名工作人员缴存公积金提供方便、优质快捷的服务。

抓好住房公积金缴存单位网上办理归集业务工作。做好缴存单位申请办理机构（企业）业务数字证书工作，已办缴存单位比率达到95%以上；圆满完成缴存单位网上办理归集业务培训；通过现场、电话、公积金微信工作群等形式指导各单位网上办理归集业务。

【信贷业务】 加强服务，提高效率，优化业务办理流程，缩短贷款办理时限；积极向上争取资金，最大限度满足职工购房贷款需求；资金紧缺实行轮候制的情况下，根据购房情况的不同合理协调安排放贷，解决贷款需求持续增大和资金紧缺日渐突出的矛盾。

加强贷后跟踪，对出现的个别贷款逾期情况，主要领导亲自抓，分管领导常跟踪，业务人员轮流催，把贷款逾期户控制在萌芽状态；及时、全面掌握房地产开发企业、各个楼盘开发、运行等情况，确保贷款资金安全无风险。

【风险管理】 严格执行“贷前严审、贷中规范、贷后跟进”贷款风险管理机制，严格执行住房公积金管理、使用的法规政策规定，对归集、提取、贷款实行审办分离。

对住房公积金提取、贷款业务风险隐患进行全面筛查并整改，确保资金安全。对2016—2019年住房公积金提取业务进行清查，未发现有同一人多次变更婚姻关系购房、多次频繁买卖同一套住房、非本人购房等申请提取住房公积金的；对缴存职工提取资金没有划转本人账户的进行全面排查，未发现违规办理和违法提取住房公积金行为。

结合扫黑除恶专项斗争活动，严格治理住房公积金行业乱象。深入13家房地产开发企业、12家房地产中介机构开展住房公积金领域扫黑除恶专项斗争宣传及摸排，并在《寻乌在线》网站、寻乌便民网站等网络平台进行发掘，通过摸排、发掘，我县未有非法中介通过网站、小广告、手机客户端、微信和微博等渠道违规发布涉嫌协助骗提骗贷住房公积金信息。

（黎仁军　钟　涛）

就业服务

【概　况】 2019年，寻乌县公共就业人才服务局实施更加积极的就业创业政策，完善创业贷款一站式服务平台，落实公共就业服务政策，各项就业创业指标全面完成。

【就业创业】 年内，城镇新增就业1984人，城镇失业人员再就业854人，就业困难人员就业246人，有就业能力的零就业家庭实现至少有1人就业，城镇登记失业率控制在3.5%以内；新增转移农村劳动力3816人，其中省内转移3174人；组织275名离校未就业高校毕业生和16—24周岁失业青年参加就业见习；新增创业担保贷款担保基金60万元，新增发放创业担保贷款8210万元，其中扶持个人创业贷款占贷款总额的71%，小微企业贷款占贷款总额的29%，到期贷款回收率达99.99%。

【失业保险】 扎实推进失业保险扩面征缴发放工作，不断扩大失业保险覆盖面，保持参保人数增长态势。失业保险征缴业务做到"统一申报、统一参保、统一缴费、统一稽核"。全年失业保险参保人数为1.07万人，征缴失业保险费252.73万元，发放失业保险金1005人（次）共113.93万元。

【就业培训】 规范技能培训，采取政府采购方式，对机械机电、家政服务、电子商务等技能培训项目实行招投标。开展培训模式创新，通过"理论培训＋入企实训＋现场招聘"的方式，实现培训、就业全程跟踪、一站式服务。年内，组织开展企业岗前培训、创业培训、电商培训、家政服务培训等91期，培训学员4909人，其中培训贫困人员1801人，发放培训补贴168.39万元。

【就业扶贫】 按照推进扶贫车间再提升、公益性岗位再增设、就业培训再精准、岗位补贴再提标、短板弱项再聚焦等就业扶贫措施，推进就业工作迈上新台阶。年内，11756户建档立卡贫困户均实现一人以上就业，就业率100%；发放各项补贴补助资金1455.53万元。

【创业担保贷款】 完善创业贷款一站式"绿色通道"服务平台建设，降低申贷门槛、简化申贷手续、加快放贷速度，全年扶持创业实体477家，带动就业2454人，发放创业担保贷款8210万元。其中，扶持个体创业468家，发放贷款5840万元；扶持小微企业9家，发放贷款2370万元；扶持妇女创业205人。

【人才交流】 扩大就业见习补贴范围，从1月1日起，将享受就业见习补贴的人员范围扩大为离校2年内未就业的高校毕业生，并将就业见习补贴范围由离校未就业高校毕业生扩展至16—24岁失业青年。全年安排见习275人，发放见习岗位补贴198.44万元。接收高校毕业生档案1866份。

【人力资源市场】 2月20日、21日（农历正月初五、初六）和9月30日，先后在县城北广场举办春季、秋季招聘大会，共有188家县内外用工企业和个体工商户参加现场招聘，分别提供行政管理、电气、数控、锡焊等专业技术以及普工类就业岗位8436个，涉及通用设备制造、陶瓷、电子等行业。全年累计进场咨询、求职人数达3万多人次，发放招聘信息1万多份，有2810人与用人单位达成了就业意向，有效缓解县工业园区企业和其他民营企业用工紧缺问题。

（刘　坚　谢光辉）

退役军人事务

【概　况】 寻乌县退役军人事务局于2019年1月31日正式挂牌成立。2019年，县财政足额保障退役军人事务各项经费，拨给15个乡镇工作经费25.1万元，拨给186个村（居）"八一"活动经费23.67万元，安排149万元用于县退役军人事务局和服务中心添置办公设备和修缮经费。

【机构队伍】 2019年4月，各乡（镇）党委退役军人事务工作领导小组成立，截至6月28日，全县15个乡（镇）退役军人服务站挂牌成立，核定事业编制86名，已划转、安置、录用人员76名，已落实站长15名，工作人员61名；全县186个村（居）退役军人服务站（室）已挂牌成立，站（室）负责人由村（居）党支书记兼任，村居服务专干205名，其中采取政府购买服务方式解决54名，为打通服务退役军人“最后一公里”提供有力保障，确保工作有人管、政策有落实。

【军人抚恤优待】 2019年优待抚恤金提高标准：调整部分优抚对象等人员抚恤和生活补助标准。提高残疾军人（含伤残人民警察、伤残国家机关工作人员、伤残民兵民工）的残疾抚恤金，烈属（含因公牺牲军人遗属、病故军人遗属）的定期抚恤金和在乡退伍红军老战士、在乡西路军红军老战士、红军失散人员的生洛补助标准。调整在乡老复员军人的生活补助标准，在现行补助标准的基础上增加200元/月·人。调整带病回乡退伍军人标准，在现行补助标准基础上增加每人每月不低于50元，达到每人每月360元。对在农村和城镇无工作单位且家庭生活困难的参战退役人员提高生活补助标准每人每月50元，达到每人每月650元。对不符合评残条件的患病或生活困难的农村和城镇无工作单位的退役人员以及其他涉密人员生活补助标准每人每月提高50元。对新中国成立前加入中国共产党的农村老党员和未享受离退休待遇的城镇老党员调整生活补贴标准。其中1937年7月6日前入党的每人每月提高50元，达到每人每月770元；1937年7月7日至1945年9月2日入党的，每人每月提高50元，达到每人每月提高710元，1945年9月3日至1949年9月30日入党的，每人每月提高50元，达到每人每月630元；已享受优抚对象抚恤补助的老党员，不执行上述补贴标准，仍按每人每月50元标准发放生活补贴。已对老党员实行定额补助的地方，补贴标准低于上述标准的按照补差原则发给补贴；补贴标准高于上述标准的仍按原补贴标准发给补贴。对在农村和城镇无工作单位、18周岁之前没有享受过定期抚恤金待遇且年满60周岁的烈士子女（含新中国成立前错杀后被平反人员的子女）提高生活补助标准每人每月50元，达到每人每月490元。对从1954年11月1日试行义务兵役制后至《退役士兵安置条例》实施前入伍、年龄在60周岁以上（含60周岁）、未享受到国家定期抚恤补助的农村籍退役士兵提高老年生活补助标准，提至每服一年义务兵役每人每月补助40元。

【优抚光荣院建设】 为做好新时代退役军人工作、服务管理广大退役军人和其他优抚对象，充分发挥光荣院在退役军人事务工作的重要作用，做好优抚对象集中供养工作，切实保障孤老优抚对象的生活水平。截至12月底，光荣院供养优抚对象3名，行政人员1名。

【信息采集】 按照退役军人事务部、江西省民政厅、江西省人力资源和社会保障厅要求，全县在规定时间范围内开展退役军人和其他优抚对象信息采集工作，通过明确采集目的、采集范围、采集内容、采集方法、申报材料、时间安排等，到2019年年底共采集到4980条退役军人及其他优抚对象信息，基本完成信息采集工作。

【活动开展】 2019年12月28日，举办首届退役军人乒乓球象棋比赛活动，全县共有40余名代表参与比赛，通过初赛决赛共评出一、二、三等奖获得者，并为获奖者颁发荣誉证书和发放奖品，为所有参赛者送上春联。

【双拥工作】 2019年，详细制订活动方案，新增走访对象，首次把企业军转干部纳入年度慰问对象，不遗漏每一位退役军人。全面梳理困难优抚对象，有效解决退役老兵生活困难。时刻关注关爱参战老兵，及时解答参战老兵的诉求，及时宣传各方面政策。

【烈士褒扬】 做好扑火英雄古剑辉烈士“回家”及后续工作。4月6日，退役军人事务局牵头筹划做好古剑辉烈士骨灰的迎接、安放，为烈士亲属的募捐工作，并做好由县政府发给烈士父母的烈士褒扬金、一次性抚恤金和每月定期发放给烈士父母的定期抚恤金等相关工作。

做好对越自卫反击战烈士亲属赴广西祭奠活动。8月5—9日，退役军人事务局组织对越自卫反击战6名烈士亲属共17人统一赴广西祭奠活动，此次活动获得烈士亲属们的赞赏和广大参战退役士兵的好评。

开展全国烈士公祭日活动。9月30日是我国第六个烈士纪念日。在革命烈士陵园举行公祭活动，祭奠先烈英灵，缅怀英雄功绩，继承革命遗志。

优化革命烈士纪念馆设施环境。园内松苍柏翠，景色宜人，集瞻仰、休闲于一体。

完成零散烈士墓、纪念碑、纪念塔的摸排工作。寻乌县共有零散烈士墓582座，纪念碑、纪念塔6处。

【复员退伍军人安置】 2019年，为加快推进退伍军人安置改革，全面拓宽自主就业退役士兵就业渠道，对具有安置资格的转业士官，将退役士官待安置期间生活补助费按寻乌县最低职工生活保障给予生活保障；对自主就业退役士兵开展军人技能培训和学历提升，同时积极推荐退役军人就业创业。

2019年，寻乌县退役军人事务局为符合政府安排工作的5名退役士官落实工作岗位，为70名自主就业士兵开展短期职业技能培训，同时为全县退役军人举办两场退役军人招聘会，600余人参与招聘会，300余人达成就业意向。

乡 镇

长宁镇

【概　况】 长宁镇地处县境中部，县人民政府驻地面积 11.56 平方千米，其中耕地面积 450 亩，林地面积 745 公顷。辖城北、三二五、石圳 3 个村民委员会以及中山、广场、城南、城西、河东、岳家庄、新东、君水 . 学习、强国 10 个居民委员会，250 个村（居）民小组。户数 21227 户，人口 79996 人。有劳动力资源 4321 人，85% 以上的劳动者从事第二、三产业。人口密度为每平方千米 7167 人，城镇化率为 85.4%。2018 年，长宁镇先后被评为“全市计划生育工作综合先进乡（镇）二等奖”“全市征兵工作先进单位”“全县党管武装工作先进单位”。

【脱贫攻坚】 结合实际，引导贫困户发展“五小创业”，为 41 户贫困户申请产业扶贫贷款 8.588 万元，为 166 位贫困家庭子女落实教育帮扶资金 19.6125 万元，224 户贫困户享受光伏电站分红 7.915 万元。为 126 名贫困劳动力申请交通补贴 6.17 万元，享受“医疗四道保障线”政策的贫困户达 286 人次，费用 155.8582 万元，报销金额 140.3311 万元。经评估，3 个行政村 16 户贫困户符合预脱贫条件，全镇将减少贫困人口 51 人，全镇综合贫困发生率为 0.04%。石圳村接受省第三方脱贫攻坚评估检查。

【服务城区建设】 开展青水山下、县幼儿园等 3 个重点项目征拆工作，征收土地 160 亩，征收房屋 340 户、面积 4 万平方米，为重点项目建设提供用地。

【“两违”建筑治理】 中山西路、城北三路全面贯通。在棚改户改造区域、重点项目区域和国省道沿线重点区域，开展“两违”整治，拆除“两违”建筑 413 处 45489.66 平方米；推进棚户区（城中村）改造工作，完成签约 340 户。

【现代农业】 抓好多元化的规模农业和现代农业。发展花卉苗木、蔬菜、芭乐等特色种植业 400 余亩。培训电商经营户超过 300 家，从业人员 3500 多人。

【河长制落实】 完善村级垃圾清运长效管理机制，推进“河长制”工作，集中整治违章搭建 413 处 45489.66 平方米，清理污水沟 2137 米，清理河道长度 8.5 千米，清理河道各类垃圾约 186 吨，全镇村内主要道路沿线、河塘、公共场所等区域“八乱”现象得到有效遏制，辖区内马蹄河主河道及 14 条支流水环境得到改善，每月出镜断面水质达标。

【社会事业】 开展农村最低生活保障、农村养老保险、新型农村合作医疗和新农保等工作，发放各类救济款 68.33 万元，发放高龄补贴 82.055 万元，新增城乡低保户 24 户 40 人，发放低保金 512.5 万元。中山社区、石圳村等以文化广场为阵地，开展社会主义核心价值观和宣传中共十九大精神为主题的各项活动。落实奖励优惠扶助政策和优质服务。全镇免费“两检”分别完成256例、243例，出生政策符合率达92.03%，出生率为13.15‰。

【社会治理】加强网格化管理、社区议事、巡防工作机制，调处矛盾纠纷233起，处理信访件61起，社会治安保持持续和谐稳定态势。

（温艳君　刘万辉）

晨光镇

【概　况】晨光镇位于县境西南部，镇政府驻沁园春村，距县城38千米，面积180.36平方千米，其中耕地面积1382.76公顷，林业用地面积498公顷，森林覆盖率为77.2%。辖金龙、岭背、竹背、公平、黄坑、沁园春、新群、香山、大仙背、司城、高布、江下、溪尾、六社、桂花、湖崇、民裕、金星、河角、龙图、岭阳21个村民委员会，206个村民小组，户数6328户，人口27065人。在2018年度全县乡镇目标管理综合考核中，获“党建工作第一名”“信访工作第一名”。被县委、县政府评为“脱贫攻坚先进乡镇”，竹背村被评为“全县脱贫攻坚红旗村”。

【脱贫攻坚】年内，桂花村、公平村2个深度贫困村完成退出；在全镇建档立卡贫困户1476户6220人中，已脱贫61户187人，未脱贫7户17人，贫困发生率由2014年年底的23.7%下降到0.06%；产业奖补资金295.5984万元，发放金融扶贫贷款（含续贷）183户760.6万元，发放建档立卡贫困生教育补助2014人160.8925万元，发放雨露计划学历教育补助232人35.25万元，发放工业园区务工就业岗位补贴46人6.06万元，发放旅游扶贫岗位补助7人1.62万元，发放新型经营主体贫困劳动力就业岗位补贴57人7.56万元，发放交通补助1794人90.73万元。为1520名贫困人员落实“四道医疗保障线”政策，报销医疗费用710.7465万元，报销比例90.01%，办理慢性病登记1514人次，其中2019年新办理635人次。在册低保户共771户，贫困户559户，非贫困户212户，享受低保共1414人次。全年共培训贫困劳动力500余人次，安排保洁员、生态护林员、图书管理员、留守儿童接送员、光伏管理员等公益性岗位235名，让贫困劳动力在家门口就业。聘请有资质的第三方住房安全鉴定机构，对全镇农村有人居住的土坯房共1438户开展安全鉴定，实行“一房一报告”，并在住房外墙张贴安全等级标识牌，确保群众100%住房安全。着重围绕发展农村现代特色产业需要、改善群众生产条件需求，共安排扶贫项目60个资金4303.03万元。

【项目建设】东江源温泉特色养生小镇项目中的颐养中心、花海温泉、安置房、儿童乐园等核心功能区建设基本完成，总投资1.8亿元。民裕村“花开了”生态旅游区被江西省旅游资源规划开发质量等级评定委员会认定为乡村AAAA级旅游点。社区综合服务平台建成使用，内设活动室、文化广场、公厕等设施，总投资98.7万元。水利灌溉、道路提升等19个基础设施项目全部完工，总投资1474.41万元。

【现代农业】重点发展柑橘、百香果、猕猴桃、大棚蔬菜、锥栗、小龙虾、杉木、药材、鹰嘴桃、红薯等产业，新建12个村级大棚蔬菜基地共46公顷，2个村级柑橘种植基地5.67公顷。恢复柑橘种植97.26公顷，百香果种植面积266.83公顷，锥栗种植面积29.2公顷，猕猴桃新种植68.26公顷。全镇建有6个假植基地，为397户贫困户代育5.955万株柑橘并发放抚育补助14.292万；集中委托代育413户6.195万株，发放抚育补助1.486万元。建立柑橘黄龙病防控体系，清理失管果园67个，砍除病树1.3632万株。打击无证苗木，共查获售卖无证苗木行为2起，收缴并销毁无证苗木150余株。

【生态建设】 完善村级垃圾清运长效管护机制，由玉禾田保洁服务公司承包，配备保洁员228名（含公益性保洁员119名），实现生活垃圾日产日清，共清理生活垃圾1402.8吨。全面推进“河长制”工作，着力开展水环境治理，抓好河道“八乱”问题集中整治，完成河道清理66千米，沟渠清理30千米，排水排污工程项目投资118.32万元，解决在禁养区养殖、在限养区超规模养殖和污水直排等问题，实现出境断面水质达标。全年植树造林39.38公顷，完成低质低效林改造206.66公顷，发放生态公益林补助资金950.58公顷23.667672万元，发放天保林补助资金3636.59公顷97.369787万元，砍除松材线虫病树4831株。金龙村获得全省生态文明村称号，龙图村获得全市水生态环保村称号。分别建立青年、巾帼生态文明志愿者队伍，志愿者人数发展到77名。年内，全镇依法拆除“两违”建筑930处5395.1平方米，清理乱堆乱放1680处。对农村杆线“蜘蛛网”乱象进行整治，共治理杂乱线缆710处。加强畜禽养殖污染专项防治，禁养区144户畜禽场全部关闭并同步对禁养区猪栏进行拆除。加快改厕步伐，全年改造水冲式厕所705个，完成任务的100%，全面消除旱厕，完成3个美丽宜居示范村专项规划和21个行政村村庄规划的编制。

【社会治理】 全年排查化解各类矛盾纠纷29起，其中化解重大疑难纠纷3起，化解信访积案3个。深入开展扫黑除恶专项斗争。

（汪　莹）

留车镇

【概　况】 留车镇位于县境西南部。镇人民政府驻留车圩，距县城43千米，面积213.29平方千米。其中，耕地面积2128.9公顷。辖留车、余田、水背、飞龙、庄干、鹅湖、石马、陂下、坳上、大同、黄姜、石牛湖、贵石、雁洋、佑头、芳田、族坑、石贝、新村、坵坊、上寨21个村民委员会，323个村民小组，户数9058户，人口32700人，有农村劳动力资源18905人。有百香果、石榴、红薯、花生、鸡肉等产业。财政收入1706.39万元。年内，被农业农村部办公厅、财政部办公厅评定入选“全国农业产业强镇”建设名单，被赣州市人民政府评为全市计划生育工作综合先进乡（镇）一等奖。

【脱贫攻坚】 年内，脱贫71户210人（建档立卡贫困户1595户6934人），贫困发生率下降至0.057%，通过脱贫摘帽省第三方评估。为781户农户发放“产业扶贫信贷通”贷款3714万元，新增贷款或续贷304户1427.2万元，产业奖补1321人次162万元，光伏扶贫1595户59.21万元，务工交通补贴1819人93.18万元，低保补助16704人次500.61万元，特困供养金708人次30.05万元。落实医疗“四道保障线”2267人次1257.39万元、教育补助2529人次231.19万元、饮水及住房安全达到100%。通过脱贫摘帽省第三方评估验收。排查脱贫攻坚自身存在问题179个，整改179个。开展“清洁家园”“六星创评”评选活动，评选出星级文明家庭21户，其中遵纪守法星2户、诚实守信星3户、孝老爱亲星4户、尊师重教星3户、清洁卫生星4户、脱贫致富星5户。

【基础设施】 投入资金2300万元开展中小河流治理、河堤加固建设，年内完成98%。争取腾讯点亮项目，安装路灯165盏。21个行政村实现广播、网络信号、无线宽带全覆盖。实施村村通自来水工程，免费为8541户农民安装自来水。铺设村组道路3.34千米。加强农村公共服务平台、村级文化综合服务中心建设。

【环境整治】 建成圩镇公厕1处、农村公厕3处、改厕232户；清理农村生活垃圾9560吨、水塘165口、沟渠65千米、乱堆乱放826处；拆除铁皮棚、临时建筑等乱搭乱建65151平方米；整治杂乱线缆256处、庭院1634户；开展集中清理整治153次；完善农村保洁，建立覆盖村小组保洁队伍，垃圾转运外包。圩镇、飞龙、大同通过县级验收。实施飞龙村、余田村、大同村美丽宜居示范点建设。

【社会治理】 构建“镇、片、村、组”四级矛盾纠纷“大调解”格局，化解各类矛盾纠纷201件。开展扫黑除恶入户宣传84次，利用新媒体宣传28次。

【生态建设】 开展非法采砂专项整治行动12次。打击非法捕鱼、电鱼、毒鱼行为8次。为153户贫困户发放生态公益林补助面积609.36公顷，聘请生态护林员88名，改造低产油茶45.18公顷，退耕还林45.58公顷。

（邝树玉　刘文才）

南桥镇

【概　况】 南桥镇位于县境南部，G35济广高速、G206国道穿境而过。镇人民政府驻南桥村，距县城23千米。面积138.15平方千米，其中山地面积9697.4公顷，森林覆盖率72.5%，耕地面积1311.9公顷。辖南桥、罗陂、廷岭、高排、冠洲、黄塘、上游、下廖、满坑、古坑、珠村、长江、南龙、车头、团建、团红、黄坝、金桥18个行政村，203个村民小组，户数7632户，人口3.25万人。有蔬菜、油茶、甜柿、百香果、龙脑樟、猕猴桃、甜橘、蕉芋、牛、羊、鸡、鸭等产业。

【脱贫攻坚】 年内，脱贫89户193人（建档立卡贫困户1378户5738人），贫困发生率由2014年的17.99%下降至0.09%，通过脱贫摘帽省第三方评估。开展脱贫摘帽“回头看”及脱贫成果巩固提升工作，完成扶贫项目45个3247.22万元，为1220户贫困户发放产业奖补资金177.97万元。村级光伏电站分红43.82万元，户均增收300元。开展机械机电、农特产业种植技术培训。认领中央脱贫攻坚专项巡视反馈问题61个，排查存在问题47个，完成整改47个，认领省委巡视反馈脱贫攻坚方面问题34个，排查存在问题22个，完成整改22个。推进志智双扶，结合“赣南新妇女运动”，开展“六星文明家庭”“清洁家庭”创评活动。

【示范镇建设】 制定《南桥镇示范镇建设实施方案》。修编完善《南桥镇总体规划（2013—2030）》《南桥镇控制性详细规划》，编制新型城镇化南桥示范镇专项规划、“四精”（精心规划、精致建设、精细管理、精美呈现）美丽宜居5个示范村规划。完成18个村村庄规划。围绕“补短板、惠民生、强功能、提品质”建设目标，确定2019—2020年四大类17个建设项目，计划投资18亿元，其中年内实施项目14个，完工项目9个，完成投资9.71亿元。加强圩镇公共基础设施建设，启动停车场、市民广场、文化公园项目启动前期工作，挂牌出让汽修建材市场；完成镇区主要街道、新老镇区排污排水及污水处理工程、镇区及周边村供水工程升级改造。实施古坑村至黄塘村国道沿线绿化亮化工程，完成7个村农田水利基础设施升级改造、S458省道青龙岩景观大道项目建设。启动创建青龙岩旅游度假区AAAA级景区项目建设，动工兴建枫山里安置区。在全市新型城镇化示范乡镇考评中，获得第五名。

【特色农业】 年内，新增柑橘恢复种植面积40公顷，完成32公顷大棚蔬菜土地流转，新建大棚蔬菜面积26.7公顷。发展百香果、甜柿、龙脑樟、猕猴桃特色产业533.4公顷。加强非洲猪瘟、松材线虫病等重大动植物疫病防控。

【环境整治】 清理生活垃圾1068吨、水塘37口、水沟16.09千米、乱堆乱放1216处，整治农户庭院352处、路域环境26.5千米、杂乱线缆处64.74千米。拆除铁皮棚1107处12.6万平方米、砖厂2处2万平方米、“两违”建筑135处1.2万平方米、违章果业用房7处3358平方米。清理破旧棚屋71

处 1161.43 平方米、残垣断壁 166.2 平方米，启动南龙、高排、古坑、车头、团建 5 个美丽宜居示范村建设。查处破坏生态环境人和事 36 起。

【社会治理】 建设“三治”（自治、德治、法治）示范点 2 个（金桥村、古坑村），金桥村经验做法在央视《新闻联播》中播出，全县“三治”工作流动现场会在古坑村召开。

【社会事业】 完善 18 个村级新时代文明实践站，创建省级新时代文明实践站示范点 2 个（南龙村、金桥村），被市委宣传部、市文明办评为二星级新时代文明实践站。全市新时代文明实践站（所）流动现场会和 2019 年南粤古驿道定向大赛在古坑村举办。完成村文化广场、村级卫生计生服务室、村级组织活动场所建设。加强产权公有村卫生室管理，安排医生进驻或巡诊，开展农村基层医疗机构执业行为和药械使用安全整治。年内，有农村低保对象 830 户 1464 人，发放最低生活保障金 406.6 万元、临时救助资金 53 人 4.84 万元。

（曾进辉　廖诗妍）

吉潭镇

【概　况】 吉潭镇位于县镇东部，镇政府驻吉潭村。距县城 14 千米。面积 238.49 平方千米，其中耕地面积 2.3715 万亩，山地面积 26.65 万亩，辖上车、滋溪、榜溪、黎坑、蓝贝、吉潭、古丰、小田、圳下、团船、大坜、林田坝、剑溪、篁竹湖、汉地、赖地 16 个行政村，204 个村民小组，158 个自然村；户数 6739 户，总人口 26370 人。果业面积 3.6 万亩。主要旅游景点有万安石、文昌阁、乌泥坑文化遗址、大营岗、仙羊岩、真君庙等。

【脱贫攻坚】 做实贫困人口动态调整工作，2019 年，整户识别脱贫户 6 户 19 人，自然增加人口 32 人，自然减少人口 59 人，对脱贫质量不高及因病、因残可能导致返贫的已脱贫户实施增补措施。实现 61 户 155 名未脱贫户“一收入两不愁三保障”达标，1055 户 4053 名已脱贫户不返贫，其他非贫困户不出现“两不愁三保障”问题。全年为 824 户贫困户发放产业奖补 952680 元，为 543 人次落实各类教育资助金额 473475 元，4987 人次享受“四道保障线”救助资金 6971828.99 元，为 939 人办理医保慢性病（其中贫困人口 412 人）。认领中央脱贫攻坚巡视反馈共性问题 27 个、中央脱贫攻坚专项巡视反馈形式主义和官僚主义问题 11 个，整改率 100%；认领省委第八巡视组专项巡视反馈脱贫攻坚方面问题 16 个，整改率 100%；认领脱贫攻坚“夏季提升”整改问题 42 个，整改率 100%。推进志智双扶，借助新时代文明实践站和“学习强国”平台，开展“赣南新妇女运动”“六星创评”“清洁家庭”等评比活动及乡风文明行动。

【社会事业】 整治圩镇乱搭乱建、乱堆乱放、乱悬乱挂等现象，拆除圩镇屋顶铁皮棚，划定停车位，规范农贸市场经营秩序，以路为市、乱停乱放现象彻底改变。对 G206 沿线（吉潭段）不符合政策要求的果业用房进行拆除，全年拆除 11 处。开展农村屋顶铁皮棚整治工作，全镇拆除 797 处 38643 平方米，完成摸底任务书的 92.24%。保持治理“两违”高压态势，对 16 栋超高超大违章建筑进行整治，农村建房秩序得到规范。争取籁地村通村水毁桥梁、滋溪村山下小组水毁桥梁、汉地村便民桥、剑溪村鱼溪便民桥、圳下村污水处理厂、黎坑村公厕建设等一批惠民项目。滋溪大桥改建工程完成工程量 60%，上车村连塘桥完成工程量 80%，圳下村污水处理站主体工程完成 80%，寻乌水系统整治工程（项山河、圳下河）完成 80%。完成水源至吉潭河道综合治理、吉潭至蕉公坳乡道升级改造工程、吉潭社区活动中心等项目建设。以“新时代文明实践中心”为平台，把文明实践贯穿融入农村生产生活之中，增强文明实践活动的吸引力、凝聚力、影响力。

【社会保障】 2019年，发放农村低保金4844794元、城市低保金141960元，发放特困人员分散供养金250995元、集中供养金131195元，发放优抚金663734.4元，发放高龄老人补贴650350元，发放残疾人“两项补贴”348550元。医疗保险参合率98%以上，养老保险参保率90%。办理网上生育证登记165例，完成优生检测74例。开展城乡低保、特困供养人员整治，及时清理不符合条件人员。

【乡村治理】 定期开展法制宣传。聘请县法院、司法局干警举办讲座，“送法”下村，对村“两委”干部进行法律培训，各村设立巡回审判点，对纠纷案件及时上门审判（调处），实行一线巡回审判，让案件当事人不出镇村，就得到及时有效的审判服务。开展“扫黑除恶”专项斗争，落实安全生产责任制，对烟花爆竹、道路交通、工业企业、校园安全、食品药品等领域进行全方位、全覆盖检查。全年未发生赴市以上非正常访和安全生产事故。开展“挂厅堂、进百家”，“诵家训、传文化”，“写家书、增亲情”，孝老爱亲和道德评选表彰等系列活动，弘扬社会正能量，营造良好家风、民风。

（陈　丹　陈粤芳）

澄江镇

【概　况】 澄江镇位于县境北部。镇政府驻汶口村，距县城30千米。面积191平方千米，其中耕地0.72万公顷，山地1.33万公顷，辖北亭、凌富、团丰、谢屋、王屋、汶口、周田、族亨、长畲、江贝、桂丰、桂岭、黄岗、大墩、香樟园15个行政村（居），181个村民小组。户数8064户，总人口33910人。其中，北亭、汶口为畲族少数民族村，畲族总人口5000余人。

在县“12345”平台群众满意度测评中总体排名列全县第一名。被评为全县党管武装工作先进单位、征兵工作先进单位。周田村荣获“中国历史文化名村”“中国传统村落”“全国生态文化村”“国家森林乡村”称号，范中东被评为“江西省优秀河长”。

【脱贫攻坚】 顺利通过省级第三方评估验收，2019年度，全镇实现贫困户脱贫64户207人，贫困发生率降为0.04%。紧扣“四个不摘”部署要求，延续政策帮扶，确保政策享受一户不漏、一项不少。全面推进“春季整改”“夏季提升”“秋冬巩固”三大行动，2019年，共有1189人次享受四道保障线住院报销补助669.1万元；享受教育扶贫政策（春季）816人次72万元；享受产业奖补政策贫困户788户63.8万元（其中柑橘类奖补21.7万元）；为贫困户落实“产业扶贫信贷通”贴息贷款853笔4292万元，今年新增62笔282万元。落实中央脱贫攻坚专项巡视反馈问题（61个问题全部认领）已全部整改完成并销号。“夏季提升”问题63个问题共认领50个，整改工作已完成。

【产业发展】 推进产业转型，保障农户收入持续增长。科学有序推进柑橘恢复种植，加强5个假植苗培育基地的规范管理，高标准建设打造桂丰村百亩柑橘产业基地、汶口村柑橘产业基地，切实抓好柑橘黄龙病综合防控工作，顺利完成2019年防控飞防作业。全镇果业种植面积达8万亩，以沟域经济为主要形态，重点发展红薯、百香果、苹果桃、猕猴桃等特色产业。打造桂岭村庄仙堂沟域经济示范点，汶口村猕猴桃示范基地、谢屋村哈密瓜示范基地、周田村百香果苹果桃示范基地建设。

【环境整治】 突出九线一区重点区域环境整治。坚持“疏、堵”结合方式，进一步规范农村建房行为，严厉打击违法建设行为。2019年，拆除违法建房16处。着力解决占道经营、房顶铁皮棚、“脏乱差”等问题，拆除房顶违章铁皮棚

206处1.4万平方米，清理违章占道经营85处、乱堆乱放杂物48吨，拆除铁皮棚930处6.2万平方米，乱堆乱放1280处。把206国省道、澄罗公路、水澄公路、高速沿线等作为重点路域整治区域，对违章搭建、临时建筑、违章铁皮棚、简易房和建筑垃圾进行有效整治。重点路域拆除违章铁皮棚182处1.2万平方米，整治乱堆乱放495处。

【综合治理】 年内，接待来信来访52件71人次，化解矛盾纠纷76起，在全国“两会”，庆祝建国70周年等重要敏感时期。实现“六个未发生”目标，全镇社会和谐稳定。按照“三治”工作方案要求，打造谢屋村、江贝村、黄岗村等三个“三治”示范点，设立矛盾纠纷调解室、老年活动中心、综治室、文化活动室、新时代文明实践站。出资20万余元打造谢屋村“三治小院”，该村赌博现象得到遏制。

【基础设施】 澄江至水源公路有序推进，桂丰至黄岗道路启动施工，澄江大桥、江贝桥梁改建有序推进。推进圩镇扩容提质，江背圩市场建设进行网上挂拍。会昌至寻乌（澄江段）段主网线建设天然气项目进展顺利，征地工作基本完成。加快推进农村污水处理建设，周田污水处理站、污水管网建设项目正式启动。全年累计共完成土地征收160余亩、房屋征收8栋，为项目实施提供有力的用地保障。

【民生事业】 饮用水和出境断面水水质稳定，关停禁养区畜禽养殖场（户）25家，查处“小散乱污”企业3家，对省环保督查反馈问题中的王屋村五坑养猪场、大墩牛蛙养殖场进行彻底拆除。坚持把教育作为落实重要民生工程来抓，澄江中学获得全县“中考成绩突出学校”荣誉称号，中考成绩名列前茅，荣获全县教育教学目标综合管理（乡镇初中组）第一名，澄江中心校荣获全县乡镇小学组第三名。村卫生室全部建成并投入使用，乡村医生坐班就诊常态化。

桂竹帽镇

【概　况】 桂竹帽镇位于县境西南部。镇政府驻地上坪村，距县城15千米，面积237.5平方千米，耕地面积10705.14亩。辖上坪、华星、龙归、蕉子坝、高头、白面石6个行政村和中排、桂峰2个居委会，125个村民小组和6个居民小组，户数3214户，人口13036人，其中有畲族人口163人。林业面积23.195万亩，毛竹林基地6.5万亩。财政收入839.47万元。

【脱贫攻坚】 年内减少贫困人口42户78人，贫困人口由458户1817人减为5户12人，贫困发生率下降到0.1%。落实到户政策，发放产业信贷贷款149户798万元、产业奖补458户97.34万元、就业帮扶150人、低保补助622人239.11万元、特困供养金37人11.04万元，享受医疗“四道保障线”1857人267.4万元、教育补助580人次48.2万元、交通补贴243户393人19.67万元、“雨露计划”补助48人7.2万元、易地搬迁进城4户19人，饮水、住房安全率100%，落实扶贫项目11个资金703.2万元，争取深圳市龙岗区宝龙街道办对口帮扶资金60万元。识别城镇贫困居民24户51人，落实低保、教育、社保、医保、就业等帮扶政策。

【基础设施】 投入1620万元新建上坪至大寨村道7.3千米，投入60万元改建蕉子坝街道路，投入175万元维修水毁道路护坡2140米，改造蕉子坝村危桥1座。投入171万元点对点解决180户720人的安全饮水问题。投入162万元新建修建农田水渠水圳5200米。

【产业发展】 种植百香果4200亩，林下经济825亩，红薯1800亩，养蜂3000箱，引进竹制品加工厂2家。完成标准农田建设500亩，新建汤屋围200亩大棚蔬菜基地，完成土地增减挂项目15个74亩。

【环境整治】 强力整治乱搭乱建行为，拆除乱搭乱建205户1.56万平方米，简易棚屋38栋0.33万平方米。三格式无害化厕所入户普及率达98.4%，新建公厕8座，安装路灯445盏。聘请保洁员85人，清理各类生活垃圾1695吨，清理水塘31处，清理沟渠19千米，清理卫生死角345处，投入176.2万元修建治理排水排污沟7.75千米。

【生态建设】 关停养猪场22家、牛蛙养殖1处、非法采砂洗砂点4个。压实“河湖长制”责任，出境断面水质稳定达标。履行“林长制”，聘用生态护林员78人，改造低质低效林1125亩，发放天然林保护资金153万元，连续3年被评为“森林防火平安乡（镇）”。

【综合治理】 推进新型乡村治理，打击违法犯罪行为8起12人，处理信访案件20起，调处矛盾纠纷20起。

（李 莎 易增平）

文峰乡

【概 况】 文峰乡位于县境中部，乡政府驻县城江东庙路28号。面积274.98平方千米，耕地面积1262公顷，山地面积24746.3公顷。辖长溪、长举、东团、新罗、长岭、大路、杨梅、黄坳、小布、河岭、石排、上甲、双坪、图合、岗背、田背、长布17个村民委员会，有179个村民小组，7145户，人口30235人。

【脱贫攻坚】 全年发放产业奖补127.6万元，发放教育补贴417人次37.8万元；享受四道医疗保障线395人次117万元，办理慢性病人数525人，享受信贷贴息670人次3333万元。对贫困户进行动态管理，新增1户4人按程序识别为贫困人口，户内新增49人，减少44人。以“柑橘为主、多元发展”思路，鼓励复种柑橘产业面积4600余亩。组织群众发展猕猴桃、百香果、葡萄、鹰嘴桃、蔬菜种植，示范引领推动群众实现家门口就业。

【环境整治】 重点整治生活垃圾、乱堆乱放、乱搭乱建、线缆杂乱等“脏、乱、险”问题，推行玉禾田保洁公司和公益性保洁员的管理，规范收取，拆除违章搭建铁皮棚等“两违”建筑66216.18平方米，拆除违章果业用房18处21100平方米。

【服务城区建设】 完成土地征收730亩，土地流转550亩，依法拆除长举、新罗棚改历史遗留房屋4栋，全力保障城市建设和工业发展用地需求。

【生态建设】 落实“河长制”“林长制”，对水库日常管理，库边垃圾清理、库区水葫芦打捞、对水库网箱养鱼、重点河流区域进行禁钓管理。打击非法采砂1起，非法收取稀土尾水行为1起；加强畜禽养殖污染专项防治工作，对全乡畜禽养殖场建立台账，建立养殖场台账111家，禁养区内33家畜禽场关闭，改善农村生态环境。

【“两违”整治】 建立“一违一档”登记台账，对防违、查违工作实行网格化管理，坚持“露头就打，发现就拆”的高压态势，拆违985处，拆违面积89316.18平方米。

【社会治理】 依托“廖建强工作室”，充分发挥廖建强老牌调解员及其“八步法”调解法成功调处化解山林、土地、邻里纠纷等各类矛盾纠纷37起。受理上级转交信访62件，并已办理，信访回复率100%。接待来访群众37批112人次，解释疏导37批112人次。推进扫黑除恶专项斗争，梳理信访件举报线索有7条，核查7条，接部门流转线索4条，核查4条，未发现有涉黑涉恶现象；移交线索6条，核查6条，未发现有涉黑涉恶现象。在法治文峰建设中，召开农村“法律明白人”培训班18场次，培养法律明白人骨干263名、普通法律明白人2376名，提高群众对法律法规的认知率。

（古城晨 古政平）

三标乡

【概　况】位于县境西北部。乡人民政府驻三标村，距县城15千米。面积202.95平方千米，其中耕地12243亩，山地面积272830.35亩。辖三标、富寨、胡屋、堆禾、黄陂、基田、甲子乌、长安、东江源、图岭、上下坝、大小湖棠12个村民委员会，户数4250户，人口15580人。财政收入988.09万元，同比增长1.3%；生产总值10820元，同比增长3.44%；农村居民人均可支配收入6540元，同比增长4.99%。2019年，三标乡基田村被评定为第五批省级水生态文明村。

【脱贫攻坚】全乡有建档立卡在册贫困户581户2398人。新识别贫困户1户5人；自然减少36人，自然增加31人。为131户贫困户贷款546万元，贴息38.13万元，发展种养产业；落实外出务工交通补贴265户406人19.73万元；发放产业奖补248户56.635万元；技能培训补助123人次18.9万元；发放在县工业园区务工补贴19人次3.84万元；有2398人次贫困人口享受“四道医疗保障线”报销医疗费445.53万元；为205名群众办理慢性病登记。为贫困人口安排就业岗位157个，其中保洁员42人、生态护林员95人、公路养护员6人、光伏管理员8人、图书管理员3人、留守儿童接送员3人。

【产业发展】在三标黄陂、基田、胡屋等村，种植鹰嘴桃3600亩，参与380户农户（90户贫困户），产量达80余万斤，经济收益176万元。猕猴桃种植640亩，带动267户农户增收；石参种植318亩。

【环境整治】开展人居环境整治工作，各村成立新农村建设促进会，利用节假日邀请知名乡友回村看、回屋走，联系外出乡贤62次，召开人居环境整治座谈会3次。以富寨村为示范积极推进“党建+人居环境整治”工作机制，以“一组两员三带”为契机，通过党小组组织干、党员干部带头干、党员群众主动干、监督干，有力地推进人居环境整治工作进度，富寨村成为全县第一批通过县级验收村。人居环境整治工作投入资金20万元，4个村通过县级验收。

【生态建设】探索出九曲湾库区水质提升五道防线工作法。落实“林长制”，完成第七次森林资源二类调查，完成低质低效林改造3500亩，选聘17名防火护林员、7名天保林护林员、95名生态护林员，发放工资补助118万元。继续开展“两个半村”（东江源村、图岭村、长安村半个村）移民搬迁安置后续工作，完成房屋签约24户、田地果树签约24户。

【基础设施】通组路项目1个32万元，产业基地项目3个84万元，排水沟项目4个72.54万元。推进甲子乌—叶屋、胡屋—清平公路等项目建设，投入430万元新建三标乡中心敬老院。饮水安全提升项目1个投入15万元，完成农村安全饮水工程，落实水厂管理员12人。

（谢玉奇）

菖蒲乡

【概　况】菖蒲乡位于县境西南部。乡人民政府驻菖蒲村，距县城55千米。面积81.59平方千米，其中耕地555.3公顷，山地面积6527.2公顷。辖菖蒲、虎石、铜锣、黄田、黄砂、徐溪、坪岗、五丰8个村民委员会，户数3869户，人口14505人。有脐橙、蜜橘、南瓜、百香果、蓝莓、石榴等产业。

【脱贫攻坚】年内，有46户92人脱贫。筹集20万元，为423户贫困户免费发放百香果苗55188株。举办菖蒲乡首届百香果节，创建“百香姐”互联网品牌，百香果在拼多多平台销售额300多万元。外出19名乡贤发布招聘信息，提供就业岗位945个。公益性岗位就业98人。认领中央、省委巡视发现的扶贫问题36个，按程序销号归档

36个。动员外出乡贤和企业单位捐资20万余元，为每村建立一个扶贫爱心超市。开展“五净一规范”星级评定15次，发放奖励物品1604人次。8月4日，江西卫视播出激发贫困户内生动力典型做法；8月13日，中央财经频道播出菖蒲乡产业发展典型事例；11月26日，在全县脱贫攻坚领导小组扩大会议上作了经验介绍。

【环境整治】 开展8个村36个自然村组村庄调查，编制完成8个村村庄规划。依法拆除违章建筑5处285平方米。落实城乡环卫一体化，农村生活垃圾收集处理由玉禾田公司承包负责。配备村级保洁员101名（含公益性保洁员48名）、环卫保洁车辆和工具，生活垃圾日产日清。开展“清洁家园”“清洁村”“星级卫生文明户”评比活动和黄砂、铜锣垃圾分类试点。规划黄砂村公厕建设，改厕3202户，农村无害化卫生厕所全覆盖。拆除违章搭建311处15412平方米，完成89.37%。整治杂乱线缆92处。

【特色农业】 清理失管柑橘果园28户，砍除柑橘黄龙病树8112株，审批新建果园364户。在虎石村建起千亩蓝莓和千亩石榴基地每个村建起百亩示范基地。在坪岗村建起千亩柑橘复种示范基地。

【社会治理】 印发普法宣传资料2000份，入户宣传3100人次。开展网格化社区自治，调处各类纠纷112起。抓好辖区内油站、汽站和学校、医院、网吧安全检查，排查整改安全隐患13个。

（古宏州）

龙廷乡

【概　况】 位于县境西南部，乡人民政府驻龙廷村，距县城50千米。面积73.5平方千米，耕地332.67公顷，山地面积5953公顷。辖龙廷、大田、斗晏、西湖4个村民委员会，户数1530户，人口6594人。主要有油茶、猕猴桃、红心李等产业。

【脱贫攻坚】 年内，脱贫260户1115人，贫困发生率由2015年的17.7%下降到0.74%，下降16.96个百分点。3月，西湖村、斗晏村代表全乡通过省第三方评估验收。验收后，按照“四个不摘”要求，聚焦“两不愁三保障”突出问题，开展脱贫摘帽“回头看”及脱贫成果巩固提升工作。

【生态建设】 全乡有公益林2970.1公顷，天保林621.6公顷。整治禁养区养猪88户。全县第一个村垃圾分类积分兑换超市在西湖村建立。国控断面水质稳控在三类以上。

【环境整治】 推动农村人居环境整治。拆除乱搭乱建252处17900.36平方米，整治乱堆乱放186处、农户庭院156户、路域环境19处，治理乱线杂线34处，清除破旧广告牌31处，整治沿街乱摆乱放、出店经营25处，清运垃圾118吨。

【特色农业】 在做好柑橘黄龙病防控工作的同时，有序开展柑橘复种工作。年内，种植油茶1666.67公顷、茶叶133.33公顷、猕猴桃4公顷、百香果8公顷，养蜂1600箱。

【社会事业】 开工建设斗晏村段“河堤工程”、深圳对口支援幼儿园项目，西湖村新时代文明实践站“孝老食堂”正式启用。

（严　锋　梅娟萍）

丹溪乡

【概　况】 丹溪乡位于县境南部，乡人民政府驻丹溪村，距县城74千米，面积165平方千米，耕地面积642.9公顷，山地面积12753.3公顷。辖彭溪、清溪、丹溪、双溪、双村、金村、上平、下平、高峰、岑峰10个村民委员会，户数3208户，人口1.52万人。有红薯干、茶叶、蜜蜂、酿酒等产业。

【脱贫攻坚】 年内，建档立卡贫困户776户3361人，脱贫770户3342人，未脱贫6户19人。贫困发生率由2014年的24.37%下降至2019年的0.13%，岑峰村接受省第三方评估验收。完成中央、省、市巡视反馈问题整改111个，整改率100%。年内，享受“四道医疗保障线”补助2250人次356.1789万元，办理慢性病登记239人。有农村低保对象324户673人，其中建档立卡贫困户297户628人，占比93.3%；发放临时救助金88人次90200元。

【特色农业】 抓好蔬菜、红薯、茶叶、三华李、中药材高效特色产业发展，其中红薯164.8公顷，油茶125.73公顷，茶叶130.17公顷，三华李91.07公顷。完善柑橘黄龙病群防群控机制，柑橘恢复种植面积59.67公顷，其中脐橙面积21.09公顷，蜜橘面积38.58公顷。做好非洲猪瘟疫病防控工作。

【生态建设】 加强生态环境保护，落实“林长制”职责，开展第七次森林资源二类调查，完成低质低效林改造100公顷。开展森林火险和松材线虫病防治。完善农村环卫保洁长效机制。抓好中央和省环保督察反馈问题整改，开展畜禽养殖专项整治，关停禁养区散户105户。打击非法占用林地、滥伐盗伐林木、非法开采稀土和各类破坏河道环境违法犯罪行为，深化“河长制”升级版建设，确保出境断面水质稳定达标。

【环境整治】 实施农村人居环境整治三年行动计划，按照“干净整洁、提档升级、美丽宜居”三个档次，加强村庄规划编制，优化村庄功能布局。抓好村容村貌提升、生活垃圾专项治理、县道路域环境整治、“五净一规范”等工作。年内，拆除铁皮棚581处43450.44平方米、简易房52处，清理乱堆乱放1025处、建筑垃圾135处、水沟65处、残垣断壁45处、杂草542处，在X549县道两旁种植红叶石楠15000株。圩镇和3个行政村通过县级验收。

【社会治理】 年内，排查和受理各类矛盾纠纷110起，调解成功110起，调处成功率100%，没有出现重大安全生产事故和群体性事件。

【社会事业】 完成村级计生卫生服务室建设和村级文化广场建设。完善圩镇配套基础设施，规划停车位45个，建设路沿石100米、排水沟100米、硬化门坪320平方米，拆除平整房前房后门坪500平方米、安装太阳能仿古路灯10盏、水泥护栏80米、设置农贸市场摊位60个。

（钟善斌　凌志伟）

项山乡

【概　况】 项山乡位于县境东部，距县城23千米，乡政府驻项山村。辖项山村、桥头村、卢屋村、中坑村、聪坑村、书坪村、福中村7个村。境内的项山甑海拔1529.8米，是赣南第二高峰，位于三省交界处，有一山览三省之势。项山具有700多年的历史，全乡面积82平方千米，耕地面积11430亩，山地面积115355亩，户数2247户，人口7912人，是南宋兵部尚书——潘任（文天祥部将）的故乡。

【脱贫攻坚】 年内，脱贫15户54人，贫困发生率由2014年年初的17.9%下降到2019年底的0.05%，下降17.85个百分点。发放产业奖补资金35.1644万元、柑橘奖补127户6.718万元。发放光伏产业分红18.915万元。开发公益性岗位，为贫困人口提供就业岗位77个；创建扶贫车间，全乡劳动密集型小微企业有5家；年内，教育扶贫共补助404人次，补助35.256万元；“雨露计划”转型技能培训春季14人、秋季16人，补助资金6.15万元；“实施医疗四道保障线”，1—11月，全乡1543人次报销医疗192.46万元；7个行政村共建起1315千瓦容量的村级光伏电站，电网发电和实现收益分红。贫困户享受“产业扶贫信贷通”贷款214户1068.5万元，共贴息37.447万元，家庭屋顶光伏贷款11户28.6万元。

【现代农业】 持续清除失管半失管柑橘园，落实本年度飞机洒药防治柑橘木虱工作，防治面积7339亩；乡食用菌种植基地向农户发放菌包

10000余包，提供种植技术及产品回收服务。推广种植小米辣椒订单农业25亩，带动种植户47户，回收辣椒15000余公斤，户均增收约2500元；聘请果技员定期组织全村柑橘种植户到农户果园中实地开展柑橘种养技术培训，全年发放各类种养奖补资金419874元，基本实现农户“家家有产业、户户能致富”的目标。

【民生事业】 年内，实施项目14个，主要用于基础实施改造、排水排污等项目，村容村貌得到明显改观，农村饮水安全有保障，所有农户饮用水完成送检达标。启动全乡城镇居民困难户普查摸底工作，全乡全年发放城乡低保、农村五保、残疾人二项补贴、高龄补贴、大病救助等各类救助资金200余万元。全乡争取公益性岗位名额77个，充实到农村保洁、公路养护等各个岗位。

【环境整治】 开展“两违”整治，建立巡查机制，发放停建通知9份，拆除两违建筑11处895.7平方米。基本完成圩镇专项规划编制和7个村规划编制，实现乡村规划编制全覆盖。推进新农村建设“七改三网”“8+4”项目建设，拆除“空心房”847栋，共计6.82万平方米，拆除率为100%，修缮房屋292栋，共计12.31万平方米。完成改水236户、改厕236户、改沟1.26千米。推行“河长制”升级版，完善巡查制度，打击河道非法采砂行为4起，取缔水源涵养区生猪养殖33起，发放整改通知49份，已整改40处。开展农村生活垃圾专项治理，通过政府购买服务的方式，实现垃圾处理市场化运营，全年清理垃圾1500余吨。

【生态保护】 加强林业资源的管控，全乡森林覆盖率达85%，完成低质低效林改造1400亩。推进“河长制”工作，国控断面水质达标率100%。强化非法开采稀土打击力度，严抓“收尾水”现象，同时，对山体挖沙、洗沙的日常排查，杜绝乱开滥采行为，防止水土流失。

【平安创建】 推行综治村网格化管理，实现小网格大服务，健全人民调解、行政调解、司法调解“联动”机制。实施“心防”工程。深入开展闽粤赣边三乡十村“六联六建”活动，有效维护边界安全。处理信访案件20件，调处矛盾纠纷44件。落实“党政同责、一岗双责、齐抓共管”的安全生产责任制，对森林防火、校园安全、消防安全、重点工程等领域安全常抓不懈，安全生产“零事故”实现。加强治安巡防队伍建设，实现综治巡逻区域全覆盖、常态化，有效预防违法犯罪活动的发生。

（曹　鹏　丁婷婷）

水源乡

【概　况】 水源乡县境北部乡政府驻龙塘村，距县城41千米。面积112平方千米，其中耕地面积9313亩，山地面积14万亩，辖周畲、大湖、载下、龙塘、坳背、河背、袁屋、径口、竹园头9个行政村、户数3157户，人口13855人。

【脱贫攻坚】 年内，27户103人实现脱贫，贫困发生率下降至0.09%；多措并举提高群众获得感，全年度群众满意度保持在95%以上；对脱贫攻坚工作实行动态管理监测，至年底自然增加10人、自然减少13人；对有返贫风险的贫困户2户6人纳入脱贫监测户管理；加强非贫困边缘户监管，对新出现的2户9人贫困边缘人口纳入建档管理，对存在致贫风险的8户37人纳入边缘户管理，给予相应的政策帮扶。

对中央巡察发现的扶贫问题39条，省委巡视察发现的问题25条全部认领，并明确责任，落实到人，到年底均已整改到位。

有序引导柑橘复种，稳步扩大蔬菜、甜柿、百香果、红薯、养蜂等特色产业，长短结合，以短养长，促进贫困群众持续增收。全乡建立4个柑橘苗木假植基地、3个百香果基地、2个甜柿基地、2个养蜂基地、1个红薯基地，2019年共发放给贫困户产业奖补资金51.27万元，受益贫困户450户。

建立扶贫车间4家，共有135人次享受7.44万元岗位补贴；培训贫困人数350多人次；申报雨露计划137人次，共计资金20.55万元；申报贫困劳动力外出务工交通补贴共317户504人，补贴金额25.28万元。

全年共发放各类教育资助金97.41万元，累计资助学生1126人次。

继续实施贫困人口“四道医疗保障线”“先诊疗、后付费”“一站式”结算和住院看病报销比例达到90%等政策。年内，535户在册贫困户购买基本医疗保险和医疗商业补充保险，为贫困人口落实四道保障线报销费用466.82万元，累计2925人次；为建档立卡贫困人口办理慢性病证明101人次。

发放低保金达261.434万元，五保金达6.68万元，对192位残疾人发放补助15.615万元。

【综治工作】 开展扫黑除恶斗争。与各村签订扫黑除恶责任状，加大线索排查力度，对群众举报线索进行认真摸查，纵深推进全乡扫黑除恶工作。

坚持落实重点信访案件领导包案制度。重点信访案件由领导亲自包干，相关案件得到及时有效解决；常抓安全生产，全面落实安全生产工作责任制，2019年度无安全生产事故发生。

全力推进乡风文明建设，以“新时代文明实践中心”为抓手，开展160多次的宣讲活动，弘扬社会正气，破除各种陈规陋习；开展260多次的新赣南妇女运动，推动农户自觉搞好家庭“五净一规范”，改善农村人居环境。

【民生事业】 做好计划生育服务工作，完成孕前优生检测58对，婚检64对，办理出生证107个。

城乡居民医疗保险参保率100%，城乡居民养老保险参保率达98%；做好惠民惠农政策落实，农村低保、五保、临时救助等资金发放100%。

实施各类扶贫项目18个，涉及资金1303.6万元。水源—澄江公路升级改建工程年底竣工通车。清平—胡屋乡道正在平整路面完成路基铺垫。

启动圩镇建房风貌管控，对63户在建农户进行动员引导粉刷外墙，打造圩镇风貌。

按照“干净整洁、提档升级、美丽宜居”三个档次，认真落实“思想跟进、措施跟进、工作跟进”的要求，按照“233”的工作模式（工作前期打好“二项基础”、工作开局落实“三个优先”、工作推进注重“三个结合”），推进人居环境整治。至年底，拆除违章搭建近2万平方米，拆除违法果业用房14798平方米，基本实现屋顶无铁皮棚、无明显积存垃圾、无传统旧厕的目标。

【生态建设】 依法治理毁林开荒、畜禽养殖、非法挖山等污染专项整治，压实“河长制”“林长制”责任，抓好饮用水源地保护区划定及规范化建设，确保水质达标率达100%，出境断面水质稳定“二类水”标准。

开展第七次森林资源二类调查，完成低质低效林改造、退耕还林任务；整合乡村两级护林员队伍，全面强化巡山护林，大力进行林地监管，查处林业违法行为5起，全年未发生一起森林火灾。

在河背村、袁屋村启动427万元的寻乌县（水源段）第一标段河道治理工程，提高河道的自净能力。

盯紧废弃稀土、石材矿山，把源头管控做实做牢，全年未发生一例违法开采事件。

开展垃圾治理、农村环境卫生宣传工作，积极收取保洁费，稳定组建保洁队伍，形成长效管护机制，顺利实施城乡垃圾处理一体化。

【创建“五型”政府】 自觉接受人大监督，积极采纳意见建议，加强政务公开和政府信息公开，全年公开政务信息319条，办理信访问题13件；整改解决群众身边“急难烦”问题22个。

深入开展“不忘初心、牢记使命”主题教育，扎实推进“两学一做”学习教育常态化制度化。严格执行中央八项规定精神，严格规范各项资金管理使用，“三公”经费支出明显下降，抓好廉政风险点防控，严格执行“三重一大”和“领导干部重大事项报告”制度，强化审计监督和审计整改。

推进“放管服”改革，规范便民服务中心建设；坚持不懈整治形式主义、官僚主义，切实解决“怕、慢、假、庸、散”等作风顽疾，按照《水源乡村级干部管理考核实施细则》，严格执行村干部绩效考核，工作效能不断提升。

（王　森　古　赟）

罗珊乡

【概　况】 罗珊乡位于县境东北部，乡政府驻罗塘村。距寻乌县城47千米，面积126平方千米，其中耕地面积10398.88亩，林地面积194140亩。辖罗塘、上津、华齐、泊竹、珊贝、筠竹、吴畲7个村民委员会，户数2503户，人口10871人。

有省级文物保护单位罗塘谈判旧址、上津列宁师范学校旧址。获“全市计划生育综合先进乡（镇、街道）三等奖”“全市春季森林防火平安乡（镇）”“全县尊师重教先进单位”等荣誉称号。

【脱贫攻坚】 全乡建档立卡贫困人口483户2005人，年内实现脱贫479户1994人，未脱贫人口下降至4户11人，贫困发生率由2014年的13.52%下降到0.12%。发放交通补助475人共计22.83万元；发放教育补贴673人共计60.13万元，为贫困学生申请“雨露计划”补助113人次，合计补助金额为16.95万元；为所有贫困人口代缴城乡居民基本医疗保险和重大疾病医疗商业补充保险近96万元，共有2069人次享受“四道医疗保障线”政策，共计报销320.12万元。为256名贫困户办理慢性病医保手续。安排扶贫项目15个491.72万元。建立分级问题认领台账。全年，上级反馈问题共90个。其中中央巡视反馈问题34个，省委巡视反馈问题56个，年底，对中央、省委巡视反馈的问题均已销号整改。

【圩镇建设】 对圩镇环境进行升级改造。主干道铺设吸水砖，安装路灯37盏，并进行绿化美化。建设3个公共停车场，一处小型休闲场所。规范车辆停放。加强圩镇环境卫生日常监管。在圩镇出入口以及与澄江交界处打造罗珊乡新地标。

【生态环境建设】 实施废弃矿山、出境断面水质、面源污染、粪污直排等治理，落实封山育林，实施造林绿化、退果还林工程。持续推进“净空、净水、净土”行动，推动生态文明乡村建设，实现人与自然和谐发展。积极推动“林长制”，管理机制实行“两员三长”，做好低质低效林改造，松材线虫病、森林防火等各项工作，连续多年评为全县森林防火先进乡镇。健全“河长制”管理制度、加大山塘水库水面垃圾的清理，打击非法开采稀土行为，加大生猪牛蛙养殖污染力度，共关停禁养区生猪养殖场97家、牛蛙养殖场9家。出境断面水质从Ⅲ类恢复到Ⅱ类，实现出境断面水质稳定达标。

【基础设施建设】 实施农村公路建设“三年行动计划”，投资1.2亿元资金，建成澄江至罗塘县道、泊竹至吴畲乡道、华齐至上津村道，县城至罗珊行车用时从50分钟缩短至35分钟。加快泊竹桥、上津桥、珊贝桥、筠竹桥等桥梁项目建设，启动实施一批污水处理设施项目，同时抓住深圳市龙岗区对口支援的机遇，全面提升罗塘村各项基础设施水平。积极争资争项，继续实施农村道路、农田水利、安全饮水、桥梁建设等农村公共服务设施建设，持续改善农村生产生活条件。

【现代农业】 坚持“柑橘为主、多元发展”思路。清除柑橘黄龙病树，复种柑橘产业面积17050亩，规范柑橘复种审批秩序。依托假植基地引导柑橘产业恢复种植，进一步推动柑橘产业有序发展。完善2个示范甜柿基地配套设施建设，强化技术指导与管理培训，加强4个柑橘苗木假植示范基地、2个甜柿基地管理，示范带动作用初步显现。继续鼓励甜柿、百香果、蔬菜等种植业及养殖业多元发展。

【农村环境整治】 拆除路域和圩镇的乱搭乱建、违章铁皮棚等；果业用房、户外广告牌及老式坑厕（旱厕）。空心房整治后遗留的残垣断壁、附属房两违建筑，累计拆除311处19793平方米。推行城乡环卫一体化运行和管理机制，在25户以上集中区域均设置垃圾收集点，生活垃圾做到日产日清。对公路、河流沿线、圩镇、村庄等重点区域实行集中清理整治，做到“四无、四净”（无卫生死角、无暴露垃圾、无乱堆乱放、无残垣断壁；大街小巷净、房前屋后净、河塘沟渠净、村庄田头净）。

【综合治理】 打造“四区一室一站”，乡综治中心有场所、有设备、有制度、有记录，有工作人员进驻，各项工作正常运转，并与便民服务中心连成一体，为群众提供一站式服务。各村综治中心按“四室一窗口”规范建设，运转正常。健全乡、村人民调解组织，成立由村妇女主席及妇女小组长组建的婚姻家庭纠纷调处队，进行每月矛盾纠纷排查，做到小事不出村大事不出乡，矛盾纠纷化解率100%，全年未发生民转刑案件。严厉打击聚众赌博等行为，侦破聚众赌博案件4起，抓获主要犯罪嫌疑人6人，涉案金额14693元。打造升级天网，视频监控系统接入“雪亮工程”，设立乡村视频监控点50个，视频监控系统进一步提升。

人物　荣誉

2019 年新任职县级领导简历

黄　斌　男，汉族，1983 年 9 月出生，江西永修县人。2005 年 12 月加入中国共产党，2007 年 11 月参加工作。2006 年 7 月，北京理工大学管理与经济学院工商管理专业学习在职研究生，寻乌县委常委、宣传部长。

2007 年 11 月至 2008 年 10 月，定南县人民检察院公诉科书记员；2008 年 10—12 月，定南县第 1 期领导干部离岗考察培训班学员；2008 年 12 月至 2010 年 4 月，共青团定南县委副书记；2010 年 4—8 月，待安排；2010 年 8—12 月，定南县天儿镇纪委书记、政法委员；2010 年 12 月至 2011 年 5 月，定南县第 6 期领导干部离岗考察培训班学员；2011 年 5 月至 2012 年 9 月，定南县岭北镇党委副书记、镇人大主席团副主席；2012 年 9 月至 2013 年 1 月，定南县鹅公镇党委副书记、镇长候选人；2013 年 1 月至 2016 年 6 月，定南县鹅公镇党委副书记、镇长（其间，2013 年 8 月至 2015 年 12 月江西省委党校研究生社会学专业学习）；2016 年 9 月至 2017 年 9 月，共青团赣州市委员会副书记（试用期一年）、党组成员；2017 年 9 月至 2019 年 9 月，共青团赣州市委员会副书记、党组成员（2016 年 10 月至 2017 年 10 月挂职任深圳市宝安区环境保护和水务局副局长；2018 年 3—7 月江西省委党校第 52 期中青班学习）；2019 年 9 月，中共寻乌县委常委、宣传部长。

李正鹏　1970 年 6 月出生，江西石城人，1988 年 8 月参加工作，1998 年 2 月加入中国共产党，本科学历。1988 年 8 月沙堌小学任教员、教导主任，1991 年 8 月坝口小学任教导主任，1993 年 8 月任小别乡教办副主任，1994 年 8 月任县教育局科员，1995 年 3 月任中共石城县委宣传部科员，1996 年 8 月任县教师进修学校任副校长，2000 年 1 月任县教育局副局长，2006 年 8 月任县教育局副局长、石城中学校长，2007 年 8 月任县政府党组成员、政府办主任、应急办主任、十大体系办主任，2010 年 8 月任石城县教育局党委副书记、局长，2011 年 11 月任中共石城县委办公室主任，2016 年 10 月起任石城县人民政府副县长，2019 年 11 月任中共寻乌县委常委、组织部长。

人物简介

古剑辉传

古剑辉（1997—2019） 寻乌县菖蒲乡五丰村人，2013年7月，初中毕业于寻乌县第三中学，2016年参军入伍。生前系四川省西昌森林消防大队四中队消防员。2019年3月30日，四川省凉山州木里县发生一场因雷电引发的森林大火，古剑辉随部队奔赴火场。2019年3月31日，在扑火过程中，突发林火爆燃，古剑辉和其他29名森林消防指战员、地方干部群众壮烈牺牲，献出年轻而宝贵的生命。

2019年4月，古剑辉被国家应急管理部评为烈士、追记一等功、追认为中国共产党正式党员。

吉志雄 男，汉族，1978年5月出生，陕西省西安市人。1996年9月，考入解放军长沙炮兵学院并入伍，1997年7月加入中国共产党，硕士研究生学历，2013年12月转业到中华全国供销合作总社工作，现任中华全国供销合作总社直属机关党委办公室三级调研员，寻乌县晨光镇副镇长、高布村第一书记、驻村扶贫工作队队长。拥有17年军旅生涯的吉志雄，曾参加过“九八抗洪”。2016年1月，被选派到寻乌县晨光镇高布村任第一书记，扎根贫困村工作，扶贫任期三次期满后三次主动留下，扶贫4年多，使软弱涣散的高布村党支部成为连续4年先进的党支部，村有经济收入从零发展至45万元，帮助全村88户贫困户于2019年12月全部脱贫。2020年初，新冠肺炎疫情期间，他中断休假“逆行”回村，选择与父老乡亲在一起进行疫情防控，个人购买2万多元的口罩捐给村民和急救中心，为武汉抗疫捐款6600元。并积极对接中华全国供销合作总社，主动协调其他中央、国家直属机关单位，共为寻乌提供测温仪、消毒液、洗手液、洁厕剂等防疫物资达1吨多。2018年10月，被中央和国家机关工委评为中央和国家机关脱贫攻坚优秀个人。2020年3月，中华全国供销合作总社决定在全国供销系统开展向吉志雄学习活动。

黄才发 男，1977年12月于都县贡江镇人，1999年6月毕业于赣南师范学院，2016年评为中小学高级教师。自2002年起在江西省寻乌县寻乌中学任职物理教师，学校科研处副主任兼科技中心主任，赣州市物理学科骨干教师，中国科技馆发展基金会农村中学科技馆志愿者。作为市骨干教师作用，他热心帮助年轻教师成长，培养了一批教学骨干。并致力于科普工作，充分发挥学校科技馆科普主阵地作用，开展丰富多彩的科普活动。大力培养“兴趣+能力”的特长型学生，让科技成就梦想。积极探索适合农村学校特点的科技教育活动新内容、新形式。2019年7月被中宣部、中国科协等六部委评为全国十大“最美科技工作者”。2019年11月被赣州市文明办评为第三期“敬业奉献类”好人。2019年12月获中国科技馆发展基金会2019年度科技馆发展奖“辅导奖”并发言。疫情期间，在志愿者总队抗疫在行动活动中被评为季度之星。2020年5月，被人社部、中国科协、科技部、国资委授予第二届全国创新争先奖奖章。

2019年获高级职称人员名录

高级职称人员名录

2019年全县共26名专业技术人员获得高级专业技术资格，其中：正高级1人，副高级26人。

1. 2019年获卫生正高级专业技术资格1人

陈少波 寻乌到中医院，主任医师（县区类）

2. 2019年获建设高级专业技术资格1人

侯清萍 寻乌县规划设计院，高级工程师（副高级）

3. 2019年获中小学教师高级专业技术资格人员19人（副高级）

2019年获中小学教师高级专业技术资格人员一览表

表15

序号	姓名	工作单位	资格名称
1	袁福华	寻乌中学	中小学高级教师
2	廖　勇	寻乌中学	中小学高级教师
3	朱华娣	寻乌中学	中小学高级教师
4	曾　萍	寻乌二中	中小学高级教师
5	黄珍红	寻乌二中	中小学高级教师
6	曹冬祥	寻乌三中	中小学高级教师
7	陈红梅	寻乌县实验小学	中小学高级教师
8	林　慧	寻乌县城关小学	中小学高级教师
9	王　芸	寻乌县城北新区小学	中小学高级教师
10	邱清梅	寻乌县幼儿园	中小学高级教师
11	林万春	寻乌县菖蒲中小学	乡村中小学高级教师
12	林洪超	寻乌县菖蒲中小学	乡村中小学高级教师
13	钟万斌	寻乌县丹溪中小学	乡村中小学高级教师
14	温福生	寻乌县南桥中心校	乡村中小学高级教师
15	凌石球	寻乌县澄江中心校	乡村中小学高级教师
16	周丙通	寻乌县澄江中心校	中小学高级教师
17	凌红莲	寻乌县罗珊中心校	乡村中小学高级教师
18	曾繁春	寻乌县罗珊中心校	乡村中小学高级教师
19	刘雪春	寻乌县三标中心校	中小学高级教师

2019年获卫生副高级专业技术资格一览表

表16

序号	姓名	工作单位	资格名称
1	李　虹	寻乌县人民医院	副主任医师（县区类）
2	陈勇燕	寻乌县人民医院	副主任医师（县区类）
3	曾　珍	寻乌县人民医院	副主任医师（县区类）
4	李新华	寻乌县人民医院	副主任医师（县区类）
5	骆凤英	寻乌县人民医院	副主任护师（县区类）

2019年获市（厅）级以上表彰先进单位一览表

表17

获奖单位	荣誉称号	授奖部门
县统计局	全国第四次经济普查先进集体	国家统计局
	全省统计系统先进集体	省统计局
县发改委	省级文明单位	省文明办
县卫生健康委员会	全省计划生育先进县	省卫生健康委员会
长宁镇	全市征兵工作先进单位	市军分区
县财产保险公司	全省人保财险系统2018年度标杆县区支公司	省人保财险公司
县财政厅	2019年度全省政府系统五型政府建设先进集体	省财政厅
县农村商业银行	2019年度“金秋送福”综合营销竞赛优胜单位	江西省农村信用社联合社
县人民银行	市级文明单位	市委、市政府
县税务局	省级文明单位	省文明委
县税务局第一税务分局（办税服务厅）	省五一巾帼标兵岗	省税务局
县供电公司	省级文明单位	省文明委
	市级文明单位	市委、市政府

续表 17

获奖单位	荣誉称号	授奖部门
县移动公司	2019 年度中国移动江西公司县级经营优胜单位	中国移动江西公司
寻乌县	全国信访工作“三无”县	国家信访局
	全省脱贫攻坚组织创新奖	省人民政府
	全省水利改革发展优秀奖	省水利厅
	全省全面深化改革工作先进单位	省全面深化改革委员会
	全省河（湖）长制工作考核优秀等次县	省河长办公室
县职业技术学校	省达标中等职业技术学校	省教育厅
寻乌县	全省信访工作“三无”县	省委、省政府
县纪委、县监委	省级文明单位	省文明委
县行政服务中心管理委员会	省级文明单位	省文明委
留车镇	全国农业农村强镇	国家农业农村部 国家财政部
留车镇人民政府	全市计划生育工作综合先进乡（镇）一等奖	市人民政府
县信息化办	全省政务服务提升先进单位	省信息中心
县红十字会	目标管理考核先进单位	省红十字会
	“99 公益日”网络众筹活动先进单位	
县林业局	第七次全省森林资源二类调查先进集体	省林业局
寻乌县	全省 2019 年度森林防火“平安春季行动”平安县	省森林防火指挥部
县公共就业人才服务局	2018 年度就业创业服务工作先进单位	省劳动就业服务管理局
罗珊乡人民政府	全市计划生育工作综合先进乡（镇）三等奖	市人民政府
县水利局	2018 年度水利改革发展考核先进县（第五名）	省水利厅
	全省河湖卫生监督执法工作“河湖卫士先锋”先进单位	
	全省河（湖）长制工作考核第四名	省政府
	2016—2018 年度全省河长制工作先进集体	
县人民法院	全国优秀法院	最高人民法院
县人民检察院	省级文明单位	省文明办
	市文明单位	市委、市政府
文峰乡司法所	全省第三批“五好司法所”	省司法厅
长宁镇司法所	全省第三批“特色司法所”	省司法厅

2019 年获市（厅）级以上表彰先进个人一览表

表 18

姓名	工作单位	荣誉称号	授奖部门
黄才发	寻乌中学	全国十佳最美科技工作者	中宣部、科技部、中国科协
李苍龙	岑峰中小学	全省模范教师	省人社厅、教育厅
刘超华	新华书店	全国新华书店系统“新华功勋”	全国新华书店
彭家琴	县红十字会	先进个人	江西省红十字会
		绩效管理工作先进个人	赣州市
袁晓红	县林业局	第七次全省森林资源而类调查先进个人	省林业局
韩丽招	县林业局	第七次全省森林资源而类调查先进个人	省林业局
刘锦昌	县林业局	第七次全省森林资源而类调查先进个人	省林业局
刘　升	县林业局	第七次全省森林资源而类调查先进个人	省林业局
彭福斌	县林业局	第七次全省森林资源而类调查先进个人	省林业局
赖芳丽	县财政局	在推进全省义务教育基本均衡发展中作出积极贡献个人	省人民政府
汪　勇	县人民法院	追记一等功	最高人民法院
廖建强	县司法局	首批全省人民调解专家	省司法厅
凌　莉	县司法局	全省“七五”普法中期先进个人	省普法教育领导小组

附　录

寻乌县组织机构与负责人

中共寻乌县委员会

书记：柯岩松

副书记：杨永飞　张　海（挂职）

汪传敬（挂职）韩相云

常委：罗承彩　钟小刚（7 月免）

谢清泉（9 月免）张翠梅（女）

严志林　李建华　黄　斌（9 月任）

李茂进　米雅娜（女，挂职）

李正鹏（10 月任）

古春洪（10 月免）

许茂盛（10 月任）

县委办公室

主任：凌　斌

副主任：陈荣华（1 月免）

何旦荣（兼县接待办主任）

汪　锋

县委保密和机要局

局长：陈荣华（1 月任）

副局长：陈春华（1 月任）

刘　蔚（女，1 月任）

组织部

部长：钟小刚（7 月免）

李正鹏（10 月任）

常务副部长：彭　键（5 月任）

副部长：邝作勤　彭　键（5 月免）

凌流斌

宣传部

部长：谢清泉（9 月免）黄　斌（9 月任）

常务副部长：上官印成（5 月任）

副部长：赵春霞（女）廖光全（5 月免）

曹文生（5 月任）

统战部

部长：张翠梅（女）

副部长：王珍生　刘文华　上官名奎

老干部局

局长：邝作勤（县委组织部副部长）

机构编制委员会办公室

主任：韩　晓

副主任：李　芳（女）

信访局

局长：陈杰辉

副局长：曾仁铃（女）

机关事务管理局

局长：邝琳琳（女）

副局长：潘丽红（女）朱　伟

党校

校长：韩相云（5 月任，县委副书记兼）

行政干部教育学校校长：

严志林（常务副县长兼）

常务副校长：刘传健

副校长：凌　雁　钟俊萍（女）

党史工作办公室

主任：曾令忠

副主任：曾令铭

纪委监察局

纪委书记：李建华

副书记：凌红武　潘其文　易青松

常委：潘学文　钟伟民　胡丹芳（女）

　　侯春燕（女）　刘和来（6 月任）

监察主任：李建华

副主任：凌红武　潘其文　易青松

委员：钟　平　潘学文　钟伟民

　　侯春燕（女）　易行玲

纪委监察局内设机构负责人

办公室

办公室负责人：谢盛芳

组织宣传部

部长：田晓云

党风政风监督室（党风廉政建设领导小组办公室、纠正部门和行业不正之风领导小组办公室）

主任：潘学文

县人大常委会

主任：黄志高

副主任：钟名亮　何小萍（女）　赖剑锋

　　钟运梅（女）　王　平　陈　敏

县人大常委会工作机构负责人

办公室

主任：黄卫东

副主任：彭宗泉　徐　婧（女）

农业和城建环资工委

主任：谢小明

副主任：李荣林

教科文卫工委

主任：刘忠斌

副主任：廖光全（7 月任）

预算审查工委

主任：王正中

副主任：邝海涛

选任联工委

主任：华卫东

副主任：朱小燕（女）

内司和备案审查工委

主任：蓝启玉（女）

副主任：范淑筠（女）

寻乌县人民政府

县长：杨永飞

常务副县长：严志林

副县长：张　海（挂职）　汪传敬（挂职）

　　米雅娜（女，挂职）　汪上红

　　雷　鸣　梅旭军（10 月免）

　　王双喜（女）　王晓东

县政府办公室

主任：杨维彪

副主任：刘小兰兼寻乌宾馆总经理（女）

　　凌联军（7 月免）　肖远松

　　陈志文（7 月任）

信息化办主任：曾卫平

人力资源和社会保障局

局长：严考泉（县政协副主席兼）

副局长：古营胜　范荣春　赖山秀（女）

社保局

局长：严志旗

农保局

局长：李树鑫

医保局

局长：陈远程

副局长 梅自兵

公共人才就业服务局

局长：谢光辉

劳动监察局局长：邝树声

退役军人事务局

党支部书记、局长：谢文峰

副局长：陈梅林（正科级） 刘 远

扶贫和移民办公室

主任：刘文丙（11月免）

副主任：温建平

赖永锋（11月始主持工作）

刘安澜

尚梦琦（女，2018年8月任，2019年8月免）

地方志办公室

主任：陈德金

副主任：刘 斌 陈文新

档案局

局长：侯文生

副局长：李少腾 廖锡天

行政服务中心管委会

主任：罗文洲

党委书记：张 斌

副主任：范春潭 韩梅兰（女）

潘昌林

公共资源交易中心主任：邱洪波

人民防空办公室

主任：韩世栋

副主任：郭煜辉 陈映红（8月免）

振兴办

副主任：陈长鑫

县政协

主席：刘琼招（女）

副主席：黎海锋 邝 羽 陈文华 许 伟 钟 杰 严考泉

秘书长：凌云南

县政协工作机构负责人

办公室

主任：凌云南

副主任：彭众林

提案委员会

主任：林长明

副主任：陈秀莉（女）

经济科技委员会

主任：黄永明

副主任：凌红珍（女）

教文卫体委员会

主任：邝永红

副主任：杜光伟

法制社团委员会

主任：王宇红

副主任：钟 诚

人口资源环境委员会

主任：邓祖辉

副主任：王显坤

总工会

主席：钟名亮

常务副主席：谢应清

副主席：罗桂芬（女） 陈 环（兼职）

凌艳艳（女，兼职）

职工学校校长：何春生

共青团寻乌县委

书记：骆鸿杰

副书记：赖欣倩（女） 范学琛（挂职）

朱　玲（女，兼职）
陈福坤（兼职）

妇联

主席：张梅兰（女）
副主席：李　英（女）

工商业联合会

主席：许　伟（兼）
党组书记：刘文华（兼）

科学技术协会

主席：周晓霖（女）
副主席（兼职）：钟立林　朱　玲（女）
曾　军
秘书长：谢昌海

社联

主席：赵春霞（女）

文联

主席：陈晓清（女）
副主席：钟　清（女，兼职）
刘杨青（兼职）

残疾人联合会

理事长：古海洋

侨联

主席：李秀红（女）
副主席：潘昌林（兼职）　杜光红（兼职）
潘彩霞（女，兼职）
秘书长：卢志刚（兼职）

计划生育协会

常务副会长：廖巨凡

红十字会

会长：彭家琴（女）
副会长：刘琴艳（女）
红十字会志愿者第一大队长：谢洪梅
红十字会志愿者第二大队长：陈　辉
红十字会志愿者第三大队长：钟瑞华
红十字会救援队队长：曹允辉

中共寻乌县委政法委员会

县委常委、政法委书记：罗承彩
县委政法委常务副书记：
袁才军（5月免维稳办主任职务）
县委政法委副书记、综治办主任：
赵林祥（5月免）
县委政法委副书记：凌联军（5月任）
县委政法委副书记：陈志鹏（5月任）
县国安办主任：钟向阳
县综治办副主任：邝红继（12月免）

公安局

县人民政府副县长、党委书记、局长：
雷　鸣
党委副书记政委：梁　斌
党委委员交管大队长：邱联东
党委委员副局长：王曦辉
党委委员：赵林祥（8月任）
党委委员副局长：曾国瑞
党委委员副政委：钟剑鸣
党委委员城关派出所所长：凌新才

人民检察院

党组书记、检察长：孔小毛
党组成员、副检察长：刘玉盘　陈军民
党组成员、纪检组长：刘志丰
党组成员、政工科科长：古松林
党组成员、检察委员会专职委员：林卫东

法院

党组书记、代院长：徐　俊（4月任）
党组书记、院长：吕纲翔（4月免）
党组成员、副院长：刘向东
党组成员、政工科长：潘昌盛
党组成员、纪检组长：陈　虹
党组成员、办公室主任：古东煌
党组成员、副院长：谢金荣
副院长：任福生

司法局
支部书记、局长：谢 丰
副局长：黄卫兵 谢锌锋

公安局交通管理大队
县公安局党委委员、大队长：邱联东
教导员：袁建斌
副大队长：刘 文
副大队长：邱启松

统计局
局长：刘志沂（2019年12月调出）
副局长：古长青 严为民
贾俊霞（挂职，8月任）

审计局
书记、局长：罗国庆
副局长：刘海胜
副局长：王万忠
总审计师：王玉婷（女）

市场和质量监督管理局
党委书记、局长：刘旭群
党委副书记、副局长：彭寒晖
党委委员、副局长：谢青松 袁志强
副局长：谢红阳 汤春添 李丰年
党委委员：邱桂峰

自然资源局
党组书记、局长：谢小菁
党组成员、副局长：赖平湖
党组成员、副局长：钟碧辉
党组成员：徐芸萍
党组成员：谢金城
原矿产资源管理局副局长：方忠民
土地整理中心主任：邱文新
土地储备中心主任：黄信楚
不动产登记中心主任：谢金锋
执法监察大队队长：彭家勇

应急管理局
局长：林石泉
副局长：李 健 刘 碧 陈京燕
潘立平 吴功涛 严 林

消防应急大队
大队长：陈天伟
教导员：胡江凤

发展改革委员会
主任：林佛招（女，12月免）
刘志沂（12月任）
书记：刘海平（兼）
副主任：刘海平
何晓辉（省发改委下派挂职）
赖格清 孙义众
以工代赈办主任：谢 军
农业区划办主任：杨 烇
项目办主任：曾伟朗

农业农村局
局长：彭开云
副局长：曾志坚 古清华 刘维圣
钟立林 邝先旗 曾泉茂
畜牧兽医局局长：曾 华
新农村建设农民培训学院院长：潘昌坚

果业局
负责人：张智华
副局长：古叶青 李保炎

林业局
局长：王军刚（1月免） 袁晓红（1月任）
副局长：曾德强（正科） 陈志强
黄月明
林业技术推广站站长：彭文才
防火办主任：李 浩

水利局
局长：罗国芳
副局长：曾祥东 陈艺海（5月任）
范志东（5月任）
防汛办主任：王佛金
河长办专职副主任：宋康华

水土保持局

局长：周昭凡

副局长：范志东（5 月免） 严红明 谢向东

农业机械局

局长：陈梅林（5 月免）

副局长：赖才华（5 月免）

负责人：潘昌坚

农业综合开发办公室

副主任：邝先旗（主持工作）

森林公安局

局长：谢群林（11 月任）

政委：谢群林（11 月免）

副局长：李 炜

工业和信息化局

局长：赖学洪

党委书记：赖学洪

副局长：曾贱星 刘志鹏 邝宏伟

供电公司

经理、党委书记：郑华槟

纪委书记、工会主席：陈 环

副经理：方贻鸿 陈治钦 吴韵赜

财务总监：李雪原

安全总监：罗日炎

民营企业管理局

局长：林苑青

副局长：罗福欢 李 龙

工业园区管理委员会

主 任 廖茂根

副主任：陈红太 刘加辉

交通运输局

局长：梅荣辉

副局长：曾伟强

副局长：赖世东 古 浩

运管所长：钟志云

公路管理分局

局长：钟小洪

支部书记：刘希成

副局长：蓝锦洪 陈菲菲（女）

治超站副站长：曾 倩（女）

邮政公司

总经理：夏深林

副总经理：朱书称 钟小红
李 坚（6 月任）

广播电视网络公司

总经理：廖忠明

副总经理：刘廷芳 钟连余

电信公司

总经理：王道喜

督办：陈为民

总经理助理：王兴东

总经理助理：刘依华

见习总经理助理：李奕林

移动通信

总经理：赖愈钢

经理助理：何文杰 刘金柱（8 月免）
林鸿青（8 月任）

联通公司

总经理：王美生宝

副总经理：赖泰明 郭 珊

城乡规划建设局

局长：古叶松

副局长：李国洪 李国春 林永威
陈东林

副主任科员：陈运涛 钟伟荣 赖挺阳

县规划设计院领导名录

院长：侯清萍（女）

院党支部书记、副院长：刘 宇

城市管理局

局长：袁建斌

副局长：曹 勇 刘 林

工会主席：曹 勇

城市投资经营公司
负责人：陈东林（县住建局副局长兼）
副经理：刘　可（女）
副科级干部：郭厚利

住房公积金管理中心寻乌县办事处
主任：黎仁军
副主任：赖莉娟（女）　赖艺权

环保局
局长：古春林
副局长：汪梅社　赵志麟
监测站站长：陈华香

财政局
局长：邱运林
副局长：曾林金　谢　浩（12月任）
财检办主任：潘丽芳（女）
住房资金管理所所长：潘昌萍（女）
政府采购办主任：邝燕芳（女）
会计核算中心主任：刘宗群
正科级干部：曾昂生（6月任）
副科级干部：刘东红

国家税务局
党委书记、局长：黄金盛
党委副书记、副局长：邝辉云
副局长：王建民　罗国才　张桂林　黄建平
　　　　王福根　袁建彪
纪检组长：刘红斌

金融工作局
局长：曾文浩
副局长：凌　韬　潘剑兰

中国人民银行寻乌支行
行长：曾祥金
副行长：黄常青　潘劲波
纪检组长：陈建隆

银行保险业监管组
组长：宋荣春

中国工商银行寻乌支行
行长：郭理敏
副行长：谢光华　廖光永

中国农业银行寻乌支行
党委书记、行长：陈远春
党委委员、副行长：唐宝山　罗振华
纪委书记：陈建新

江西寻乌农村商业银行股份有限公司
党委书记、董事长：杨日明
党委委员、行长：潘其森
党委委员、副行长：赖建平（1月任）
党委委员、纪委书记、监事长
　罗忠钦（6月任）
党委委员、副行长：曾　宇（9月任）

邮储银行寻乌支行
行长：刘　云（女）
副行长：兰　彪

中国建设银行寻乌支行
行长：谢洪梅（女）
副行长：刘　微　何权超
会计主管：刘立云

赣州银行寻乌支行
行长：林劲松
副行长：彭向阳

银座村镇银行
行长：赖发生

财产保险有限公司
经理：周二长
副经理：曾　蔚　冯春梅（女）　钟艺红

人寿保险有限公司
经理：陈　敏
副经理：陈振富

商务局
局长：陈永红
副局长：陈红云（女）　曾建斌
　　　　刘二民（5月调出）

招商服务中心

主任：凌坤松

副主任：赖声均　潘　文

供销合作社

主任：袁晓红

副主任：何石连　黄　玮

粮食流通服务中心

主任：池伟华

副主任：赵建勋　严桂萍（女）　谢前胜

烟草专卖局

局长（经理）：刘爱军

副局长：刘成林

副经理：邹　霖

主任科员：曾国祥

中石化公司

经理：华国栋

副经理：凌　锋

旅游发展委员会

副主任：谢伟东　罗洪英　赵奇勇

教育科技体育局

党委书、局长：赖义红

副局长：王宏洲（兼党委副书记）
古朝晖（兼党委委员）
陈宣林（8 月任）　罗建华

党委委员：凌志强

主任科员：刘卓林

文化广电新闻出版局

党组书记：李文峰

局长：何红梅（女）

副局长：邝曙光

江西新华发行集团有限公司寻乌分公司

经理：刘超华

副经理：江卫平　谢应周

广播电影电视新闻中心

主任：陈洪林

副主任：凌石铭　黎宝明　黄　莉

广电网络公司

总经理：廖忠明

副总经理：刘廷芳　钟连余

科技局

副局长：程　燕

防震减灾局

局长：刘　碧（县应急管理局副局长兼）

副局长：陈京燕（主任科员）

副局长：吴功涛（县应急管理局副局长兼）

气象局

局长：吴纪云

副局长：曹允飞

气象台长：卢学兵（4 月任）

卫生健康委员会

主任：刘世全（1 月任）

副主任：陈明亮　古洪斌　潘丽英（女）
凌艳艳（女）

疾病预防控制中心

主任：袁　彤

副主任：谢森芬　陈云梅（女）

体育局

局长：陈　斌

副局长：潘雪梅（女）　钟承权　彭先进

民政局

局长：赖平川

副局长：刘　远（3 月免）　李德浩
邝红继（12 月任）　严辉宝

长宁镇

党委书记：古德勤

党委副书记、镇长：刘　斌

党委副书记：朱迎春

人大主席：曾超乾

党委委员（宣传）：刘朝辉

党委委员、纪委书记：邓　坤

党委委员、人武部长：曹举红

党委委员（组织）：刘万辉

人大副主席：刘万辉（兼）

党委委员、副镇长：叶　炜（挂职）

党委委员：吴　警

党委委员、副镇长：凌小斌

副镇长：邝燕玲　古珺彪　古政平　谢汪芬

邱丽君（3月任）张鼎文（8月任）

晨光镇

党委书记：刘永斌

党委副书记、镇长：吴九生

党委副书记：陈慧玲（12月任）

人大主席：凌利盛

党委委员、副镇长：陈宣林

党委委员：叶诚榕

党委委员（宣传）：黄伟文

党委委员、纪委书记：范　娜（12月免）

袁昌军（12月任）

党委委员、人武部长：古珺彪（12月任）

党委委员（组织）：凌志伟（12月免）

副镇长：吉志雄（挂职）凌建辉　洪文彬

梅海鸥（3月任）

综合专职副主任：潘庆开（1月任）

留车镇

党委书记：蓝春英（女，3月任）

党委副书记、镇长：谢小明

党委副书记：廖佛森

人大主席：钟耀辉

党委委员、纪委书记：赖兰凤（女）

党委委员、武装部长：谢浪涛

党委委员（组织）：陈丽娟（女）

党委委员、副镇长：刘泽茏（1月任）

党委委员（宣传）：刘文才（1月任）

党委委员（政法）：陈　茜（1月任）

副镇长：钟　芳　张英杰　钟林勇　陈　容

人大副主席：陈丽娟（女，兼）

综治办专职副主任：温永兵（1月任）

南桥镇

党委书记：刘艳萍（女）

党委副书记、镇长：谢大铭

党委副书记：陈　旋

人大主席：赖圣添

党委委员、纪委书记：潘文强

党委委员（组织）：曾进辉

党委委员（宣传）：刘玮姝（女）

党委委员、副镇长：钟金通

党委委员：谢银城

副镇长：黎海雄　赖春霖　谢孙华　林　川

综治办专职副主任：陈慧明

吉潭镇

党委书记：黄明山

党委副书记、镇长：邹文平（3月免）

党委副书记、镇长：廖松林（3月任）

人大主席：黄圣流

党委副书记：潘其樟

党委委员（宣传）：黄宝明

纪委书记：古德钦

党委委员（组织）、人大副主席：何　冲

党委委员、副镇长：何炳南

党委委员、人武部长：刘映辉

党委委员：罗珊珊（女）

副镇长：方贻龙　凌春娣（女，3月任）

曾华锋（5月任）

澄江镇

党委书记：范中东

党委副书记、镇长：凌红宇

人大主席：钟裕勇

党委副书记：曾为民

党委委员、人武部长：凌征源

党委委员（宣传）：何　殷

党委委员（组织）、人大副主席：曾检明

党委委员（政法）：李莉香（女）

党委委员、副镇长：林　芳（女）

党委委员、纪委书记：陈州富
党委委员（组织）：陈瑞腾（12 月任）
副镇长：巫观发　吴　杰　孙小卫
　　　　郭芳群（女）
综治办副主任：黄　昊

桂竹帽镇

党委书记：廖雪玲（女）
党委副书记、镇长：曹纪平
党委副书记：张俊波
人大主席：沙渝文
党委委员、人武部部长：严志勇
党委委员、纪委书记：易增平
党委委员（组宣）、人大副主席：陈仁丰
党委委员、副镇长：王日金
副镇长：陈瑞腾　周元熙　董敏兰（女）
　　　　曾检明

文峰乡

党委书记：谢东林
党委副书记、乡长：谢金城
党委副书记：周惠万（12 月任）
人大主席：刘　震（12 月任）
党委委员、纪委书记：范　娜（12 月任）
　　　　　　　　　　杜炜煌（12 月免）
党委委员、副乡长：刘维兵
党委委员、组织委员：刘仲腾
党委委员、宣传委员：陈添娣
党委委员：邝伟勇
党委委员、人武部长：钟开鸿
副乡长：谢　琳　潘春煌　杨雪春
　　　　姚楚军（12 月任）

三标乡

党委书记、人大主席：彭智军
党委副书记、乡长：曾坤明（5 月任）
党委副书记：曾小英（女，11 月免）
党委委员、常务副乡长：刘芳瑞
党委委员、人武部长：彭聪炜
党委委员、组宣委员：陈春发
党委委员、纪委书记：黄　珊
副乡长：潘志标　卢华鑫　陈粤芳
人大副主席：张露芳

菖蒲乡

党委书记、人大主席：曾国辉
党委副书记、乡长：甘荣坡
党委副书记：朱　达
纪检书记：刘建华
党委委员、副乡长：阙持晖
党委委员（组宣）：何　明
武装部长：徐　楠
副乡长：刘丽芳（女）　梅兴永　袁锦圣
人大副主席：潘　建
综治办副主任：彭丽丽（女）

龙廷乡

党委书记、人大主席：邝　仲
党委副书记、乡长：谢玉堂
党委副书记：谢志芬
党委委员、副乡长：梅鼎荣
党委委员、纪委书记：朱斌华
党委委员（组宣）：严　锋
党委委员、人武部长：邝　斌
副乡长：高　翔　谢文峰
人大副主席：王　莉（女）
综治办专职副主任：谢海波

丹溪乡

党委书记、人大主席：刘新焰
党委副书记、乡长：彭春萌
党委副书记：凌志伟
党委委员、纪委书记：温　全
党委委员（组宣）：潘伟杰
党委委员、副乡长：朱　涛
党委委员、人武部长：林绍余
副乡长：邱福春　黄　震
人大副主席：曹　军

项山乡

党委书记、人大主席：凌兰妹

党委副书记、乡长：陈锦文

党委副书记：赖赟学

党委委员、人武部长：胡志群

党委委员（组宣）：曹 鹏

党委委员、纪委书记：刘淑贞（女）

党委委员、副乡长：房乐春

副乡长：陈古峰 刘 莉（女）

人大副主席：凌彩娣（女）

综治办专职副主任：蓝 涛

水源乡

党委书记、人大主席：蓝春英（3月免）

党委书记、人大主席：邹文平（3月任）

党委副书记、乡长：古 赟

党委副书记：曾 辉

党委委员、常务副乡长：刘佛寿

党委委员、纪委书记：曾伟林

党委委员（组宣）：张文东

党委委员、人武部长：张思伟

副乡长：曾德鑫 曾 琎（女）

人大副主席：谢树红

综治办专职副主任：刘佛金

罗珊乡

党委书记、人大主席：温秀良

党委副书记、乡长：刘春辉

党委委员、副书记：彭小燕（女）

党委委员、纪委书记：林 山

党委委员（组宣）：刘 斌

党委委员、副乡长：李根春

党委委员、武装部长：朱 盾

副乡长：刘书荣 谢文德

人大副主席：黎美珍（女，3月任）

综治办专职副主任：赖丽芬（女）

县委委员、县委候补委员名录

县委委员49人（常委按排名），其他委员以姓氏笔画排序：

柯岩松 杨永飞 张 海 汪传敬 韩相云
罗承彩 钟小刚 张翠梅（女） 严志林
李建华 李茂进 米雅娜（女） 古春洪
王双喜（女） 王晓东 孔小毛 古叶松
古德勤 邝 仲 吕纲翔 刘文丙 刘永斌
刘旭群（女） 刘艳萍（女）
刘琼招（女） 刘新焰 严考泉 杨维彪
邱运林 陈艺海 陈远程 范中东
林佛招（女） 赵春霞（女） 凌 斌
凌兰妹（女） 凌红武 黄志高 黄明山
梅旭军 彭智军 曾国辉 温秀良 谢 丰
谢东林 蓝春英（女） 赖学洪 雷 鸣
廖雪玲（女）

县委候补委员9人，按得票数排序：

王军刚 刘世全 罗国庆 罗国芳 袁建斌
黄永明 谢小菁 骆鸿杰 赖平川

县纪委委员名录

县第十五届纪委委员共25名，按姓氏笔画排序：

邓 坤 古 松 古德钦 刘志丰 刘和来
杜炜煌 李建华 李海平 杨维彪
陈 虹（女） 陈治成 易行玲 易青松
罗才权 罗国庆 胡丹芳（女）
钟伟民 凌红武 彭 键 曾 蔚 曾祥洲
谢升梁 廖光全 潘其文 潘学文

县第十八届人大常委会组成人员名录

主任、副主任按排位，其他委员按姓氏笔画排序：

黄志高　钟名亮　何小萍（女）
赖剑锋　钟运梅（女）　王　平
陈　敏　王正中　华卫东　刘忠斌
杨　青（女）　张梅兰（女）
范淑筠（女）　钟耀辉　侯清萍（女）
骆鸿杰　袁才军　凌利盛　黄卫东　黄利华
彭成钦　谢小明　谢应清　蓝启玉（女）

县政协常务委员会委员名录

主席、副主席、秘书长按排位，其他常务委员按姓氏笔画排序：

刘琼招（女）　黎海锋　邝　羽　陈文华
许　伟　钟　杰　严考泉　凌云南　王宇红
王志平　邓祖辉　邝永红　李秀红（女）
李远清（女）　何红梅（女）
陈华香（女）　陈爱松　张智华　林长明
罗胜辉　钟　清（女）　黄永明　梅甘霖
曾　军　曾昂生

市第五届驻寻乌人大代表名录

何福洲　赣州市政府副市长
黄声兰　中共赣州市委统战部副部长（正处级）
钟　健　赣州市人大常务委员会委员、内务司法委员会主任委员提名人选
李石金　赣州市人大常委会财政经济委员会主任委员
柯岩松　中共寻乌县委员会书记
杨永飞　中共寻乌县委员会副书记、县政府县长
黄志高　中共寻乌县人大常委会党组书记、县人大常委会主任
温秀良　中共寻乌县罗珊乡党委书记、乡人大主席
凌红宇　中共寻乌县澄江镇党委副书记、镇政府镇长
凌利盛　寻乌县晨光镇人大主席
古春林　寻乌县环境保护局局长
蓝启玉　寻乌县人大常委会内司和备案审查工委主任
刘　鑫　寻乌县永泰机械制造有限公司工人
胡丽英　寻乌县供电公司职工
刘庆财　中共寻乌县留车镇飞龙村支部书记
骆应传　寻乌县长宁镇城北村委会主任
范华英　寻乌县人民医院质控科医生
李佳玲　寻乌中学教师
陈爱松　寻乌县爱馨泰电子商贸有限公司董事长
温林浩　寻乌县城市管理局办公室干部
潘梅英　寻乌县人民来访接待中心干部

市政协五届驻寻乌委员名录

刘琼招　寻乌县政协主席
张翠梅　中共寻乌县委员会常委、县委统战部部长
许　伟　寻乌县政协副主席
赖义红　寻乌县教育科技体育局局长
古清华　寻乌县农粮局局长
曾　军　寻乌县中医院院长
李秀红　寻乌县侨联主席
李远清　赣州岑峰酒业有限公司执行董事总经理
叶　亮　赣州市恒源科技股份有限公司董事长
陈忠欧　寻乌县长利果业发展有限公司总经理

重要文件存目

中共寻乌县委及办公室文件

表 19

序号	印发时间	文号	文件名称
1	1月22日	寻发〔2019〕1号	关于废止和宣布失效一批党内规范性文件的决定
2	6月4日	寻发〔2019〕2号	印发《关于打造“一个中心、四个示范”促进寻乌高质量发展的二十二条措施》的通知
3	7月29日	寻发〔2019〕3号	关于成立中共寻乌县城市社区工作委员会的通知
4	7月29日	寻发〔2019〕4号	关于深入学习贯彻中共中央总书记习近平视察江西和赣州重要讲话精神奋力打造高质量发展示范县的决定
5	8月14日	寻发〔2019〕5号	关于调整部分县直单位党组设置的通知
6	12月10日	寻发〔2019〕6号	关于切实做好村党组织书记、村委会主任“一肩挑”工作的通知
7	12月23日	寻发〔2019〕7号	关于印发《关于全面深化新时代教师队伍建设改革的若干措施》的通知
8	1月21日	寻办发〔2019〕1号	关于印发《寻乌县机构改革实施方案》的通知
9	2月1日	寻办发〔2019〕2号	关于印发《寻乌县鼓励城乡劳动力向石排工业园区集聚政策17条》的通知
10	2月3日	寻办发〔2019〕3号	关于印发《寻乌县支持机电机械产业发展人才集聚政策19条》的通知
11	2月1日	寻办发〔2019〕4号	关于印发《寻乌县社区戒毒社区康复工作责任追究办法》的通知
12	2月20日	寻办发〔2019〕5号	关于印发《寻乌县通用设备制造产业集群发展推进工作方案（2019—2021）》的通知
13	2月28日	寻办发〔2019〕6号	关于印发《寻乌县涉黑涉恶线索摸排问责办法》的通知
14	3月31日	寻办发〔2019〕7号	关于印发《寻乌县城市功能与品质提升三年行动实施方案》的通知
15	3月20日	寻办发〔2019〕8号	关于印发寻乌县打好污染防治攻坚战八大标志性战役实施方案的通知
16	3月22日	寻办发〔2019〕9号	关于印发《关于“主攻工业、三年再翻番”的实施意见》的通知
17	3月22日	寻办发〔2019〕10号	关于进一步规范信访接待处置工作机制的通知
18	3月31日	寻办发〔2019〕11号	关于印发《寻乌县中小学教育教学奖励方案（试行）》的通知
19	3月31日	寻办发〔2019〕12号	关于印发《寻乌县名师评选与管理办法》的通知
20	3月31日	寻办发〔2019〕13号	关于印发关于激励非寻乌籍教师在寻乌工作的若干意见（试行）的通知
21	4月27日	寻办发〔2019〕14号	关于印发《关于进一步加强新形势下民族宗教工作的意见》的通知
22	5月10日	寻办发〔2019〕15号	关于印发《关于开展质量提升行动推进质量强县建设的实施方案》的通知
23	5月15日	寻办发〔2019〕16号	关于印发《寻乌县政府筹建人才住房建设管理实施细则（试行）》的通知
24	6月10日	寻办发〔2019〕17号	关于印发《关于落实食品安全党政同责的实施意见》的通知
25	6月27日	寻办发〔2019〕18号	关于印发《寻乌县通用设备制造产业创新引导意见19条》的通知
26	7月21日	寻办发〔2019〕19号	关于印发《关于进一步明确我县首位产业招商引资基本优惠政策的意见》的通知
27	7月29日	寻办发〔2019〕20号	关于印发《全县加强城市基层党建工作实施方案》的通知
28	7月29日	寻办发〔2019〕21号	关于印发《关于加强全县公立医院党的建设工作的实施意见》的通知
29	8月2日	寻办发〔2019〕22号	关于印发《寻乌县重点领域紧缺人才引进和培养办法（试行）》的通知
30	8月2日	寻办发〔2019〕23号	关于印发《寻乌县政务人员稿件奖励办法（试行）》的通知
31	8月8日	寻办发〔2019〕24号	关于印发《寻乌县松材线虫病生态灾害督办追责办法（试行）》的通知
32	8月12日	寻办发〔2019〕25号	关于印发《寻乌县企业自建人才住房建设管理实施细则（试行）》的通知
33	9月16日	寻办发〔2019〕26号	关于印发《关于建立健全脱贫成果巩固提升机制的实施意见》的通知
34	9月12日	寻办发〔2019〕27号	关于印发《关于推进百香果产业发展的实施意见》的通知
35	10月26日	寻办发〔2019〕28号	关于印发《寻乌县行政机关和事业单位聘用临时人员管理办法》的通知
36	11月25日	寻办发〔2019〕29号	关于印发《寻乌县村庄环境长效管护机制实施方案》的通知
37	11月30日	寻办发〔2019〕30号	关于建立寻乌县青年工作联席会议制度的通知

县人大常委会文件

表 20

发文时间	文号	文件标题
1月3日	寻常发〔2019〕1号	关于《中华人民共和国老年人权益保障法》执法检查情况报告的审议意见
1月21日	寻常发〔2019〕2号	关于批准2018年一般公共预算和政府性基金预算第二次调整方案的决议

续表 20

发文时间	文号	文件标题
5 月 17 日	寻常发〔2019〕5 号	关于寻乌县人民法院人民陪审员名额的决定
5 月 20 日	寻常发〔2019〕8 号	县人大常委会关于对《中华人民共和国老年人权益保障法》执法检查后整改情况测评结果的通报
5 月 21 日	寻常发〔2019〕9 号	关于印发《寻乌县人大常委会关于开展〈赣州市城市管理条例〉执法检查实施方案》的通知
7 月 31 日	寻常发〔2019〕12 号	寻乌县人大常委会关于批准寻乌县人民政府《关于审议寻乌县城市总体规划（2014—2030 年）局部调整方案的议案》的决议
7 月 31 日	寻常发〔2019〕13 号	寻乌县人大常委会关于批准寻乌县 2019 年财政预算调整方案的议案的决议
7 月 31 日	寻常发〔2019〕14 号	寻乌县人大常委会关于批准寻乌县 2018 年财政决算的决议
7 月 31 日	寻常发〔2019〕15 号	关于寻乌县 2019 年上半年国民经济和社会发展计划和财政预算执行情况的决议
11 月 4 日	寻常发〔2019〕19 号	关于批准寻乌县人民政府关于提请审议《江西省寻乌东江源国家湿地公园延伸保护意见》的决议
12 月 31 日	寻常发〔2019〕24 号	关于对 2018 年度县本级预算执行和其他财政收支审计查出问题整改情况报告审议情况和满意度测评结果的报告
12 月 31 日	寻常发〔2019〕25 号	关于批准 2019 年一般公共预算和政府性基金预算第二次调整方案的决议
12 月 31 日	寻常发〔2019〕26 号	关于呈报《关于我县主攻工业工作的调研报告》的报告

县人民政府及办公室文件

表 21

序号	印发时间	文件名称	文号
1	2019 年 1 月 9 日	寻乌县人民政府撤销罗安福土地登记事项的决定	寻府发〔2019〕1 号
2	2019 年 1 月 9 日	寻乌县人民政府撤销罗安忠土地登记事项的决定	寻府发〔2019〕2 号
3	2019 年 1 月 11 日	关于县城区域禁止燃放烟花爆竹的通告	寻府发〔2019〕3 号
4	2019 年 1 月 11 日	关于马蹄河水域实施全年禁渔管理的通告	寻府发〔2019〕4 号
5	2019 年 2 月 21 日	关于开展成品油市场专项整治的通告	寻府发〔2019〕5 号
6	2019 年 4 月 23 日	关于印发寻乌县林木采伐、经营监督管理办法（试行）的通知	寻府发〔2019〕6 号
7	2019 年 5 月 9 日	关于落实和衔接国务院取消和下放行政许可事项的通知	寻府发〔2019〕7 号
8	2019 年 5 月 10 日	关于下达寻乌县 2019 年国民经济和社会发展计划的通知	寻府发〔2019〕8 号
9	2019 年 6 月 1 日	关于做好当前和今后一个时期促进就业工作若干措施	寻府发〔2019〕9 号
10	2019 年 6 月 10 日	关于转发重大行政决策程序暂行条例的通知	寻府发〔2019〕10 号
11	2019 年 6 月 21 日	关于进一步加强生猪及其产品检疫工作的通告	寻府发〔2019〕11 号
12	2019 年 7 月 18 日	关于印发寻乌县残疾儿童康复救助制度实施办法的通知	寻府发〔2019〕12 号
13	2019 年 8 月 4 日	关于表彰奖励 2019 年高考优秀学生的决定	寻府发〔2019〕13 号
14	2019 年 8 月 4 日	关于马蹄河水域实施全年禁渔管理的通告	寻府发〔2019〕14 号
15	2019 年 8 月 16 日	关于表彰 2019 年度全县优秀医师、优秀医务人员和优秀乡村医生的决定	寻府发〔2019〕15 号
16	2019 年 9 月 9 日	关于表彰 2018—2019 学年度教育工作先进个人尊师重教先进单位的决定	寻府发〔2019〕16 号
17	2019 年 9 月 18 日	寻乌县人民政府禁火令	寻府发〔2019〕17 号
18	2019 年 9 月 30 日	关于公布寻乌县保留为行政审批必要条件的中介服务事项清单的决定	寻府发〔2019〕18 号
19	2019 年 11 月 11 日	寻乌县人民政府关于加强松材线虫病疫区和疫木管理工作的通告	寻府发〔2019〕19 号
20	2019 年 11 月 15 日	寻乌县人民政府关于实施江西寻乌东江源国家湿地公园延伸保护意见的通知	寻府发〔2019〕20 号
21	2019 年 11 月 15 日	关于划定野生动物禁猎区和规定禁猎期的通告	寻府发〔2019〕21 号
22	2019 年 11 月 13 日	关于印发江西中气机械有限公司防范化解预案的通知	寻府发〔2019〕22 号
23	2019 年 1 月 11 日	关于印发全县严厉打击破坏森林资源违法活动全面整治林政管理秩序专项行动方案的通知	寻府办字〔2019〕1 号
24	2019 年 1 月 7 日	关于印发寻乌县城镇餐厨垃圾收运处理实施方案的通知	寻府办字〔2019〕2 号
25	2019 年 1 月 3 日	关于印发寻乌县人民政府门户网站内容保障工作方案的通知	寻府办字〔2019〕3 号
26	2019 年 1 月 7 日	关于印发寻乌县 2009—2012 年城乡建设用地增减挂钩项目自查整改工作方案的通知	寻府办字〔2019〕4 号

续表 21

序号	印发时间	文件名称	文号
27	2019 年 1 月 10 日	关于寻乌县人民政府网新版内容保障信息公开问题的通报	寻府办字〔2019〕5 号
28	2019 年 1 月 10 日	关于印发寻乌县 2018—2019 年低质低效林改造实施方案的通知	寻府办字〔2019〕6 号
29	2019 年 1 月 17 日	关于印发寻乌县城镇住宅小区配套幼儿园规划建设及管理使用办法的通知	寻府办字〔2019〕7 号
30	2019 年 1 月 18 日	关于印发寻乌县农村中小学校闲置校园校舍管理处置方案的通知	寻府办字〔2019〕8 号
31	2019 年 2 月 2 日	关于进一步促进我县房地产市场持续平稳健康发展的通知	寻府办字〔2019〕9 号
34	2019 年 1 月 17 日	关于寻乌县多种形式消防队站建设进展情况	寻府办字〔2019〕10 号
35	2019 年 1 月 24 日	关于印发寻乌县 2019 年“大众评公务”工作方案的通知	寻府办字〔2019〕11 号
36	2019 年 1 月 30 日	关于印发建立寻乌县城乡居民基本养老保险待遇确定和基础养老金正常调整机制的实施办法的通知	寻府办字〔2019〕12 号
37	2019 年 1 月 21 日	关于关闭金秋石场等 12 个矿山的通知	寻府办字〔2019〕13 号
38	2019 年 1 月 31 日	关于印发寻乌县 2019 年春节、元宵期间城市管理工作方案的通知	寻府办字〔2019〕14 号
39	2019 年 2 月 15 日	关于印发南桥田园综合体项目土地征收工作方案的通知	寻府办字〔2019〕15 号
40	2019 年 2 月 25 日	关于省委巡视组专项巡视反馈证明事项未清理到位问题的整改方案	寻府办字〔2019〕16 号
41	2019 年 2 月 28 日	寻乌县金融扶贫巩固提升工作实施方案	寻府办字〔2019〕17 号
42	2019 年 3 月 7 日	关于明确寻乌县寻乌水系统整治工程各标段项目法人及法人代表的通知	寻府办字〔2019〕18 号
43	2019 年 3 月 10 日	关于印发 2019 年“五型”政府建设工作要点的通知	寻府办字〔2019〕19 号
44	2019 年 3 月 15 日	关于进一步做好项目占用林地和新增建设用地报批工作的通知	寻府办字〔2019〕20 号
45	2019 年 3 月 21 日	关于明确寻乌县中小型水库大坝安全责任人的通知	寻府办字〔2019〕21 号
46	2019 年 3 月 21 日	关于明确 2019 年寻乌县农村水电安全生产“三个责任人”的通知	寻府办字〔2019〕22 号
47	2019 年 3 月 22 日	关于印发寻乌县免费基因检测健康筛查民生工程实施方案（2019—2020 年）的通知	寻府办字〔2019〕23 号
48	2019 年 4 月 3 日	关于印发江西寻乌南方万年青有限公司卫生防护距离范围内房屋搬迁项目征收补偿安置方案的通知	寻府办字〔2019〕24 号
49	2019 年 4 月 3 日	关于进一步加强政府系统值班工作的通知	寻府办字〔2019〕25 号
50	2019 年 4 月 3 日	关于做好 2019 年省市重点项目建设推进工作的通知	寻府办字〔2019〕26 号
51	2019 年 4 月 3 日	关于取消调整 169 项证明事项的通知	寻府办字〔2019〕27 号
52	2019 年 4 月 3 日	关于公布证明事项保留清单的通知	寻府办字〔2019〕28 号
53	2019 年 4 月 8 日	关于印发 2019 年度第二批次城市建设用地土地房屋征收工作方案的通知	寻府办字〔2019〕29 号
54	2019 年 4 月 4 日	关于印发 2019 年县政府工作报告重点工作责任分工的通知	寻府办字〔2019〕30 号
55	2019 年 4 月 6 日	关于印发寻乌县第七次森林资源二类调查工作方案的通知	寻府办字〔2019〕31 号
56	2019 年 4 月 4 日	关于印发寻乌县 2018—2020 年农机新产品购置补贴实施方案的通知	寻府办字〔2019〕32 号
57	2019 年 4 月 8 日	关于寻乌县人民政府网 2019 年第一季度政府信息公开抽查结果的通报	寻府办字〔2019〕33 号
58	2019 年 4 月 8 日	关于印发寻乌县恒大移民小镇项目土地房屋征收工作方案的通知	寻府办字〔2019〕34 号
59	2019 年 4 月 9 日	关于公布《寻乌县“马上办、网上办、就近办、一次办”政务服务事项清单》和《寻乌县进驻政务服务中心事项清单的通知》	寻府办字〔2019〕35 号
60	2019 年 4 月 9 日	关于印发寻乌县 2019 年度标准化生态果园建设实施方案的通知	寻府办字〔2019〕36 号
61	2019 年 4 月 9 日	关于印发寻乌县 2019 年度统筹整合资金推进高标准农田建设项目实施方案的通知	寻府办字〔2019〕37 号
62	2019 年 4 月 11 日	关于进一步做好非洲猪瘟等动物疫病防控工作的通知	寻府办字〔2019〕38 号
63	2019 年 4 月 10 日	关于印发寻乌县 2019 年度柑橘黄龙病防控工作方案的通知	寻府办字〔2019〕39 号
64	2019 年 4 月 12 日	关于印发《人大代表意见办理责任分工》《政协委员意见办理责任分工》的通知	寻府办字〔2019〕40 号
65	2019 年 4 月 12 日	关于印发寻乌县储备补充耕地项目问题整改工作方案的通知	寻府办字〔2019〕41 号
66	2019 年 4 月 15 日	关于印发 2019 年寻乌县“五型”政府建设工作要点的通知	寻府办字〔2019〕42 号
67	2019 年 4 月 15 日	关于完善和调整寻乌县旅游扶贫专项实施方案的通知	寻府办字〔2019〕43 号
68	2019 年 4 月 15 日	关于做好 2019 年县人大代表建议政协委员提案办理工作的通知	寻府办字〔2019〕44 号
69	2019 年 4 月 16 日	关于印发寻乌县全面开展村庄清洁行动实施方案的通知	寻府办字〔2019〕45 号
70	2019 年 4 月 16 日	关于印发 2019 年度县政府常务会议学法计划的通知	寻府办字〔2019〕46 号
71	2019 年 4 月 16 日	关于印发进一步规范柑橘恢复种植建园审批工作的通知	寻府办字〔2019〕47 号

续表 21

序号	印发时间	文件名称	文号
72	2019 年 4 月 16 日	关于印发建设“赣服通”寻乌分厅实施方案的通知	寻府办字〔2019〕48 号
73	2019 年 4 月 17 日	关于印发推动高质量跨越式发展亟待解决主要困难问题清单的通知	寻府办字〔2019〕49 号
74	2019 年 4 月 19 日	关于印发寻乌县 2019 年度电动汽车充电基础建设实施工作方案的通知	寻府办字〔2019〕50 号
75	2019 年 4 月 24 日	关于调整县安全生产委员会和十三个安全专业委员会组成人员的通知	寻府办字〔2019〕51 号
76	2019 年 4 月 29 日	关于印发寻乌县供销合作社 2019 年工作要点的通知	寻府办字〔2019〕52 号
77	2019 年 5 月 8 日	关于转发赣州市中心城区新建商品房预售资金监督管理办法的通知	寻府办字〔2019〕53 号
78	2019 年 5 月 8 日	关于印发寻乌县第七次森林资源二类调查工作方案的通知	寻府办字〔2019〕54 号
79	2019 年 5 月 14 日	关于印发寻乌县限期消化与解决供销合作社历史遗留问题工作实施方案的通知	寻府办字〔2019〕55 号
80	2019 年 5 月 31 日	关于明确乡（镇）官方兽医工作职责和工作安排、工作保障机制的通知	寻府办字〔2019〕56 号
81	2019 年 5 月 31 日	关于全面完善乡、村道限超限载设施有关事项的通知	寻府办字〔2019〕57 号
82	2019 年 6 月 3 日	关于进一步完善“产业扶贫信贷通”相关政策的通知	寻府办字〔2019〕58 号
83	2019 年 6 月 3 日	关于开展全县惠民惠农财政补贴资金“一卡通”专项治理实施方案的通知	寻府办字〔2019〕59 号
84	2019 年 6 月 3 日	关于印发寻乌县 2019—2021 年度松材线虫病防控工作实施方案的通知	寻府办字〔2019〕60 号
85	2019 年 6 月 12 日	关于印发 2019 年寻乌县民兵组织整顿实施方案的通知	寻府办字〔2019〕61 号
86	2019 年 6 月 21 日	关于印发寻乌县德青源金鸡产业项目土地征收工作方案的通知	寻府办字〔2019〕62 号
87	2019 年 6 月 21 日	关于寻乌县公共场所安全防护设施建设实施方案的通知	寻府办字〔2019〕63 号
88	2019 年 6 月 27 日	关于印发寻乌县涉企收费领域 2019 年专项整治工作方案的通知	寻府办字〔2019〕64 号
89	2019 年 6 月 27 日	关于印发寻乌县推进企业注销便利化行动方案的通知	寻府办字〔2019〕65 号
90	2019 年 7 月 4 日	关于印发寻乌县备战赣州市第五届运动会工作方案的通知	寻府办字〔2019〕66 号
91	2019 年 7 月 9 日	关于印发 2019 年寻乌县统筹整合财政涉农扶贫资金年度调整实施方案的通知	寻府办字〔2019〕67 号
92	2019 年 7 月 12 日	关于印发寻乌县农村集中供水工程运行管理考评办法的通知	寻府办字〔2019〕68 号
93	2019 年 7 月 12 日	关于印发寻乌县统筹财政（涉农）资金工作实施方案的通知	寻府办字〔2019〕69 号
94	2019 年 7 月 12 日	关于调整寻乌县推进法治政府建设工作领导小组成员的通知	寻府办字〔2019〕70 号
95	2019 年 7 月 15 日	关于印发寻乌县青龙岩旅游度假区创建国家 4A 级旅游景区工作方案的通知	寻府办字〔2019〕71 号
96	2019 年 7 月 16 日	关于印发寻乌县“大干项目年”百日攻坚行动实施方案的通知	寻府办字〔2019〕72 号
97	2019 年 7 月 18 日	关于印发寻乌县 2019 年城乡建设用地增减挂钩项目实施方案的通知	寻府办字〔2019〕73 号
98	2019 年 7 月 21 日	关于印发寻乌县城镇住宅小区配套幼儿园专项整治工作方案的通知	寻府办字〔2019〕74 号
99	2019 年 7 月 22 日	关于印发寻乌县“四好农村路”（镇村公交）省级试点县实施方案的通知	寻府办字〔2019〕75 号
100	2019 年 7 月 30 日	关于印发寻乌县县域规划区外建筑屋顶防渗防漏实施方案（试行）的通知	寻府办字〔2019〕76 号
101	2019 年 7 月 30 日	关于印发寻乌县县域规划区内建筑屋顶防渗防漏实施方案（试行）的通知	寻府办字〔2019〕77 号
102	2019 年 7 月 30 日	关于印发寻乌县“十四五”规划编制工作方案的通知	寻府办字〔2019〕78 号
103	2019 年 8 月 13 日	关于 2019 年政府工作报告重点工作责任分工 1—6 月落实进展情况的通报	寻府办字〔2019〕79 号
104	2019 年 8 月 13 日	关于印发寻乌县果业用房整治实施方案的通知	寻府办字〔2019〕80 号
105	2019 年 8 月 16 日	寻乌县违建别墅问题清理整治专项行动工作方案	寻府办字〔2019〕81 号
106	2019 年 8 月 16 日	关于印发寻乌县户外广告经营方案的通知	寻府办字〔2019〕82 号
107	2019 年 8 月 17 日	关于印发寻乌县农村公路养护资金稳定增长机制实施方案的通知	寻府办字〔2019〕83 号
108	2019 年 8 月 19 日	关于印发寻乌县县城中小学和幼儿园招生转学管理办法（试行）的通知	寻府办字〔2019〕84 号
109	2019 年 8 月 20 日	关于印发长宁镇柯树背安置区“两违”行为限期整改处置实施方案的通知	寻府办字〔2019〕85 号
110	2019 年 8 月 23 日	关于印发寻乌县优化提升营商环境十大行动方案的通知	寻府办字〔2019〕86 号
111	2019 年 8 月 24 日	关于印发寻乌县学校结核病筛查工作实施方案的通知	寻府办字〔2019〕87 号
112	2019 年 8 月 31 日	关于印发 2019 年寻乌县工业企业“亩产效益”综合评价工作方案的通知	寻府办字〔2019〕88 号
113	2019 年 8 月 31 日	关于加快推进居家和社区养老服务改革试点工作的通知	寻府办字〔2019〕89 号
114	2019 年 9 月 2 日	关于印发寻乌县小水电站网供电整治工作方案的通知	寻府办字〔2019〕90 号
115	2019 年 9 月 3 日	关于切实做好灾后农业恢复生产工作的通知	寻府办字〔2019〕91 号
116	2019 年 9 月 5 日	关于印发寻乌县政务服务中心、行政审批中介服务超市综合考评办法（试行）、行政审批中介服务超市综合考评评分细则（试行）的通知	寻府办字〔2019〕92 号

续表 21

序号	印发时间	文件名称	文号
117	2019 年 9 月 5 日	关于印发寻乌县城山体复绿区及集中饮用水源保护地退果还林区管护工作方案的通知	寻府办字〔2019〕93 号
118	2019 年 9 月 12 日	关于印发寻乌县稀土矿山车间集中整治工作方案的通知	寻府办字〔2019〕94 号
119	2019 年 9 月 12 日	关于建立定期梳理集中破解制约高质量跨越式发展突出困难问题长效机制的通知	寻府办字〔2019〕95 号
120	2019 年 9 月 12 日	关于印发长宁镇石圳大桥至林业大桥东岸环境整治提升工作实施方案的通知	寻府办字〔2019〕96 号
121	2019 年 9 月 16 日	关于印发寻乌县 2019 年政务公开工作要点的通知	寻府办字〔2019〕97 号
122	2019 年 9 月 19 日	关于公布实施寻乌县城规划区 2019 年被征收房屋重置价格及国有土地上合法住宅房屋征收货币补偿指导价格的通知	寻府办字〔2019〕98 号
123	2019 年 9 月 19 日	关于印发寻乌县环卫园林公益用水管理办法（试行）的通知	寻府办字〔2019〕99 号
124	2019 年 9 月 20 日	关于印发寻乌县国家重点生态功能区县城生态环境质量考核工作实施方案的通知	寻府办字〔2019〕100 号
125	2019 年 9 月 27 日	关于印发寻乌县中心城区既有住宅加装电梯暂行办法的通知	寻府办字〔2019〕101 号
126	2019 年 9 月 30 日	关于印发寻乌县创建国家知识产权强县工程试点县工作方案的通知	寻府办字〔2019〕102 号
127	2019 年 9 月 30 日	关于印发国庆 70 周年期间消防安全严管严控五项措施的通知	寻府办字〔2019〕103 号
128	2019 年 10 月 2 日	关于取消调整 271 项证明事项的通知	寻府办字〔2019〕104 号
129	2019 年 9 月 24 日	寻乌县 2019 年县城棚户区新东片区青水山下改造项目国有土地上房屋征收补偿方案	寻府办字〔2019〕105 号
130	2019 年 9 月 24 日	寻乌县 2019 年县城棚户区新东片区青水山下改造项目集体土地拟征收及房屋拆迁补偿安置方案	寻府办字〔2019〕106 号
131	2019 年 9 月 24 日	寻乌县 2019 年县城棚户区城南片区县幼儿园改造项目国有土地上房屋征收补偿方案	寻府办字〔2019〕107 号
132	2019 年 9 月 24 日	寻乌县 2019 年县城棚户区城南片区县幼儿园改造项目集体土地拟征收及房屋拆迁补偿安置方案	寻府办字〔2019〕108 号
133	2019 年 10 月 14 日	关于印发寻乌县公益性骨灰安葬（放）设施建设管理办法的通知	寻府办字〔2019〕109 号
134	2019 年 10 月 21 日	关于印发寻乌县推进乡村旅游发展奖励办法（试行）的通知	寻府办字〔2019〕110 号
135	2019 年 10 月 21 日	关于印发寻乌县会寻安生态经济区建设实施方案的通知	寻府办字〔2019〕111 号
136	2019 年 10 月 23 日	关于印发寻乌县农村集体产权制度改革试点方案的通知	寻府办字〔2019〕112 号
137	2019 年 10 月 25 日	关于印发寻乌县山水林田湖草项目示范提升工作方案的通知	寻府办字〔2019〕113 号
138	2019 年 11 月 4 日	关于印发全县沿街店面及合用场所消防安全整治工作方案的通知	寻府办字〔2019〕114 号
139	2019 年 11 月 2 日	关于印发寻乌县废弃稀土矿山环境治理和后期管护工作方案的通知	寻府办字〔2019〕115 号
140	2019 年 11 月 2 日	关于印发开展砖厂专项整治行动实施方案的通知	寻府办字〔2019〕116 号
141	2019 年 11 月 4 日	关于印发寻乌县工程建设项目审批制度改革实施方案的通知	寻府办字〔2019〕117 号
142	2019 年 11 月 7 日	关于印发寻乌县农村公路工程建设领域突出问题专项整治工作实施方案的通知	寻府办字〔2019〕118 号
143	2019 年 11 月 4 日	关于印发寻乌县环评审批提质增效改革实施方案	寻府办字〔2019〕119 号
144	2019 年 11 月 15 日	关于印发依法推进寻乌县饮用水源保护区剩余未签约户土地房屋征收工作方案的通知	寻府办字〔2019〕120 号
145	2019 年 11 月 14 日	关于印发 2019 年政务公开整改提升工作方案的通知	寻府办字〔2019〕121 号
146	2019 年 11 月 15 日	关于印发寻乌县进一步精简和调整行政审批项目工作实施方案的通知	寻府办字〔2019〕122 号
147	2019 年 11 月 15 日	关于印发国有林场场外造林实施方案的通知	寻府办字〔2019〕123 号
148	2019 年 11 月 20 日	关于规范规模畜禽养殖场建设审批备案管理工作的通知	寻府办字〔2019〕124 号
149	2019 年 11 月 29 日	关于印发寻乌县职业技能提升行动推进方案（2019—2021 年）的通知	寻府办字〔2019〕125 号
150	2019 年 12 月 9 日	关于印发《寻乌县工业投资项目“标准地 + 承诺制”试点工作方案》的通知	寻府办字〔2019〕126 号
151	2019 年 12 月 19 日	关于印发县政务服务中心窗口工作人员绩效考核细则“红旗窗口”和“服务之星”“表现优秀奖”“优秀窗口负责人”评比细则、考核细则以及“末位预警制度”的通知	寻府办字〔2019〕127 号
152	2019 年 12 月 16 日	关于印发寻乌县松材线虫病防控歼灭战行动方案的通知	寻府办字〔2019〕128 号
153	2019 年 12 月 16 日	关于印发寻乌县校外托管机构管理办法（试行）的通知	寻府办字〔2019〕129 号
154	2019 年 12 月 16 日	关于印发寻乌县校外托管综合整治工作实施方案的通知	寻府办字〔2019〕130 号

续表 21

序号	印发时间	文件名称	文号
155	2019 年 12 月 16 日	关于建立寻乌县校外托管机构管理联席会议缺席的通知	寻府办字〔2019〕131 号
156	2019 年 12 月 19 日	关于印发寻乌县义务教育发展基本均衡巩固提升实施办法的通知	寻府办字〔2019〕132 号
157	2019 年 1 月 11 日	关于印发寻乌县地质灾害防治"十三五"规划的通知	寻府办发〔2019〕1 号
158	2019 年 1 月 17 日	关于落实"互联网 + 医疗健康"发展的实施意见	寻府办发〔2019〕2 号
159	2019 年 2 月 1 日	关于印发寻乌县养殖水域滩涂规划（2016—2030 年）的通知	寻府办发〔2019〕3 号
160	2019 年 2 月 25 日	关于再次做好证明事项清理工作的通知	寻府办发〔2019〕4 号
161	2019 年 3 月 22 日	关于印发进一步加强教师培训工作的意见（试行）的通知	寻府办发〔2019〕5 号
162	2019 年 4 月 10 日	关于印发 2019 年产业扶贫工作实施方案的通知	寻府办发〔2019〕6 号
163	2019 年 4 月 10 日	关于印发寻乌县农村保障房管理办法的通知	寻府办发〔2019〕7 号
164	2019 年 4 月 12 日	关于印发寻乌县 2019 年地质灾害防治方案的通知	寻府办发〔2019〕8 号
165	2019 年 4 月 12 日	关于印发寻乌县废弃稀土矿山环境治理项目后期管护管理办法的通知	寻府办发〔2019〕9 号
166	2019 年 4 月 15 日	关于进一步调整优化结构提高教育经费使用效益的实施意见	寻府办发〔2019〕10 号
167	2019 年 4 月 22 日	关于印发寻乌县农村饮水安全工程运行管理办法的通知	寻府办发〔2019〕11 号
168	2019 年 5 月 3 日	关于进一步加强城乡建设用地增减挂钩项目管理的意见	寻府办发〔2019〕12 号
169	2019 年 6 月 6 日	关于印发寻乌县山水林田湖草生态保护修复项目管护方案的通知	寻府办发〔2019〕13 号
170	2019 年 6 月 19 日	关于印发寻乌县农村集中供水工程运行管理办法（试行）的通知	寻府办发〔2019〕14 号
171	2019 年 7 月 12 日	关于印发寻乌县 2019 年度土地储备及土地供应计划的通知	寻府办发〔2019〕15 号
172	2019 年 7 月 12 日	2019 年寻乌县金融机构支持地方经济发展考核奖励办法	寻府办发〔2019〕16 号
173	2019 年 7 月 30 日	关于印发寻乌县企业招工用工服务工作实施方案的通知	寻府办发〔2019〕17 号
174	2019 年 7 月 31 日	关于印发寻乌县生态环保基础设施建设三年行动计划（2018—2020 年）的通知	寻府办发〔2019〕18 号
175	2019 年 8 月 8 日	寻乌县进一步激发商贸消费潜力促进商贸消费升级三年行动方案	寻府办发〔2019〕19 号
176	2019 年 8 月 9 日	关于印发寻乌县城投汽车服务有限公司组建方案的通知	寻府办发〔2019〕20 号
177	2019 年 8 月 30 日	关于规范寻乌县农村生产用房整治工作指导意见	寻府办发〔2019〕21 号
178	2019 年 9 月 26 日	关于推行免费殡葬政策进一步促进绿色殡葬建设的实施意见	寻府办发〔2019〕22 号
179	2019 年 10 月 28 日	关于建立"清洁家园、自己动手"长效机制的实施方案、寻乌县农村生活垃圾治理奖惩机制（试行）	寻府办发〔2019〕23 号
180	2019 年 11 月 2 日	关于进一步加强物业管理工作的意见	寻府办发〔2019〕24 号
181	2019 年 10 月 31 日	关于印发寻乌县行政复议体制改革工作方案的通知	寻府办发〔2019〕25 号
182	2019 年 11 月 4 日	关于印发寻乌县老龄事业发展三年行动计划（2018—2020）的通知	寻府办发〔2019〕26 号
183	2019 年 11 月 29 日	关于加快推进生猪产业发展保障市场供应的实施意见	寻府办发〔2019〕27 号

政协寻乌县委员会文件

表 22

发文时间	文号	文件标题
2 月 20 日	寻协党组〔2019〕2 号	关于召开政协寻乌县十三届委员会四次会议的请示
3 月 15 日	寻协党组〔2019〕3 号	关于组建县政协农业农村委员会的请示
3 月 19 日	寻协字〔2019〕3 号	关于县政协四次会议分组讨论委员建言情况的报告
4 月 29 日	寻协发〔2019〕3 号	关于印发《县政协 2019 年度工作要点的通知》
7 月 17 日	寻协字〔2019〕1 号	寻乌县开展学前教育发展情况专题民主监督情况报告
9 月 3 日	寻协字〔2019〕4 号	关于 2019 年政协委员重点提案督办视察的报告
9 月 20 日	寻协党组〔2019〕4 号	关于印发县政协党组"不忘初心，牢记使命"主题教育实施方案的通知
9 月 20 日	寻协党组〔2019〕5 号	关于成立县政协党组主题教育领导小组的通知
11 月 12 日	寻协字〔2019〕5 号	关于对我县旅游产业发展情况调研的报告
11 月 12 日	寻协字〔2019〕6 号	关于印发《寻乌县政协常委会议事规则》的通知
11 月 17 日	寻协字〔2019〕7 号	关于我县落实省委脱贫攻坚专项巡视反馈问题整改情况的调研报告

2019年统计提要

土地总面积和人口

表23

乡（镇）	土地总面积（平方千米）	年末总人口（人）		
			城镇人口（人）	乡村人口（人）
合 计	2351.55	331138	76562	254576
长宁镇	18.68	53531	52314	1217
晨光镇	183.21	27255	632	26623
留车镇	230.88	32700	826	31874
南桥镇	143.52	32969	1902	31067
吉潭镇	249.72	26486	418	26068
澄江镇	180.71	33173	2406	30767
桂竹帽镇	232.97	12497	539	11958
文峰乡	262.5	29318	7202	22116
三标乡	212.38	15532	2728	12804
菖蒲乡	80.11	14661	0	14661
龙廷乡	77.04	6481	2969	3512
丹溪乡	163.79	14538	0	14538
项山乡	74.66	7704	1099	6605
水源乡	112.76	14325	3527	10798
罗珊乡	128.63	9968	0	9968

注：人口数为公安统计年报数

主要经济和社会发展指标（一）

表24

指标	单位	2019年	2018年	同比 ±%
土地总面积	平方千米	2351.55	2351.55	平
#城区建成面积	平方千米	12.00	11.12	7.9
年末实有耕地面积	亩	232197	232197	平
年末总户数	户	93971	94623	-0.7
年末总人口	人	331138	331934	-0.2
#女	人	156822	157462	-0.4
1. 农业人口	人	254576	261200	-2.5
年末总人口中：城镇人口	人	137142	131930	4.0
少数民族人口	人	5590	4581	22.0
年末常住人口	人	298769	297810	0.3
城镇化率	%	45.90	44.29	3.6
年平均人口	人	331536	331268	0.1
年内出生人口	人	3508	4390	-20.1
人口出生率	‰	12.9	13.3	-3.0
年内死亡人口	人	1326	882	50.3
人口死亡率	‰	6.3	2.7	133.3
年内迁入	人	880	1246	-29.4
年内迁出	人	3858	3421	12.8
人口自然增长率	‰	6.6	10.6	-37.7
地区生产总值	万元	975734	895195	8.3
1. 第一产业	万元	221884	205427	3.5
2. 第二产业	万元	305227	281056	8.0
#工业	万元	235894	217738	8.3

主要经济和社会发展指标（二）

表 25

指标	单位	2019 年	2018 年	同比 ±%
3. 第三产业	万元	448623	408712	10.8
农林牧渔业总产值	万元	359128	335251	3.4
森林覆盖率	%	82.37	82.37	平
当年造林面积（成活率 85% 以上）	公顷	1062	1086	-2.2
规模以上工业增加值	万元	—	—	8.4
用电量（供电公司提供）	万千瓦时	47211	44206	6.8
500 万元以上固定资产投资	万元	—	—	9.6
社会消费品零售总额	万元	243550	218791	11.3
出口总额	万元	50418	39495	27.7
实际使用外资	万美元	2846	2676	6.4
财政总收入	万元	97000	91000	6.6
# 公共财政预算收入	万元	57855	57139	1.3
财政总支出	万元	385000	323000	19.2
金融机构人民币年末存款余额	万元	1105509	1230040	-10.1
# 个人存款余额	万元	749045	711488	5.3
金融机构人民币年末贷款余额	万元	979279	848482	15.4
城镇居民人均可支配收入	元	28493	26237	8.6
农村居民人均可支配收入	元	11872	10599	12.0

主要经济指标年人均水平

表 26 单位：元 / 人

指标	2019 年	2018 年
人均地区生产总值	32711	30141
人均农业总产值	12040	11287
人均社会消费品零售总额	8165	7366
人均财政总收入	3252	3064
# 人均公共财政预算收入	1940	1924
在岗职工年平均工资		70274
城镇居民人均可支配收入	28493	26237
农村居民人均可支配收入	11872	10599
人均居民储蓄存款余额	25111	21435

农林牧渔业服务业总产值及增加值

表 27 单位：万元

	按当年价格计算			按可比价格计算		
	2019 年	2018 年	+、-%	2019 年	2018 年	+、-%
一、农林牧渔服务业总产值	359182	335251	7.14	346515	335251	3.36
（一）农业产值	243853	229328	6.33	238615	229328	4.05
其中：粮食	44541	42013	6.02	43026	42013	2.41
蔬菜	37825	30648	23.42	36132	30648	17.89
（二）林业产值	20442	19643	4.07	20095	19643	2.30
（三）牧业产值	57352	54161	5.89	54793	54161	1.17
其中：猪	36587	34464	6.16	36440	34464	5.73
家禽	11249	10760	4.54	11231	10760	4.38
（四）渔业产值	20635	17839	15.67	18111	17839	1.52
（五）农林牧渔服务业产值	16900	14280	18.35	14901	14280	4.35

续表 27

	按当年价格计算			按可比价格计算		
	2019 年	2018 年	+、-%	2019 年	2018 年	+、-%
二、农林牧渔业增加值	229218	219372	4.49	227094	219372	3.52
（一）农业增加值	164198	157169	4.47	161839	157169	2.97
（二）林业增加值	14803	14535	1.84	14702	14535	1.15
（三）牧业增加值	30400	29115	4.41	30502	29115	4.76
（四）渔业增加值	12483	11022	13.26	12347	11022	12.02
（五）农林牧渔服务业增加值	7334	7531	-2.62	7704	7531	2.30

农林牧渔服务业总产值和商品产值（一）

表 28　　单位：万元

	总产值				商品产值
	按当年价格计算		按可比价格计算		
	2019 年	2018 年	2019 年	+、-%	2019 年
农林牧渔业产值	359182	335251	346515	3.36	302503
一、农业产值	243853	229328	238615	4.05	205373
（一）谷物及其他作物	44541	42013	43026	2.41	37512
1. 谷物	36961	36014	36397	1.06	31129
2. 薯类	1164	1023	1132	10.65	980
3. 油料	3368	3055	3129	2.42	2837
4. 豆类	2589	1921	2026	5.47	2181
5. 未加工烟叶	245		213		206
6. 农作物副产品及其他农产品	214		129		180
（二）蔬菜及食用菌	37825	30648	36132	17.89	31856
1. 蔬菜	36748	30399	35148	15.62	30949
2. 食用菌	210	162	184	13.58	177
3. 花卉	117	87	92	5.75	99
4. 盆景及其他园艺产品	750		708		632
（三）水果、坚果、饮料和香料	160588	155841	158574	1.75	135247
1. 水果（园林水果）	158759	154441	156794	1.52	133707
2. 食用坚果	42		44		35
3. 茶叶	1787	1400	1735	23.93	1505
二、林业产值	20442	19643	20095	2.30	17216
（一）林木的培育和种植	19040	18369	18791	2.30	16035
1. 育种育苗	15284	15090	15225	0.89	12872
2. 造林	3756	3279	3566	8.75	3163
3. 幼林、成林抚育管理					

农林牧渔服务业总产值和商品产值（二）

表 29　　单位：万元

	总产值				商品产值
	按当年价格计算		按可比价格计算		
	2019 年	2018 年	2019 年	+、-%	2019 年
（二）竹木采运	61	51	59	15.69	51
（三）林产品	1341	1223	1245	1.80	1129
三、牧业产值	57352	54161	54793	1.17	48302
（一）牲畜的饲养	8678	7328	6835	-6.73	7309

续表 29

	总产值				商品产值
	按当年价格计算		按可比价格计算		
	2019 年	2018 年	2019 年	+、-%	2019 年
1. 牛	7692	6364	5752	-9.62	6478
2. 羊	986	964	1083	12.34	830
（二）猪的饲养	35587	34464	35240	2.25	29971
（三）家禽饲养	11378	10760	11231	4.38	9583
1. 肉禽	9869	9411	9751	3.61	8312
2. 禽蛋	1509	1349	1480	9.71	1271
（四）捕猎和捕捉的野生动物					
（五）饲养的其他活动物	1710	1609	1687	4.85	1440
家兔	1710	1609	1687	4.85	1440
四、渔业产值	20635	17839	18111	1.52	17379
其中：养殖	19677	14292	17312	21.13	16572
1. 鱼类	16843	14292	14394	0.71	14185
2. 虾蟹类	1373	1297	1339	3.24	1156
3. 贝类	508	450	470	4.44	428
4. 其他	1911	1800	1908	6.00	1609
五、农、林、牧、渔服务业	16900	14280	14901	4.35	14233

农村基本情况

表 30

	单位	2019 年	2018 年	+、-%
一、农村基层组织情况				
1. 乡镇政府	个	15	15	
其中：镇政府	个	7	7	
2. 村民委员会	个	173	173	
3. 村民小组	个	2092	2092	
二、农村基础设施				
1. 自来水受益村	个	173	173	
2. 通汽车的村	个	173	173	
3. 通电话的村	个	173	173	
三、乡村人口与从业人员				
1. 乡村总户数	户	75125	75223	-0.13
2. 乡村总人口	人	293404	293898	-0.17
（1）男	人	155236	155550	-0.20
（2）女	人	138168	138348	-0.13
3. 乡村劳动资源数	人	169648	169525	0.07
（1）男	人	90423	90265	0.18
（2）女	人	79225	79260	-0.04
4. 乡村从业人员数	人	150558	151246	-0.45
（1）男	人	83203	81422	2.19
其中：从事农业人员	人	51694	51045	1.27
（2）女	人	67355	69824	-3.54
其中：从事农业人员	人	43538	44355	-1.84
按国民经济行业分组				

续表 30

	单位	2019 年	2018 年	+、-%
（1）农业	人	95232	96600	-1.42
（2）工业	人	20694	21263	-2.68
（3）建设业	人	7952	8019	-0.84
（4）交通运输、仓储及邮政业	人	3538	3541	-0.08
（5）信息传输、计算机服务和软件业	人	1526	1344	13.54
（6）批发和零售业	人	11426	11450	-0.21
（7）住宿和餐饮业	人	4634	4501	2.95
（8）其他行业	人	5556	5728	-3.00
5. 外出（离乡）的从业人员	人	39162	38769	1.01
其中：出省从业的	人	28496	28551	-0.19

耕地面积情况

表 31　　单位：亩

	年初耕地总资源	年末耕地总资源	1. 常用耕地面积			2. 临时性耕地
				其中：水田	水浇地	
寻乌县	231447	232197	195120	176749		37077
长宁镇	570	450	385	230		65
晨光镇	20759	20613	13797	12601		6816
留车镇	26886	27008	23987	20910		3021
南桥镇	23989	24024	21473	19037		2551
吉潭镇	24339	24462	21593	19502		2869
澄江镇	19025	19190	17936	17172		1254
桂竹帽镇	10752	10830	9632	9052		1198
文峰乡	17304	17362	16179	13533		1183
三标乡	16812	16880	11281	10783		5599
菖蒲乡	14677	14757	12069	11369		2688
龙廷乡	7519	7559	6189	5489		1370
丹溪乡	14645	14730	13573	12415		1157
项山乡	13060	13112	9394	8224		3718
水源乡	10814	10861	9083	8758		1778
罗珊乡	10296	10359	8549	7674		1810

农作物面积和产量

表 32

	播种面积（亩）			产量（吨）		
	2019 年	2018 年	+、-%	2019 年	2018 年	+、-%
总计	498603	476256	4.69	255162	225930	12.94
一、粮食作物	383971	385472	-0.39	116836	114676	1.88
（一）谷物	362056	361852	0.06	112815	110246	2.33
1. 稻谷	355064	353536	0.43	111221	108349	2.65
（1）早稻	150654	150409	0.16	47799	46022	3.86
（2）中稻及一晚	68400	63881	7.07	20738	19609	5.76
（3）二季晚稻	136010	139246	-2.32	42684	42718	-0.08
2. 玉米	6992	8316	-15.92	1594	1897	-15.97
（二）豆类（大豆）	11843	11493	3.05	1778	1737	2.36
（三）薯类	10072	12127	-16.95	2243	2693	-16.71
二、油料（花生）	14959	13947	7.26	2977	2777	7.20

续表 32

	播种面积（亩）			产量（吨）		
	2019 年	2018 年	+、-%	2019 年	2018 年	+、-%
三、烟叶（烤烟）						
四、蔬菜（含菜用瓜）	87321	66252	31.80	111946	88277	26.81
五、瓜果类	12352	10585	16.69	23727	20200	17.46
附记：花卉种植面积（亩）	750	260	188.46			
食用菌产量（吨）				324	162	100
1. 干品				164	140	17.14
其中：香菇				119	115	3.48
黑木耳				35	25	40
2. 鲜品				160	22	627.27
其中：蘑菇				155	22	581.82
蔬菜大棚（个）	4366	4150	5.20			
蔬菜大棚面积（亩）	22039	20947	5.21			

茶叶、水果生产情况

表 33

	单位	2019 年	2018 年	+、-%
一、茶叶总产量	吨	173	163	6.13
二、园林水果	吨	407028	363529	11.97
1. 柑桔类	吨	388502	344847	12.66
其中：柑	吨			
桔	吨	99446	92644	7.34
橙	吨	288719	252115	14.52
# 脐橙	吨	273777	239084	14.51
柚	吨	337	88	282.95
2. 梨	吨	79	108	-26.85
3. 其他园林水果	吨	18447	18574	-0.68
其中：桃	吨	3364	2531	32.91
猕猴桃	吨	7747	6113	26.73
葡萄	吨	1069	2367	-54.84
柿子	吨	218	56	289.29
四、年末实有茶园面积	亩	2639	2504	5.39
其中：当年采摘面积	亩	2639	2504	5.39
当年新增面积	亩	135	101	33.66
五、年末果园面积	亩	349457	331603	5.38
1. 柑桔园	亩	305301	278163	9.76
其中：柑	亩			
桔	亩	107878	96120	12.23
橙	亩	197120	181945	8.34
# 脐橙	亩	190062	175430	8.34
柚	亩	303	98	209.18
2. 梨园	亩	71	68	4.41
3. 桃园	亩	9755	9003	8.35
4. 猕猴桃园	亩	16667	14681	13.53
5. 葡萄园	亩	3369	3103	8.57
6. 其他果园	亩	14294	26585	-46.23

林业生产情况

表 34

	单位	2019 年	2018 年	+、-%
一、林业生产情况				
（一）人工造林面积	公顷	395	1067	-62.98
（二）当年新封山育林面积	公顷	667	667	
（三）末实有封山（沙）育林面积	公顷	8067	8933	-9.69
（四）退化修复面积	公顷	800	1322	-39.49
（五）森林抚育面积	公顷	7867	7667	2.61
（六）四旁（零星）植树	株		61000	
（七）当年苗木产量	万株	2004	1660	20.72
二、主要木材、竹材产品产量				
（一）原木采伐	立方	12129	364	3232.14
（二）薪材采伐	立方			
（三）毛竹采伐	万根	70	66	6.06
三、木竹加工产品产量				
锯材	立方米			
四、林产品产量				
（一）油茶籽	吨	1254	1016	23.43
（二）油桐籽	吨	25	25	
（三）棕片	吨	10	47	-78.72
（四）竹笋干	吨	70	70	
（五）五倍子	吨			
五、油茶与花卉产业发展情况				
（一）年末实有油茶林面积	公顷	6996	6727	4.00
（二）花卉产业发展情况				
1. 年末实有花卉种植面积	公顷		3	
2. 盆栽植物产量	盆		30000	
3. 观赏苗木产量	株		1650	
4. 花卉企业	个		2	
5. 花农	户			

畜牧业生产情况

表 35

	单位	2019 年	2018 年	+、-%
一、生猪出栏	头	105992	180000	-41.12
二、牛出栏	头	11630	9500	22.42
三、羊出栏	头	16872	11000	53.38
四、兔出笼	只	340397	335100	1.58
五、家禽出笼	百羽	44645	24320	83.57
六、禽蛋产量	吨	9844	14000	-29.69
七、蜂蜜产量	吨	231	225	2.67
八、肉类总产	吨	17646	24558	-28.15
1. 猪肉	吨	8412	17707	-52.49
2. 牛肉	吨	1270	1140	11.40
3. 羊肉	吨	293	147	99.32
4. 兔肉	吨	528	527	0.19
5. 禽肉	吨	7143	4777	49.53
九、兔存笼	只	57437	53105	8.16

续表 35

	单位	2019 年	2018 年	+、-%
十、养蜂箱数	籍	16625	18000	-7.64
十一、牛存栏	头	30930	37600	-17.74
十二、家禽存笼	百羽	22604	21200	6.62
十三、生猪存栏	头	53188	112000	-52.51
十四、羊存栏	头	17634	18200	-3.11

渔业生产情况

表 36

	单位	2019 年	2018 年	+、-%
一、水产品总产量	吨	8783	8528	2.99
（一）养殖产量	吨	8617	8344	3.27
1. 鱼类	吨	7833	7560	3.61
2. 甲克类	吨	448	448	
3. 贝类	吨	145	145	
4. 其他类	吨	191	191	
（二）捕捞产量	吨	166	184	-9.78
1. 鱼类	吨	139	151	-7.95
2. 甲克类	吨	22	27	-18.52
3. 贝类	吨	5	6	-16.67
二、养殖产量按水域分	吨	8617	8344	3.27
1. 池塘	吨	6309	6100	3.43
2. 水库	吨	2079	2024	2.72
3. 河沟	吨	72	72	
4. 其他	吨	131	131	
5. 稻田养鱼	吨	26	17	52.94
三、养殖面积按水域分	亩	20082	19884	1.00
1. 池塘	亩	10526	10328	1.92
2. 水库	亩	9370	9370	
3. 河沟	亩	186	186	
4. 其他	亩			
5. 稻田养鱼	亩	849	841	0.95

水利设施基本情况

表 37

	单位	2019 年	2018 年	+、-%
一、蓄水工程	—	—	—	—
1. 水库数量	座	52	52	
2. 水库库容	万立方米	17761	17761	
3. 塘坝数量	座	596	596	
二、泵站数量	处	10	10	
三、水闸数量	座	7	7	
四、机电井数量	眼	4298	4298	
五、供水工程处数	处	353	284	24.30
（一）城乡集中式供水工程处数	处	213	144	47.92
（二）农村分散式供水工程处数	处	140	140	
六、供水工程供水量	万立方米	15200	16200	-6.17
七、供水工程覆盖人口	万人	33.06	33.06	

续表 37

	单位	2019 年	2018 年	+、-%
（一）城乡集中式供水工程	万人	31.05	30.93	0.39
（二）农村分散式供水人口	万人	2.01	2.13	-5.63
八、城乡居民生活供水量	万立方米	3837	2406	59.48
（一）城乡集中式供水工程	万立方米	3821	2271	68.25
（二）农村分散式供水人口	万立方米	161	135	19.26
九、灌溉工程	—			
（一）规模以上灌区数量	处	21	21	
（二）渠道长度	千米	61	61	
十、堤防工程	千米	133	75	77.33
十一、河道治理	—			
1. 有防洪任务河段长度	千米	332	332	
2. 已治理河段长度	千米	214	105	103.81
3. 当年实施治理的河段长度	千米	58		
十二、除涝面积	千公顷	0.91	0.91	
十三、水土流失综合治理面积	千公顷	127	122	4.10
十四、污水处理工程	—			
1. 入河湖排污口数量	个		2	
2. 入河湖废污水排放量	万吨		369	
3. 许可排放的废污水量	万吨		365	

农村水电基本情况

表 38

	单位	2019 年	2018 年	+、-%
一、水电设施				
（一）水电站处数	处	157	157	
其中：1 万（含）—5 万千瓦（含）电站	处	1	1	
0.1 万（含）—1 万千瓦电站	处	16	14	14.29
0.1 万千瓦以下电站	处	140	142	-1.41
（二）水电站装机量容量	万千瓦时	118005	113358	4.10
其中：1 万（含）—5 万千瓦（含）电站	万千瓦时	37500	37500	
0.1 万（含）—1 万千瓦电站	万千瓦时	29230	26750	9.27
0.1 万千瓦以下电站	万千瓦时	51275	49108	4.41
（三）水电站总库量	万立方米	14858	14865	-0.05
其中：1 万（含）—5 万千瓦（含）电站	万立方米	9820	9820	
0.1 万（含）—1 万千瓦电站	万立方米	3449	3307	4.29
0.1 万千瓦以下电站	万立方米	1589	1738	-8.57
（四）水电站固定资产	万元	46970	47210	-0.51
其中：本年完成投资	万元	112	112	
二、水电发电量	万千瓦时	21560	13806	56.16
其中：1 万（含）—5 万千瓦（含）电站	万千瓦时	5530	5520	0.18
0.1 万（含）—1 万千瓦电站	万千瓦时	6954	3116	123.17
0.1 万千瓦以下电站	万千瓦时	9076	5170	75.55
三、上国家电网电量、电价				
（一）上国家电网电量	万千瓦时	21331	13576	57.12
（二）上国家电网平均电价	元 / 千瓦时	0.32	0.32	
四、发电设备年平均利用小时	小时	1827	1218	50.00
五、售电总收入	万元	6725	4401	52.81

续表 38

	单位	2019 年	2018 年	+、-%
六、水电站上缴税金	万元	210	133	57.89
七、农村水电企业从业人员	人	876	869	0.81

农机化管理基本情况

表 39

	年末机构数（个）			年末人数（人）		
	2019 年	2018 年	+、-%	2019 年	2018 年	+、-%
一、农机化系统机构及人员						
（一）农机化管理机构	16	16		21	22	-4.6
（二）农机化技术推广机构	1	1		4	6	-33.3
（三）农机安全监理机构	1	1		6	7	-14.3
二、农机化服务组织及人员						
（一）农机化作业服务组织及农机户						
1. 农机化作业服务组织	7	7		35	35	
2. 农机户	3000	3000		6000	6000	
（二）农机维修厂及维修点	218	218		240	240	
（三）拖拉机驾驶培训机构	1	1		4	4	
（四）乡村农机从业人员				3055	3055	
三、农业机械拥有量数量	数量（台 / 套）			功率（千瓦）		
（一）农业机械总动力				165894.59	159514	4.0
1. 柴油发动机动力				140638.74	136993	2.7
2. 汽油发动机动力				5455.85	3586	52.1
3. 电动机动力				19800	18935	4.6
（二）拖拉机	292	289	1.0	3638	3506	3.8
（三）种植业机械						
1. 耕整机	4825	4509	7.0	19300	19330	
2. 旋耕机	197	195	1.0			
3. 水稻插秧机	7	7		20	20	
4. 排灌动力机械		1550		6800	6800	
5. 农用水泵						
6. 机动喷雾（粉）机	13000	13000		54000	54000	
7. 茶叶修剪机	10	10		40	40	
8. 联合收获机	81	79	2.5	1258	1213	3.7
9. 机动脱粒机	7608	7608		26634	26634	
（四）农产品初加工机械	3638	3638		29987	29987	
（五）畜牧养殖机械	65	65		975	975	
（六）林果业机械	15	15		59	59	
（七）手扶变型运输机	343	343		1550	1550	
（八）农田基本建设机械	16	16		1280	1280	

规模以上工业企业基本情况

表 40

指标	单位	2019 年	2018 年	同比 ±%
工业总产值	万元	587841	543188	8.2
工业销售产值	万元	587145	542783	8.2

续表 40

指标	单位	2019 年	2018 年	同比 ±%
工业增加值	万元	—	—	8.4
主营业务收入	万元	574058	543258	5.7
利税总额	万元	71030	72004	-1.4
# 利润	万元	55049	58354	-5.7
用电量	万千瓦小时	14248	13516	5.42
发电量	万千瓦小时	89485	51959	72.22
水泥	吨	310087	339741	-8.73
能源消费总量	吨标准煤	296100	275000	7.7

用电量

表 41 单位：万千瓦小时

指标	2019 年	2018 年	同比 ±%
用电总计	47211.34	44206.04	6.80
一、行业用电	31747.45	29828.55	6.43
第一产业	652.51	566.84	15.11
第二产业	22419.55	21849.73	2.61
（一）工业	21174.52	20399.39	3.80
第三产业	8675.39	7411.97	17.05
二、生活用电	15463.89	14377.49	7.56
城镇居民	6596.37	5979.65	10.31
乡村居民	8867.52	8397.84	5.59

注：县供电公司提供

交通运输邮电情况

表 42

指标	单位	2019 年	2018 年	同比 ±%
通汽车公路里程	千米	2607.57	2607.57	
# 柏油路面	千米	144.159	144.159	
# 高速公路	千米	83.059	83.059	
水泥路面	千米	2463.411	2463.411	
1. 国道	千米	132.642	132.642	
2. 省道	千米	67.506	67.506	
公路客运量	万人	245	241	1.66
公路客运周转量	万人千米	14147	14062	0.6
公路货运量	万吨	315	305	3.28
公路货运周转量	万吨千米	68315	66746	2.35
年末汽车拥有数	辆	33803	24684	36.94
年末摩托车拥有数	辆	64252	40463	58.79
电信业务总量	万元	28962	15332	88.9
年末固定电话装机数	部	1547	40142	-96.15
年末手机装机数	部	95042	110213	-13.77
邮政业务总量	万元	3407.7	3378.5	0.86
国内平常信件	万件	2.98	0.49	508.16
订销报纸累计数	万份	293.1	317.73	-7.75
订销杂志	万份	7.6	8.7	-12.64

分所有制固定资产投资

表43

指标	同比 ±%
固定资产投资额	9.6
1. 国资企业	4.3
2. 集体企业	-53.5
3. 股份合作企业	
4. 联营企业	
集体联营企业	
其他联营企业	
5. 有限责任公司	-19.3
国有独资公司	
其他有限责任公司	-19.3
6. 股份有限公司	414.4
7. 私营企业	81.9
8. 其他企业	-100
9. 港澳台商投资企业	958.8
10. 外商投资企业	
11. 个体经营	

分行业固定资产投资

表44

指标	同比 ±%
固定资产投资额	9.6
第一产业	
第二产业	18.3
工业	18.3
采矿业	
制造业	120
电力、燃气及水的生产和供应业	-70.1
建筑业	
第三产业	1.2
交通运输、仓储和邮政业	-28.3
信息传输、计算机服务和软件业	
批发和零售业	-99.3
住宿和餐饮业	
金融业	372
房地产业	24.5
租赁和商务服务业	
科学研究、技术服务和地质勘查业	
水利、环境和公共设施管理业	-2.1
居民服务和其他服务业	340
教育	4.1
卫生、社会工作	-21.9
文化、体育和娱乐业	254.4
公共管理和社会组织	-100

房地产开发投资情况

表 45

	单位	2019 年	2018 年	比上年同期增长 %
房地产开发投资	万元	76801	56929	34.9
# 有限责任公司	万元	76801	56929	34.9
房屋施工面积	平方米	171957	131620	30.7
# 新开工面积	平方米	40337	103230	-60.93
房屋竣工面积	平方米			
商品房销售面积	平方米	289178	441185	-34.45
商品房销售额	万元	174555	230458	-24.26
期房平均销售价格	元	6036	5968	1.1
# 住宅	元	5880	5870	0.1

社会消费品零售总额

表 46　　单位：万元

指标	2019 年	2018 年	同比 ±%
社会消费品零售总额	243550.2	218762.9	11.3
一、按销售单位所在地分			
1. 城镇	160986.7	144602.2	11.3
# 城区			
2. 乡村	82563.5	74160.6	11.3
二、按行业分			
1. 批发业	72305.9	72129.1	0.2
2. 零售业	146225.9	126803.2	15.3
3. 住宿业	2406.0	2711.1	-11.2
4. 餐饮业	22612.4	17119.5	32.1

注：剔除烟草、石油公司数据后对比

对外贸易、招商引资及个体、私营企业情况

表 47

指标	单位	2019 年	2018 年
对外贸易			
进出口总额	万元	53918	40113
# 进口	万元	3500	618
出口	万元	50418	39495
外商直接投资			
签约项目	个	1	1
签约金额	万美元	4375	3532
实际使用外资	万美元	2846	2676
对外经济合作			
5 千万元以上实际引进省外项目	个	14	15
# 亿元以上项目	个	9	14
5 千万元以上实际引进省外资金	万元	242600	222978
# 亿元以上资金	万元	236500	202900
个体、私营企业情况			
户数	户	17734	18035
# 个体	户	13894	14527

续表 47

指标	单位	2019 年	2018 年
私营	户	3840	3508
从业人数	人	76009	76050
# 个体	人	33727	34970
私营	人	42282	41080
注册资本（金额）	万元	1285333	1197241
# 个体	万元	220712	175164
私营	万元	1064621	1022077

财政收支情况

表 48　　单位：万元

指标	2019 年	2018 年	同比 ±%
一、财政总收入	97000	91000	6.6
# 税收收入	84832	76542	10.8
（一）公共财政预算收入	57855	57139	1.3
1. 税收收入	45687	42681	7.0
增值税	19502	16690	16.8
营业税		12	-100.0
企业所得税	6497	4176	55.6
2. 非税收入	12168	14458	-15.8
其他、罚没、收费收入	4781	10588	-54.85
专项收入	1196	3245	-63.1
（二）上划中央收入	35410	30419	16.41
二、财政总支出	385000	323000	19.2
# 一般公共服务支出	23863	23405	2.0
教育支出	68721	61150	12.4
科学技术支出	8528	7672	11.2
文化体育与传媒支出	2653	2548	4.1
社会保障和就业支出	36753	34048	7.9
医疗卫生支出	42351	38233	10.8
环境保护支出	42005	35702	17.7
城乡社区事务支出	70538	30046	134.8
农林水事务支出	58086	57352	1.3
交通运输支出	4088	3956	3.3
资源勘探电力信息等事务支出	1052	1609	-34.6
住房保障支出	3287	6441	-49.0

保险业务情况

表 49

	承保数量（笔、人）	保额（万元）	保费收入（万元）	赔案件数（件）	保险赔款支出（万元）
合　计	152474	6556486	17014	17861	6719
一、财产保险小计	150614	5633556	11968	16687	6028
二、人寿保险小计	1860	922930	5046	1174	691

金融机构人民币信贷收支情况

表50　　　　单位：万元

指标	年末	比年初（+、-）
一、各项存款	1105509	-124531
（一）境内存款	1105415	-124580
1. 住户存款	749045	37556
（1）活期存款	397562	-18911
（2）定期及其他存款	351482	56468
2. 非金融企业存款	111811	-23567
（1）活期存款	86449	-20636
（2）定期及其他存款	25363	-2930
3. 广义政府存款	244552	-138572
（1）财政性存款	17495	-10414
（2）机关团体存款	227057	-128157
4. 非银行业金融机构存款	7	2
（二）境外存款	94	-9
一、各项贷款	979279	141779
（一）境内贷款	979279	141779
1. 住户贷款	704151	82986
（1）短期贷款	360817	41337
（2）中长期贷款	343334	41650
2. 非金融企业及机关团体贷款	275128	58792
（1）短期贷款	84322	-941
（2）中长期贷款	161654	52616
（3）票据融资	29152	7241

城镇居民可支配收入和支出情况

表51

指标名称	单位	2019年	2018年	比上年 ±	增幅（%）
可支配收入	元	28493	26237	2256	9
一、工资性收入	元	16670	17918	-1248	-7
二、经营净收入	元	4756	1943	2814	145
（一）第一产业经营净收入	元	2405	1376	1028	75
1. 农业	元	2455	1320	1135	86
2. 林业	元	-29	21	-50	-236
3. 牧业	元	-19	33	-51	-157
4. 渔业	元	-2	2	-5	-202
（二）第二产业经营净收入	元	50	305	-255	-84
（三）第三产业经营净收入	元	2302	262	2040	780
三、财产净收入	元	2955	2414	541	22
四、转移净收入	元	4112	3961	150	4
总支出	元	17341	16794	546	3
一、消费支出	元	14795	14213	582	4
（一）食品烟酒	元	5067	4651	416	9
（二）衣着	元	717	897	-180	-20
（三）居住	元	6102	5608	494	9
（四）生活用品及服务	元	776	883	-107	-12
（五）交通通信	元	900	1236	-336	-27

续表 51

指标名称	单位	2019 年	2018 年	比上年 ±	增幅（%）
（六）教育文化娱乐	元	724	577	147	25
（七）医疗保健	元	444	270	174	64
（八）其他用品和服务	元	66	92	–26	–28
二、生产经营费用支出	元	537	686	–150	–22
三、财产性支出	元	164	546	–382	–70
四、转移性支出	元	1060	837	223	27
五、部分商业保险支出	元	1	0	1	100
六、购置资产及非经常性转移支出	元	753	486	268	55

农村居民可支配收入和支出情况

表 52

指标名称	单位	2019 年	2018 年	比上年 ±	增幅（%）
可支配收入	元	11872	10599	1274	12
一、工资性收入	元	3458	2956	502	17
二、经营净收入	元	6895	6753	142	2
（一）第一产业经营净收入	元	6185	6022	163	3
1. 农业	元	6021	5383	638	12
2. 林业	元	–71	3	–75	–2272
3. 牧业	元	248	562	–313	–56
4. 渔业	元	–13	74	–87	–118
（二）第二产业经营净收入	元	122	315	–193	–61
（三）第三产业经营净收入	元	589	416	172	41
三、财产净收入	元	25	73	–48	–66
四、转移净收入	元	1495	817	678	83
总支出	元	13421	10933	2488	23
一、消费支出	元	9531	8531	1000	12
（一）食品烟酒	元	3549	2820	729	26
（二）衣着	元	330	313	17	6
（三）居住	元	3330	3276	54	2
（四）生活用品及服务	元	476	447	29	6
（五）交通通信	元	903	735	168	23
（六）教育文化娱乐	元	479	587	–108	–18
（七）医疗保健	元	418	266	152	57
（八）其他用品和服务	元	47	87	–40	–46
二、生产经营费用支出	元	2314	1867	447	24
三、财产性支出	元	160	16	144	924
四、转移性支出	元	201	88	113	129
五、部分商业保险支出	元	2	0	2	100
六、购置资产及非经常性转移支出	元	929	424	503	118

教育情况（一）

表 53

指标	学校数（所）		在校学生数（人）		专任教师（人）	
	2019 年	2018 年	2019 年	2018 年	2019 年	2018 年
一、中小学合计	165	165	44877	45751	3237	3214
1. 普通中学	22	22	20690	21089	1369	1339

续表 53

指标	学校数（所）		在校学生数（人）		专任教师（人）	
	2019 年	2018 年	2019 年	2018 年	2019 年	2018 年
高中	3	3	7057	8192	534	524
初中	19	19	13633	12897	835	815
2. 小学	143	143	24187	24662	1868	1875
二、中等职业学校	1	1	1316	922	63	39
三、特殊教育（盲聋哑、弱智学校）	1	1	25	31	11	10
四、幼儿园	186	207	12577	14495	1022	1005

教育、卫生、广播电视情况（二）

表 54

指标	单位	2019 年	2018 年
初中生入学率	%	100	100
初中辍学率	%	0	0
小学生入学率	%	100	100
学三年毛入学率	%	93	92
卫生机构数	个	336	333
住院病床数	张	1298	1199
卫生技术人员	人	1576	1130
# 执业医师	人	535	358
社会福利院、敬老院数	个	19	18
广播覆盖率	%	99.85	99.80
电视覆盖率	%	99.85	99.80
乡镇电视普及率	%	100	100
有线电视用户数	户	14600	23700

全国、全省、全市及毗邻县主要经济指标（一）

表 55

地区	生产总值（GDP）		规模以上工业增加值	社会消费品零售总额	
	绝对值（亿元）	增长 %	增长 %	绝对值（亿元）	增长 %
全 国	990865	6.1	5.7	411649	8.0
江西省	24757.5	8.0	8.5	8421.6	11.3
赣州市	3474.34	8.5	8.7	1005.87	11.6
定南县	82.53	9.3	8.5	18.67	11.4
安远县	87.78	7.2	8.3	22.86	11.6
会昌县	128.56	8.6	7.8	36.48	11.6
寻乌县	97.57	8.3	8.4	24.36	11.3
武平县	255.49	7.4	9.3	100.77	16.3
平远县	85.19	1.3	10.4	32.63	9.7
龙川县	162.16	6.5	9.8	136.60	10.0

注：全国未公布规模以上工业企业增加值绝对数数据，只公布增速

全国、全省、全市及毗邻县主要经济指标（二）

表 56

地区	500 万元以上固定资产投资	财政总收入		# 一般公共预算收入	
	增长 %	绝对值（亿元）	增长 %	绝对值（亿元）	增长 %
全 国	5.4	190382	3.83	—	—
江西省	9.2	4001.5	5.4	2486.5	4.8

续表 56

地区	500 万元以上固定资产投资	财政总收入		# 一般公共预算收入	
	增长 %	绝对值（亿元）	增长 %	绝对值（亿元）	增长 %
赣州市	10.5	485.52	5.7	280.37	5.7
定南县	8.6	12.31	3.8	8.64	4.0
安远县	1.1	9.92	7.0	6.12	6.1
会昌县	10.2	14.72	3.3	10.32	5.0
寻乌县	9.6	9.70	6.6	5.79	1.3
武平县	7.7	14.23	3.2	9.60	7.0
平远县	2.0	—	—	6.0	-21.0
龙川县	20.4	—	—	7.84	8.0

注：安远、会昌、寻乌属国家扶贫开发重点县

全国、全省、全市及毗邻县主要经济指标（三）

表 57

地区	实际利用外资		出口总额		城镇居民人均可支配收入		农村居民人均可支配收入	
	绝对值（亿美元）	增长 %	绝对值（亿元）	增长 %	绝对值（元）	增长 %	绝对值（元）	增长 %
全　国	1381	2.4	172342	5.0	42359	7.9	16021	9.6
江西省	135.8	8.0	2496.5	12.3	36546	8.1	15796	9.2
赣州市	20.12	9.1	335.08	13.2	34826	8.3	11941	10.8
定南县	0.97	9.6	5.66	26.5	30896	7.6	10892	12.3
安远县	0.38	9.2	5.30	17.2	26920	7.2	11381	10.0
会昌县	0.72	5.7	11.48	62.4	29333	8.2	11829	10.0
寻乌县	0.28	6.4	5.04	27.7	28493	8.6	11872	12.0
武平县	0.29	84.0	—	—	36593	8.7	18036	10.4
平远县	0.13	924.4	9.51	-58.8	25896	6.8	17987	9.1
龙川县	0.07	-29.1	23.5	3.8	24274	7.5	16307	10.4

注：安远、会昌、寻乌属国家扶贫开发重点县

寻乌县主要经济指标数据及在全市排位

表 58

	单位	绝对值	全市排位	增速（%）	全市排位
地区生产总值	亿元	97.57	12	8.3	12
规模以上工业增加值	万元	—	—	8.4	11
500 万元以上固定资产投资	万元	—	—	9.6	6
社会消费品零售总额	万元	243550	13	11.3	16
财政总收入	万元	97000	19	6.6	10
# 公共财政预算收入	万元	57855	19	1.3	19
实际利用外资	万美元	2846	18	6.35	17
出口总额	万元	50418	15	27.7	6
城镇居民人均可支配收入	元	28493	15	8.6	6
农村居民人均可支配收入	元	11872	9	12.0	4

注：地区生产总值、城镇（农村）居民人均可支配收入在全市排位不含开发区，数据由市统计局提供

分县（市、区）地区生产总值

表 59　　单位：亿元

县（市、区）	绝对数	增速（%）	县（市、区）	绝对数	增速（%）
全　市	3474.34	8.5	全南县	81.88	8.8
章贡区	502.00	8.2	宁都县	209.14	8.5

续表 59

县（市、区）	绝对数	增速（%）	县（市、区）	绝对数	增速（%）
赣县区	191.65	9.1	于都县	266.23	8.3
信丰县	234.91	8.3	兴国县	191.58	8.4
大余县	105.57	8.5	会昌县	128.56	8.6
上犹县	88.35	9.1	寻乌县	97.57	8.3
崇义县	84.57	8.2	石城县	80.07	8.6
安远县	87.78	7.2	瑞金市	165.92	8.5
龙南县	164.07	8.2	南康区	338.56	9.4
定南县	82.53	9.3			

注：分县（市、区）指标数据由市统计局提供

分县（市、区）规模以上工业增加值增速

表 60

县（市、区）	增速（%）	县（市、区）	增速（%）
全　市	8.7	全南县	8.8
章贡区	9.1	宁都县	8.2
赣县区	8.7	于都县	8.6
信丰县	9.3	兴国县	8.1
大余县	7.9	会昌县	7.8
上犹县	8.9	寻乌县	8.4
崇义县	8.2	石城县	8.0
安远县	8.3	瑞金市	8.1
龙南县	9.2	南康区	9.1
定南县	8.5	经开区	9.0

分县（市、区）500 万元以上固定资产投资

表 61

县（市、区）	增速（%）	县（市、区）	增速（%）
全　市	10.5	全南县	10.0
章贡区	9.1	宁都县	8.5
赣县区	9.2	于都县	10.7
信丰县	8.0	兴国县	10.5
大余县	7.9	会昌县	10.2
上犹县	8.6	寻乌县	9.6
崇义县	8.2	石城县	7.8
安远县	1.1	瑞金市	9.0
龙南县	9.5	南康区	9.8
定南县	8.6	经开区	8.8

分县（市、区）社会消费品零售总额

表 62

单位：亿元

县（市、区）	绝对数	增速（%）	县（市、区）	绝对数	增速（%）
全　市	1005.87	11.6	全南县	20.65	11.5
章贡区	294.81	11.5	宁都县	52.97	11.8
赣县区	41.18	11.3	于都县	62.31	11.8
信丰县	55.59	11.0	兴国县	48.76	11.1
大余县	34.81	11.7	会昌县	36.48	11.6
上犹县	19.93	11.4	寻乌县	24.36	11.3

续表 62

县（市、区）	绝对数	增速（%）	县（市、区）	绝对数	增速（%）
崇义县	19.03	11.6	石城县	15.47	11.8
安远县	22.86	11.6	瑞金市	63.53	11.9
龙南县	39.50	11.4	南康区	54.53	12.0
定南县	18.67	11.4	经开区	80.43	11.5

分县（市、区）财政总收入

表 63　　单位：亿元

县（市、区）	绝对数	增速（%）	县（市、区）	绝对数	增速（%）
全　市	485.52	5.7	全南县	10.91	3.6
章贡区	45.39	1.4	宁都县	14.11	7.1
赣县区	26.01	4.9	于都县	22.69	7.2
信丰县	21.75	5.9	兴国县	20.08	7.0
大余县	13.70	1.3	会昌县	14.72	3.3
上犹县	10.80	3.2	寻乌县	9.70	6.6
崇义县	13.43	2.0	石城县	10.03	7.2
安远县	9.92	7.0	瑞金市	24.55	8.7
龙南县	23.19	8.0	南康区	35.65	9.5
定南县	12.31	3.8	经开区	50.56	9.0

分县（市、区）公共财政预算收入

表 64　　单位：亿元

县（市、区）	绝对数	增速（%）	县（市、区）	绝对数	增速（%）
全　市	280.37	5.7	全南县	6.82	4.2
章贡区	23.65	2.1	宁都县	8.86	6.8
赣县区	16.72	6.0	于都县	14.75	5.3
信丰县	12.68	1.5	兴国县	9.00	5.7
大余县	9.27	5.7	会昌县	10.32	5.0
上犹县	6.89	4.9	寻乌县	5.79	1.3
崇义县	9.48	7.2	石城县	5.89	6.4
安远县	6.12	6.1	瑞金市	14.01	6.1
龙南县	15.14	8.0	南康区	23.33	7.2
定南县	8.64	4.0	经开区	24.01	6.6

分县（市、区）实际利用外资

表 65　　单位：万美元

县（市、区）	绝对数	增速（%）	县（市、区）	绝对数	增速（%）
全　市	201182	9.09	全南县	8539	7.26
章贡区	15926	10.25	宁都县	8307	6.95
赣县区	12854	7.12	于都县	12488	8.84
信丰县	13328	10.59	兴国县	11232	7.68
大余县	12814	5.59	会昌县	7213	5.70
上犹县	8829	6.76	寻乌县	2846	6.35
崇义县	2205	7.98	石城县	2979	6.58
安远县	3752	9.16	瑞金市	8770	6.78
龙南县	13785	9.37	南康区	20490	8.59
定南县	9731	9.58	经开区	24366	13.09

分县（市、区）出口总额

表66 单位：亿元

县（市、区）	绝对数	增速（%）	县（市、区）	绝对数	增速（%）
全　市	339.53	18.6	全南县	11.70	16.2
章贡区	44.36	6.1	宁都县	1.61	-51.4
赣县区	28.93	38.9	于都县	11.85	18.4
信丰县	21.80	13.7	兴国县	3.42	21.0
大余县	3.83	10.0	会昌县	11.48	62.4
上犹县	8.94	0.7	寻乌县	5.04	27.7
崇义县	9.69	16.8	石城县	3.74	42.2
安远县	5.30	17.2	瑞金市	30.07	32.4
龙南县	47.18	-1.6	南康区	27.82	24.8
定南县	5.66	26.5	经开区	57.13	32.4

分县（市、区）城镇居民人均可支配收入

表67 单位：元

县（市、区）	绝对数	增速（%）	县（市、区）	绝对数	增速（%）
全　市	34826	8.3	全南县	28751	7.8
章贡区	41663	9.2	宁都县	26532	7.5
赣县区	31558	8.3	于都县	31373	8.7
信丰县	32525	7.7	兴国县	30248	7.4
大余县	30457	8.0	会昌县	29333	8.2
上犹县	28629	8.2	寻乌县	28493	8.6
崇义县	29561	8.5	石城县	27328	9.1
安远县	26920	7.2	瑞金市	32659	8.7
龙南县	32555	8.6	南康区	33378	9.0
定南县	30896	7.6			

分县（市、区）农村居民人均可支配收入

表68 单位：元

县（市、区）	绝对数	增速（%）	县（市、区）	绝对数	增速（%）
全　市	11941	10.8	全南县	8593	12.4
章贡区	17148	10.2	宁都县	10515	10.5
赣县区	11754	11.5	于都县	10775	10.7
信丰县	14388	10.0	兴国县	10712	11.2
大余县	12886	10.0	会昌县	10751	10.0
上犹县	11478	10.3	寻乌县	10599	12.0
崇义县	11471	10.2	石城县	9573	12.2
安远县	11381	10.0	瑞金市	11355	10.2
龙南县	12760	10.1	南康区	11308	10.1
定南县	10892	12.3			